U0720275

新編諸子集成

淮南鴻烈集解

下

劉文典 撰

馮逸 喬華 點校

中華書局

淮南鴻烈集解卷十四

詮言訓

詮，就也。就萬物之指以言其徵，事之所謂，道之所依也，故曰「詮言」。○文典謹按：此篇敍目無「因以題篇」字，乃許慎注本。

洞同天地，渾沌爲樸，未造而成物，謂之太一。太一，元神總萬物者。同出於一，所爲各異，有鳥有魚有獸，謂之分物。方以類別，物以羣分，性命不同，皆形於有。隔而不通，分而爲萬物，莫能及宗，謂及己之性宗，同于洞同。○王念孫云：及皆當爲反，字之誤也。宗者，本也。言莫能反其本也。下文云「能反其所生」，卽反宗之謂，故高注曰「反己之性宗」也。說山篇曰：「吾將反吾宗矣。」又曰：「牆之壞，愈其立也；冰之泮，愈其凝也；以其反宗。」高注並云：「宗，本也。」是其證。「分而爲萬物」，文選演連珠注引，作「分爲萬殊」。案：上文既云「物以羣分」，此無庸復言分爲萬物，疑作「萬殊」者是也。今本殊作物，蓋涉下文「萬物」而誤。故動而謂之生，死而謂之窮。皆爲物矣，非不物而物物者也，物物者亡乎萬物之中。不物之物，恍惚虛無。物物者，造萬物者也。此不在萬物之中也。○王念孫云：莊本改亡爲存，正與此義相反。稽古太初，人生於無，○莊逵吉云：御覽此下有注云：「當太初天地之始，人生於無形。無形生有形也。」形於有，有形而制於物。○莊逵吉云：御覽此下有注云：「爲物所制。」能反其所生，若未有形，謂之真人。真人者，未始分於太一者也。聖人不爲名尸，尸，主也。不爲謀府，不爲事任，不爲智主。藏無形，行無迹，遊無朕。朕，兆也。不爲福先，不爲禍始。保於虚無，動於不得已。欲福者或爲禍，欲利者或離害。故無爲而寧者，失其所以寧則危；無事而治者，失其所以治則亂。星列於天而明，故人指之；義列於德而見，故人視之。人之所指，動則有章；人之所視，行則有迹。動有章則詞，行有迹則議，○王引之云：詞當爲訶。凡隸書可字之在旁者，或作司。（漢魯相史晨饗孔廟後碑「雅歌吹笙」，歌作歌。冀州從事郭君碑「凋柯霜榮」，柯作柯。）故訶字或作詞，形與詞相似，因誤爲詞。訶，謂相譏訶也。動有章則人訶之，行有迹則人議之也。説林篇曰：「有爲則議，多事固苛。」高注曰：「蘇秦爲多事之人，故見議見苛也。」苛與訶同。議字古讀若俄，（小雅北山篇「或出入風議」，與爲爲韻，爲讀若譌。淮南俶真篇「立而不議」，與和爲韻。史記太史公自序「王人是議」，與禾爲韻。）故此及説林篇皆以訶、議爲韻。若作詞，則失其韻矣。故聖人揜明於不形，藏迹於無爲。王子慶忌死於劍，王子慶忌者，吴王僚之弟子。闔閭弑僚，慶忌勇健，亡在鄭。闔閭畏之，使要離刺慶忌。羿死於桃棓，棓，大杖，以桃木爲之，以擊殺羿。由是以來，鬼畏桃也。○陶方琦云：御覽三百五十七引許注：「棓，大杖，以桃木爲之，擊殺羿，是以鬼畏桃也。」按：説文：「棓，棁也。」謂大杖也。依玄應引補入。通俗文：「大杖曰棓。」開元占經中官占引石氏曰：「天棓五星，天之武備。棓者，大杖，所以打賊也。」説山訓「羿死桃部不給射」，高注：「桃部，地名。」與許説正異。（顧氏日知録謂：「淮南于詮言訓作大杖解，于説山訓作地名解，一人注書而前後若此。」琦按：此正許注八篇、高注十三篇之分，顧氏蓋未之知也。）**子路葅於衛，蘇秦死於口。**蘇秦好説，爲齊所殺。**人莫不貴其所有，而賤其所短，**○王念孫云：貴與賤相反，長與短相反，若有與短則非相反之名。有當爲脩，字之誤之。脩，長也。言人皆貴其所長，而賤其所短也。淮南王避父諱，故不言長而言脩。**然而皆溺其所貴，而極其所賤，所貴者有形，所賤者無朕也。故虎豹之彊來射，蝯狖之捷來措。人能貴其所賤，賤其所貴，可與言至論矣。**

自信者不可以誹譽遷也，知足者不可以勢利誘也，故通性之情者，不務性之所無以爲；人性之無以爲者，不務也。**通命之情者，不憂命之所無柰何；通於道者，物莫不足滑其調。**○王念孫云：「物莫不足滑其調」，當作「物莫足滑其和」。滑，亂也。（見原道、俶真、精神三篇注及周語、晉語注。）言通於道者，物莫能亂其天和也。今本莫下衍不字，（因上文兩不字而衍。）和字又誤作調。原道篇曰「不以欲滑和」，俶真篇曰「不足以滑其和」，精神篇曰「何足以滑和」，莊子德充符篇曰「不足以滑和」，諸書皆言滑和，無言滑調者。且和與爲、何爲韻。（爲古讀若謌，説見唐韻正。）若作調，則失其韻矣。又兵略篇：「敵若反静，爲之出奇。彼不吾應，獨盡其調。若動而應，有見所爲。彼持後節，與之推移。彼有所積，必有所虧。精若轉左，陷其右陂。敵潰而走，後必可移。」案：「獨盡其調」，調亦當爲和。（注同。）和與奇、爲、移、虧、陂爲韻。（奇、爲、移、虧、陂，古音皆在歌部，説見唐韻正。）若作調，則失其韻矣。又泰族篇「五行異氣而皆適調，六藝異科而皆同道」，本作「五行異氣而皆和，六藝異科而皆通」，因和誤爲調，通誤爲道，後人遂於道上加同字，又於調上加適字，以成對句，而不知其謬也。太平御覽學部二引，作「五行異氣而皆和，六藝異科而皆道」，道字雖誤，而和字不誤，且上句無適字，下句無同字。舊本北堂書鈔藝文部一引此，正作「五行異氣而皆和，六藝異科而皆通」。泰族又云：「聖人兼用而財制之，失本則亂，得本則治。其美在調，其失在權。水火金木土穀異物而皆任，規矩權衡準繩異刑而皆施，丹青膠漆不同而皆用。各有所適，物各有宜。」案：「其美在調」，調亦當爲和。之、治爲韻，和、權、施、宜爲韻。（和、施、宜，古音在歌部，權在元部，歌、元二部古或相通，説見泰族「陰陽化一」條下。）若作調，則失其韻矣。文子上禮篇正作「其美在和，其失在權」。泰族又云：「今目悦五色，口嚼滋味，耳淫五聲，七竅交争，以害其性，日引邪欲而澆其身夫調，身弗能治，奈天下何！」案：「日引邪欲而澆其身夫調」，本作「日引邪欲而澆其天和」，卽原道所云「以欲滑和」也。文子下德篇作「日引邪欲，竭其天和，身且不能治，奈天下何」，是其明證矣。今本「澆其」下衍身字，（因下文而衍。）天誤爲夫，和誤爲調，遂致文不成義。且聲、争、性爲韻，和、何爲韻。若作調，則失其韻矣。和、調二字形聲皆不相近，無因致誤，而以上五段和字皆誤作調，殊不可解。詹何曰：「未嘗聞身治而國亂者也。未嘗聞身亂而國治者也。」矩不正，不可以爲方；規不正，不可以爲員。身者，事之規矩也。未聞枉己而能正人者也。原天命，治心術，理好憎，適情性，則治道通矣。原天命則不惑禍福，治心術則不妄喜怒，理好憎則不貪無用，適情性則欲不過節。不惑禍福則動靜循理，不妄喜怒則賞罰不阿，不貪無用則不以欲用害性，〇王念孫云：劉本無下用字，是也。此因上用字而衍。〇俞樾云：下用字衍文。文子符言篇作「不貪無用即不以欲害性」，是其證。欲不過節則養性知足。凡此四者，弗求於外，弗假於人，反己而得矣。天下不可以智爲也，不可以慧識也，不可以事治也，不可以仁附也，不可以強勝也。五者，皆人才也，德不盛，不能成一焉。德立則五無殆，五見則德無位矣。五事皆見，而德無所立位。故得道則愚者有餘，失道則智者不足。渡水而無游數，雖強必沉；有游數，雖羸必遂，又況託於舟航之上乎！

爲治之本，務在於安民。安民之本，在於足用。足用之本，在於勿奪時。勿奪時之本，在於省事。省事之本，在於節欲。節欲之本，在於反性。反性之本，在於去載。去浮華，載於亡者也。去載則虛，虛則平。平者，道之素也；虛者，道之舍也。能有天下者必不失其國，能有其國者必不喪其家，能治其家者必不遺其身，能脩其身者必不忘其心，能原其心者必不虧其性，能全其性者必不惑於道。故廣成子曰：「慎守而内，周閉而外。廣成子，黃帝時人也。多知爲敗，毋視毋聽。抱神以静，形將自正。不得之己而能知彼者，未之有也。」故易曰：「括囊，无咎无譽。」能成霸王者，必得勝者也；能勝敵者，必强者也；能强者，必用人力者也；能用人力者，必得人心也；能得人心者，必自得者也；能自得者，必柔弱也。强勝不若己者，至於與同則格；言人力能與己力同也，己以强加之，則戰格也。柔勝出於己者，其力不可度。故能以衆不勝成大勝者，唯聖人能之。

善游者，不學刺舟而便用之；勁筋者，不學騎馬而便居之。輕天下者，身不累於物，故能處之。泰王亶父處邠，狄人攻之，事之以皮幣珠玉而不聽，乃謝耆老而徙岐周，百姓攜幼扶老而從之，遂成國焉。推此意，四世而有天下，不亦宜乎！四世：太王、王季、文王、武王。無以天下爲者，必能治天下者。霜雪雨露，生殺萬物，天無爲焉，猶之貴天也。厭文搔法，厭，持也。搔，勞也。治官理民者，有司也，君無事焉，猶尊君也。辟地墾草者，后稷也；決河濬江者，禹也；聽獄制中者，皋陶也；有聖名者，堯也。故得道以御者，身雖無能，必使能者爲己用。不得其道，伎藝雖多，未有益也。方船濟乎江，有虚船從一方來，觸而覆之，雖有忮心，必無怨色。有一人在其中，一謂張之，一謂歙之，持舟檝者謂近岸爲歙，遠岸爲張也。○文典謹按：莊子山木篇作：「有一人在其上，則呼張歙之。」司馬注：「張，開也。歙，斂也。」再三呼而不應，必以醜聲隨其後。向不怒而今怒，向虛而今實也。人能虛己以遊於世，孰能訾之！釋道而任智者必危，棄數而用才者必困。有以欲多而亡者，未有以無欲而危者也；有以欲治而亂者，未有以守常而失者也。故智不足免患，○文典謹按：「智不足免患」與下「愚不足以至於失」不一律，足下當有以字。羣書治要引，正作「故智不足以免患」。愚不足以至於失寧。守其分，循其理，失之不憂，得之不喜，故成者非所爲也，得者非所求也。入者有受而無取，出者有授而無予，因春而生，因秋而殺，所生者弗德，所殺者非怨，則幾於道也。○文典謹按：羣書治要引，幾作近。

聖人不爲可非之行，不憎人之非己也；修足譽之德，不求人之譽己也。不能使禍不至，信己之不迎也；不能使福必來，信己之不攘也。攘，却也。禍之至也，非其求所生，故窮而不憂；福之至也，非其求所成，故通而弗矜。矜，自伐其功也。知禍福之制不在於己也，故閒居而樂，無爲而治。聖人守其所以有，不求其所未得。求其所無，則所有者亡矣；修其所有，則所欲者至。○王念孫云：「求其所無」，本作「求其所未得」。「脩其所有」，本作「脩其所已有」。此皆承上文而申言之，不當有異文。今本作「求其所無」，「脩其所有」，皆後人以意改之也。羣書治要引此，正作「求其所未得」，「脩其所已有」。文子符言篇同。下文亦云：「不知道者，釋其所已有，而求其所未得。」○文典謹按：羣書治要引，至下有矣字，與上句「則所有者亡矣」一律。故用兵者，先爲不可勝，以待敵之可勝也；治國者，先爲不可奪，以待敵之可奪也。舜修之歷山而海内從化，文王修之岐周而天下移風。使舜趨天下之利，而忘修己之道，身猶弗能保，何尺地之有！○文典謹按：羣書治要引，有下有乎字。故治未固於不亂，治不亂之道尚未牢固也。而事爲治者，必危；行未固於無非，而急求名者，必剉也。○俞樾云：襄二十七年公羊傳：「我即死，女能固納公乎？」秦策：「王固不能行也。」何休、高誘注並曰：「固，必也。」「治未固於不亂」，「行未固於無非」，言爲治未必不亂，爲行未必無非也。下文曰：「爲義之不能相固，威之不能相必也。」是可知固、必同義。高此注以「尚未牢固」説之，其義轉迂。福莫大無禍，利莫美不喪。動之爲物，不損則益，動，有爲也。○陶方琦云：羣書治要引許注正同。不成則毁，不利則病，皆險也，險，言危難不可行。○陶方琦云：羣書治要引許注：「險，言危難。」敚「不可行」三字。説文：「險，阻難也。」説正同。道之者危。故秦勝乎戎而敗乎殽，秦穆公勝西戎，爲晉所敗於殽。楚勝乎諸夏而敗乎栢莒。楚昭王服諸夏，而吴敗之栢莒。○莊逵吉云：栢莒即栢舉，古字通用也。故道不可以勸而就利者，而可以寧避害者。○王念孫云：勸下而字，因下句而衍。

文子符言篇無而字。故常無禍，不常有福；常無罪，不常有功。○俞樾云：常與尚通。史記衞綰傳「劍尚盛」，漢書尚作常，漢書賈誼傳「尚憚以危爲安」，賈子宗首篇尚作常，並其證。

聖人無思慮，無設儲，來者弗迎，去者弗將。將，送也。人雖東西南北，獨立中央。故處衆枉之中，不失其直；天下皆流，獨不離其壇域。故不爲善，不避醜，遵天之道；不爲始，不專己，循天之理。不豫謀，不棄時，與天爲期；不求得，不辭福，從天之則。○王念孫云：善當爲好。「不爲好，不避醜，遵天之道」，猶洪範言「無有作好，遵王之道」也。今作「不爲善」者，後人據文子符言篇改之耳。好、醜、道爲韻，始、己、理爲韻，謀、時、期爲韻，得、福、則爲韻。若作善，則失其韻矣。不求所無，不失所得，內無旁禍，外無旁福。○王念孫云：旁字義不可通。文子符言篇作「奇禍」、「奇福」，是也。俗書奇字作竒，旁字作旁，二形相似而誤。禍福不生，安有人賊！爲善則觀，衆人之所觀也。爲不善則議；觀則生貴，議則生患。○王引之云：貴當爲責，字之誤也。此言爲善則觀之者多，觀之者多則責之者必備。下文曰「責多功鮮，無以塞之」，正謂此也。文子符言篇作「爲善卽勸，勸卽生責」。故道術不可以進而求名，而可以退而修身；不可以得利，而可以離害。故聖人不以行求名，不以智見譽。法修自然，己無所與。慮不勝數，行不勝德，事不勝道。爲者有不成，求者有不得。人有窮，而道無不通，與道爭則凶。故詩曰：「弗識弗知，順帝之則。」有智而無爲，與無智者同道；有能而無事，與無能者同德。其智也，告之者至，然後覺其動也；使之者至，然後覺其爲也。○俞樾云：「使之者至」上當有「其能也」三字。上文云「有智而無爲，與無智者同道；有能而無事，與無能者同德」，下文云「有智若無智，有能若無能」，皆以智能對舉，故知此亦當然。有智若無智，有能若無能，道理爲正也。故功蓋天下，不施其美；澤及後世，不有其名；道理通而人僞滅也。名與道不兩明，人受名則道不用，道勝人則名息矣。○王念孫云：受當爲愛，字之誤也。愛名則不愛道，故道不用也。文子符言篇正作愛。又下文：「喜德者必多怨，喜予者必善奪。唯滅迹於無爲，而隨天地自然者，唯能勝理而爲受名。名興則道行，道行則人無位矣。」案：此當作：「唯滅迹於無爲，而隨天地自然者，爲能勝理而無愛名。名興則道不行，道行則人無位矣。」（人如「人心」「道心」之人，上文高注云：「無位，無所立也。」）即上文所謂「人愛名則道不用，道勝人則名息」也。今本「爲能」誤作「唯能」，「無愛名」誤作「爲受名」，「道不行」又脱不字，則上下文皆不可通矣。韓詩外傳云：「唯滅跡於人，能（與而同。）隨天地自然，爲能勝理而無愛名。名興則道不用，道行則人無位矣。」是其證。「勝理」二字，説見後「勝心」一條下。道與人競長。章人者，息道者也。章，明也。息，止也。人章道息，則危不遠矣。故世有盛名，則衰之日至矣。欲尸名者必爲善，欲爲善者必生事，事生則釋公而就私，貨數而任己。○王引之云：貨當爲背，字之誤也。「背數而任己」，謂背自然之數而任一己之私，與上句「釋公而就私」同意。文子符言篇作「倍道而任己」，倍與背同。下文又云：「君好智則倍時而任己，棄數而用慮。」**欲見譽於爲善，而立名於爲質，則治不修故，而事不須時。**○王念孫云：質當爲賢。賢、質草書相似，故賢誤爲質。（逸周書官人篇「有隱於仁賢者」，大戴禮賢誤作質。）「爲賢」與「爲善」義正相承。文子作「見譽而爲善，立名而爲賢」，是其證。又下文「無須臾忘爲質者，必困於性；百步之中不忘其容者，必累其形」，案此當作「無須臾忘其爲賢者，必困於性；百步之中不忘其爲容者，必累其形」。今本上二句内脱其字，下二句内脱爲字，（「爲容」與「爲賢」相對。百步之中而必爲儀容，則形不勝勞，故曰必累其形。脱去爲字，則文義不明。）賢字又誤爲質。此卽承上「欲立名於爲賢，則治不循故，事不順時」言之，故高注曰：「常思爲賢，不循自然，則性困也。」（今本高注賢字亦誤爲質。）文子作「夫須臾無忘其爲賢者，必困其性；百步之中無忘其爲容者，必累其形」，是其證。**治不修故，則多責；事不須時，則無功。責多功鮮，無以塞之，則妄發而邀當，妄爲而要中。功之成也，不足以更責；**更，償也。**事之敗也，不足以獘身。**○王念孫云：「不足以獘身」，不字涉上文而衍。此言功成則不足以償其責，事敗則適足以斃其身也。文子符言篇作「事敗足以滅身」，是其證。**故重爲善若重爲非，而幾於道矣。**

天下非無信士也，臨貨分財必探籌而定分，探籌，捉籌也。**以爲有心者之於平，不**

若無心者也。天下非無廉士也，然而守重寶者必關户而全封，○俞樾云：全字無義，乃璽字之誤。國語魯語「追而予之璽書」，韋注曰：「璽書，璽封書也。」此「璽封」二字之證。時則篇曰「固封璽」，封璽與璽封同。五音集韻曰：「璽，俗作坌。」與全字形相似，故誤爲全矣。氾論篇「盜管金」，高注曰：「金，印封，所以爲信。」金亦璽字之誤。彼璽誤爲金，此璽誤爲全，其誤正同。以爲有欲者之於廉，不若無欲者也。人舉其疵則怨人，舉說己之疵，則怨之。鑑見其醜則善鑑。鑑，鏡也。鏡見人之好醜，以爲美鏡也。人能接物而不與己焉，則免於累矣。而不與己，若鏡人形而不有好憎也。公孫龍粲於辭而貿名，公孫龍以「白馬非馬」、「冰不寒」、「炭不熱」爲論，故曰貿也。鄧析巧辯而亂法，鄧析教鄭人以訟，訟不俱同，子産誅之也。蘇秦善說而亡蘇秦死于齊也。國。○王念孫云：「亡國」當作「亡身」，故高注曰「蘇秦死於齊也」。今本身作國者，涉下文「治國」而誤。又案：高注本在「蘇秦善說而亡身」之下，今本在亡字之下，國字之上，則是以亡字絕句，而以國字下屬爲句，大謬。（此句與上二句相對爲文，若讀「蘇秦善說而亡」爲句，則與上二句不對。下文「由其道則善無章，循其理則巧無名」，亦相對爲文。若讀「國由其道」爲句，則文不成義。）由其道則善無章，脩其理則巧無名。故以巧鬭力者，始於陽，常卒於陰；言智巧之所施，始之於陽善，終於陰惡也。以慧治國者，始於治，常卒於亂。使水流下，孰弗能治；激而上之，非巧不能。故文勝則質揜，邪巧則正塞之也。德可以自修，而不可以使人暴；道可以自治，而不可以使人亂。雖有聖賢之寶，不遇暴亂之世，可以全身，而未可以霸王也。○俞樾云：「寶字無義，疑當作資。荀子性惡篇「離其資」，楊注曰：「資，材也。」謂雖有聖賢之材也。資與寶形似而誤。湯、武之王也，遇桀、紂之暴也。桀、紂非以湯、武之賢暴也，湯、武遭桀、紂之暴而王也。故雖賢王，必待遇。遇者，能遭於時而得之也，非智能所求而成也。君子修行而使善無名，布施而使仁無章，故士行善而不知善之所由來，民澹利而不知利之所由出，故無爲而自治。善有章則士爭名，利有本則民爭功，二爭者生，雖有賢者，弗能治。故聖人揜迹於爲善，而息名於爲仁也。

外交而爲援，事大而爲安，不若內治而待時。凡事人者，非以寶幣，必以卑辭。事以玉帛，則貨殫而欲不饜；卑體婉辭，則諭說而交不結；約束誓盟，則約定而反無日；反，背叛也。雖割國之錙錘以事人，六兩曰錙，倍錙曰錘。而無自恃之道，不足以爲全。若誠外釋交之策，而愼修其境內之事，○陳觀樓云：「外釋交之策」，當爲「釋外交之策」。上文「外交而爲援」，是其證。盡其地力以多其積，厲其民死以牢其城，上下一心，君臣同志，與之守社稷，斅死而民弗離，則爲名者不伐無罪，而爲利者不攻難勝，此必全之道也。

民有道所同道，有法所同守，民凡所道行者同道，而法度有所共守也。爲義之不能相固，威之不能相必也，故立君以一民。君執一則治，無常則亂。君道者，非所以爲也，所以無爲也。何謂無爲？智者不以位爲事，勇者不以位爲暴，仁者不以位爲患，可謂無爲矣。○王念孫云：劉本患作惠。案：劉本是也。「不以位爲惠」，謂不假位以行其惠也。爲惠與爲暴相對。主術篇曰：「重爲惠，重爲暴，則治道通矣。」義與此同。夫無爲，則得於一也。一也者，萬物之本也，無敵之道也。凡人之性，少則猖狂，壯則暴强，老則好利。一身之身既數變矣，○俞樾云：上身字當作人。氾論篇曰：「故一人之身而三變者，所以應時矣。」文義與此同。又況君數易法，國數易君！人以其位通其好憎，下之徑衢不可勝理，故君失一則亂，甚於無君之時。故詩曰：「不愆不忘，率由舊章。」此之謂也。君好智，則倍時而任己，棄數而用慮。天下之物博而智淺，以淺澹博，未有能者也。獨任其智，失必多矣。故好智，窮術也；好勇，則輕敵而簡備，自偩而辭助。自偩，自恃也。辭助，不受傍人之助也。一人之力以禦强敵，○王念孫云：圍當爲圉，字之誤也。圉與禦同。劉績改圍爲禦，而莊本從之，義則是而文則非矣。不杖衆多而專用身才，必不堪也。故好勇，危術也。好與，則無定分。上之分不定，則下之望無止。若多賦斂，實府庫，則與民爲讐。少取多與，數未之有也。故好與，來怨之道也。仁智勇力，人之美才也，而莫足以治天下。由此觀之，賢能之不足任也，而道術之可修，明矣。○孫詒讓云：脩當爲循，言道術可循守也。

聖人勝心，心者，欲之所生也。聖人止欲，故勝其心，而以百姓爲心也。衆人勝欲。心欲之，而耐勝止也。○王念孫云：勝，任也。言聖人任心，衆人任欲也。耳目之官不思而蔽於物，心之官則思。聖人先立乎其大者，則其小者不能奪，故曰「聖人任心」也。若衆人，則縱耳目之欲而不以心制之，故曰「衆人任欲」也。下文曰：「食之不寧於體，聽之不合於道，視之不便於性。三關交争，（高注：「三關，謂食、視、聽。」今本正文「三關」作「三官」，注作「三官，三關，食、視、聽。」皆後人以意改之也。主術篇曰：「目妄視則淫，耳妄聽則惑，口妄言則亂。夫三關者，不可不慎守也。」今據以訂正。）以義爲制者，心也。」又曰：「耳目鼻口不知所取去，心爲之制，各得其所。」皆其證矣。説苑説叢篇曰：「聖人以心導耳目，小人以耳目導心。」即此所謂「聖人勝心，衆人勝欲」也。説文：「勝，任也。」任與勝聲相近，任心任欲之爲勝心勝欲，猶戴任之爲戴勝。（月令「戴勝降于桑」，吕氏春秋季春篇作戴任。）高解「聖人勝心」曰：「心者，欲之所生也。聖人止欲，故勝其心。」則誤以勝爲勝敗之勝矣。如高説，則是心與耳目口無以異，下文何以言「三關交争，以義爲制者心」乎？又解「衆人勝欲」曰：「心欲之，而能勝止也。」心欲之而能勝止，則是賢人矣，安得謂之「衆人」乎？且下文言「欲不可勝」，則勝之訓爲任明矣。文子符言篇作「聖人不勝其心，衆人不勝其欲」，此亦未解勝字之義而以意改之也。又，下文「唯滅迹於無爲，而隨天地自然者，爲能勝理而無愛名」，（此句今本多誤字，辯見前「受名」下。）勝亦任也，言任理而不愛名也。隨天地自然，卽所謂任理也。呂氏春秋適音篇「勝理以治身，則生全矣」，亦謂任理爲勝理也。高注曰：「理，事理，情欲也。勝理去之。」以事理爲情欲，義不可通。皆由誤以勝爲勝敗之勝，故多抵牾矣。君子行正氣，小人行邪氣。○文典謹按：御覽七百二十引，「小人」作不。內便於性，外合於義，循理而動，不繫於物者，正氣也。重於滋味，○文典謹按：御覽引，重作推。淫於聲色，發於喜怒，不顧後患者，邪氣也。邪與正相傷，欲與性相害，不可兩立。一置一廢，故聖人損欲而從事於性。○王念孫云：此本作「故聖人損欲而從性」。上文曰：「欲與性相害，不可兩立。」故此言損欲而從性也。後人改「從性」爲「從事於性」，則似八股中語矣。文子符言篇正作「損欲而從性」。太平御覽方術部一引此，作「損欲而存性」，雖存與從不同，而皆無「事於」二字。目好色，耳好聲，口好味，接而說之。不知利害嗜慾也，食之不寧於體，聽之不合於道，視之不便於性。三官交爭，三官，三關，謂食、視、聽也。以義爲制者，心也。割痤疽非不痛也，飲毒藥非不苦也，然而爲之者，便於身也。渴而飲水非不快也，飢而大飧非不澹也，然而弗爲者，害於性也。此四者，耳目鼻口不知所取去，心爲之制，各得其所。○俞樾云：鼻字，衍文也。上文云：「目好色，耳好聲，口好味，接而說之。不知利害嗜慾也，食之不寧於體，聽之不合於道，視之不便於性。三關交爭，以義爲制者，心也。」然則此承上文而言，亦當止言耳、目、口，不當兼言鼻。今衍鼻字者，蓋後人據文子符言篇增入。不知彼文上言「目好色，耳好聲，鼻好香，口好味」，故下言耳、目、鼻、口，此文上言「目好色，耳好聲，口好味」，故下止言耳、目、口，兩文不同，未可據彼以增此也。由是觀之，欲之不可勝，明矣。凡治身養性，節寢處，適飲食，和喜怒，便動静，使在己者得，而邪氣因而不生，豈若憂瘕疵之與痤疽之發，而豫備之哉！○王念孫云：「邪氣因而不生」，本作「邪氣自不生」，言治身養性皆得其道，則邪氣自然不生，非常恐其生而豫備之也。今本作「邪氣因而不生」者，自誤爲因，（隸書因或作囙，與自字相似而誤。）後人又加而字耳。太平御覽引此，正作「邪氣自不生」。夫函牛之鼎沸而蠅蚋弗敢入，函牛，受一牛之鼎也。昆山之玉瑱昆山，昆侖也。瑱，式也。而塵垢弗能污也。聖人無去之心而心無醜，無取之美而美不失。故祭祀思親不求福，饗賓修敬不思德，唯弗求者能有之。言不求而所求至也。

處尊位者，以有公道而無私説，故稱尊焉，不稱賢也；有大地者，以有常術而無鈐謀，故稱平焉，不稱智也。內無暴事以離怨於百姓，外無賢行以見忌於諸侯，上下之禮，襲而不離，而爲論者莫然不見所觀焉，此所謂藏無形者。非藏無形，孰能形！形，形而言之，筮見也。三代之所道者，因也。故禹決江河，因水也；后稷播種樹穀，因地也；湯、武平暴亂，因時也。故天下可得而不可取也，不可强取。霸王可受而不可求也。在智則人與之訟，在力則人與之爭。○王念孫云：在皆當爲任，字之誤也。言當因時而動，不可任智任力也。上文曰：「失道而任智者必危。」又曰：「獨任其智，失必多矣。故好智，窮術也。」「好勇，危術也。」皆其證。未有使人無智者，言己不能使敵國遇而無智也。有使人不能用其智於己者也；使人之智不能于己。未有使人無力者，有使人不能施其力於己者也。言己不能使人無智力，但能使人不以智力加於己。此兩者常在久見。故君賢不見，諸侯不備；不肖不見，則百姓不怨。百姓不怨則民用可得，諸侯弗備則天下之時可承。若湯、武承桀、紂而起。事所與衆同也，功所與時成也，聖人無焉。故老子曰：「虎無所措其爪，兕無所措其角。」蓋謂此也。鼓不滅於聲，故能有聲；鏡不沒於形，故能有形。○王念孫云：滅當爲臧，沒當爲設，皆字之誤也。（臧字俗書作滅，形與滅相似。設與沒，草書亦相似。）臧，古藏字。鼓本無聲，擊之而後有聲；鏡本無形，物來而後有形；故曰「鼓不藏於聲」，「鏡不設於形」。作滅作沒，則義不可通矣。文選演連珠注引此，作「鏡不設形，故能有形」，文子上德篇作「鼓不藏聲，故能有聲；鏡不設形，故能有形」，是其證。金石有聲，弗叩弗鳴；管簫有音，弗吹無聲。○王念孫云：劉本依文子改「弗聲」爲「無聲」，而諸本皆從之。案：劉改非也。白虎通義曰：「聲者，鳴也。」言管簫有音，弗吹弗鳴也。兵略篇曰：「彈琴瑟，聲鍾竽。」亦謂鳴鍾竽也。劉誤以聲爲聲音之聲，故依文子改之耳。「金石有聲」，「管簫有音」，音亦聲也。（此謂聲音之聲。）「弗叩弗鳴」，「弗吹弗聲」，聲亦鳴也。（與聲音之聲異義。）若云「弗吹無聲」，則與上文不類矣。 聖人内藏，不爲物先倡，○俞樾云：先字衍文。先卽倡也，言倡不必言先。文子上德篇正作「不爲物唱」，無先字。 事來而制，物至而應。 飾其外者傷其内，扶其情者害其神，見其文者蔽其質。 無須臾忘爲質〔一〕者，必困於性；常思爲質，不修自然，則性困也。 百步之中不忘其容者，必累其形。 故羽翼美者傷骨骸，鵠鷹一舉千里，則形如塵芳，以其翮美也。 枝葉美者害根莖，能兩美者，天下無之也。 ○孫詒讓云：莖，文子符言篇作荄，與骸、之協韻，是也。荄、莖形近而誤。

天有明，不憂民之晦也，百姓穿户鑿牖，自取照焉。 地有財，不憂民之貧也，百姓伐木芟草，自取富焉。 至德道者若丘山，嵬然不動，行者以爲期也。 行道之人，指以爲期。 直己而足物，己，己山也。言山特自生萬物以足百姓，不爲百姓故生之也。 不爲人贛，用之者亦不受其德，故寧而能久。 天地無予也，故無奪也；日月無德也，故無怨也。喜德者必多怨，喜予者必善奪。 唯滅迹於無爲，而隨天地自然者，唯能勝理理，事理，

〔一〕「質」當爲「賢」。注同。見上文「而立名於爲質」注。

情欲也。勝理去之。而爲受名。名興則道行，道行則人無位矣〔一〕。故譽生則毀隨之，善見則怨從之。○王念孫云：劉本依文子符言篇改怨爲惡。案：劉改是也。譽與毀對，善與惡對。道藏本作怨者，涉上文兩怨字而誤。利則爲害始，福則爲禍先。唯不求利者爲無害，唯不求福者爲無禍。侯而求霸者必失其侯，霸而求王者必喪其霸。故國以全爲常，霸王其寄也；身以生爲常，富貴其寄也。能不以天下傷其國，而不以國害其身者，焉可以託天下也。言不貪天下之利，故可以天下托也。○王念孫云：焉猶則也。老子「故貴以身爲天下，則可寄天下」，道應篇引作「焉可以託天下」，是其證。（荀子禮論篇「三者偏亡，焉無安人」，史記禮書作「則無安人」，是焉與則同義。詳見老子「信不足焉，有不信焉」下。）道藏本、劉本、朱本並作焉。茅一桂不解焉字之義而改焉作爲，莊本從之，謬矣。不知道者，釋其所已有，而求其所未得也。苦心愁慮以行曲，故福至則喜，禍至則怖，神勞於謀，智遽於事，○俞樾云：遽，讀爲勮。說文力部：「勞，勮也。」然則勮亦勞也。「勮於事」，謂勞於事也。遽、勮古通用。公羊宣六年傳釋文曰：「勮，本作遽。」禍福萌生，終身不悔，己之所生，乃反愁人。禍福皆生於己，非旁人也。○文典謹按：御覽七百三十九引，作「不悔己之所生，乃反怨人」。

〔一〕此文有脱誤，詳見上文「人受名則道不用」注。

不喜則憂，中未嘗平，持無所監，謂之狂生。持無所監，所監者非玄德，故爲狂生。○王念孫云：李善注文選任昉哭范僕射詩曰：「淮南子曰：『臺無所監，謂之狂生。』高誘曰：『臺，持也。所鑒者非玄德，故爲狂生。臺，古握字也。』」如李注所引，則今本正文及高注皆經後人刪改明矣。又案：臺與握不同字，臺當爲𡌴，字之誤也。說文：「𡌴，古文握。」故高注云「𡌴，持也」，又云「𡌴，古握字也」。後人不知臺爲𡌴之誤，而改臺爲持，又改高注「臺，持也」爲「持無所監」，并刪去「臺，古握字也」五字，以滅其跡。甚矣其妄也！**人主好仁，則無功者賞，有罪者釋；好刑，則有功者廢，無罪者誅。及無好者，誅而無怨，施而不德，放準循繩，身無與事，若天若地，何不覆載。故合而舍之者君也，制而誅之者法也，民已受誅，怨無所滅，謂之道。**○王念孫云：「怨無所滅」，文子道德篇作「無所怨憾」，是也。道固當誅，故受誅者無所怨憾。今本怨字誤在「無所」上，憾字又誤作滅，則文不成義。**道勝，則人無事矣。**

聖人無屈奇之服，屈，短。奇，長也。**服之不衷，身之災也。**○王念孫云：「屈奇」猶瑰異耳。周官閽人「奇服怪民不入宮」，鄭注曰：「奇服，衣非常。」「屈奇之服」，卽奇服也。司馬相如上林賦「摧崣崛崎」，義與屈奇相近。屈奇雙聲字，似不當分爲兩義也。○陶方琦云：一切經音義十二、又十五引許注：「屈，短也。奇，長也。」按：二注文正同。漢書廣川惠王越傳「謀屈奇」，注：「屈奇，異也。」說苑君道篇：「則未有布衣屈奇之士。」許注以屈爲短，卽說文「屈，無尾也」之訓；

以奇爲長，卽漢書「操其奇贏」之訓。無瑰異之行，服不視，其所服，衆不觀視也。行不觀，言不議，通而不華，窮而不懾，榮而不顯，隱而不窮，異而不見怪，容而與衆同，無以名之，此之謂大通。升降揖讓，趨翔周遊，不得已而爲也，非性所有於身，情無符檢，情無符檢，非所樂也。行所不得已之事，揖讓者，不得已而爲。而不解構耳，豈加故爲哉！豈故者，遭時宜而制禮，非故爲也。故不得已而歌者，不事爲悲；不得已而舞者，不矜爲麗。歌舞而不事爲悲麗者，皆無有根心者。中無根心，强爲悲麗。善博者不欲牟，博其棋，不傷爲謀也。不恐不勝，平心定意，捉得其齊，齊，得其適也。○王念孫云：捉當爲投。「投得其齊」，謂投箸也。秦策曰：「君獨不觀博者乎！或欲大投，或欲分功。」「行由其理」，謂行棊也。楚辭招魂注曰「投六箸，行六棊，故爲六博」是也。隸書投字或作投，捉字或作捉，二形相似，故投誤爲捉。太平御覽工藝部十一引此，正作投。行由其理，雖不必勝，得籌必多。何則？勝在於數，不在於欲。欲勝也。馳者不貪最先，馳，競驅也。○劉績云：馳，除救切。○莊逵吉云：馳卽騁字省文。孫編修、程文學皆説如是。○孫志祖云：玉篇馬部有馳字，除救切，廣韻在四十九宥内，注皆訓爲競馳，與高誘注正合，非騁之省文也。○王念孫云：劉注及孫頤谷説是也。玉篇、廣韻競馳之訓，既本於高注，則讀馳爲胄，亦必本於高注。今本高注有義無音，寫者脱之耳。馳之言逐也。（逐、馳古同聲。大畜九三「良馬逐」，釋文：「逐，如字。鄭本作逐逐，云兩馬走也。一音冑。」海外北經「夸父與日逐走」，郭注：「逐音冑。」）晉灼注漢書五行志曰：「競走曰逐。」故高注言「競驅」。若是騁字，則但可訓爲驅，不可訓爲競驅矣。與人競驅，故云「不貪最先，不恐獨後」。若但曰騁，則無先後之可言矣。孫、程必以爲騁之省文者，徒以説文無馳字故耳，不知是書之字，固有説文所不收者。且馳謂之騁，競驅謂之馳，一從甹聲，一從由聲，（馳從由聲，與冑、宙同。）不得以甲代乙也。**不恐獨後，緩急調乎手，御心調乎馬，雖不能必先載，馬力必盡矣。何則？先在於數，而不在於欲也。是故滅欲則數勝，棄智則道立矣。**

賈多端則貧，工多技則窮，心不一也。○文典謹按：御覽八百二十九引注云：「賈多端，非一。」**故木之大者害其條，水之大者害其深。有智而無術，雖鑽之不通；**雖有智慧，鑽之彌牢，無術，不能達也。○王念孫云：通本作達，此後人以意改之也。術、達爲韻，道、守爲韻。改達爲通，則失其韻矣。據高注云「無術，不能達」，則正文作達甚明。**有百技而無一道，雖得之弗能守。故詩曰：「淑人君子，其儀一也。其儀一也，心如結也。」君子其結於一乎！**○文典謹按：荀子勸學篇引此詩：「淑人君子，其儀一兮。其儀一兮，心如結兮。」楊注引毛傳：「尸鳩之養七子，旦從上而下，暮從下而上，平均如一。善人君子，其執義亦當如尸鳩之一。執義一，則用心堅固，故曰心如結也。」（「平均如一」下，今以爲箋文，非。）

舜彈五絃之琴，而歌南風之詩，以治天下。古琴五弦，至周有七律，增爲七弦也。南風，愷樂之風。周公殽臑不收於前，臑，前肩之美也。○莊逵吉云：史記龜策傳曰：「取前足臑骨。」徐廣曰：「臑，臂。」説文解字云：「臑，臂，羊矢也。」吴人沈彤云：「解字誤豕爲矢，令人難解，蓋謂羊豕之臂耳。」○王引之云：大雅既醉箋：「殽，牲體也。」牲體多矣，不應獨言臑。臑當爲胹。（奴低反。凡隸書從耎從需之字多相亂，故胹誤爲臑。）説文：「胹，有骨醢也。」或作臡。爾雅：「肉謂之醢，有骨者謂之臡。」周官醢人「朝事之豆，其實有麋臡、鹿臡、麇臡」是也。殽，俎實也。胹，豆實也。殽胹猶言俎豆耳。殽胹、鐘鼓各爲一物，文正相對。鐘鼓不解於縣，以輔成王而海内平。匹夫百晦一守，百晦之田，一夫一婦守也。不違啓處，無所移之也。違，暇。啓，開也。以一人兼聽天下，日有餘而治不足，使人爲之也。處尊位者如尸，守官者如祝宰。尸雖能剥狗燒彘，弗爲也，弗能無虧；尸不能治狗事，不虧也。俎豆之列次，黍稷之先後，雖知弗教也，弗能害也。○王念孫云：「弗能無害」，謂雖弗能亦無害於事也。故下文云「弗能祝者，不可以爲祝，無害於爲尸」。莊本害上脱無字，蓋爲劉本所誤。不能祝者，不可以爲祝，無害於爲尸；無害者可以爲尸也。不能御者，不可以爲僕，無害於爲佐。佐，君位也。○俞樾云：高注曰「佐，君位也」，則正文及注，佐字均當作左。禮記曲禮篇正義曰：「車行則有三人，君在左，僕人中央，勇士在右。」是左爲君位也。今加人旁作佐，則失其旨矣。故位愈尊而身愈佚，身愈大而事愈少。譬如張琴，小絃雖急，大絃必緩。無爲者，道之體也；執後者，道之容也。無爲制有爲，術也；執後之制先，數也。放於術則强，審於數則寧。今與人卞氏之璧，未受者，先也；求而致之，雖怨不逆者，後也。三人同舍，二人相爭，爭者各自以爲直，不能相聽，一人雖愚，必從旁而決之，非以智，不爭也。○莊逵吉云：吴處士江聲云：應作「非以智也，以不爭也」。參之下文，當是。攷明中立四子本，本作「非以智也，以不爭也」，知傳刻原有異同。但藏本如是，故不遵改。○文典謹按：吴説是也。御覽四百九十六引，作：「三人同行，二人相與爭，智者各目以爲直，不能相聽。一人雖愚，必從而決之。非以智也，以不爭也。」文雖小異，然足正今本敓誤。兩人相鬭，一羸在側，羸，劣人也。助一人則勝，救一人則免，鬭者雖强，必制一羸，非以勇也，以不鬭也。由此觀之，後之制先，靜之勝躁，數也。倍道棄數，以求苟遇，變常易故，以知要遮，過則自非，中則以爲候，闇行繆改，終身不寤，此之謂狂。有禍則詘，有福則贏，有過則悔，有功則矜，遂不知反，此謂狂人。○文典謹按：「此謂狂人」，本作「此之謂狂」，與上文「此之謂狂」一律。御覽七百三十九引此文，正作「此之謂狂」，是其證。員之中規，方之中矩，行成獸，有謂古禮執羔麑鹿，取其跪乳，羣而不黨。○洪頤煊云：「行成獸」，言有迹可法。○俞樾云：「成獸」之文，殊不成義。高注曲爲之説，非也。獸疑獻字之誤。隸書獸或作獸，見桐柏廟碑，形與獻似，故獻或誤爲獸。周官庖人職「賓客之禽獻」，注曰：「獻，古文爲獸。」杜子春云當爲獻。」是其例也。論語八佾篇「文獻不足故也」，文、獻對文，自有所本。「行成獻，止成文」者，獻，賢也，言行則成賢善，止則成文采也。字誤作獻，則不可通矣。止成文，文謂威儀文采。可以將少，而不可以將衆。蓼菜成行，蓼菜小，皆有行列也。瓶甌有堤，堤，瓶甌下安也。量粟而春，數米而炊，可以治家，而不可以治國。滌杯而食，洗爵而飲，浣而後饋，饋，進食也。可以養家老，而不可以饗三軍。非易不可以治大，非簡不可以合衆。大樂必易，大禮必簡。易故能天，簡故能地。大樂無怨，大禮不責，四海之內，莫不繫統，故能帝也。

心有憂者，筐牀衽席弗能安也，衽，柔弱也。菰飯犓牛弗能甘也，菰，凋胡也。琴瑟鳴竽弗能樂也。患解憂除，然後食甘寢寧，居安游樂。由是觀之，生有以樂也，死有以哀也。今務益性之所不能樂，而以害性之所以樂，故雖富有天下，貴爲天子，而不免爲哀之人。凡人之性，樂恬而憎憫，憫，憂有所在也。樂佚而憎勞。心常無欲，可謂恬矣；形常無事，可謂佚矣。遊心於恬，舍形於佚，以俟天命，自樂於內，無急於外，雖天下之大，不足以易其一槩，日月廋而無溉於志，廋，隱也。溉，灌也。己自隱藏，不以他欲灌其志也。故雖賤如貴，雖貧如富。大道無形，大仁無親，大辯無聲，大廉不嗛，大勇不矜，五者無棄，而幾鄉方矣。方，道也。庶幾向于道也。

軍多令則亂，酒多約則辯。亂則降北，辯則相賊。故始於都者常大於鄙，始於樂者常大於悲，其作始簡者，其終本必調。〇王念孫云：兩大字，一本字，皆義不可通。此文當作「故始於都者常卒於鄙，始於樂者，常卒於悲，其作始簡者，其終卒必調。」莊子人閒世篇：「且以巧鬭力者，始乎陽，常卒乎陰。以禮飲酒者，始乎治，常卒乎亂。凡事亦然。始乎諒，常卒乎鄙。其作始也簡，其將畢也必巨。」卽淮南所本也。（上文曰：「故以巧鬭力者，始於陽，常卒於陰；以慧治國者，始於治，常卒於亂。」亦本莊子。）今本上兩卒字作大，下一卒字作本者，隸書卒或作卆，本或作夲，二形相似，故卒誤爲本，（墨子備高臨篇「足以勞卒，不足以害城」，漢書游俠傳「其陰賊著於心，卒發於睚眦」，今本卒字竝誤作本。）上兩本字又脱其下半而爲大耳。〇俞樾云：王說是矣。惟調之言和也、合也，與簡字之義殊不相應。調當作⿰多周。玉篇多部：「⿰多周，丁幺切，多也，大也。」「其作始簡者，其終卒必⿰多周」，言始於少而終於多也。莊子人閒世篇曰：「其作始也簡，其將畢也必巨。」巨者，大也。大與多義相近，故玉篇⿰多周訓多，亦訓大，且其字亦或從大作奝也。**今有美酒嘉肴以相饗，卑體婉辭以接之，欲以合歡，爭盈爵之間反生鬭，**爵所以飲，爭滿不滿之間。〇王念孫云：文選鮑照結客少年場行注引此，「以相饗」，饗上有賓字，「反生鬭」，反上有乃字，句法較爲完繕。**鬭而相傷，三族結怨，反其所憎，此酒之敗也。詩之失僻，**詩者，衰世之風也，故邪而以之正。小人失其正，則入于邪。**樂之失刺，**鄉飲酒之樂歌鹿鳴，鹿鳴之作，君有酒肴，不召其臣，臣怨而刺上者非也。**禮之失責。**禮無往不復，有施于人則責之。**徵音非無羽聲也，羽音非無徵聲也，五音莫不有聲，而以徵羽定名者，以勝者也。**徵音之中有羽聲，而以徵音名之者，羽音徵〔一〕以著言者也。**故仁義智勇，聖人之所備有也，然而皆立一名者，**立一名，謂仁義智勇兼以聖人之言。**言其大者也。陽氣起於東北，盡於西南；陰氣起於西南，盡於東北。陰陽之始，皆調適相似，日長其類，以侵相遠，**言陽氣自大寒日月長温，以至大熱，與大寒相遠也。**或熱焦沙，或寒凝水，故聖人謹慎其所積。水出於山而入於海，稼生於野而藏於廩，見所始則知終矣。席之先雚蕈，**席之先所從生，出于雚與蕈葦也。**樽之上玄酒，**樽，酒器，所尊者玄水。**俎之先生魚，**祭俎上肴以生魚也。**豆之先泰羹，**木豆謂之豆，所盛泰羹，不調五味也。○王念孫云：此本作「席之上先雚簟，樽之上先玄酒，俎之上先生魚，豆之上先泰羹」。「席之上」三字連讀，「先雚簟」三字連讀，下三句並同。後人不曉文義而以意删之，或删上字，或删先字，斯爲謬矣。藝文類聚服飾部上、太平御覽服用部十並引此「席之上先雚簟，樽之上先玄酒」，初學記器物部引此「豆之上先太羹」，是其證。○文典謹按：初學記服食部引注云：「大羹，肉湆。」**此皆不快於耳目，不適於口腹，而先王貴之，**貴

〔一〕「徵」，疑當爲「微」，形近而誤。

之，所祭宗廟也。先本而後末。聖人之接物，千變萬軫，必有不化而應化者。夫寒之與煖相反，大寒地坼水凝，火弗爲衰其暑；大熱鑠石流金，火弗爲益其烈。寒暑之變，無損益於己，質有之也。言人質不可變于火。〇王引之云：「火弗爲衰其暑」，暑當爲熱。「大熱爍石流金」，熱當爲暑，二字互誤。火可言熱，不可言暑。且熱與烈爲韻，若作暑，則失其韻矣。下文「寒暑」二字，正承「大寒」、「大暑」言之，若云「大寒」、「大熱」，則又與下文不合矣。太平御覽火部二引此，熱暑二字互誤，已與今本同。文選演連珠注引此，正作「火弗爲衰其熱」。「質有之也」，之當爲定。言火有一定之質，故不爲寒暑損益也。定字俗書作㝎，因誤而爲之。御覽引此已誤。〇文典謹按：文選陸士衡演連珠注引，「衰其暑」作「衰其勢暴也」，無大字。聖人常後而不先，常應而不唱；不進而求，不退而讓；隨時三年，時去我先；去時三年，時在我後；無去無就，中立其所。天道無親，唯德是與。有道者，不失時與人；失時，失其時。非失其時以與人。無道者，失於時而取人。直己而待命，時之至不可迎而反也；要遮而求合，時之去不可追而援也。故不曰我無以爲而天下遠，不曰我不欲而天下不至。古之存己者，樂德而忘賤，故名不動志；不以名移志也。樂道而忘貧，故利不動心。名利充天下，不足以概志，故廉而能樂，靜而能澹。故其身治者，可與言道矣。

自身以上至於荒芒爾遠矣，身以上，從己生以前至于荒芒。荒芒，上古時也，故遠矣。自死而天下無窮爾滔矣，從己身死之後，至天地無窮。滔，曼長也。○王念孫云：兩爾字義不可通，劉本爾作亦，是也。尒字俗書作尓，與亦相似。亦誤爲尓，後人因改爲爾矣。以數雜之壽，雜，帀也。從子至亥爲一帀。○莊逵吉云：太平御覽引作「以數帀之壽」，有注云：「帀，猶至也。或作卒。卒，盡也。言垂盡之年，不足以憂天下之亂，猶泣不能使水多也。」與此本既不同，注義又異。憂天下之亂，猶憂河水之少，泣而益之也。○文典謹按：藝文類聚九十七引，作「龜三千歲，蜉蝣不過三日，人以數離之壽，憂天下之亂，猶憂河水之少而泣以益之也」。龜三千歲，龜吐故納新，故壽三千歲。浮游不過三日，浮游，渠略也。生三日死也。以浮游而爲龜憂養生之具，人必笑之矣。故不憂天下之亂，而樂其身之治者，可與言道矣。君子爲善不能使福必來，不爲非而不能使禍無至。福之至也，非其所求，故不伐其功；禍之來也，非其所生，故不悔其行。內修極極，中。而橫禍至者，皆天也，非人也。故中心常恬漠，累積其德；○王引之云：「累積其德」，當依文子符言篇作「不累其德」。累，讀如負累之累。言中心恬漠，外物不能累其德也。（下二句云：「狗吠而不驚，自信其情。」「自信其情」與「不累其德」，文正相對。呂氏春秋有度篇曰：「惡欲喜怒哀樂六者，累德者也。」）寫者脱去不字，校書者又誤讀累爲積累之累，因加積字耳。狗吠而不驚，自信其情。故知道者不惑，知命者不憂。萬乘之主卒，葬其骸於廣野之中，祀其鬼神於明堂之上，廟之中，謂之明堂也。神貴於形也。以人神在堂，而形骸在野。故神制則形從，神制，謂情也。情欲使不作也，而形體從心以合。形勝則神窮。形勝，謂人體躁動，勝其精神，神窮而去也。○俞樾云：「文子符言篇作『故神制形則從，形勝神則窮』，當從之。此申明上文『神貴於形』之義，言可使神制形，不可使形勝神也。觀高注，則其所據本已誤。聰明雖用，必反諸神，聰明雖用，于內以守。明神安而身全。謂之太沖。沖，調也。

淮南鴻烈集解卷十五

兵略訓

兵，防也。防亂之萌，皆在略謀，解諭至論用師之意也，故曰「兵略」。○文典謹按：此篇叙目無「因以題篇」字，乃許慎注本。

古之用兵者，非利土壤之廣而貪金玉之略，略，獲得也。○文典謹按：御覽二百七十一引，略作賂。將以存亡繼絶，平天下之亂，而除萬民之害也。凡有血氣之蟲，含牙帶角，前爪後距，有角者觸，有齒者噬，有毒者螫，○文典謹按：御覽九百四十四引，螫作蠚。有蹏者趹，喜而相戲，怒而相害，天之性也。人有衣食之情，而物弗能足也，故羣居雜處，分不均，求不澹，則争。争，則强脅弱而勇侵怯。人無筋骨之强，爪牙之利，故割革而爲甲，○文典謹按：北堂書鈔一百十三引，而作以。鑠鐵而爲刃。貪昧饕餮之人，殘賊天下，萬人搔動，○文典謹按：御覽二百七十一引，人作民。莫寧其所。有聖人勃然而起，乃討强暴，平亂世，夷險除穢，以濁爲清，以危爲寧，○文典謹按：御覽引，寧下有也字。故不得不中絶。中絶，謂若殷王中相絶滅。○俞樾云：此當作「故人得不中絶」，言聖人勃然而起，夷險除穢，故人類不至於中絕也。今作「不得不中絕」，於義難通。文子上義篇亦然，則其誤久矣。兵之所由來者遠矣！黄帝嘗與炎帝戰矣，炎帝，神農之末世也。與黄帝戰於阪泉，黄帝滅之。顓頊嘗與共工争矣。共工與顓頊争爲帝，觸不周山。○莊逵吉云：御覽引注，下有「天柱折也」四字。故黄帝戰於涿鹿之野，黄帝與蚩尤戰于涿鹿。涿鹿，在上谷。堯戰於丹水之浦，堯以楚伯受命，滅不義于丹水。丹水在南陽。○文典謹按：御覽二百七十一引注，水作浦。舜伐有苗，有苗，三苗也。啓攻有扈。禹之子啓伐有扈于甘。甘在右扶風郡。○文典謹按：御覽二百七十一引注，「甘在右扶風郡」作「在右扶風鄠縣也」。自五帝而弗能偃也，又況衰世乎！

夫兵者，所以禁暴討亂也。炎帝爲火災，故黄帝擒之；共工爲水害，故顓頊誅之。教之以道，導之以德而不聽，則臨之以威武。臨之威武而不從，則制之以兵革。故聖人之用兵也，若櫛髮耨苗，所去者少，而所利者多。殺無罪之民，而養無義之君，害莫大焉；殫天下之財，而澹一人之欲，禍莫深焉。使夏桀、殷紂有害於民而立被其患，不至於爲炮烙；晉厲、宋康行一不義而身死國亡，不至於侵奪爲暴。此四君者，皆有小過而莫之討也，故至於攘天下，攘，亂。害百姓，肆一人之邪，而長海内之禍，此大倫之所不取也。○王念孫云：大當爲天，字之誤也。論與倫同。（王制「凡制五刑，必卽天論」，鄭注：「論或爲倫。」釋文：「論音倫，理也。」倫、論古多通用，莊本改論爲倫，未達假借之義。）倫，道也。（見小雅正月篇毛傳、論語微子篇包咸注。）言爲天道之所不取也。文子上義篇正作「天倫」。所爲立君者，以禁暴討亂也。今乘萬民之力，而反爲殘賊，是爲虎傅翼，曷爲弗除！夫畜池魚者必去猵獺，猵獺之類，食魚者也。養禽獸者必去豺狼，○俞樾云：主術篇：「夫華騮、緑耳，一日而至千里，然其使之搏兔，不如豺狼。」太平御覽獸部引作「狼契」。王氏引之曰：「狼、契，皆犬名也。廣雅曰：『狼狐狂獖，犬屬也。』玉篇：『猰，公八切，襍犬也。』猰與契通。犬能搏兔而馬不能，故曰『不如狼契』。」今以其説推之，此文「豺狼」亦當作「狼契」，蓋猵獺能食魚，狼契能搏獸，故猵獺不可與池魚並畜，而狼契不可與禽獸同養。若豺狼，本非人之所養，又何待言去乎？○文典謹按：主術篇「豺狼」之當爲「狼契」，有御覽可證，故王氏云然，未可以彼例此。豺狼非人所養，猵獺又豈人之所養哉？俞説未安。又況治人乎！

故霸王之兵，以論慮之，以策圖之，以義扶之，非以亡存也，將以存亡也。故聞敵國之君有加虐於民者，則舉兵而臨其境，責之以不義，刺之以過行。兵至其郊，乃令軍師曰：「毋伐樹木！毋抉墳墓！毋爇五穀！爇，燒也。毋焚積聚！毋捕民虜！○文典謹按：御覽引「毋捕民虜」作「無捕虜民」。毋收六畜！」○莊逵吉云：御覽此下有注云：「無聚所征國民爲採取，無收其六畜以自饒利。」乃發號施令曰：「其國之君，○王念孫云：其當爲某，字之誤也。太平御覽兵部二引此，正作「某國」。司馬法仁本篇亦云：「某國爲不道，征之。」傲天侮鬼，決獄不辜，殺戮無罪，此天之所以誅也，民之所以仇也。◯俞樾云：兩以字皆衍文。呂氏春秋懷寵篇作：「若此者，天之所誅也，人之所讎也。」無兩以字。文子上義篇同。◯文典謹按：俞說是也。御覽引，無兩以字，是其證。兵之來也，以廢不義而復有德也。有逆天之道，帥民之賊者，◯俞樾云：帥字義不可通，呂氏春秋作衛，是也。當由衛誤作衞，因改爲帥耳。◯文典謹按：御覽引，「帥民之賊」作「率民爲賊」。身死族滅！以家聽者，禄以家。以里聽者，賞以里。以鄉聽者，封以鄉。以縣聽者，侯以縣。」尅國不及其民，廢其君而易其政，尊其秀士而顯其賢良，振其孤寡，恤其貧窮，出其囹圄，賞其有功。百姓開門而待之，淅米而儲之，淅，漬也。唯恐其不來也。此湯、武之所以致王，而齊桓之所以成霸也。故君爲無道，民之思兵也，若旱而望雨，渴而求飲，夫有誰與交兵接刃乎！故義兵之至也，至於不戰而止。◯莊逵吉云：御覽作「至於不戰而心服」。晚世之兵，君雖無道，莫不設渠壍，傅堞而守，傅，守也。堞，城上女牆。攻者非以禁暴除害也，欲以侵地廣壤也。是故至於伏尸流血，相支以日，◯俞樾云：「相支以日」，甚爲無義。文子上義篇作「相交於前」，當從之。交與支形似而誤。交誤爲支，因改「於前」爲「以日」，使成文義耳。而霸王之功不世出者，自爲之故也。夫爲地戰者不能成其王，爲身戰者不能立其功。舉事以爲人者衆助之，舉事以自爲者衆去之。衆之所助，雖弱必强；衆之所去，雖大必亡。

兵失道而弱，得道而强；將失道而拙，得道而工；國得道而存，失道而亡。所謂道者，體圓而法方，○莊逵吉云：御覽作「取圓而法方」。背陰而抱陽，左柔而右剛，履幽而戴明，○莊逵吉云：御覽引，明作暘。變化無常，得一之原，以應無方，是謂神明。夫圓者，天也；方者，地也。天圓而無端，故不可得而觀；地方而無垠，故莫能窺其門。○王念孫云：「不可得而觀」，本作「不得觀其形」，後人以形與端韻不相協，故改爲「不可得而觀」也。不知元、耕二部，古或相通。（說文睘從袁聲，而唐風杕杜篇「獨行睘睘」與菁、姓爲韻。齊風還篇「子之還兮」與閒、肩、儇爲韻，而漢書地理志引作「子之營兮」。淮南精神篇曰：「以道爲紃，有待而然，抱其太清之本，而無所容與，而物無能營。」齊俗篇曰：「其歌樂而無轉，其哭哀而無聲。」道應篇曰：「爲三年之喪，令類不蕃；高辭卑讓，使民不爭。」又莊子大宗師篇曰：「夫道有情有信，無爲無形，可傳而不可受，可得而不可見。」逸周書時訓篇曰：「螻蟈不鳴，水潦淫漫。蚯蚓不出，嬖奪后命。王瓜不生，困於百姓。」漢書貢禹傳曰：「何以孝弟，爲財多而光榮。何以禮義，爲史書而仕宦。何以謹慎，爲勇猛而臨官。」外戚傳悼李夫人賦曰：「超兮西征，屑兮不見。」太玄進次二曰：「進以中刑，大人獨見。」聚測曰：「鬼神無靈，形不見也。燕聚嘻嘻，樂淫衍也。宗其高年，鬼待敬也。」易林姤之臨曰：「禹召諸侯，會稽南山，執玉萬國，天下康寧。」升之震曰：「當變立權，擿解患難，涣然冰釋，大國以寧。」皆以元、耕二部通用。）形字正與端爲韻也。人能觀天而不能知其形，故曰「不得觀其形」，非謂不可得而觀也。文子自然篇正作「故不得觀其形」。天化育而無形象，地生長而無計量，渾渾沉沉，孰知其藏！凡物有朕，唯道無朕。言萬物可朕也，而道不可朕也。○俞樾云：高注曰「言萬物可朕也，而道不可朕也」，則正文及注文朕字皆勝字之誤，故以可不可言。若是朕字，則但當言有無，不當言可不可也。文子自然篇作「夫物有勝，唯道無勝」，當據以訂正。所以無朕者，以其無常形勢也。輪轉而無窮，象日月之運行，若春秋有代謝，若日月有晝夜，終而復始，明而復晦，莫能得其紀。制刑而無刑，故功可成；物物而不物，○莊逵吉云：御覽引，作「象物而不物」。故勝而不屈。刑，兵之極也，至於無刑，可謂極之矣。○莊逵吉云：御覽引，無之字。○王念孫云：刑並與形同。「可謂極之矣」，當作「可謂極之極矣」。形者，兵之極；至於無形，故曰極之極。太平御覽引此，正作「可謂極之極矣」。（鈔本如是。刻本作「可謂極矣」，乃後人妄删。）是故大兵無創，與鬼神通，五兵不厲，天下莫之敢當。建鼓不出庫，諸侯莫不慴㥄沮膽其處。故廟戰者帝，神化者王。所謂廟戰者，法天道也；神化者，法四時也。脩政於境内而遠方慕其德，制勝於未戰而諸侯服其威，内政治也。古得道者，靜而法天地，動而順日月，喜怒而合四時，叫呼而比雷霆，音氣不戾八風，詘伸不獲五度。獲，誤也。五度，五行也。下至介鱗，上及毛羽，條脩葉貫，萬物百族，由本至末，莫不有序。是故入小而不偪，偪，迫也。處大而不窕，浸乎金石，潤乎草木，宇中六合，振豪之末，或曰：宇中，四宇也。六合，六合内。莫不順比。道之浸洽，滒淖纖微，無所不在，是以勝權多也。

夫射，儀度不得，則格的不中；格，射之椹質也。的，射準也。驥，一節不用，而千里不至。夫戰而不勝者，非鼓之日也，鼓之日，謂陳兵擊鼓鬭之日也。素行無刑久矣。故得道之兵，車不發軔，軔，車下支。騎不被鞍，鼓不振塵，旗不解卷，卷，束也。甲不離矢，刃不嘗血，朝不易位，賈不去肆，農不離野，招義而責之，大國必朝，小城必下。因民之欲，乘民之力而爲之，去殘除賊也，故同利相死，同情相成，同欲相助。○王念孫云：「同欲相助」，當作「同欲相趨」。（趨，七句反，向也。）同惡相助」。今本上句脱「相趨」二字，下句脱「同惡」二字。「同欲」、「同惡」，相對爲文。且利、死爲韻，情、成爲韻，欲、趨爲韻，惡、助爲韻。欲與助，則非韻矣。（古韻欲、趨屬候部，惡、助屬御部，故欲與助非韻。）史記吴王濞傳「同惡相助，同好相留，同情相成，同欲相趨，同利相死」，是其證。（文子自然篇作「同行者相助」，此以意改耳。呂氏春秋察微篇亦云「同惡固相助」。）順道而動，天下爲嚮；因民而慮，天下爲鬬。獵者逐禽，車馳人趍，各盡其力，無刑罰之威，而相爲斥闉要遮者，斥，候也。闉，塞也。同所利也。同舟而濟於江，卒遇風波，百族之子，捷捽招杼船，捷，疾取也。若左右手，不以相德，其憂同也。故明王之用兵也，爲天下除害，而與萬民共享其利，民之爲用，猶子之爲父，弟之爲兄，威之所加，若崩山決塘，敵孰敢當！故善用兵者，用其自爲用也；不能用兵者，用其爲己用也。用其自爲用，則天下莫不可用也；用其爲己用，所得者鮮矣。

兵有三詆：詆，要事也。○文典謹按：書鈔百十三引，詆作體。治國家，理境内，行仁義，布德惠，立正法，○文典謹按：書鈔引，正作政。塞邪隧，○文典謹按：書鈔引，隧作墜。羣臣親附，百姓和輯，上下一心，君臣同力，諸侯服其威而四方懷其德，脩政廟堂之上而折衝千里之外，拱揖指撝而天下響應，此用兵之上也。地廣民衆，主賢將忠，國富兵强，約束信，號令明，兩軍相當，鼓錞相望，錞，錞于，大鐘也。未至兵交接刃而敵人奔亡，○王念孫云：「兵交」當爲「交兵」。文子上義篇正作「交兵接刃」，下文亦云「不待交兵接刃」。此用兵之次也。知土地之宜，習險隘之利，明奇正之變，察行陳解贖之數，○俞樾云：「解贖」當爲「解續」。解之言解散也，續之言連續也，解續猶言分合。下文曰「出入解續」，是其證。維枹綰而鼓之，綰，貫。枹係於臂，以擊鼓也。○王念孫云：「維枹綰而鼓之」，殊爲不詞。一切經音義二十引此，作「綰枹而鼓之」，無維字，是也。枹字本在綰字下，故高注先釋綰，後釋枹。因枹字誤在縮字上，後人又以高注言「枹係於臂」，因加維字耳。不知縮字已兼維係之義，無庸更言維也。○陶方琦云：一切經音義十八引許注：「縮，貫也。」按説文：「縮，惡也。」桂氏説文義證云：「惡卽貫之譌文。」玉篇亦云：「縮，貫也。」白刃合，流矢接，涉血屬腸，輿死扶傷，流血千里，暴骸盈場，乃以決勝，此用兵之下也。今夫天下皆知事治其末，而莫知務脩其本，釋其根而樹其枝也。

夫兵之所以佐勝者衆，而所以必勝者寡。甲堅兵利，車固馬良，畜積給足，士卒殷軫，殷，衆也。軫，乘輪多盛貌。此軍之大資也，而勝亡焉。○曾國藩云：「勝亡焉」，猶云勝不係乎此也，全不係乎此也。明於星辰日月之運，刑德奇賌之數，奇賌，陰陽奇祕之要。○莊逵吉云：説文解字云：「該，軍中約也。」又漢書有「五音奇胲」，史記倉公傳作「奇咳」。古字賌、胲、咳皆應作該。五音奇胲，兵家書也，故許慎以爲軍中約。背鄉左右之便，此戰之助也，而全亡焉。良將之所以必勝者，恒有不原之智，不道之道，難以衆同也。夫論除謹，論除，論賢除吏。謹，慎也。動静時，吏卒辨，兵甲治，正行伍，連什伯，明鼓旗，此尉之官也。軍尉，所以尉鎮衆也。前後知險易，見敵知難易，發斥不忘遺，發，有所見。斥，斥度，候視也。此候之官也。軍候，候望者也。○陶方琦云：史記索隱二十四引許注：「斥，度；候，視也。候，望也。」按：索隱引敚「軍候」二字。漢書李廣傳「遠斥候，未嘗遇害」是也。説文人部：「候，伺望也。」與注淮南同。隧路亟，隧，道也。亟，言治軍隧道疾也。行輜治，行輜，道路輜重也。賦丈均，賦治軍壘，尺丈均平也。處軍輯，井竈通，此司空之官也。軍司空，補空脩繕者。收藏於後，遷舍不離，無淫輿，無遺輜，此輿之官也。輿，衆也。候領輿衆在軍之後者。凡此五官之於將也，猶身之有股肱手足也，○王引之云：下言「五官」，而上祇有四官，寫者脱其一也。「兵甲治」下當有「此司馬之官也」一句。自「論除謹」至「兵甲治」，皆司馬之事，非尉之事，且句法亦與下不同，自「正行伍」以下乃是尉之事耳。司馬也，尉也，候也，司空也，輿也，所謂「五官」也。左傳成二年晉軍有司馬、司空、輿帥、候正、亞旅，襄十九年晉軍有軍尉、司馬、司空、輿尉、候奄，官名與此略同，而其數皆五，足以相證矣。（漢書百官公卿表：「衛尉，秦官，諸屯衛候司馬皆屬焉。」續漢書百官志：「大將軍營五部，部校尉一人，軍司馬一人。部下有曲，曲有軍候一人。」通典兵類引一説曰：「凡立軍，二百人立候，四百人立司馬，八百人立尉。」必擇其人，技能其才，使官勝其任，人能其事。告之以政，申之以令，使之若虎豹之有爪牙，飛鳥之有六翮，莫不爲用。然皆佐勝之具也，非所以必勝也。兵之勝敗，本在於政。政勝其民，下附其上，則兵强矣。民勝其政，下畔其上，則兵弱矣。故德義足以懷天下之民，事業足以當天下之急，選舉足以得賢士之心，謀慮足以知强弱之勢，此必勝之本也。

地廣人衆，不足以爲强；堅甲利兵，不足以爲勝；高城深池，不足以爲固；嚴令繁刑，不足以爲威。爲存政者，雖小必存；爲亡政者，雖大必亡。昔者楚人地，南卷沅、湘，卷，屈取也。沅、湘，二水名。○文典謹按：「昔者楚人地」，初學記地部中引，作「昔荆楚之地」。北繞潁、泗，潁、泗，二水名也。西包巴、蜀，東裹郯、淮，巴、蜀、郯、淮，地名。○王念孫云：郯、淮本作郯、邳，（注同。）此後人妄改之也。淮乃水名，非地名，與高注不合。太平御覽州郡部十三引此，正作郯、邳。沅、湘、潁、泗皆水名，巴、蜀、郯、邳皆地名。漢郯縣故城在今邳州東北，下邳故城在今邳州東，二縣相連，故並言之。史記楚世家亦云鄒、費、郯、邳。潁、汝以爲洫，洫，溝也。江、漢以爲池，垣之以鄧林，鄧林，沔水上險。緜之以方城，緜，落也。方城，楚北塞也，在南陽葉也。山高尋雲，谿肆無景，肆，極也。極溪之深，不見景也。○王念孫云：御覽引，作「山高尋雲霓，谿深肆無景」，是也。「谿深」二字連讀，今本脱深字，則與上句不對。「肆無景」三字連讀，故高注云：「肆，極也。極谿之深，不見景也。」若以「谿肆」連讀，則文不成義矣。晉書羊祜傳「高山尋雲霓，深谷肆無景」，即用淮南語。地利形便，卒民勇敢，蛟革犀兕，以爲甲冑，修鎩短鏦，鏦，小矛也。○陶方琦云：華嚴經音義上引許注：「鏦，小矛也。」按：説文：「鏦，矛也。」訓同。方言：「矛，吴、揚、江、淮、南楚、五湖之間或謂之鏦。」字通穳。倉頡篇：「穳，短矛也。」短矛即小矛。**齊爲前行，積弩陪後，**積弩，連弩也。**錯車衛旁，疾如錐矢，**錐[一]，金簇箭羽之矢也。**合如雷電，解如風雨，**○王引之云：錐當爲鍭，注内「箭羽」當爲「翦羽」，皆字之誤也。爾雅：「金鏃翦羽謂之鍭。」（説文同。方言曰：「箭，江、淮之間謂之鍭。」）大雅行葦篇曰：「四鍭既鈞。」周官司弓矢曰：「殺矢、鍭矢，用諸近射田獵。」考工記矢人曰：「鍭矢參分，一在前，二在後。」隱元年穀梁傳曰：「聘弓鍭矢不出竟場。」鍭字亦作翭。士喪禮記曰：「翭矢一乘，骨鏃短衛。」）是其明證矣。下文云「疾如鏃矢」，鏃亦鍭之誤。（矦字隸書作侯，隹字隸書作佳，二形相似。族字隸書或作疾，形與矦亦相似。故鍭矢之字非誤爲錐，即誤爲鏃。齊策「疾如錐矢，戰如雷電，解如風雨」，文與此同，則錐矢亦是鍭矢之誤。高注以錐矢爲小矢，非也。史記蘇秦傳又誤作「鋒矢」，索隱引吕氏春秋貴卒篇「所爲貴錐矢者，爲其應聲而至」，今本吕氏春秋誤作「鏃矢」。莊子天下篇「鏃矢之疾」，鏃亦鍭之誤。郭象音族，非也。鶡冠子世兵篇「發如鏃矢」，鏃本或作鍭，亦當以作鍭者爲是。）**然而兵殆於垂沙，**垂沙，地名。○陶方琦云：史記集解引許注：「垂涉，地名。」按：垂沙不誤，荀子議兵篇及韓詩外傳四並作垂沙。楚策三「垂沙之事，死者以千數」，史記作垂涉，涉或作沙，與沙相似。**衆破於栢舉。楚國之强，大地計衆，中分天下，**○王念孫云：大當爲支，字之誤也。氾論篇云「度地計衆」，度與支皆計也。大戴禮保傳篇「燕支地計衆，不

[一]「錐」爲「鏃」之誤（見下文注），則「錐」下疑脱「矢」字。

與齊均」，盧辯曰：「支，猶計也。」賈子胎教篇作「度地計衆」。然懷王北畏孟嘗君，脅于齊也。背社稷之守而委身强秦，懷王入秦，秦留之藍田也。兵挫地削，身死不還。二世皇帝二世，秦始皇少子胡亥也。勢爲天子，富有天下，人迹所至，舟檝所通，莫不爲郡縣。然縱耳目之欲，窮侈靡之變，不顧百姓之飢寒窮匱也，興萬乘之駕而作阿房之宫，阿房，地名，秦所築也。發閭左之戍，秦皆發閭左民，未及發而秦亡也。收太半之賦，貲民之三而税二。百姓之隨逮肆刑，挽輅首路死者，隨逮，應召也。肆刑，極刑。輅，輓輦横木也。一旦不知千萬之數，天下敖然若焦熱，傾然若苦烈，上下不相寧，吏民不相憀。憀，賴。戍卒陳勝興於大澤，攘臂袒右，陳勝，字涉，汝陰人也。大澤，沛蘄縣。袒右，脱右臂衣也。稱爲大楚，而天下響應。當此之時，非有牢甲利兵、勁弩强衝也，伐棘棗而爲矜，棘棗，酸棗也。矜，矛柄。○王念孫云：「棘棗」本作「樲棗」，（注同。）此亦後人妄改之也。魏風園有桃傳云：「棘，棗也。」説文：「棘，小棗叢生者。」皆不訓爲酸棗。改樲爲棘，則與高注不合矣。史記司馬相如傳「枇杷樲柹」，索隱：「徐廣曰：『樲，棗也。而善反。』説文曰：『樲，酸小棗也。』淮南子云：『伐樲棗以爲矜。』」索隱引作「樲棗」，而「酸小棗」之訓又與高注合，則正文、注文皆作「樲棗」，明矣。下句注云「撚矜以内鑽鑿」，撚卽樲字之誤。周錐鑿而爲刃，周，内也。撚矜以内鑽鑿也。剡摲筡，奮儋钁，摲，剡鋭也。钁，斫也。以當脩戟强弩，攻城略地，莫不降下。天下爲之麋沸螘動，雲徹席卷，方數千里。勢位至賤，而器械甚不利，然一人唱而天下應之者，積怨在於民也。武王伐紂，東面而迎歲，太歲在寅。至氾而水，氾，地名。水，有大雨水也。至共頭而墜，共頭，山名，在河曲共山。墜，隕也。彗星出而授殷人其柄。時有彗星，柄在東方，可以掃西人也。當戰之時，十日亂於上，風雨擊於中，然而前無蹈難之賞，而後無遁北之刑，白刃不畢拔而天下得矣。是故善守者無與御，而善戰者無與鬬，明於禁舍開塞之道，乘時勢，因民欲而取天下。

故善爲政者積其德，善用兵者畜其怒。德積而民可用，怒畜而威可立也。故文之所以加者淺，則勢之所勝者小；德之所施者博，而威之所制者廣。○王念孫云：上二句當作「故文之所加者淺，則勢之所服者小」。今本加上衍以字，服字又誤作勝。（服、勝左畔相似，又因上下文多勝字而誤。）下言「威之所制者廣」，「威之所制」猶言「勢之所服」耳。服與制義相近，若作勝，則非其指矣。漢書刑法志作「文之所加者深，則武之所服者大」，文子下德篇作「文之所加者深，則權之所服者大」，皆其證。威之所制者廣，則我强而敵弱矣。故善用兵者，先弱敵而後戰者也，故費不半而功自倍也。湯之地方七十里而王者，修德也；智伯有千里之地而亡者，窮武也。故千乘之國行文德者王，萬乘之國好用兵者亡。故全兵先勝而後戰，德先勝之，而後乃戰，湯、武是也。敗兵先戰而後求勝。德均則衆者勝寡，力敵則智者勝愚，勢侔則有數者禽無數。侔，等也。○王念孫云：劉本改「者侔」爲「勢侔」。案：劉改非也。者當爲智，字之誤也。（者、智下半相似，又因上下文者字而誤。）「力敵」二字承「衆者勝寡」而言，言衆寡相等，則智者勝愚也。「智侔」二字又承「智者勝愚」而言，言智相等，則有數者禽無數也。劉改爲「勢侔」，則義與上句不相承，且與「力敵」相複矣。數，謂兵法也。詮言篇曰：「慮不勝數，事不勝道。」故曰「智侔則有數者禽無數」也。文子上禮篇正作「智同則有數者禽無數」。凡用兵者，必先自廟戰：主孰賢？將孰能？民孰附？國孰治？蓄積孰多？士卒孰精？甲兵孰利？器備孰便？故運籌於廟堂之上，而決勝乎千里之外矣。

夫有形埒者，天下訟公也。見之；有篇籍者，世人傳學之。此皆以形相勝者也，善形者弗法也。所貴道者，貴其無形也。無形，則不可制迫也，不可度量也，不可巧詐也，不可規慮也。智見者人爲之謀，形見者人爲之功，衆見者人爲之伏，器見者人爲之備。動作周還，倨句詘伸，可巧詐者，皆非善者也。善者之動也，神出而鬼行，星燿而玄逐；進退詘伸，不見朕塾；○王念孫云：逐當爲運。玄運，天運也。（後漢書張衡傳注引桓譚新論曰：「玄者，天也。」釋名曰：「天謂之玄。」）言如星之燿，如天之運也。覽冥篇曰：「日行而月動，星燿而玄運，電奔而鬼騰，進退屈伸，不見朕垠。」是其明證也。運字古讀若云，

〔呂氏春秋諭大篇引夏書「天子之德廣運」，與文爲韻。管子形勢篇「受辭者，名之運也」，與尊爲韻。越語「廣運百里」，韋注曰：「東西爲廣，南北爲運。」西山經「廣員百里」，廣員卽廣運。墨子非命上篇「譬猶運鈞之上而立朝夕者也」，中篇運作員。莊子天運篇釋文曰：「天運，司馬作天員。」管子戒篇「四時云下而萬物化」，云卽運字。説文：「鴆，一名運日。」劉逵吴都賦注作雲日。〕與埶爲韻。若作逐，則失其韻矣。**鸞舉麟振，鳳飛龍騰；發如秋風，疾如駭龍。**龍魚也，飛之疾者也。○文典謹按：海外西經：「龍魚狀如貍，一曰鰕，一曰鼈魚。」**當以生擊死，以盛乘衰，以疾掩遲，以飽制飢。**○王念孫云：此本作「發如猋風，疾如駭電，以生擊死，以盛乘衰，以疾掩遲，以飽制飢」。今本「猋風」作「秋風」，字之誤也。〔俗書猋字作飈，形與秋相近。〕舊本北堂書鈔武功部六引此作「炎風」，炎亦猋之誤。〔陳禹謨依俗本改爲秋風。〕「發如猋風」，言其疾也。漢書韓長孺傳「匈奴，輕疾悍亟之兵也，至如猋風，去如收電」，顔師古曰：「猋，疾風也。」故月令「猋風暴雨總至」，呂氏春秋孟春篇作疾風。若作秋風，則非其指矣。「疾如駭電」，今本作「駭龍」，龍字涉上文「龍騰」而衍，龍下當字卽電字之誤。後人誤以當字下屬爲句，〔「以生擊死」四句之上加一當字，則義不可通。〕故於「駭龍」之下妄加注釋耳。〔今本注云：「龍魚也，飛之疾者也。」案：海外西經之龍魚，不得謂之駭龍，且與上句「猋風」不類，明是後人妄加此注，以附會駭龍二字之義，非高氏原文也。〕楚辭九歎「淩驚靁以軼駭電兮」，駭電與猋風，事正相類，故以比用兵之神速。管子兵法篇云：「追亡逐遁若飄風，〔飄與猋同。月令猋風，淮南時則篇作飄風。爾雅「迴風爲飄」，月令注作「回風爲猋」。漢書蒯通傳「飄至風起」，顏注：「飄，讀曰猋。」）擊刺若雷電。」呂氏春秋決勝篇云：「若雷電飄風暴雨。」漢書云：「至如猋風，去如收電。」義並與此同。舊本北堂書鈔引此，正作「疾如駭電」，無「龍」、「當」二字。（陳禹謨依俗本改爲駭龍，又加當字。）若以水滅火，若以湯沃雪，何往而不遂？何之而不用達？○劉績云：衍用字。在中虛神，在外漠志，運於無形，出於不意。與飄飄往，與忽忽來，莫知其所之。與條出，與間入，莫知其所集。卒如雷霆，疾如風雨，若從地出，若從天下，獨出獨入，莫能應圉。疾如鏃矢，何可勝偶？一晦一明，孰知其端緒？未見其發，固已至矣。故善用兵者，見敵之虛，乘而勿假也，追而勿舍也，迫而勿去也。擊其猶猶，陵其與與，疾雷不及塞耳，用疾雷之聲，不暇復塞耳也。疾霆不暇掩目。善用兵，若聲之與響，若鏜之與鞈，鞈，鼓鞞聲。眯不給撫，呼不給吸。當此之時，仰不見天，俯不見地，手不麾戈，兵不盡拔，擊之若雷，薄之若風，炎之若火，淩之若波。敵之靜不知其所守，動不知其所爲。故鼓鳴旗麾，當者莫不廢滯崩阤，天下孰敢厲威抗節而當其前者！故淩人者勝，待人者敗，爲人杓者死。杓，所擊也。

兵靜則固，專一則威，分決則勇，心疑則北，力分則弱。故能分人之兵，疑人之心，則錙銖有餘；不能分人之兵，疑人之心，則數倍不足。故紂之卒，百萬之心；武王之卒，三千人皆專而一。故千人同心則得千人力，萬人異心則無一人之用。將卒吏民，動静如身，乃可以應敵合戰。故計定而發，分決而動，將無疑謀，卒無二心，動無墮容，口無虚言，事無嘗試，應敵必敏，發動必亟。故將以民爲體，而民以將爲心。心誠則支體親刃，心疑則支體撓北。○王念孫云：「親刃」二字，義不可通。劉本作「親力」，義亦不可通。刃當爲⿰黍刃，寫者脱其半耳。説文：「䵒，黏也。」引隱元年左傳「不義不䵒」，或作⿰黍刃。今左傳作暱。親⿰黍刃卽親暱也。「支體親暱」謂從心也，「支體撓北」謂不從心也。親暱之暱，古音在職部，故與北爲韻。小雅菀柳篇「無自暱焉」，與息、極爲韻，是其證。心不專一，則體不節動；將不誠心，則卒不勇敢。○王念孫云：「誠必」與「專一」相對爲文，「勇敢」與「誠必」相因爲義。管子九守篇曰：「用賞者貴誠，用刑者貴必。」荀子致士篇曰：「人主之患，不在乎不言用賢，而在乎不誠必用賢。」吕氏春秋論威篇曰：「又况乎萬乘之國而有所誠必乎，則何敵之有矣！」賈子道術篇曰：「伏義誠必謂之節。」枚乘七發曰：「誠必不悔，決絶以諾。」是古書多以誠必連文。劉本「誠必」作「誠心」，因上文「心誠」而誤。諸本與劉本同，唯道藏本作「誠必」。莊不從藏本而從諸本，謬矣。故良將之卒，若虎之牙，若兕之角，若鳥之羽，若蚈之足，蚈，馬蠸也。可以行，可以舉，可以噬，可以觸，强而不相敗，衆而不相害，一心以使之也。故民誠從其令，雖少無畏；民不從令，雖衆爲寡。故下不親上，其心不用；卒不畏將，其形不戰。守有必固，而攻有必勝，不待交兵接刃，而存亡之機固以形矣。

兵有三勢，有二權。○莊逵吉云：御覽引，權作鈴。下「知權」、「事權」同。程文學云：「鈴當作鈐爲是。」有氣勢，有地勢，有因勢。將充勇而輕敵，卒果敢而樂戰，三軍之衆，百萬之師，志厲青雲，氣如飄風，聲如雷霆，誠積踰而威加敵人，此謂氣勢。硤路津關，○莊逵吉云：御覽引，硤作狹。大山名塞，龍蛇蟠，蟠，宛屈也。却笠居，○莊逵吉云：御覽此下有注云：「却，偃覆也。笠，簦也。」羊腸道，○莊逵吉云：御覽此下有注云：「羊腸，一屈一伸。」此二注，別本亦或有之。發笱門，發笱，竹笱，所以捕魚，其門可入而不得出。○王念孫云：「却笠居」，後漢書杜篤傳注引，作「簦笠居」，是也。「簦笠」與「龍蛇」相對爲文，謂山形偃覆如簦笠，故高注有「偃覆」之語。今本作「却笠居」，注云：「却，偃覆也。笠，登也。」（太平御覽引同。）案：「却笠」二字文不成義，訓却爲偃覆亦義不可通，疑傳寫錯誤也。（注内登字卽簦字之誤，疑當作「偃覆如簦笠」。）「發笱」二字於義無取，「發笱」當作「魚笱」，「羊腸」、「魚笱」相對爲文。高注「發笱，竹笱，所以捕魚，其門可入而不得出」，「發笱」二字亦因正文而衍。太平御覽兵部二及後漢書注引此，並作「魚笱門」，御覽引注文亦無「發笱」二字。一人守隘，而千人弗敢過也，此謂地勢。因其勞倦怠亂，飢渴凍暍，推其擓擓，擠其揭揭，擠，排也。擓擓，欲卧也。揭揭，欲拔也。○王念孫云：說文、玉篇、廣韻、集韻皆無擓字，擓當爲搖，字之誤也。（注同。）搖，古摇字也。

（考工記矢人「夾而搖之」，釋文：「搖，本又作揺。」漢書天文志：「元光中，天星盡揺。」）注內「欲卧」當爲「欲仆」，亦字之誤也。搖搖者，動而欲仆也。因其欲仆而推之，故曰「推其搖搖」。武王户銘曰：「若風將至，必先搖搖。」意與此相近也。太平御覽兵部二引此，正作「推其搖搖」。隸書揺字或作挌，（漢書司馬相如傳「消挌乎襄羊」）因誤而爲揞。管子白心篇「夫不能自搖者，夫或揞之」，揞亦挌字之誤。蓋世人少見「揺」「挌」二字，故傳寫多差。而楊慎古音餘乃於侵韻收入揞字，引淮南子「推其揞揞，擠其揭揭」，不知其字而以意爲之，斯爲謬矣。此謂因勢。善用間諜，言軍之反間也。審錯規慮，設蔚施伏，草木蕃盛曰蔚。隱匿其形，○莊逵吉云：御覽作「隱遁其形」。出於不意，○莊逵吉云：御覽意作慮。敵人之兵無所適備，此謂知權。○王念孫云：「設蔚施伏」，當作「設施蔚伏」。高注：「草木盛曰蔚。」伏兵於其中故曰蔚伏，可言「設蔚伏」，不可言「設蔚」也。且「審錯規慮」、「設施蔚伏」相對爲文，若作「設蔚施伏」，則與上句不對。（太平御覽引此已誤。）下文云「設規慮，施蔚伏」，是其明證矣。「敵人之兵無所適備」，太平御覽引此，「敵人」上有使字，於義爲長。陳卒正，前行選，進退俱，什伍摶，前後不相撚，撚，揉蹈也。○莊逵吉云：御覽撚作蹍，注云：「蹍，蹀踏也。」左右不相干，受刃者少，傷敵者衆，此謂事權。權勢必形，吏卒專精，選良用才，官得其人，計定謀決，明於死生，舉錯得失，莫不振驚。○王念孫云：失當爲時，聲之誤也。太平御覽引此，正作「舉錯得時」。故攻不待衝隆雲梯而城拔，雲梯，可依雲而立，所以瞰敵之城中。戰不至交兵接刃而敵破，明於必勝之攻也。○王念孫云：攻當爲數，此涉上下文攻字而誤也。數，術也。太平御覽引此，正作「必勝之數」。故兵不必勝，不苟接刃；攻不必取，不爲苟發。故勝定而後戰，鈐縣而後動。故衆聚而不虛散，兵出而不徒歸。唯無一動，動則淩天振地，抗泰山，蕩四海，鬼神移徙，鳥獸驚駭。如此，則野無校兵，敵家之兵不來相交復也。國無守城矣。

静以合躁，治以持亂，○王念孫云：持當爲待，字之誤也。（隸書待、持二字相似，公食大夫禮「左人待載」，古文待爲持。大戴禮禮三本篇「待年而食」，荀子禮論篇作「持手而食」。）待，猶禦也，言以治禦亂也。（待與禦同義，説見經義述聞左傳「待諸乎」下。）作持，則非其指矣。孫子軍爭篇「以治待亂，以静待譁」，卽淮南所本。文選五等論「以治待亂」，李善注引此文云「静以合躁，治以待亂」，尤其明證矣。無形而制有形，無爲而應變，雖未能得勝於敵，敵不可得勝之道也。敵先我動，則是見其形也；彼躁我静，則是罷其力也。形見則勝可制也，力罷則威可立也。視其所爲，因與之化；觀其邪正，以制其命；餌之以所欲，以罷其足。彼若有間，急塡其隙，極其變而束之，盡其節而仆之。敵若反静，爲之出奇，彼不吾應，獨盡其調〔一〕。言我之盡調以待敵也。若動而應，有見所爲，彼持後節，彼謂敵。持後節，敵在後，使先己。與之推移。彼有所積，必有所虧，精若轉左，陷其右陂。右陂，西也。敵潰而走，後必可移。敵迫而不動，名之曰奄遲，擊之如雷霆，斬之若草木，燿之若火電，欲疾以遬，人不及步銷，車不及轉轂，○王引之云：銷字義不可通，銷當作趨。隸書趨字作趍，（見漢武都太守李翕西狹頌。）與銷相似而誤。淮南書中趨字多有作趍者，（諸本多改作趨，唯藏本未改。）故知銷爲趍之誤。「人不及步趨」者，用兵神速，敵人不及走避也。趨字入聲則音促，正與上下文之木、遬、轂、木、角、格爲韻。兵如植木，弩如羊角，人雖衆多，勢莫敢格。諸有象者，莫不可勝也；諸有形者，莫不可應也。是以聖人藏形於無，而遊心於虛。風雨可障蔽，而寒暑不可開閉，○王念孫云：開當爲關。寒暑無所不入，故不可關閉。作開，則義不可通矣。俗書關字作閞，閞字作開，二形相似而誤。（詳見道應篇「東開鴻濛之光」下。）以其無形故也。夫能滑淖精微，貫金石，窮至遠，放乎九天之上，放，寄。蟠乎黃盧之下，唯無形者也。善用兵者，當擊其亂，不攻其治，是不襲堂堂之寇，不擊填填之旗。填填，旗立牢端貌。容未可見，以數相持。彼有死形，因而制之。敵人執

〔一〕「調」，王念孫說當爲「和」，詳見詮言訓「物莫不足滑其調」注。

數，動則就陰。以虛應實，必爲之禽。虎豹不動，不入陷阱；麋鹿不動，不離罝罘；飛鳥不動，不絓網羅；魚鼈不動，不擐屭喙。物未有不以動而制者也，是故聖人貴靜。靜則能應躁，後則能應先，數則能勝疏，博則能禽缺。○俞樾云：博與缺義不相應，與上文「靜則能應躁，後則能應先，數則能勝疏」不一律矣。博當作摶，字之誤也。説文手部：「摶，圜也。」故與缺相對爲文。太玄中次六曰：「月闕其摶。」月之有闕有摶，卽此文摶缺對文之證。故良將之用卒也，同其心，一其力，勇者不得獨進，怯者不得獨退，止如丘山，發如風雨，所淩必破，靡不毀沮，動如一體，莫之應圉，是故傷敵者衆，而手戰者寡矣。夫五指之更彈，不若捲手之一挃；挃，擣也。萬人之更進，更，代也。不如百人之俱至也。今夫虎豹便捷，熊羆多力，然而人食其肉而席其革者，不能通其知而壹其力也。夫水勢勝火，章華之臺燒，章華，楚之高臺。以升勺沃而救之，雖涸井而竭池，無柰之何也；舉壺榼盆盎而以灌之，其滅可立而待也。今人之與人，非有水火之勝也，而欲以少耦衆，不能成其功，亦明矣。兵家或言曰：「少可以耦衆。」此言所將，非言所戰也。或將衆而用寡者，勢不齊也；勢不齊，士不同力也。將寡而用衆者，用力諧也。若乃人盡其才，悉用其力，以少勝衆者，自古及今，未嘗聞也。

神莫貴於天，勢莫便於地，動莫急於時，用莫利於人。○文典謹按：御覽二百七十一引，人下有和字。凡此四者，兵之幹植也，然必待道而後行，可一用也。夫地利勝天時，巧舉勝地利，勢勝人，故任天者可迷也，任地者可束也，任時者可迫也，任人者可惑也。夫仁勇信廉，人之美才也，然勇者可誘也，仁者可奪也，信者易欺也，廉者易謀也。將衆者，有一見焉，則爲人禽矣。由此觀之，則兵以道理制勝，而不以人才之賢，亦自明矣。是故爲麋鹿者則可以罝罘設也，麋鹿有兵而不能以鬭，無術之軍也。爲魚鼈者則可以網罟取也，魚鼈之兵，散而不集。爲鴻鵠者則可以矰繳加也，鴻鵠之兵，高而無被。唯無形者無可奈也。是故聖人藏於無原，故其情不可得而觀；運於無形，故其陳不可得而經。無法無儀，來而爲之宜；無名無狀，變而爲之象。深哉睭睭，遠哉悠悠，且冬且夏，且春且秋，上窮至高之末，下測至深之底，變化消息，無所凝滯，建心乎窈冥之野，而藏志乎九旋之淵，九旋，九回之淵，至深者也。〇陶方琦云：文選江賦注、莊子釋文引許注：「九旋之淵至深。」按：文選注引有敓文，莊子釋文引淮南許注作「至深也」，敓文又甚。說文：「淵，回水也。」又「淀」下云：「回泉也。」雖有明目，孰能窺其情！

兵之所隱議者天道也，所圖畫者地形也，所明言者人事也，所以決勝者鈐勢也。故上將之用兵也，上得天道，下得地利，中得人心，乃行之以機，發之以勢，是以無破軍敗兵。及至中將，上不知天道，下不知地利，專用人與勢，雖未必能萬全，勝鈐必

多矣。下將之用兵也，博聞而自亂，多知而自疑，居則恐懼，發則猶豫，是以動爲人禽矣。今使兩人接刃，巧拙不異，而勇士必勝者，何也？其行之誠也。夫以巨斧擊桐薪，不待利時良日而後破之。加巨斧於桐薪之上，而無人力之奉，雖順招搖，挾刑德，招搖，斗杓也。刑，十二辰也。德，十日也。**而弗能破者，以其無勢也。故水激則悍，矢激則遠。夫栝淇衛箘簵，**栝，箭栝也。淇衛箘簵，箭之所出也。○莊逵吉云：御覽引，簵作簬。御覽凡兩引此注，一引與此同，又一處引注云：「箘簬，箭竹也，出于淇地。衛，箭羽也。」程文學云：釋名：「箭羽，齊人曰衛，所以導衛矢也。」疑是許慎注。○文典謹按：藝文類聚六十引注，與莊氏所舉又一處引注正同。今注內「箘簵」二字，疑涉正文而衍。**載以銀錫，**載，飾也。飾箭以銀錫。○文典謹按：北堂書鈔百二十五、藝文類聚六十、太平御覽三百四十七引，載並作飾。**雖有薄縞之幨，**縞，細繒也。**腐荷之矰，**荷，蓮華也。矰，猶矢也。○洪頤煊云：詩澤陂「有蒲與荷」，鄭箋：「芙蕖之莖曰荷。」證類本草引陸璣疏亦作「其莖曰荷」。蓮華不可以爲矢，高注非。**然猶不能獨射也。**○王念孫：「腐荷之矰」，矰本作櫓；「不能獨射」，射本作穿；高注本作「櫓，大楯也」。（說文及儒行注、襄十年左傳注並同。楯本作盾。）此言栝淇衛箘簵，而載之以銀錫，則雖薄縞之幨，腐荷之盾，亦不能穿。下文曰：「若假之筋角之力，（各本脱若字，今據舊本北堂書鈔及藝文類聚、太平御覽引補。）弓弩之勢，則貫兕甲而徑於革盾矣。」正與此相反也。氾論篇曰：「隆衝以攻，渠幨以守。」高彼注曰：「幨，幰也，所以禦矢也。」韋昭注吴語曰：「渠，楯也。」幨與盾皆所以禦五兵，故彼言「渠幨以守」，此言「薄縞之幨，腐荷之櫓，猶不能穿」。（齊策云：「攻城之費，百姓理襜蔽，舉衝櫓。」襜與幨同。）若矰，則非其類矣。且腐荷之櫓不能穿，謂矢不能穿櫓也。今本作「腐荷之矰」，矰卽是矢，則其義不可通矣。後人不知矰爲櫓之誤，乃改「不能獨穿」爲「不能獨射」，以牽合矰字，又改高注之「櫓，大楯也」爲「矰，猶矢也」，以牽合正文，甚矣其謬也。舊本北堂書鈔武功部十三引此，正作「腐荷之櫓」，（陳禹謨依俗本改櫓爲矰，下「不能獨穿」同。）太平御覽兵部八十八「楯」下引此同，又引高注云：「櫓，大楯也。」又今本「不能獨射」，舊本北堂書鈔及藝文類聚軍器部、太平御覽兵部七十八、八十八、珍寶部十一，並引作「不能獨穿」，今據以訂正。假之筋角之力，弓弩之勢，則貫兕甲而徑於革盾矣。○文典謹按：北堂書鈔百二十五引，「假之」作「若不假以」。夫風之疾，至於飛屋折木；虚舉之下大遲，自上高丘，虚舉，不駕也。風疾飛之，下大遲，復上高丘也。○孫詒讓云：注以「不駕」釋「虚舉」，則舉疑當作轝，卽輿之俗。「大遲」宋本作「大達」，疑當作「大逵」，注同。此似言疾風能飛屋折木，而虚轝不能自下大逵而上高丘，必藉人力推之，以喻兵勢之得失。注釋「虚轝」亦云「風疾飛之」，則與「人之有所推」之文不合，殆非也。人之有所推也。是故善用兵者，勢如決積水於千仞之隄，若轉員石於萬丈之谿，天下見吾兵之必用也，則孰敢與我戰者！故百人之必死也，賢於萬人之必北也，況以三軍之衆，赴水火而不還踵乎！雖誂合刃於天下，誰敢在於上者！誂，卒也。雖卒然合，與天下争，人誰敢在其上者！○洪頤煊云：説文：「誂，相呼誘也。从言，兆聲。」廣雅釋詁：「誂，誘也。」

所謂天數者，左青龍，右白虎，前朱雀，後玄武。角、亢爲青龍，參、井爲白虎，星、張爲朱雀，斗、牛爲玄武。用兵軍者，右參、井，左角、亢，背斗、牛，向星、張。此順北斗之銓衡也。所謂地利者，後生而前死，左牡而右牝。高者爲生，下者爲死。丘陵爲牡，谿谷爲牝。所謂人事者，慶賞信而刑罰必，動静時，舉錯疾。此世傳之所以爲儀表者，固也，然而非所以生。儀表者，因時而變化者也。是故處於堂上之陰而知日月之次序，見瓶中之冰而知天下之寒暑。○俞樾云：於字，衍文也。「處堂上之陰」者，謂察堂上之陰也。兵略篇曰：「相地形，處次舍。」是處與相同義。主術篇曰：「援白黑而示之，則不處焉。」不處猶不察也。蓋物居其所謂之處，使物各得其所亦謂之處。國語魯語曰「夫仁者講功，而知者處物」是也。故處卽有辨別之義。後人不達，而妄加於字，「處於堂上之陰」，於義殊不可通。且「處堂上之陰」本與「見瓶中之冰」相對，今增於字，則句法亦參差不齊矣。夫物之所以相形者微，唯聖人達其至。故鼓不與於五音而爲五音主，水不與於五味而爲五味調，將軍不與於五官之事而爲五官督。故能調五音者，不與五音者也；能調五味者，不與五味者也；能治五官之事者，不可揆度者也。是故將軍之心，滔滔如春，曠曠如夏，湫漻如秋，典凝如冬，典，常。凝，正也。常正於冬也。○俞樾云：高注曰：「典，常。凝，正也。」此未得典字之義。典，讀爲「頎典」之典。考工記輈人「是故輈欲頎典」，鄭注曰：「頎典，堅刃貌。」然則典凝猶堅凝也，與上句「湫漻如秋」一律。若訓典爲常，則失其義矣。○文典謹按：北堂書鈔百十五引，曠曠作闊闊，湫作淋，典凝作慘惻。又有注云：「滔滔寬伏，如春日之倡也。」**因形而與之化，隨時而與之移。夫景不爲曲物直，響不爲清音濁。觀彼之所以來，各以其勝應之。是故扶義而動，推理而行，掩節而斷割，**掩，覆也。覆其節制斷割也。○文典謹按：御覽二百七十三引注，割下有之字。**因資而成功，使彼知吾所出而不知吾所入，知吾所舉而不知吾所集。始如狐狸，彼故輕來；合如兕虎，敵故奔走。夫飛鳥之摯也俛其首，**○文典謹按：書鈔百十六、御覽二百七十一引，摯並作鷙。**猛獸之攫也匿其爪，虎豹不外其爪而噬不見齒。**○王念孫云：「虎豹不外其爪」，與上句「匿其爪」相複，爪當作牙，此卽涉上句爪字而誤。「噬不見齒」，若仍指虎豹言之，則又與「不外其牙」相複，當作「噬犬不見其齒」，與上句相對爲文，今本脱去犬字、其字。舊本北堂書鈔武功部四引此，正作「虎豹不外其牙，噬犬不見其齒」。（陳禹謨依俗本改爲「虎豹不外其爪而噬不見齒」。）太平御覽兵部二同。**故用兵之道，示之以柔而迎之以剛，**○莊逵吉云：御覽此下有注云：「迎，逆敵家。」○文典謹按：意林引，迎作乘。**示之以弱而乘之以强，爲之以歙而應之以張，**○莊逵吉云：御覽此下有注云：「歙，弱。張，强也。」

歙，讀如脅。」將欲西而示之以東，先忤而後合，前冥而後明，◎文典謹按：北堂書鈔百十七引，明作朗。若鬼之無迹，若水之無創。故所鄉非所之也，所見非所謀也，舉措動静，莫能識也，若雷之擊，不可爲備。◎文典謹按：意林引作：「若欲西者，示之以東，使知吾所出，而不知吾所入。若鬼無跡，若水無創，若電之激，不可備也。」所用不復，故勝可百全。與玄明通，莫知其門，是謂至神。

兵之所以强者，民也；◎王念孫云：文子上義篇作「兵之所以强者，必死也」，於義爲長。下句「民之所以必死者，義也」，即承此句言之。上文曰：「百人之必死，賢於萬人之必北。」是兵之所以强者必死也。今本作「兵之所以强者，民也」，民字疑涉下句而誤。◎文典謹按：王説非也。「兵之所以强者，民也」，即上文「因民之欲，乘民之力，政勝其民，下附其上，則兵强矣」之義。此文「兵之所以强者，民也；民之所以必死者，義也；義之所以能行者，威也」，三句相連接，而以兩民字兩義字爲之樞紐。若改民字爲「必死」，則句法既參差不齊，文義亦不相連貫矣。文子上義篇「國之所以强者，必死也，所以死者，必義也」，文義本不可通，王氏顧欲據以改不誤之淮南書，其失也泥矣。「兵之所以强者，民也」，兵家之精義，王氏未及知之耳。民之所以必死者，義也；義之所以能行者，威也。是故合之以文，齊之以武，是謂必取；威儀竝行，是謂至强。◎文典謹按：儀，文子上義篇作義，當從之。夫人之所樂者生也，而所憎者死也，然而高城深池，矢石若雨，平原廣澤，白刃交接，而卒争先合者，彼非輕死而樂傷也，爲其賞信而罰明也。是故上視下如子，則下視上如父；○莊逵吉云：御覽引此，視作事。下「視上如兄」、「視上如父」兩句同。上視下如弟，則下視上如兄。上視下如子，則必王四海；下視上如父，則必正天下。上親下如弟，○王念孫云：「上親下如弟」，親亦當爲視，字之誤也。上文正作「上視下如弟」。○文典謹按：王説是也。御覽二百八十一引，正作「上視下如弟」，是其證。則不難爲之死；下視上如兄，則不難爲之亡。是故父子兄弟之寇，不可與鬭者，積恩先施也。故四馬不調，造父不能以致遠；弓矢不調，羿不能以必中；君臣乖心，則孫子不能以應敵。孫子，名武，吴王闔閭之將也。是故内脩其政以積其德，外塞其醜以服其威，察其勞佚以知其飽飢，故戰日有期，視死若歸。故將必與卒同甘苦俟飢寒，○俞樾云：俟字義不可通，乃併字之誤。併與并通。廣雅釋詁：「并，同也。」「併飢寒」與「同甘苦」一律。○文典謹按：俞説未碻。此本作「故將必與卒同甘苦勞佚飢寒」，乃承上文「察其勞佚以知其飽飢」而言。御覽二百八十一引，作「故將必與卒同甘苦佚飢寒」，敚一勞字。此文佚更譌爲俟，而義遂不可通矣。故其死可得而盡也。故古之善將者，必以其身先之，暑不張蓋，寒不被裘，所以程寒暑也；險隘不乘，上陵必下，所以齊勞佚也；軍食孰然後敢食，軍井通然後敢飲，所以同飢渴也；合戰必立矢射之所及，○文典謹按：意林引，「所及」下有「之處」二字。以共安危也。○王念孫云：「矢射」當爲「矢石」，聲之誤也。

（太平御覽兵部十三引此已誤。）意林引此，正作「矢石」。劉晝新論兵術篇同。上文云「所以程寒暑」、「所以齊勞佚」、「所以同飢渴」，則此「以共安危」上亦當有所字。○文典謹按：王説是也。意林引，有所字，是其證。故良將之用兵也，常以積德擊積怨，以積愛擊積憎，何故而不勝！主之所求於民者二：求民爲之勞也，欲民爲之死也。民之所望於主者三：飢者能食之，勞者能息之，有功者能德之。民以償其二積，而上失其三望，○王念孫云：「二積」當爲「二責」，此因上文諸積字而誤。二責，謂爲主勞，爲主死，故曰「主之所求於民者二」，求猶責也。太平御覽兵部十二引此，正作責。○文典謹按：御覽二百八十一引，以作已。以、已古通用。國雖大，人雖衆，兵猶且弱也。若苦者必得其樂，勞者必得其利，斬首之功必全，死事之後必賞，死事，以軍事死。賞其後子孫也。四者既信於民矣，主雖射雲中之鳥，而釣深淵之魚，彈琴瑟，聲鐘竽，敦六博，敦者，致也。○王念孫云：古無訓敦爲致者。六博言致，亦於義無取。今案：「敦六博，投高壺」，敦亦投也。敦，音都回反。邶風北門篇「王事敦我」，鄭箋曰：「敦，猶投擲也。」是敦與投同義。投謂投箸也。楚辭招魂注曰：「投六箸，行六棊，故爲六博。」是也。投高壺，○文典謹按：御覽引，壺作牆。兵猶且強，令猶且行也。是故上足仰，則下可用也；德足慕，則威可立也。

將者必有三隧、四義、五行、十守。所謂三隧者，上知天道，下習地形，中察人情。凡此三事者，人所從蹊隧。所謂四義者，便國不負兵，負，程也。○王念孫云：負與程義不相近，負當爲員，草書之誤也。（太平御覽兵部四引此已誤。）説山篇云：「春至旦，不中員程。」漢書尹翁歸傳云：「責以員程。」是員與程同義。員爲程式之程，又爲程量之程。儒行曰：「鷙蟲攫搏不程勇者，引重鼎不程其力。」鄭注曰：「程，猶量也。搏猛引重，不量勇力堪之與否也。」此言「便國不員兵」，亦謂不程量其兵之衆寡，故高注訓員爲程也。爲主不顧身，見難不畏死，決疑不辟罪。所謂五行者，柔而不可卷也，剛而不可折也，仁而不可犯也，信而不可欺也，勇而不可凌也。○文典謹按：御覽二百七十三引，凌作枝。所謂十守者，神清而不可濁也，謀遠而不可慕也，操固而不可遷也，知明而不可蔽也，不貪於貨，不淫於物，不嚂於辯，○莊逵吉云：御覽引，嚂作濫。不推於方，○文典謹按：御覽引，方作名。不可喜也，不可怒也。是謂至於，窈窈冥冥，孰知其情！○王念孫云：於當爲旍。古書旌字或作旍，形與於相近，因誤爲於。（續漢書天文志「會稽海賊曾旍等千餘人」，今本旍誤作於。）旌、冥、情三字爲韻，旌與精同。主術篇曰：「故至精之像，窈窈冥冥，不知爲之者誰，而功自成。」老子曰：「窈兮冥兮，其中有精。」莊子在宥篇曰：「至道之精，窈窈冥冥。」皆其證也。列子説符篇「東方有人焉，曰爰旌目」，後漢書張衡傳注引作爰精目。漢濟陰太守孟郁脩堯廟碑「師工旌密」，即精密。是精與旌古字通。○文典謹按：「是謂至於」，御覽引作「是謂至矣」，於義爲長。發必中銓，言必合數，動必順時，解必中揍；揍，理也。通動静之機，明開塞之節，○文典謹按：文選永明九年策秀才文注引，通字、明字下竝有乎字。審舉措之利害，若合符節；疾如彍弩，勢如發矢，一龍一蛇，動無常體，莫見其所中，莫知其所窮，攻則不可守，守則不可攻。

蓋聞善用兵者，必先脩諸己，而後求諸人；先爲不可勝，而後求勝。脩己於人，求勝於敵，己未能治也，而攻人之亂，是猶以火救火，以水應水也，何所能制！今使陶人化而爲埴，則不能成盆盎；陶人化爲埴，陶人復變爲埴土，不能化埴土也。工女化而爲絲，則不能織文錦。同，莫足以相治也，故以異爲奇。兩爵相與鬭，未有死者也；鸇鷹至，則爲之解，以其異類也。故静爲躁奇，有出於人。治爲亂奇，飽爲飢奇，佚爲勞奇。奇正之相應，若水火金木之代爲雌雄也。善用兵者，持五殺以應，五殺，五行。故能全其勝。拙者處五死以貪，故動而爲人擒。

兵貴謀之不測也，形之隱匿也，出於不意，不可以設備也。謀見則窮，形見則制。故善用兵者，上隱之天，下隱之地，中隱之人。隱之天者，無不制也。何謂隱之天？大寒甚暑，疾風暴雨，大霧冥晦，因此而爲變者也。何謂隱之地？山陵丘阜，林叢險阻，可以伏匿而不見形者也。何謂隱之人？蔽之於前，望之於後，出奇行陳之間，發如雷霆，疾如風雨，擪巨旗，擪，卷取也。止鳴鼓，而出入無形，莫知其端緒者也。故前後正齊，四方如繩，出入解續，不相越淩，○孫詒讓云：續，宋本作隫。上文亦云「察行陳解隫之數」。然不知「解隫」何義，注亦並無説。攷釋名釋衣服云：「齊人謂如衫而小袖曰侯頭。侯頭，猶解瀆，臂直通之言也。」疑解續、解隫、解瀆義同，解隫亦往來通達之語，猶解瀆爲直通之言也。翼輕邊利，邊利，翼軍之邊而利。或前或後，離合散聚，不失行伍，此善脩行陳者也。明於奇正賌、陰陽、刑德、五行、望氣、候星、龜策、禨祥，○陳觀樓云：正字後人所加。「奇賌」以下皆二字連讀。上文云「明於刑德奇賌之數」，高注：「奇賌，陰陽奇秘之要。」是其證。説文作奇侅，史記倉公傳作奇咳，漢書藝文志作奇胲，竝字異而義同。此善爲天道者也。設規慮，施蔚伏，見用水火，出珍恠，鼓譟軍，所以營其耳也；曳梢肆柴，揚塵起堨，梢，小柴也。堨，埃。○陶方琦云：文選班固西都賦注引許注：「堨，埃也。」按：今注敚也字，依宋本補。説文：「堨，壁間隙。」「埃，塵也。」西都賦：「軼堨埃之混濁。」所以營其目者，此善爲詐佯者也。錞鉞牢重，固植而難恐，勢利不能誘，死亡不能動，此善爲充榦者也。充，盈。榦，强也○陶方琦云：文選陸機辨亡論注引許注：「榦，强也。」按：説文：「彊，弓有力也。」釋名釋兵：「矢，其體曰榦，言挺榦也。」義正相近。剽疾輕悍，勇敢輕敵，疾若滅没，此善用輕出奇者也。相地形，處次舍，治壁壘，審煙斥，○孫詒讓云：煙、闉同聲叚借字。上文云：「無刑罰之威而相爲斥闉要遮者，同所利也。」是其證。居高陵，舍出處，此善爲地形者也。因其飢渴凍暍，勞倦怠亂，恐懼窘步，乘之以選卒，擊之以宵夜，此善因時應變者也。易則用車，易，平地也。險則用騎，涉水多弓，水中不可引弩，故以弓便。隘則用弩，隘可以手弩以爲距。晝則多旌，夜則多火，晦冥多鼓，此善爲設施者也。凡此八者，不可一無也，然而非兵之貴者也。夫將者，必獨見獨知。○文典謹按：北堂書鈔百十五引，作「獨知獨見」。獨見者，見人所不見也；獨知者，知人所不知也。見人所不見，謂之明；知人所不知，謂之神。神明者，先勝者也。先勝者，守不可攻，戰不可勝，攻不可守，虛實是也。上下有隙，將吏不相得，所持不直，卒心積不服，言積怨不服之也。所謂虛也。主明將良，上下同心，氣意俱起，所謂實也。若以水投火，所當者陷，所薄者移，牢柔不相通而勝相奇者，虛實之謂也。故善戰者不在少，善守者不在小，勝在得威，敗在失氣。夫實則鬬，虛則走，盛則强，衰則北。吴王夫差地方二千里，帶甲七十萬，南與越戰，棲之會稽，北與齊戰，破之艾陵，西遇晉公，擒之黄池，晉公，謂平侯也。擒之，服晉也。此用民氣之實也。其後驕溢縱欲，拒諫喜諛，憢悍遂過，憢，勇急也。不可正喻，大臣怨懟，百姓不附，越王選卒三千人，擒之干隧，因制其虛也。夫氣之有虛實也，若明之必晦也，故勝兵者非常實也，敗兵者非常虛也。善者，能實其民氣，以待人之虛也；不能者，虛其民氣，以待人之實也。故虛實之氣，兵之貴者也。

凡國有難，君自宫召將，詔之曰：「社稷之命在將軍，即今國有難，願請子將而應之。」○王念孫云：即當爲身，「在將軍身」爲句，「今國有難」爲句。隸書身字或作身，與即字左半相似，因誤而爲即。「願請子將而應之」，請字涉下文「還請」而衍。藝文類聚武部、太平御覽兵部五、七十一、儀式部一引此，並作「社稷之命在將軍身，今國有難，願子將而應之」，是其證。將軍受命，乃令祝史太卜齋宿三日，之太廟，鑽靈龜，卜吉日，以受鼓旗。君入廟門，西面而立；將入廟門，趨至堂下，北面而立。主親操鉞，持頭，授將軍其柄，曰：「從此上至天者，將軍制之。」復操斧，持頭，授將軍其柄，曰：「從此下至淵者，將軍制之。」將已受斧鉞，答曰：「國不可從外治也，軍不可從中御也。二心不可以事君，疑志不可以應敵。臣既以受制於前矣，鼓旗斧鉞之威，臣無還請，願君亦以垂一言之命於臣也。○王念孫云：「亦以垂一言之命」，以當爲無。今作以者，涉上文「既以」而誤。軍不可從中御，故曰「臣無還請，君亦無垂一言之命於臣」。兩無字相因爲義。今本下無字作以，則義不可通。太平御覽兵部五引此，正作無。君若不許，臣不敢將。君若許之，臣辭而行。」乃爪鬋，鬋爪，送終之禮，去手足爪。設明衣也，明衣，喪衣也。在於闇冥，故言明。鑿凶門而出。凶門，北出門也。將軍之出，以喪禮處之，以其必死也。○陶方琦云：御覽三百三十五引許注：「明衣，送終衣也。翦手足指爪者，示必死也。」按：此御覽所引乃敓文，「明衣」下敓去十字。「送終衣」即今注「送終禮」，禮與衣字相似。今注「以其必死也」，其字乃𠕁字。其古作亓，與𠕁相似。 乘將軍車，載旌旗斧鉞，累若不勝。其臨敵決戰，不顧必死，○文典謹按：北堂書鈔百十五、藝文類聚五十九引，決竝作攻，於義爲長。無有二心。是故無天於上，無地於下，無敵於前，無主於後，進不求名，退不避罪，○文典謹按：北堂書鈔百十五引，避作辭。 唯民是保，利合於主，國之實也，上將之道也。○王念孫云：實當爲寶，字之誤也。孫子地形篇「故進不求名，退不避罪，唯民是保，而利合於主，國之寶也」，此卽淮南所本。今作「國之實」，則義不可通矣。且寶與保、道爲韻。若作實，則失其韻矣。（上下文皆用韻。）如此，則智者爲之慮，勇者爲之鬭，氣厲青雲，疾如馳騖，是故兵未交接而敵人恐懼。若戰勝敵奔，畢受功賞，吏遷官，益爵禄，割地而爲調，決於封外，卒論斷于軍中。言有罪而誅。 顧反於國，放旗以入斧鉞，報畢於君曰：「軍無後治。」乃縞素辟舍，請罪於君。君曰：「赦之！」退，齋服。大勝三年反舍，大勝敵者，還三年，乃反故舍也。中勝二年，下勝期年。兵之所加者，必無道國也，故能戰勝而不報，取地而不反，民不疾疫，將不夭死，五穀豐昌，風雨時節，戰勝於外，福生於內，是故名必成而後無餘害矣！

淮南鴻烈集解卷十六

説山訓

山爲道本，仁者所處。説道之旨，委積若山，故曰「説山」，因以題篇。

魄問於魂曰：「道何以爲體？」魄，人陰神也。魂，人陽神也。陰道祖于陽，故魄問魂，道以何等形體也。○莊逵吉云：御覽引，作「魂問於魄」，下魂、魄並互異。曰：「以無有爲體。」道無形，以無有爲體也。魄曰：「無有有形乎？」魂曰：「無有。」「何得而聞也？」言無有形狀，何以可得而知也。魂曰：「吾直有所遇之耳！」言遇，遭遇知之也。○王念孫云：「何得而聞也」上，本有「魄曰無有」四字。魄問魂曰：「無有，何得而聞也？」故魂答曰：「吾直有所遇之耳！」今本脱此四字，則義不可通。（此因兩「魄曰無有」相亂而脱其一。）藝文類聚靈異部下、太平御覽妖異部一所引，並有此四字。視之無形，聽之無聲，謂之幽冥。幽冥者，所以喻道，而非道也。」似道而非道也。魄曰：「吾聞得之矣！」得，猶知也。○王念孫云：聞字涉上文而衍。乃内視而自反也。」魂曰：「凡得道者，形不可得而見，名不可得而揚。揚，猶稱也。揚或作象。今汝已有形名矣，何道之所能乎！」魄曰：「言者，獨何爲者？」魄詰魂曰：子尚無形，何故有言？「吾將反吾宗矣。」宗，本也。魂將反于無形。○俞樾云：「吾將反吾宗矣」上當有「魂曰」二字，此乃魂之言也。「吾將反吾宗」者，魂欲反其宗也，故下文曰：「魄反顧，魂忽然不見。」惟反其宗，所以不見也。高解「反吾宗」曰：「魂將反于無形。」則其所據本正有「魂曰」二字。不然，何知其是魂而非魄乎？**魄反顧，魂忽然不見，**不見魂也。**反而自存，亦以淪於無形矣。**魄返而自存，亦以入於無形之中矣。形或作有。

人不小學，不大迷；小學不博，不能通道，故大迷也。**不小慧，不大愚。**小慧不能通物，故大愚也。○王念孫云：學當爲覺，字之誤也。「小覺」與「大迷」相對，「小慧」與「大愚」相對。今作「小學」，則非其指矣。文子上德篇正作「不小覺，不大迷」。又案：高注本作「小覺不能通道，故大迷也」。今本作「小學不博，不能通道」者，覺誤爲學，後人因加「不博」二字也。下注云「小慧不能通物，故大愚也」，與此相對爲文，則此注原無「不博」二字明矣。**人莫鑑於沫雨，而鑑於澄水者，以其休止不蕩也。**沫雨，雨潦上覆瓫也。澄，止水也。蕩，動也。沫雨或作流潦。**詹公之釣，千歲之鯉不能避；**詹公，詹何也，古得道善釣者，有精術，故能得千歲之鯉也。○王念孫云：「千歲之鯉不能避」，本作「得千歲之鯉」，高注「故得千歲之鯉也」，是其證。今本作「千歲之鯉不能避」者，句首脱去得字，則文不成義，後人不解其故，遂於句末加「不能避」三字耳。（初學記鱗介部、太平御覽資産部十四、鱗介部八引此，並作「詹公之釣，千歲之鯉」，則所見本已脱得字，但尚無「不能避」三字。埤雅云：「詹何之釣，千歲之鯉不能避。」則所見本已有此三字矣。）下文「引輴者爲之止」下，又衍也字。（因下文「精之至也」而衍。）此文以鯉、止、喜三字爲韻。如今本，則失其韻矣。**曾子攀柩車，引輴者爲之止也；**曾子至孝，送親喪悲哀，攀援柩車，而挽者感之，爲之止。輴，棺下輪也。輴，讀若牛行輴輴之輴也。**老母行歌而動申喜，精之至也。**申喜，楚人也，少亡其母。聞乞人行歌聲，感而出視之，則其母也。故曰「精之至」。**瓠巴鼓瑟，而淫魚出聽；**瓠巴，楚人也，善鼓瑟。淫魚喜音，出頭於水而聽之。淫魚長頭身相半，長丈餘，鼻正白，身正黑，口在頷下，似鬲獄魚，而身無鱗，出江中。○陶方琦云：説文魚部「鱏」字下引傳曰：「伯牙鼓琴，鱏魚出聽。」定是淮南。攷蜀志郤正傳注及文選魏都賦注並引淮南作鱏魚，即許本也。論衡亦作鱏魚，左思魏都賦亦作「感鱏魚」，皆用淮南許本。高本作淫魚，與韓詩外傳同。（文選洞簫賦注引淮南作淫魚，高本也。）其外荀子作流魚，大戴禮作沈魚，皆由聲近得通。**伯牙鼓琴，駟馬仰秣；**仰秣，仰頭吹吐，謂馬笑也。**介子歌龍蛇，而文君垂泣。**介子，介推也。從晉文公重耳出奔翟，遭難絶糧，介子推割肌啗之。公子復國，賞從亡者，子推獨不及，故歌曰：「有龍矯矯，而失其所。有蛇從之，而啖其口。龍既升雲，蛇獨泥處。」龍以喻文公，蛇以自喻也。于是文公覺悟，求介子推，不得而號泣之。**故玉在山而草木潤，**玉，陽中之陰也，故能潤澤草木。**淵生珠而岸不枯。**珠，陰中之陽也，有光明，故岸不枯。○陶方琦云：史記集解一百二十八引許

注：「滋潤鍾于明珠，致令岸枯也。」按：二注文異。史記龜筴傳「玉處于山而木潤，淵生珠而岸不枯」，徐廣曰「一本無不字」，引許君説淮南云云。是淮南許本作「淵生珠而岸枯」也。徐爲漢後人，當親見淮南最初本，所引許注，塙而可徵。○文典謹按：「淵生珠」與上句「玉在山」不相對。文子上德篇作「珠生淵」。（惟荀子勸學篇及大戴禮竝作「淵生珠」，與今本淮南合。）**螾無筋骨之強，爪牙之利，**螾，一名蜷蝡也。**上食晞堁，下飲黄泉，用心一也。**晞，乾也。堁，土塵也，楚人謂之堁。一，精專也。

清之爲明，杯水見眸子；○文典謹按：御覽三十九引，「杯水」下有而字。**濁之爲闇，河水不見太山。視日者眩，聽雷者聾，**○王念孫云：人視日則眩，聽雷則未必聾也。玉篇：「𦗷，女江切。淮南子曰：『聽雷者𦗷。』注云：『耳中𦗷𦗷然。』」埤蒼云：「耳中聲也。」（廣韻與埤蒼同。）據此，則古本作「聽雷者𦗷」。今本𦗷作聾，而無「耳中𦗷𦗷」之注，則後人以意删改之耳。

人無爲則治，有爲則傷。道貴無爲，故治也。有爲則傷，道不貴有爲也。傷，猶病也。**無爲而治者，載無也。**言無爲而能致治者，常載行其無爲。**爲者，不能有也；**爲者，有爲也。有謂好憎情欲，不能恬澹静漠，故曰「不能無爲」也。○王念孫云：「不能有也」，本作「不能無爲也」。下文「不能無爲者」即承此句而申言之。高注云：「好憎情欲，不能恬淡静漠，故曰不能無爲也。」是其明證矣。今本作「不能有」者，涉下文「不能有爲」而誤。文子精誠篇正作「爲者，不能無爲也」。**不能無爲者，不能有爲也。**不能行清静無爲者，不能大有所致，致其治，立其功也，故曰「不能有爲」也。**人無言而神，**無言者，道不言也。道能化，故神。**有言者則傷。**道貴不言，故言有傷。**無言而神者載無，**道貴無言，能致于神。載，行也，常行其無言也。**有言則傷其神。之神者，**道賤有言，而多反有言，故曰傷其神。**鼻之所以息，耳之所以聽，終以其無用者爲用矣。**無用者，謂鼻耳中空處也。○王念孫云：「無言而神」，「有言則傷」，相對爲文，「有言」下不當有者字，此因上下文者字而誤衍也。下文「有言則傷其神」，「有言」下亦無者字。「無言而神者載無」，無下當有也字。上文云：「人無爲則治，有爲則傷。無爲而治者，載無也。」皆與此文同一例。陳氏觀樓曰：「『有言則傷其神』絶句。（高注『故曰傷其神』，是以神字絶句。）『之神者』三字，乃起下之詞，不連上句讀。之，此也。言此神者，鼻之所以息，耳之所以聽也。高注『道賤有言』云云，本在『有言則傷其神』之下，後人誤以『則傷其神之神者』作一句讀，而移高注於『之神者』之下，則上下文皆不可讀矣。」念孫案：文子作「有言則傷其神之神者」，（今本有字誤在傷字下，又脱其字。）已誤讀淮南之文。後人移高注於「之神者」之下，卽爲文子所惑也。**物莫不因其所有而用其所無，**以其所無用爲用也。**以爲不信，視籟與竽。**籟，三孔籥也。以其管孔空處以成音也，故曰「視籟與竽」也。

念慮者不得卧，詩曰：「耿耿不寐，如有殷憂。」又曰：「展轉伏枕，寤寐永嘆。」**止念慮，則**

有爲其所止矣。止，猶去也。强自抑去念慮，非真無念慮，則與物所止矣。兩者俱忘，則至德純矣。兩者，念慮與不念慮也。忘二者，則神内守，故至德純一也。

聖人終身言治，所用者非其言也，用所以言也。非其言，非其所常言也。用所以言者，用當所治之言。歌者有詩，然使人善之者，非其詩也。善之者，善其音之清和也。不善其詩，故曰「非其詩」也。鸚鵡能言，而不可使長。鸚鵡，鳥名，出于蜀郡，赤喙者是，其色縹緑，能效人言。長，主也。○王念孫云：「不可使長」，長下當有言字。高注曰「不知所以長言」，下注又曰「不能自爲長主之言」，則有言字明矣。脱去言字，則文不成義。藝文類聚鳥部中、太平御覽羽族部十一引此，皆有言字。○俞樾云：蓺文類聚鳥部、太平御覽羽族部引此，並作「不可使長言」，當從之。高注曰「長，主也」，又曰「不知所以長言」，下注又曰「不能自爲長主之言」，則未得長字之義。長，主也。則長猶典也。「不可使長言」，猶曰不可使典言，謂不可使典主教令也。是何則？得其所言，而不得其所以言。得其言者，知效人言也。不知所以長言，教令之言也，故曰「不得其所以言」。故循迹者，非能生迹者也。循，隨也。隨人故迹，不能創基造制，自爲新迹，如鸚鵡知效人言，不能自爲長主之言也。

神蛇能斷而復續，而不能使人勿斷也。○文典謹按：御覽九百三十三引，續作屬。

神龜能見夢元王，而不能自出漁者之籠。宋元王夜夢見得神龜而未獲也，漁者豫且捕魚得龜，以獻元王，元王剥以卜，故曰「能見夢元王，而不能自出漁者之籠」也。**四方皆道之門户牖嚮也，在所從闚之。故釣可以教騎，騎可以教御，御可以教刺舟。**此四術者，皆謹敬加順其道，故可以相教。

越人學遠射，參天而發，適在五步之内，不易儀也。越人習水便舟，而不知射，射遠反直仰向天而發，矢勢盡而還，故近在五步之内。參，猶望也。儀，射法。言不曉射，故不知易去參天之法也。○文典謹按：藝文類聚七十四引，適作鏑。御覽七百四十五引注，「言不曉射」作「言不曉參天之射」。**世已變矣，而守其故，譬猶越人之射也。**言其守故，不知變也。○文典謹按：藝文類聚七十四引，作「今學者欲學古而不知變，是越人射也」。

月望，日奪其光，陰不可以乘陽也。月十五日與日相望，東西中繩，則月食，故奪月光也。差則虧，至晦則盡，故曰「陰不可以乘陽」也。**日出星不見，不能與之争光也。**星，陰也，不能奪日之光也。**故末不可以强於本，指不可以大於臂。下輕上重，其覆必易。一淵不兩鮫。**鮫，魚之長，其皮有珠，今世以爲刀劍之口是也。一説：魚二千斤爲鮫。○王念孫云：「一淵不兩蛟」，即承上文言之，以明物不兩大之意，而語勢未了，其下必有脱文。太平御覽鱗介部二引此，「一淵不兩蛟」下有「一棲不兩雄。（韓子揚榷篇曰：「毋弛而弓，一棲兩雄。」）一則定，兩則争」凡十一字。又引高注云：「以日月不得並明，一國不可兩君也。」（上文「一淵不兩蛟」下引

「鮫，魚之長，其皮有珠」云云，與今本高注同，則此所引亦是高注。）今本皆脱，當據補。文子上德篇亦云：「一淵不兩蛟，一雌不二雄。一即定，兩即争。」

水定則清正，動則失平。故惟不動，則所以無不動也。江、河所以能長百谷者，能下之也。夫惟能下之，是以能上之。上，大也。

天下莫相憎於膠漆，膠漆相持不解，故曰相憎。一說：膠入漆中則敗，漆入膠亦敗，以多少推之，故曰相憎。○陶方琦云：意林引許注：「膠桼相抱，不得還其本也。」按：二注異。高注上一說與許同，當即許注也。而莫相愛於冰炭。冰得炭則解歸水，復其性，炭得冰則保其炭，故曰相愛。○陶方琦云：意林引許注：「仌得炭則解，故得還其本也。」按：今高注亦即是許義。膠漆相賊，冰炭相息也。牆之壞，愈其立也，壞反本，還爲土，故曰愈其立也。冰之泮，愈其凝也，以其反宗。泮，釋，反水也。宗，本也。

泰山之容，巍巍然高，去之千里，不見埵堁，遠之故也。埵堁，猶席翳也。埵，讀似望，作江、淮間人言能得之也。秋毫之末，淪於不測。是故小不可以爲内者，大不可以爲外矣。小不可爲内，復小于秋毫之末，謂無有也。無有無形者至大，不可爲外也。蘭生幽谷，不爲莫服而不芳。性香。○文典謹按：御覽九百八十三引，谷作宮。宋本同。舟在江海，不爲莫乘而不浮。性浮。○文典謹按：意林引，海作河。君子行義，不爲莫知而止休。

性仁義也。○文典謹按：「止休」，北堂書鈔百三十七引作「止也」。書鈔又引文子「君子行義，不爲莫己知而止也」，今本文子上德篇作「君子行道，不爲莫知而止」，亦無休字。休疑衍文也。夫玉潤澤而有光，其聲舒揚，舒，緩也。揚，和也。涣乎其有似也。似君子也。涣，讀人謂貴家爲腝主之腝也。無内無外，不匿瑕穢，無内無外，表裏通也。匿，藏也。近之而濡，望之而隧。夫照鏡見眸子，微察秋毫，明照晦冥。故和氏之璧，隨侯之珠，出於山淵之精，君子服之，順祥以安寧，服，佩也。君子佩而象之，無有情欲，能順善以安其身。侯王寶之，爲天下正。寶，重也。侯王重其天性，若凡民之重珠玉，故以爲天下正，無所阿私也。陳成子恒之劫子淵捷也，陳成子將弑齊簡公，使勇士十六人脅其大夫子淵捷，欲與分國，捷不從，故曰劫之也。子罕之辭其所不欲不欲玉之寶也。而得其所欲，所欲，不貪爲寶。孔子之見黏蟬者，白公勝之倒杖策也，倒杖策，傷其頤，血流及屨而不覺，言精有所在也。衛姬之請罪於桓公，衛姬，衛女，齊桓公夫人也。桓公有伐衛之志，衛姬望見桓公色而知之，故請公殺，贖衛之罪也。子見子夏曰「何肥也」，道勝，無情欲，故肥也。魏文侯見之反被裘而負芻也，知其皮盡，則毛無所傅也。○王念孫云：「子見子夏」，當作「曾子見子夏」，事見韓子喻老篇。「魏文侯見之反被裘而負芻也」，當作「魏文侯之見反被裘而負芻也」。自「陳成子恒之劫子淵捷也」以下，皆與此文同一例。魏文侯事見新序雜事篇。兒説之爲宋王解閉結也，結不可解者而能解之，解之以不解。此皆微眇可以觀論者。微眇，爲見始知終也。

人有嫁其子而教之曰：○文典謹按：世説新語賢媛篇劉孝標注及意林引，子竝作女。「爾行矣，慎無爲善！」○文典謹按：世説新語注引，作「爾爲善，善人疾之」。曰：「不爲善，將爲不善邪？」○文典謹按：世説新語注引，作「對曰：『然則當爲不善乎？』」意林引，作「女問其故」。應之曰：「善且由弗爲，況不善乎！」○文典謹按：世説新語注引，作「曰：『善尚不可爲，而況不善乎！』」又文選馬汧督誄注引，由作猶。此全其天器者。器，猶性也。孟子曰人性善，故曰全其天性。○文典謹按：文選注引，者下有也字。

拘囹圄者以日爲脩，當死市者以日爲短。○王念孫云：「死市」，本作「市死」。初學記政理部、太平御覽刑法部八引此，並作「市死」。釋名亦云「市死曰棄市」。○文典謹按：意林引，作「拘囹圄者患日長，當死市者患日短」。日之脩短有度也，有所在而短，有所在而脩也，則中不平也。中，心也。故以不平爲平者，其平不平也。

嫁女於病消者，夫死則後難復處也。以女爲妨夫，後人不敢娶，故難復嫁處也。一説：女以天下人皆消，不肯復嫁之也。○文典謹按：「夫死則」下舊有「言女妨」三字，而今本脱之，故注以女爲妨夫，遂無所指。意林引，正作「嫁女於消渴者，夫死則言女妨」。御覽七百四十三引，作「嫁女於疾消渴者，夫死後則難可復處」，是消下尚有渴字，而今本並脱之也。故沮舍之下不可以坐，沮舍〔一〕，壞也。○文典謹按：廣韻麻韻「廬」字下引，作「廬屋之下不可坐也」。倚牆之傍不可以立。爲踣壓也。

執獄牢者無病，執，主也。厲鬼畏之，故不病。罪當死者肥澤，計決，心之無外思。一説：治當死者，罪已定，無憂，故肥澤也。刑者多壽，心無累也。刑者，宮人也。心無情欲之累，精神不耗，故多壽也。

良醫者，常治無病之病，故無病。治正性，神内守，故無病也。聖人者，常治無患之患，故無患也。夫至巧不用劍，巧在心手，故不用劍也。○王引之云：「至巧不用劍」，本作「至巧不用鉤繩」。（高注同。原道篇曰：「規矩不能方員，鉤繩不能曲直。」莊子駢拇篇曰：「待鉤繩規矩而正者，是削其性也。」又見下。）齊俗篇曰：「規矩鉤繩者，此巧之具也，而非所以爲巧也。」卽此所云「至巧不用鉤繩」也。太平御覽工藝部九引齊俗篇注云：「巧存於心也。」（今齊俗篇脱此注。）卽此注所云「巧在心手，故不用鉤繩也」。然則今本正文及注内兩劍字，皆鉤字之誤，而鉤下又脱繩字，明矣。又案：御覽引此，亦作「至巧不用劍」，而引高注則云：「巧在心手，故不用劍繩。」然則御覽所引，本作「鉤繩」，而今本作劍者，又後人據誤本淮南改之也。善閉者不用關楗。

〔一〕「舍」字疑衍。

善閉其心，故不〔一〕關楗也。淳于髡之告失火者，此其類。淳于髡，齊人也。告其鄰突將失火，使曲突徙薪。鄰人不從，後竟失火。言者不爲功，救火者焦頭爛額爲上客。刺不備豫。喻凡人不知豫閉其情欲，而思得人救其禍。

以清入濁必困辱，以濁入清必覆傾。君子之於善也，猶采薪者見一芥掇之，見青蔥則拔之。言無所舍也。君子行善，亦如之。天二氣則成虹，地二氣則泄藏，陰陽相干，二氣也。人二氣則成病。邪氣干正氣，故成病。陰陽不能且冬且夏；陰不能陽，陽不能陰，冬自爲冬，夏自爲夏也。月不知晝，日不知夜。言不能相兼也。

善射者發不失的，善於射矣，而不善所射。所射者死，故曰不善。善釣者無所失，善於釣矣，而不善所釣。所釣者魚也，于魚不善也。故有所善，則不善矣。

鐘之與磬也，近之則鐘音充，充，大也。○莊逵吉云：御覽引，充作亮。遠之則磬音章，磬，石也，音清明，遠聞而章著也。物固有近不若遠，遠不若近者。

今曰〔二〕稻生於水，而不能生於湍瀨之流；湍，急水也。○文典謹按：御覽九百八十

〔一〕「不」下疑脱「用」字。

〔二〕「曰」疑爲「田」字之誤。

五引，流作間。八百三十九引，又作流。疑許、高本之異也。紫芝生於山，而不能生於盤石之上；根無所植也。○文典謹按：御覽九百九十六「紫草」條下引此文，芝作草。九百八十五引，無紫字。慈石能引鐵，及其於銅，則不行也。行猶使也。不能使隨也。水廣者魚大，山高者木脩。廣其地而薄其德，譬猶陶人爲器也，揲挻其土而不益厚，破乃愈疾。愈，益也。疾，速也。揲，讀揲脈之揲。

聖人不先風吹，不先雷毁，不得已而動，故無累。月盛衰於上，則蠃蛖應於下，同氣相動，動，感。不可以爲遠。月盛則蠃蛖内減，故曰蠃蛖應于下。月，陰精也，蠃蛖亦陰也，故曰同氣也。精能相感，故曰不可爲遠。

執彈而招鳥，揮棁而呼狗，欲致之，顧反走。故魚不可以無餌釣也，獸不可以虚氣召也。召，猶致也。○俞樾云：氣當作器。莊子人間世篇「氣息茀然」，釋文曰：「向本作誷器，云：器，氣也。」是器、氣聲近義通。大戴記文王官人篇「其氣寬以柔」，逸周書官人篇氣作器，此古書以器爲氣之證。獸不可以虚器召」，猶上句云「魚不可以無餌釣」也。文子上德篇正作「獸不可以空器召」。

剥牛皮，鞟以爲鼓，正三軍之衆，然爲牛計者，不若服於軛也。狐白之裘，天子被之而坐廟堂，然爲狐計者，不若走於澤。言物貴于生也。

亡羊而得牛，則莫不利失也；斷指而免頭，則莫不利爲也。故人之情，於利之中則争取大焉，於害之中則争取小焉。

將軍不敢騎白馬，爲見識者。一説：白，凶服，故不敢騎也。傳曰：「晉襄公與〔一〕姜戎，子墨衰，敗秦師于殽。」言其變凶服也，故不敢騎白馬也。亡者不敢夜揭炬，爲人見之。保者不敢畜噬狗。保，城郭居也。保饒人也，不敢畜噬人狗也。○洪頤煊云：保，酒家傭也。鶡冠子世兵篇：「伊尹酒保。」韓非子外儲説右上篇：「宋人有酤酒者，升槩甚平，遇客甚謹，爲酒甚美，著然不售，酒酸。問其所知長者楊倩，倩曰：『汝狗猛邪？』曰：『狗猛，則酒何故而不售？』曰：『人畏焉。或令孺子懷錢挈壺罋而往酤，而狗迓而齕之，此酒所以酸而不售也。』」是説其事，高注非。○俞樾云：高注曰：「保，城郭居也。」然以居城郭者謂之保者，義殊未安。此保字乃阿保之保。禮記内則篇「其次爲保母」是也。保者不敢畜噬狗，恐其驚孺子也。上句云「亡者不敢夜揭炬」，亡者、保者皆以事言，非以地言。

雞知將旦，鶴知夜半，而不免於鼎俎。鶴夜半而鳴也。以無智謀，不能免于鼎俎。以諭將軍當兼五材，不可以無權譎。

〔一〕「與」字，左傳作「興」。

山有猛獸，林木爲之不斬；園有螯蟲，藜藿爲之不采。言人畏也。○莊逵吉云：御覽一引作「螯毒」，一引作「螯蟲」，兩異。

爲儒而踞里閭，儒尚禮義，踞里閭非也。爲墨而朝吹竽，墨道尚儉，不好樂，縣名朝歌，墨子不入，吹竽非也。欲滅迹而走雪中，拯溺者而欲無濡，是非所行而行所非。

今夫闇飲者，非嘗不遺飲也，使之自以平，則雖愚無失矣。是故不同于和而可以成事者，天下無之矣。和，猶適也。

求美則不得美，不求美則美矣；心自求美名，則不得美名也，而自損，則有美名矣。故老子曰「致數輿無輿」也。求醜則不得醜，求不醜則有醜矣；不求美又不求醜，則無美無醜矣，是謂玄同。玄，天也。天無所求也。人能無所求，故以之同也。

申徒狄負石自沉於淵，而溺者不可以爲抗；申徒狄，殷末人也。不忍見紂亂，故自沉於淵。抗，高也。弦高誕而存鄭，誕者不可以爲常。弦高矯鄭伯之命，以十二牛犒秦師而却之，故曰誕而存鄭。誕非正也，故曰不可以爲常也。○王念孫云：誕下不當有者字，此涉上文「溺者」而誤。高注曰：「誕非正也，故曰不可以爲常。」則無者字明矣。泰族篇「弦高誕而存鄭，誕不可以爲常」，亦無者字。事有一應，而不可循行。

人有多言者，猶百舌之聲。百舌，鳥名，能易其舌，效百鳥之聲，故曰百舌。以喻人雖事多言，無益於事。**人有少言者，猶不脂之户也。**言其不鳴，故不脂之，諭無聲也。一説：不脂之户難開閉，亦諭人少言語也。**六畜生多耳目者不詳，讖書著之。**詳，善也。多耳目，人以爲妖災也。諭人有多言而少誠實，比之于不詳也。

百人抗浮，不若一人挈而趨，抗，舉也。浮，瓠也。百人共舉，不如一人持之走便也。**物固有衆而不若少者。引車者二六而後之，**轅三人，兩轅六人，故謂二六。一説：十二人。**事固有相待而成者。兩人俱溺，不能相拯，一人處陸則可矣。故同不可相治，必待異而後成。**同，謂君所謂可，臣亦曰可，君所謂否，臣亦曰否，猶以水濟水，誰能食之，是謂同，故不可以相治。異，謂濟君之可，替君之否，引之當道，是謂異也，故可以成事也。

千年之松，下有茯苓，上有兔絲；茯苓，千歲松脂也。兔絲生其上而無根，一名女蘿也。○王念孫云：「千年之松」四字，後人所加也。此言聖人從外知内，以見知隱，故上有兔絲，則知下有伏苓；（以下二句例之，則此當云「上有兔絲，下有伏苓」，今云「下有伏苓，上有兔絲」者，變文協韻耳。）上有叢蓍，則知下有伏龜。兔絲在伏苓之上，故曰「上有兔絲」，非謂在松之上也。伏苓在兔絲之下，故曰「下有伏苓」，亦非謂在松之下也。若云「千年之松，下有伏苓，上有兔絲」，則是以上下爲松之上下矣，然則「上有叢蓍，下有伏龜」又作何解乎？高注云「伏苓，千歲松脂也，兔絲生其上而無根」，此謂松脂入地千年爲伏苓，（博物志引神仙傳曰：「松脂入地千年，化爲伏苓。」）非謂千年之松下有伏苓也。且注云「兔絲生其上」，其字指伏苓而言，不指松言，則正文内本無「千年之松」四字明矣。呂氏春秋精通篇注、太平御覽藥部六、嘉祐本草補注、埤雅引此，皆無「千年之松」四字。史記續龜策傳引傳曰：「下有伏靈，上有兔絲。」亦無千年松之語。上有叢蓍，下有伏龜，聖人從外知内，以見知隱也。

喜武非俠也，俠，輕也。喜文非儒也，好方非醫也，好馬非騶也，知音非瞽也，知味非庖也，此有一槩而未得主名也。此六術者，皆善之而未純，無所適名，故曰一槩而未得主名。

被甲者，非爲十步之内也，百步之外則争深淺，深則達五藏，淺則至膚而止矣。死生相去，不可爲道里。言相遠也。

楚王亡其猨，而林木爲之殘；楚王，莊王旅也。猨捷躁，依木而處，故殘林以求之。宋君亡其珠，池中魚爲之殫，殫，盡也。○文典謹按：「楚王亡其猨，而林木爲之殘；宋君亡其珠，池中魚爲之殫」，句法不一律。御覽九百十引，作「楚王亡其猨於林，木爲之殘；宋王亡其珠於池，魚爲之殫」，當從之。藝文類聚八十四引，作「楚王亡其猨，而林木爲之殘；宋王亡其珠於池中，而魚爲之殫」。白帖九十七「爲之殘」作「爲之殊害」，又引注云：「言殘林木以求之。」故澤失火而林憂。憂見及也。○莊逵吉云：御覽引，作「林木憂」。

上求材，臣殘木；上求魚，臣乾谷。上求楫，而下致船；上言若絲，下言若綸。綸，大繳也。上有一善，下有二譽；上有三衰，下有九殺。衰、殺，皆喻踰也。傳曰：「上之所好，下尤甚焉。」故有九殺也。○文典謹按：羣書治要引注，踰作儉。

大夫種知所以强越，而不知所以存身；自爲越所殺也。萇弘知周之所存，而不知身所以亡，亡，爲周所殺也。○王念孫云：下二句存上脱以字，身下脱之字。知遠而不知近。遠，謂强越存周也。近，謂其身也。

畏馬之辟也不敢騎，辟，蹄也。懼車之覆也不敢乘，是以虚禍距公利也。虚，空也。不孝弟者或詈父母，生子者所不能任其必孝也，然猶養而長之。任，保也。

范氏之敗，有竊其鐘，負而走者，范氏，范吉射，范會之玄孫，范鞅獻子之子昭子也。敗者，趙簡子伐之，故人竊其鐘也。一曰：知伯滅范氏也。鎗然有聲，懼人聞之，遽掩其耳。憎人聞之，可也；自掩其耳，悖矣。悖，惑也。

升之不能大於石也，升在石之中；夜之不能修其歲也，夜在歲之中；仁義之不能大於道德也，仁義在道德之包。仁義小，道德大也。在道德包裹，猶升在斛之中，夜在歲之内也。○王念孫云：「脩其歲」亦當作「脩於歲」。○王紹蘭云：其，猶於也。管子大匡篇：「君子聞之，曰：『召忽之死也，賢其生也；管仲之生也，賢其死也。』」謂召忽死賢於生，管仲生賢於死，是其例矣。此文前後自作「於」，中句自作「其」，正見古人行文之法，不拘一律也。○文典謹按：王念孫説是也。宋本其正作於。

先針而後縷，可以成帷；先縷而後針，不可以成衣。針成幕，蔂成城。事之成敗，必由小生，言有漸也。幕，帷也。上曰幕，旁曰帷。縷非針無以通，故宜先也。蔂，土籠也。始一匱，以上於城，故曰事之成敗，必由小生。

染者先青而後黑則可，先黑而後青則不可。工人下漆而上丹則可，下丹而上漆則不可。萬事由此，○文典謹按：御覽七百五十二、九百六十一引，「萬事由此」下竝有也字。所先後上下，不可不審。審，知也。

水濁而魚噞，魚短氣黃噞，出口于水上。形勞則神亂。形亂，神不治也。故國有賢君，折衝萬里。衝，兵車也，所以衝突敵城也。言賢君德不可伐，故能折遠敵之衝車于千里之外，使敵不敢至也。魏文侯禮下段干木，而秦兵不敢至，此之謂也。○王念孫云：「故國有賢君」二句，與上意絶不相屬，蓋錯簡也。案：上文云「山有猛獸，林木爲之不斬；園有螫蟲，藜藿爲之不采」，此云「故國有賢君，折衝萬里」，故字正承彼文而言。「賢君」當作「賢臣」，謂國有賢臣，則敵國不敢加兵，亦猶山之有猛獸，園之有螫蟲也。鹽鐵論崇禮篇：「故春秋傳曰：『山有虎豹，葵藿爲之不採；國有賢士，邊境爲之不割。』」漢書蓋寬饒傳：「臣聞山有猛獸，藜藿爲之不采；國有忠臣，姦邪爲之不起。」義竝與此同。且采與里爲韻。今本下二句誤在此處，則既失其義，而又失其韻矣。且「賢臣」作「賢君」，亦與上文取譬之義不合。高注有「賢君德不可伐」之語，恐是後人依已誤之正文改之也。觀注内引魏文侯禮下段干木而秦不敢伐之事，則本作「賢臣」明矣。晏子春秋雜篇曰：「夫不出於尊俎之間，而知衝千里之外，其晏子之謂也。」（知與折同。後人不曉知字之義，而刪去衝字，又於「晏子之謂也」下增「可謂折衝矣」五字，大謬。辯見晏子。）吕氏春秋召類篇曰：「夫脩之於廟堂之上，而折衝乎千里之外者，其司城子罕之謂乎！」是凡曰折衝千里者，多指賢臣言之。且「國有賢臣」與「山有猛獸」云云同意，故鹽鐵論以虎豹喻賢士，而漢書亦以猛獸喻忠臣也。文子上德篇「山有猛獸，林木爲之不斬；園有螫蟲，葵藿爲之不采；國有賢臣，折衝千里」，皆用淮南之文，則此二句本在上文「山有猛獸」云云之下，而「賢君」本作「賢臣」，明矣。又案：「萬里」亦當依文子作「千里」。敵國之遠，可言千里，不可言萬里也。據高注云「折衝車於千里之外」，則正文本作「千里」明矣。

因媒而嫁，而不因媒而成；媒人以禮成爲室家也。**因人而交，不因人而親。**以德親也。○文典謹按：御覽五百四十一引，「因媒」上有女字。**行合趨同，千里相從；**雖遠必至。**行不合，趨不同，對門不通。**詩所謂「室邇人遠」，故曰對門不通也。**海水雖大，不受胔芥。日月不應非其氣，**陽燧取火，方諸取水，氣相應也。非此不得，故曰不應非其氣也。**君子不容非其類也。**○文典謹按：意林引，「君子」句在「日月」句前。

人不愛倕之手，而愛己之指；倕，讀詩「惴惴其栗」之惴也。倕，堯之巧工也。雖倕巧人，不能以倕巧故愛其手也。謂倕手無益於己，故自愛其指也。**不愛江、漢之珠，而愛己之鉤。**江、漢雖有美珠，不爲己用，故不愛也。鉤，釣鉤也，可以得魚，故愛之。○王念孫云：正文鉤字本作釣，注本作「釣，鉤也」。釣爲釣魚之釣，又爲鉤之別名，故必須訓釋。若鉤字，則不須訓釋矣。古多謂鉤爲釣，故廣雅亦云：「釣，鉤也。」下文云「操釣上山，揭斧入淵」，説林篇云「一目之羅不可以得鳥，無餌之釣不可以得魚」，（以上兩釣字，高氏皆無注者，注已見於此也。然則此注本作「釣，鉤也」，明矣。）鬼谷子摩篇云「如操釣而臨深淵」，東方朔七諫云「以直鍼而爲釣兮，又何魚之能得」，皆其明證矣。道藏本作「愛己之鉤」，注作「鉤，釣也」，此因正文釣誤爲鉤，後人遂顛倒注文以就之耳。劉績不得其解，又改高注爲「鉤，釣鉤也」，以曲爲附會，而舊本之蹤跡遂不可尋矣。（諸本及莊本同。）淺學人但知釣爲釣魚之釣，而不知其又爲鉤之別名，故書傳中釣字多改爲鉤，詳見莊子「鉤餌」下。○文典謹按：高注非是。「倕之手」與「己之指」義正相應，「江、漢之珠」與「己之鉤」義亦相應。若作釣鉤，則非其指矣。呂氏春秋重己篇：「倕至巧也，人不愛倕之指而愛己之指，有之利故也。人不愛崑山之玉，江、漢之珠，而愛己之一蒼璧小璣，有之利故也。」即此文所本。蒼璧、小璣，己之鉤，皆喻不好，有之爲己用，故愛之也。鉤以玉爲之，故得與「江、漢之珠」相對爲譬。釣鉤賤物，豈其類哉！

以束薪爲鬼，以火煙爲氣。以束薪爲鬼，揭而走；夜行見束薪，以爲鬼，故去而走。

以火煙爲氣，殺豚烹狗。以火煙爲吉凶之氣，殺牲以禳之，惑也。**先事如此，不如其後。**此先事之人也，如此，不如徐徐出其後者也。

巧者善度，知者善豫。豫，備也。**羿死桃部，不給射；慶忌死劍鋒，不給搏。**桃部，地名。羿，夏之諸侯，有窮君也。爲弟子逢蒙所殺，不及攝己〔一〕而射也。搏，捷也。慶忌，吴王僚之子也，要離爲闔閭刺之，故死劍，不及設其捷疾之力。○莊逵吉云：「桃部」卽「桃棓」。詮言訓注云：「桃棓，大杖，以桃木爲之。」注義異。○顧炎武云：詮言訓「羿死於桃棓」，注云：「棓，大杖，以桃木爲之，以擊殺羿，自是以來，鬼畏桃也。」按：部卽棓字，一人注書而前後不同若此。

滅非者户告之曰：「我實不與我諛亂。」謗乃愈起。止言以言，止事以事，譬猶揚堁而弭塵，抱薪而救火。止言當以默，止事當以卜。今以言止言，以事止事，猶揚堁止塵塵愈起，抱薪救火火愈熾也。**流言雪汙，譬猶以涅拭素也。**流，放也。雪，除也。涅，黑也。素，白也。○文典謹按：文選長笛賦注引高誘淮南子注：「雪，拭也。」

矢之於十步貫兕甲，於三百步不能入魯縞；騏驥一日千里，其出致釋駕而僵。釋，稅。僵，仆也。猶矢于三百步不能穿魯縞，言力竭勢盡也。○陶方琦云：史記集解一百八引

〔一〕「己」下疑脱「弓」字。

許注：「魯之縞至薄。」按：高無注。小爾雅廣服：「繒之精者曰縞。」史記韓長孺傳注引漢書音義曰：「縞，曲阜之地，俗善作之，尤爲輕細，故以喻之。」新論慎隟篇：「魯縞質薄，疊之折軸。」與淮南許注義亦同。

大家攻小家則爲暴，大國并小國則爲賢。憂世不能上德，苟任勞力，而以辟土斥境、并兼人國爲賢也。**小馬非大馬之類也，小知非大知之類也。**小馬不可以進道致千里，故不得與大馬同類。小知不可以治世長民，故不得與大知同類。○俞樾云：上非字，衍文也。本作：「小馬，大馬之類也；小知，非大知之類也。」言馬則小大同類，知則大小迴殊，正以馬之類明知之不類也。孟子告子篇「然則犬之性猶牛之性，牛之性猶人之性與？」亦以物之同見人之不同，與此語意相近。吕氏春秋別類篇曰：「小方，大方之類也。小馬，大馬之類也。小智，非大智之類也。」即淮南所本。後人不達其旨，誤謂兩句一律，於上句亦增非字，失之矣。然觀高注曰：「小馬不可以進道致千里，故不得與大馬同類；小知不可以治世長民，故不得與大知同類。」則其所據本已衍非字。

被羊裘而賃，固其事也；貂裘而負籠，甚可怪也。籠，土籠也。○文典謹按：意林引，作「被羊裘而賃顧，其事過也；衣貂裘而負籠，甚可怪也」。周廣業云：「賃顧者，役人而予之值也。羊裘本賤者之服，不當顧人，故曰其事過也。」原文則謂被羊裘而爲人賃，宜也；華服而執賤役，可異矣。又按：「貂裘」，御覽六百九十四、七百六十四引，竝作「狐裘」。

以潔白爲汙辱，譬猶沐浴而抒溷，薰燧而負彘。燒薰自香也。楚人謂之薰燧。治疽不擇善惡醜肉而幷割之，農夫不察苗莠而幷耘之，豈不虛哉！壞塘以取龜，發屋而求狸，掘室而求鼠，割脣而治齲，桀、跖之徒，君子不與。舉事所施如是者，則桀、跖之徒也，君子不與也。○文典謹按：御覽七十四引，「不與」作「不爲」。殺戎馬而求狐狸，援兩鼈而失靈龜，斷右臂而爭一毛，折鏌邪而爭錐刀，○文典謹按：御覽九百三十二引，「一毛」作「一手」，「錐刀」作「雞刀」。用智如此，豈足高乎！高，猶貴也。

寧百刺以針，無一刺以刀；寧一引重，無久持輕；寧一月饑，無一旬餓。饑，食不足。餓，困乏也。萬人之蹪，愈於一人之隧。楚人謂躓爲蹪。愈，勝也。隧，陷也。有譽人之力儉者，舂至旦，不中員呈，猶謫之。察之，乃其母也。謫，責怒也。稱譽人力儉，呈作不中科員而責怒也。君子視之，乃自呈作其母以爲力。挾以此譽人，孰如毀之！故諺曰：「問誰毀之？小人譽之。」此之謂也。故小人之譽人，反爲損。損，毀也。

東家母死，其子哭之不哀。西家子見之，歸謂其母曰：「社何愛速死，吾必悲哭社。」江、淮謂母爲社。社，讀「雖家謂公爲阿社」之社也。○文典謹按：御覽四百九十九引，「東家」上有「楚人有」三字，「哭之不哀」作「哭而不悲」，「何愛」作「何憂」。夫欲其母之死者，雖死亦不能悲哭矣。謂學不暇者，雖暇亦不能學矣。言有事務，不暇學，如此曹之人，雖閒暇無務，亦不能學也。

見窾木浮而知爲舟，見飛蓬轉而知爲車，見鳥迹而知著書，以類取之。窾，穴，讀曰科也。○陶方琦云：宋蘇頌校淮南題序引許注，舟作周。按：蘇氏校正淮南子序云：「許于篇内多用叚借，以周爲舟是也。」初學記二十五引此，作「見窾木浮而知爲周」，正作周，知初學記引乃許本也。攷工記曰「作舟以行水」，故書舟爲周。鄭司農云：「周當爲舟。」許注淮南多用古本也。○文典謹按：初學記器用部引，「見窾木」上有「古人」二字。北堂書鈔百三十七引注云：「音欵，空也。」高注無云「某音某」者，必後人注語也。

以非義爲義，以非禮爲禮，譬猶倮走而追狂人，盜財而予乞者，竊簡而寫法律，蹲踞而誦詩、書。

割而舍之，鏌邪不斷肉；執而不釋，馬氂截玉。氂，馬尾也。聖人無止，無以歲賢昔，日愈昨也。賢、愈，猶勝也。言今歲勝於昔歲，今日勝於昨日。喻聖人自修進也。

馬之似鹿者千金，天下無千金之鹿；玉待礛諸而成器，礛諸，攻玉之石。言物有待賤而貴者也。礛，廉，或直言藍也。○文典謹按：御覽八百五引，礛作濫。注同。有千金之璧而無錙錘之礛諸。六銖曰錙，八銖曰錘，言其賤也。

受光於隙照一隅，受光於牖照北壁，受光於户照室中無遺物，況受光於宇宙乎？天下莫不藉明於其前矣！四方上下曰宇，往古來今曰宙，謂四極之內，天地之間，故天下莫不借明于日月之前。由此觀之，所受者小則所見者淺，所受者大則所照者博。江出岷山，河出昆侖，濟出王屋，潁出少室，漢出嶓冢，已説在地形也。分流舛馳，注於東海，所行則異，所歸則一。一，同也。

通於學者，若車軸轉轂之中，不運於己，與之致千里，終而復始，轉無窮之源。不通於學者若迷惑，告之以東西南北，所居聆聆，聆聆，猶了了，言迷解也。背而不得，不知凡要。背而不得，更復惑，故曰不知凡要也。

寒不能生寒，熱不能生熱，不寒不熱能生寒熱。故有形出於無形，未有天地能生天地者也，至深微廣大矣！未有天地生天地，故無形生有形也。雨之集無能霑，待其止而能有濡；集，下也。此其至，未能有所霑。止者所止，故能有濡也。矢之發無能貫，待其止而能有穿；唯止能止衆止。止，諭矢止乃能穿物。一曰：止己情欲，乃能止歸衆物，令不得已乎！

因高而爲臺，就下而爲池，各就其勢，不敢更爲。

聖人用物，若用朱絲約芻狗，若爲土龍以求雨。芻狗待之而求福，求，猶得也。待芻狗之靈而得福也。**土龍待之而得食。**土龍致雨，雨而成穀，故得待土龍之神而得穀食。一説：土龍待請雨之祈得食酒肉者也。○文典謹按：高注「故得待土龍之神而得穀食」，上得字衍文。文選應休璉與廣川長岑文瑜書注引，無得字，是其證。

魯人身善制冠，妻善織履，往徙於越而大困窮。○文典謹按：北堂書鈔百三十六引，作「魯人身善制冠，妾善織履，往從於越而大困」。**以其所修而遊不用之鄉，**○文典謹按：北堂書鈔百二十七引，作「以有用遊於不用之鄉也」。**譬若樹荷山上，**荷，水菜，夫渠也。其莖曰茄，其本曰密，其根曰藕，其花曰夫容，其秀曰菡萏，其實曰蓮。蓮之茂者花，花之中心曰薏，幽州總謂之光。荷，讀如燕人强秦言胡同也。**而畜火井中。操釣上山，揭斧入淵，欲得所求，難也。方車而蹠越，乘桴而入胡，**方，出〔一〕。蹠，至。桴，筏，一曰瓠。言非其所宜也。○陶方琦云：御覽七百七十引許注：「桴，木筏。」按：桴筏之訓乃舊義，高注一曰乃別解也，文亦與許注異。説文作泭，編木以渡也，與木筏義同。筏應作栰。論語「乘桴浮于海」，馬注：「桴，編竹木，大曰栰，小曰桴。」爾雅「庶人乘泭」，孫注：「方木置水中爲泭，栰也。」泭字又作𣹟。廣雅：「𣹟，筏也。」**欲無窮，不可得也。**無求之處也。○文典謹按：北堂書鈔百三十八引，作「欲無窮而不

〔一〕「出」，疑「並」字之誤。

得」。

楚王有白蝯，王自射之，則搏矢而熙；熙，戲也。使養由基射之，始調弓矯矢，未發而蝯擁柱號矣，由基，楚王之臣，養姓。調，張。矯，直。擁，抱。號，呼。幽通賦曰：「養流睇而猨號」，是也。○王念孫云：「擁柱」當爲「擁樹」，聲之誤也。文選幽通賦注引此，作「抱樹」。太平御覽兵部八十一引，作「擁樹」。○文典謹按：御覽七百四十五引，作「擁柱」，與今本合。有先中中者也。有先未中必中之徵，精相動也。

咼氏之璧，夏后之璜，揖讓而進之，以合歡；夜以投人，則爲怨，時與不時。不時，謂夜也。咼，古和字。○文典謹按：藝文類聚三十引，「時與不時」下有也字。

畫西施之面，美而不可說；規孟賁之目，大而不可畏，君形者亡焉。生氣者，人形之君。規畫人形，無有生氣，故曰君形亡。○文典謹按：御覽七百五十引，作「畫西施之面者，美而可悅，覩孟賁之目者，大而可畏」。意林引，規作畫，句在「畫西施之面」句前。

人有昆弟相分者，無量，多不可計。而衆稱義焉。夫惟無量，故不可得而量也。登高使人欲望，臨深使人欲闚，處使然也。射者使人端，釣者使人恭，事使然也。端然後中，恭然後得，故曰事使然也。

曰殺罷牛可以贖良馬之死，莫之爲也。殺牛，必亡之數，牛者，所以植穀者，民之命，是以王法禁殺牛，民犯禁殺之者誅，故曰必亡之數。以必亡贖不必死，未能行之者矣。

季孫氏劫公家，魯大夫季桓子斯，一曰康子肥，脅定公而專其政。傳曰：「祿之去公室。」孔子說之，先順其所爲，而後與之入政，曰：「舉枉與直，如何而不得？舉直與枉，勿與遂往。」直順其謀而從，勿遂大，與同小。此所謂同汚而異塗者。

衆曲不容直，衆枉不容正，故人衆則食狼，狼衆則食人。

欲爲邪者必相明正，欲爲曲者必相達直。公道不立，私欲得容者，自古及今，未嘗聞也。此以善託其醜。託，寄也。若麗姬欲殺太子申生，先稱之于獻公，然後得行其害，此其類也。

衆議成林，無翼而飛，衆人皆議，平地生林，無翼之禽能飛，凡人信之，以爲實然。三人成市虎，三人從市中來，皆言市中有虎，市非虎處，而人信以爲有虎，故曰三人成市虎。一里能撓椎。撓，弱。一里之人皆言能屈椎者，人則信之也。

夫游没者，不求沐浴，已自足其中矣。故食草之獸不疾易藪，疾，患也。水居之蟲不疾易水，○王念孫云：「食草」本作「草食」。「草食」與「水居」相對爲文，寫者誤倒耳。太平御覽蟲豸部一引此，正作「草食」。莊子田子方篇同。行小變而不失常。小變，易水易草也。草食故食草，水居故水中，故曰不疾失其常也。

信有非禮而失禮：○王念孫云：當作「信有非而禮有失」。下文「此信之非」，「此禮之失」，皆承此句言之。今本「而禮」二字誤倒，又脱一有字，衍一禮字，遂致文不成義。尾生死其梁柱之下，此信之非也；尾生，犮人，與婦人私期橋梁之下，故尊其誓，水至不去，没休而死，故曰信之非也。孔氏不喪出母，此禮之失者。禮，庶子喪出母期。孔氏，子上，名白，仲尼之曾孫，孔伋之子也。子上之母被出，卒于外。記曰：「子上之母死，不喪。門人問諸子思曰：『子先君其喪出母乎？』曰：『然。』『子不使白，何也？』曰：『昔我先君無所失道，道隆從而隆，道污從而污，伋則安能及乎！是不爲伋也妻，不爲白也母。』孔氏之不喪出母，自子思始。」故曰孔氏之失也。

曾子立孝，不過勝母之閭；○文典謹按：御覽四百十三引，曾子作孔子。文選吴季重答東阿王書注引，「立孝」作「至孝」。墨子非樂，不入朝歌之邑；曾子立廉，不飲盜泉，○文典謹按：「曾子立廉」，本作「孔子立廉」。今本作「曾子」者，涉上文「曾子立孝」而誤也。水經注二十五引尸子：「孔子至於暮矣，而不宿於盜泉，渴矣而不飲，惡其名也。」文選陸士衡猛虎行注引尸子：「孔子至於勝母，暮矣而不宿，過於盜泉，渴矣而不飲，惡其名也。」後漢書鍾離意傳：「臣聞孔子忍渴於盜泉之水。」列女傳：「樂羊子妻曰：『妾聞志士不飲盜泉之水。』」注：「水經注引論語撰考讖竝云：『水名盜泉，仲尼不漱。』」論衡問孔篇、説苑説叢篇皆言孔子不飲盜泉，不聞爲曾子事也。御覽四百二十六引此文作「曾子」，已誤，然四百十三引「曾子立孝，不過勝母之閭」，「曾子」作

「孔子」，可攷「曾」、「孔」互譌之跡。所謂養志者也。

紂爲象箸而箕子唏，見象箸，知當復作玉杯。有玉杯，必有熊蹯豹胎，以極廣侈。故箕子爲之驚號啼也。魯以偶人葬而孔子嘆，惡其象人而用之。知後世必用殉，故孔子爲之長嘆也。故聖人見霜而知冰。見微霜降，大寒至，必堅冰。

有鳥将來，張羅而待之，得鳥者，羅之一目也；今爲一目之羅，則無時得鳥矣。今被甲者，以備矢之至；若使人必知所集，則懸一札而已矣。事或不可前規，物或不可慮，○王念孫云：「物或不可慮」，文義未明，且與上句不對。文子上德篇「事或不可前規，物或不可豫慮」，卽用淮南之文。今本蓋脱豫字。卒然不戒而至，故聖人畜道以待時。道能均化，無不稟受，故聖人畜養以待時，時至而應，若武王伐紂也。

髡屯犂牛，既⿰扌科以犞，決鼻而羈，髡屯，醜牛貌。犂牛，不純色。⿰扌科，無角。犞，無尾。決鼻羈頭而牽。生子而犧，尸祝齊戒以沉諸河，犧者，牲也。尸，祭神之主。祝，祈福祥之辭。祀河曰沉。○王念孫云：説文、玉篇、廣韻、集韻皆無⿰扌科、犞二字，⿰扌科、犞當爲科、橢。（橢，他果反。）後人從牛作犐、犞，傳寫者又誤爲⿰扌科、犞耳。科與橢，皆秃貌也，故高注云「科無角，橢無尾」，其實無角亦可謂之橢。呂氏春秋至忠篇「荆莊哀王獵於雲夢，射隨兕」，隨與橢同。（齊俗篇「窺面於盤水則員，於杯則隨」，隨卽橢字。）説苑立節篇作「射科雉」。（雉與兕同。集韻：「兕，或作雉。」

史記齊世家「蒼兕蒼兕」，徐廣曰：「本或作蒼雉。」管蔡世家曹惠伯兕，十二諸侯年表兕作雉。）隨兕、科雉，皆謂兕之無角者也。太玄窮次四「土不和，木科楕」，范望曰：「科楕，枝葉不布。」集韻引宋惟榦說云：「科楕，木首杌也。」義與此科楕相近。楕字集韻又音徒禾切，故太玄與和爲韻，此與羈、犧、河爲韻。今誤作𤛓，則失其韻矣。**河伯豈羞其所從出，辭而不享哉！** 詩曰：「采葑采菲，無以下體。」論語曰：「犂牛之子騂且角，雖欲勿用，山川其舍諸。」

得萬人之兵，不如聞一言之當。 當，謂明天時地利，知人之言，可以不戰屈人之兵也。◯文典謹按：藝文類聚十九引，如作若，與下文一律。**得隋侯之珠，不若得事之所由。得咼氏之璧，不若得事之所適。** 由，用。適，宜適也。◯文典謹按：御覽八百六引，「得事之所適」，作「以事之所適」。

撰良馬者，非以逐狐狸，將以射麋鹿。砥利劍者，非以斬縞衣，將以斷兕犀。故「高山仰止，景行行止」，鄉者其人。 言有高山，我仰而止之；人有大行，我則而行之。故曰鄉者其人也。

見彈而求鴞炙， 彈可以彈鴞鳥，而我因其求炙也。**見卵而求晨夜，** 雞知將旦，鶴知夜半。見其卵，因望其夜鳴，故曰求晨夜。◯俞樾云：晨當作辰。淺人誤謂與夜對文，故加日作晨，不知非其義也。辰者，時也。詩東方未明篇「不能辰夜」，毛傳曰：「辰，時也。」正義曰：「不能時節此夜之漏刻。」然則辰夜卽時夜也。莊子齊物論篇正作「見卵而求時夜」。蓋皆本於毛詩，淮南用其文，莊子用其義耳。**見麠而求成布，雖其理哉，亦不病暮。**麠，麻之有實者。可以爲布，因求其成，故曰「雖其理哉，亦不病暮」，言其早也。麠，讀傳曰「有蜚不爲災」之蜚。

象解其牙，不憎人之利之也；利，猶取也。**死而棄其招簣，不怨人取之。**招簣，稱死者浴牀上之柵也。怨亦憎，變文爾。簣，讀功績之績也。**人能以所不利利人，則可。**所不利，若子罕不利玉人之寶，利于玉人自得玉以爲寶，故曰可也。

狂者東走，逐者亦東走，東走則同，所以東走則異。溺者入水，拯之者亦入水，入水則同，所以入水者則異。異以不休。**故聖人同死生，愚人亦同死生，聖人之同死生通於分理，**○文典謹按：御覽四百九十九引，「分理」下有也字。**愚人之同死生不知利害所在。**○文典謹按：御覽引，作「不知利害之所在也」。**徐偃王以仁義亡國，國亡者非必仁義；**徐國，今下邳、徐、僮是。偃，謚。居衰亂之世，修行仁義，爲楚文王所滅。滅者多以不義，故曰亡國不必仁義。**比干以忠靡其體，被誅者非必忠也。**比干以忠諫紂而誅。世之見誅者多以不忠，故曰被誅者非必忠。**故寒顫，懼者亦顫，此同名而異實。**同名於顫。異者，寒與懼。顫，讀天寒凍顫之顫，字亦如此。○王念孫云：寒下亦當有者字。上文「狂者東走，逐者亦東走」，與此文同一例。

明月之珠出於蛖蜄，周之簡圭生於垢石，珠有夜光明月，生於蛖中。簡圭，大圭，美玉。出於石中，故曰生垢石。○文典謹按：文選西都賦注引許注：「夜光之珠有似明月，故曰明月也。」初學記鱗介部引，「周之簡圭生於垢石」作「周人簡珪產於古石」，文選應德璉侍五官中郎將建章臺集詩注引，作「周之簡珪產於垢土」。大蔡神龜出於溝壑。大蔡，元龜之所出地名，因名其龜爲大蔡。臧文仲所居蔡是也。萬乘之主，冠錙錘之冠，履百金之車。六銖曰錙，八銖曰錘，言賈值小。物有賤而在上，有貴而在下。車，或作履也。牛皮爲賤，正三軍之衆。鼓聲氣，故可以齊三軍之衆也。

欲學歌謳者，必先徵羽樂風；徵，南方火。羽，北方水。五音正，樂正。夫理情性，動天地，感鬼神，莫近于詩樂。風者，上以風化下，下以風刺上，故曰風也。欲美和者，必先始於陽阿、采菱；陽阿、采菱，樂曲之和聲。有陽阿，古之名俳，善和也。○王念孫云：下「必先」二字，因上「必先」而衍。「始於」與「必先」相對爲文，不當更有「必先」二字。北堂書鈔樂部一、藝文類聚樂部一、太平御覽樂部三引此，並作「始於陽阿、采菱」，無「必先」二字。○陶方琦云：御覽五百六十五引許注：「楚樂之名也。」按：二注文異。楚辭「涉江、采菱，發陽阿」，王注：「楚人謌曲也。」與許説同。○文典謹按：書鈔、類聚、御覽引此文，「欲美和者」竝作「奏雅樂者」。此皆學其所不學，而欲至其所欲學者。

燿蟬者務在明其火，釣魚者務在芳其餌。明其火者，所以燿而致之也；芳其餌者，所以誘而利之也。燿，明。芳，香也。明火香餌，則蟬魚至。以言治國，明其德，美其政，天下之人如蟬魚之歸明火香餌也。欲致魚者先通水，欲致鳥者先樹木。水積而魚聚，木茂而鳥集。好弋者先具繳與矰，繳，大綸。矰，短矢。繳所以繫者，繳射之注飛鳥。詩云：「弋鳧與雁。」好魚者先具罟與罛，罟，細网。傳曰：「數罟不入汙池。」罛，大网。詩曰「施罛濊濊，鱣鮪潑潑」是也。未有無其具而得其利。言未見君無道而能得民心也。

遺人馬而解其羈，遺人車而稅其轙，轙，所以縛衡也。所愛者少而所亡者多，故里人諺曰：「烹牛而不鹽，敗所爲也。」烹羹不與鹽，不成羹，故曰敗所爲。禮記曰：「客絮羹，主人辭不能烹。」知烹爲羹也。

桀有得事，謂若作瓦以蓋屋，遺後世也。〇洪亮吉云：有虞氏已有瓦棺，則瓦非自夏始。周書云神農作瓦器，倉頡篇陶作瓦，舜始爲陶，衆經音義陶又通作姚。余以爲神農作瓦近之。故孟子云「舜陶於河濱」，明舜時已有瓦矣。古史考云夏昆吾作瓦，世本夏臣昆吾更增加瓦器。昆吾係夏桀時人，故又以爲桀作瓦也。堯有遺道，遺，失。謂不能放四凶，用十六相是也。一說：不傳丹朱而傳舜天下，有不慈之名，故曰有遺道也。嫫母有所美，嫫母，古之醜女，而行貞正，故曰有所美。嫫，讀模範之模。西施有所醜。西施，古之好女。雖容儀光豔，未必貞正，故曰有所醜也。故亡國之法有可隨者，治國之俗有可非者。有可隨，猶嫫母有所美。有可非，猶西施有所醜。

琬琰之玉，在洿泥之中，雖廉者弗釋；琬琰，美玉。釋，舍也。○文典謹按：「在洿泥之中」，御覽七百五十七引，作「汙泥土之中」。弊箄甑瓾，在衻茵之上，雖貪者不搏。瓾，甑帶。搏，取也。瓾，讀鼃黽之黽也。○王念孫云：說文、玉篇、廣韻、集韻、類篇皆無瓾字，瓾當作瓺，字之誤也。說文：「窐，甑空也。」（空與孔通。）玉篇甗或作瓺，亦作窐，胡圭、古畦二切，甑下空也。楚辭哀時命「璋珪雜於甑窐兮」，璋珪與甑窐美惡相縣，故以爲喻。此云「弊箄甑瓺在旃茵之上，雖貪者不搏」，亦爲其惡也。（見下文。）瓺字不得音黽，注當作「瓺，讀鼃黽之鼃」。瓺、鼃皆從圭聲，故讀瓺如鼃。太平御覽器物部二引此，已誤作瓾。洪興祖楚辭補注所引與御覽同，唯注內音鼃尚不誤。楊慎古音餘於梗韻收入瓾字，引高注「瓾，讀鼃黽之黽」，則爲俗本所惑也。美之所在，雖汙辱，世不能賤；惡之所在，雖高隆，世不能貴。「世不能賤」者，喻賢者在下位卑汙之處。「世不能貴」者，喻小人在上位高顯之處。

春貸秋賦民皆欣，春飢而予，秋豐而收，故民欣也。春賦秋貸衆皆怨。得失同，喜怒爲別，其時異也。

爲魚德者，非挈而入淵，爲蝯賜者，非負而緣木，縱之其所而已。喻爲政，官方定物，能文者居文官，能武者居武官，故曰縱之其所而已。○莊逵吉云：御覽作「縱其所之而已」。○王念孫云：「縱之其所而已」，所下當有利字。淵者魚之所利，木者蝯之所利，故曰「縱之其所利而已」。高注「故曰縱之其利而已也」，利上當有所字。各本正文脱利字，（困學紀聞引此已誤。）而注文利字尚存。莊本又改利字爲所字，則并注文亦無利字矣。文子上德篇作「縱之所利而已」，與高注利字合，則正文原有利字明矣。○文典謹按：王説是也。御覽四百七十七引，作「縱其所之，利之而已矣」，有利字。

貂裘而雜，不若狐裘而粹，雜，猶駁。粹，純也。**故人莫惡於無常行。**無常行，猶論語「人而無恒，不可作爲巫醫」，故曰惡也。

有相馬而失馬者，失，猶不知也。**然良馬猶在相之中。**良馬有夭壽，骨法非能相。不知，故曰在相之中。**今人放燒，**○文典謹按：「放燒」義不可通，放當爲於，字之誤也。御覽八百六十九引，正作「今人於燒」，是其證。**或操火往益之，或接水往救之，兩者皆未有功，而怨德相去亦遠矣。**

郢人有買屋棟者，求大三圍之木，郢，楚都，在今江陵北郢是也。棟，檃木材。**而人予車轂，**○王念孫云：意林及太平御覽居處部十五引此，予下並有之字，於義爲長。**跪而度之，巨雖可，而修不足。**巨，大也。修不足，言其短。○莊逵吉云：修，各本作長，依太平御覽改。

又巨字作大。○文典謹按：意林引，巨亦作大。

蘧伯玉以德化，伯玉，衛大夫蘧瑗。趙簡子將伐衛，使史默往視之。曰：「蘧伯玉爲政，未可以加兵。」故曰以德化。**公孫鞅以刑罪，所極一也。**公孫鞅，衛公子叔痤之子，自魏奔秦，相孝公，制相坐法，故曰以刑罪。秦封爲商君，因曰商鞅。商在京兆東南。瑗以德化，鞅以刑罪，故曰所極一也。**病者寢席，**寢，卧。席，蓐。**醫之用針石，巫之用糈藉，所救鈞也。**醫，師。在男曰覡，在女曰巫。石針所抵，殫〔一〕人雍痤，出其惡血。糈，米，所以享神。藉，菅茅。皆所以療病求福祚，故曰救鈞。

貍頭愈鼠，雞頭已瘻，鼠齧人瘡，貍愈之。瘻，頸腫疾。雞頭，水中芡，幽州謂之雁頭，亦愈之也。○陶方琦云：御覽九百十二引許注：「貍食鼠。」按：二注文異。鼠即癙字。爾雅釋詁：「癙，病也。」孫注：「畏之病也。」許、高並以貍制鼠之説相釋，以癙有从鼠之義也。山海經「脱扈之山，植楮可以已癙」，郭注：「癙，病也。」淮南子曰：『貍頭已癙。』」又御覽九百十二「貍頭止癙」，注：「癙，寒熱病也。」或亦是許注。此引必係敓文。物類相感志引許君注曰：「貍能執鼠，故愈也。」是全文。然食作執，已作愈。）○文典謹按：御覽七百四十二引，作「貍頭已癙」，與水經注所引合。**蝱散積血，**○陶方琦云：御覽九百四十三引，作「蝱戢積血」，又引許注：「蝱食血。」

〔一〕「殫」，原本作「彈」，據莊逵吉校本改。

按：高無注。說文：「蝨，齧牛尾蟲也。」斲木愈齲，○文典謹按：御覽七百四十引注云：「啄木，食齲蟲也。」此類之推者也。推，行也。膏之殺鼈，鵲矢中蝟，中，亦殺也。爛灰生蠅，爛，腐。漆見蟹而不乾，乾，燥。此類之不推者也。推與不推，若非而是，若是而非，孰能通其微！

天下無粹白狐，而有粹白之裘，掇之衆白也。善學者，若齊王之食雞，必食其蹠數十而後足。蹠，雞足踵也。喻學取道衆多，然後優。

刀便剃毛，至伐大木，非斧不尅，尅，截。物固有以尅適成不逮者。

視方寸於牛，不知其大於羊；總視其體，乃知其大相去之遠。遠，猶多也。○王念孫云：「乃知其大」，大字因上文而衍。「乃知其相去之遠」，文義甚明，句中不當有大字。

孕婦見兔而子缺脣，見麋而子四目。○文典謹按：御覽三百六十引，「四目」上有必字。小馬大目，不可謂大馬；大馬之目眇，可謂之眇馬，物固有似然而似不然者。故決指而身死，決，傷也。或斷臂而顧活，顧，反。○陶方琦云：史記索隱十六引許注：「顧，反也。」按：此乃舊訓，故同。說林訓「偷肥其體而顧近于死」，高注：「顧，反也。」類不可必推。

厲利劍者必以柔砥，柔，濡。擊鐘磬者必以濡木，轂强必以弱輻，兩堅不能相和，兩強不能相服。○文典謹按：御覽八百五引，和作加，服作伏。故梧桐斷角，馬氂截玉。

言柔勝剛也。

媒但者，非學謾也，但成而生不信。但，猶詐也。立慬者，非學鬭争也，慬立而生不讓。○王念孫云：但與誕同，故高注曰：「但，猶詐也。」他與訑同。謾訑，詐欺也。説文：「謾，欺也。」又曰：「沇州謂欺曰訑。」（玉篇湯何、達可二切。）急就篇「謾訑首匿愁勿聊」，顔師古曰：「謾訑，巧黠不實也。或謂之訑謾。」楚辭九章：「或訑訑而不疑。」訑、訑、他，字異而義同。燕策：「燕王謂蘇代曰：『寡人甚不喜訑者言也。』蘇代對曰：『周地賤媒，爲其兩譽也，之男家曰女美，之女家曰男富。』」故曰「媒但者，非學謾他，但成而生不信」也。「謾他」與「鬭争」相對爲文。各本「謾他」並誤作「謾也」，或又於「鬭争」下加也字，以與「謾也」相對，其謬滋甚。惟道藏本不誤。莊刻仍依各本作「謾也」，又於「鬭争」下加也字，故特辯之。故君子不入獄，爲其傷恩也；不入市，爲其侳廉也，侳，辱也。積不可不慎者也。

走不以手，縛手走不能疾；飛不以尾，屈尾飛不能遠，物之用者必待不用者。故使之見者，乃不見者也；使鼓鳴者，乃不鳴者也。不鳴，乃無聲也。

嘗一臠肉，知一鑊之味；有足曰鼎，無足曰鑊。懸羽與炭，而知燥溼之氣，燥故炭輕，濕故炭重。以小明大。見一葉落，而知歲之將暮；睹瓶中之冰，而知天下之寒；○俞樾云：寒下當有暑字。兵略篇曰：「是故處堂上之陰而知日月之次序，見瓶中之冰而知天下之寒暑。」彼以暑與序爲韵，此以暑與莫爲韵。今删暑字，則失其韵矣。上文曰：「嘗一臠肉知一鑊之味，縣羽與炭而知燥濕之氣。」味、氣爲韵。則此文亦必有韵可知。當據兵略篇補。**以近論遠**。論，知也。○文典謹按：藝文類聚九、御覽六十八引，論竝作論。

三人比肩，不能外出户；户不容故也。**一人相隨，可以通天下**。言不竝也。○王念孫云：一人不得言「相隨」，「一人」當作「二人」。二人不竝行，則可以通天下，故高注云「言不竝也」。

足蹷地而爲迹，暴行而爲影，此易而難。蹷，履也。履地迹自成，行日中影自生，是其易。使迹正影直，是其難也。

莊王誅里史，孫叔敖制冠浣衣；里史，佞臣。惡人死，叔敖自知當見用，故制冠浣衣。○俞樾云：制疑刷字之誤。爾雅釋詁：「刷，清也。」故與「浣衣」對文。○文典謹按：説文刀部：「制，裁也。」衣部：「製，裁也。」「制冠」即製冠，俞説非是。**文公棄荏席，後黴黑，咎犯辭歸**，晉文棄其卧席之下黴黑者，咎犯感其捐舊物，因曰：「臣從君周旋，臣之罪多矣。臣猶自知之，况君乎？請從此亡。」故曰辭歸。○王引之云：高讀「棄荏席後黴黑」爲一句，非也。「棄荏席」爲句，「後黴黑」爲句。謂於衽席則棄之，於人之黴黑者則後之也。韓子外儲説左篇云：「文公反國，至河，令籩豆捐之，席蓐捐之，手足胼胝、面目黧黑者後之。咎犯聞之，再拜而辭。」是其證。（説苑復恩篇同。）○陶方琦云：意林引許注：「晉文公棄席之黑者，捐故舊也，故咎犯辭去。」按：二注文微異，當是高承用許注説。韓子外儲篇、説苑復恩篇皆以「棄荏席，後黴黑」作二事，論衡感類篇作「黴黧墨」。此作一義解，與諸家異。**故桑葉落而長年悲也。**桑葉時既茹落，長年懼命盡，故感而悲也。○王念孫云：「桑葉」當爲「木葉」。長年見木落而悲，不當專指桑葉言之。庾信枯樹賦引此，正作「木葉」。文選蜀都賦注、文賦注、太平御覽人事部一百二十九所引，竝與枯樹賦同。

鼎錯日用而不足貴，錯，小鼎。雖日見用，不能和五味，故不足貴。**周鼎不爨而不可賤，**周家大鼎，不日炊火以供味，而能和味，故曰不可賤。○王引之云：古無謂小鼎爲錯者，錯當爲鏏，鏏字本在鼎字上。鏏鼎，小鼎也。言小鼎雖日用而不足貴，周鼎雖不爨而不可賤也。説文曰：「鏏，鼎也。（廣雅同。）讀若彗。」説林篇「水火相憎，鏏在其間，五味以和」，彼注云：「鏏，小鼎。」正與此注相同，則錯爲鏏之誤明矣。鏏，小貌也。小鼎謂之鏏，小棺謂之槥，小星貌謂之嘒，其義一也。○文典謹按：御覽七百六十五引，此文下有「掃箒日用而不足貴」八字。**物固有以不用而爲有用者。**不用，謂鼎不爨也。爲用，謂調五味也。**地平則水不流，重鈞則衡不傾，**流，行。傾，邪也。**物之尤必有所感，**尤，過也。輕重則衡低卬，故曰必有所感。感，動也。**物固有以不用爲大用者。**衡行物，物所不用，然用之乃知物之輕重，故曰以不用爲大用也。

先倮而浴則可，以浴而倮則不可，○文典謹按：「以浴」疑當作「先浴」。**先祭而後饗**

則可，禮，食必祭，示有所先。饗，猶食也。**先饗而後祭則不可；**爲不敬，故曰不可也。**物之先後各有所宜也。**

祭之日而言狗生，○俞樾云：生當作胜。説文肉部：「胜，犬膏臭也。」狗胜猶言狗臭。**取婦夕而言衰麻，置酒之日而言上冢，**皆所不宜。**渡江、河而言陽侯之波。**陽陵國侯溺死，其神能爲大波，爲人作害，因號陽侯之波，舟人所不欲言。

或曰知其且赦也而多殺人，不仁。**或曰知其且赦也而多活人，**乃仁人也。**其望赦同，所利害異。**○王念孫云：兩「知其且赦也」，其皆當爲天。天字或作兲，其字或作亓，二形相似而誤。「知天且赦而多殺人」，若漢桓帝時河内張成善説風角，推占當赦，遂教子殺人是也。意林引此，作「或知天將赦而多殺人，或知天將赦而多活人」，太平御覽刑法部十八引，作「或曰知天且赦也而殺人，或曰知天且赦也而活人」，是其證。「其望赦同，所利害異」，所上亦當有其字。御覽引此，正作「其所利害異」。**故或吹火而然，或吹火而滅，所以吹者異也。**

烹牛以饗其里，而罵其東家母，德不報而身見殆。殆，危害也。

文王污膺，鮑申傴背，以成楚國之治。文王，楚武王之子。污膺，陷胷也。鮑申，楚相。傴背，僂。成治，言賢也。○陶方琦云：御覽三百七十一引許注：「洿，虛也。」按：二注文異。説文：「膺，胷也。」義得通。洿，説文曰：「窊下也。」窊下即虛陷義。洿从夸得聲，夸有虛義，（呂氏春秋本生篇「非夸以爲名」，高注：「夸，虛也。」）故訓爲虛。裨諶出郭而知，以成子産之事。裨諶，鄭大夫，謀於野則獲，謀於國則否。鄭國有難，子産載如野，與議四國之事，故曰成子産之事。論語曰：「裨諶草創之，世叔討論之，東里子産潤色之。」

朱儒問徑天高於脩人，○王念孫云：「天高」上不當有徑字，蓋衍文也。意林及太平御覽人事部十八引此，皆無徑字。脩人曰：「不知。」○文典謹按：意林引，作「長人曰：『吾不知也。』」御覽三百七十七引，「脩人曰」下亦有吾字。曰：「子雖不知，猶近之於我。」○文典謹按：意林引，作「爾去天近於我也」。故凡問事，必於近者。脩人，長人也。○文典謹按：意林引，「必於」作「當問」。

寇難至，躄者告盲者，盲者負而走，兩人皆活，得其所能也。故使盲者語，使躄者走，失其所也。○文典謹按：御覽七百四十引，作「故使瘖者語，使躄者走，大失其所也」。

郢人有鬻其母，爲請於買者曰：「此母老矣！幸善食之而勿苦。」郢，楚都。鬻，賣也。食，養也。○文典謹按：「幸善食之而勿苦」，意林引，作「望善飴之」，御覽八百二十八引，作「幸善食之而無多苦也」。此行大不義，而欲爲小義者。

介蟲之動以固，介蟲，魚鼈屬。動，行也。○文典謹按：御覽九百四十四引注，作「介甲，龜鼈之屬」，宋本、藏本同。貞蟲之動以毒螫，貞蟲，細要蜂，蜾蠃之屬。無牝牡之合，曰貞。而有毒，故能螫。螫，讀解釋之釋也。熊羆之動攫搏，攫，搏也。熊羆多力，故能撥攫，有所搏也。兕牛之動以觝觸，兕，獸名，有角。牛，犎牛也。物莫措其所修而用其短也。措，置也。治國者若鎒田，去害苗者而已。今沐者墮髮，而猶爲之不止，以所去者少，所利者多。

砥石不利而可以利金，金，刀劍之屬。擏不正而可以正弓，擏，弓之掩牀。讀曰檠。物固有不正而可以正，不利而可以利。不正者擏，正者弓也。不利者砥，利者金也。力貴齊，知貴捷。得之同，遬爲上；齊，讀蒜韲之韲。齊、捷皆疾。勝之同，遲爲下。所以貴鏌邪者，以其應物而斷割也。劚靡勿釋，牛車絶轔。劚，切。楚人謂門切之轔，車行其上則斷之。孟子曰：「城門之軌，非兩馬之力。」轔，讀近藺，急舌言之乃得也。

爲孔子之窮於陳、蔡而廢六藝，則惑；六藝，禮、樂、射、御、書、數。爲醫之不能自治其病，病而不就藥，則勃矣。不擇于事，曰勃也。○俞樾云：藥當讀爲𤻲。說文疒部：「𤻲，治也。或作療。」古每以藥爲之。詩板篇「不可救藥」，韓詩外傳作「不可救療」，毛用叚字，韓用正字也。「病而不就藥」，謂不就其療治。中鑒俗嫌篇曰：「藥者，療也。」

淮南鴻烈集解卷十七

說林訓

木叢生曰林。說萬物承阜，若林之聚矣，故曰「說林」，因以題篇。

以一世之度制治天下，譬猶客之乘舟，中流遺其劍，遽契其舟桅，契，刻也。桅，船弦板也。墮劍於中流，刻于船弦，言識其於此下失劍也。桅，讀如左傳襄王出居鄭地氾之氾也。○王念孫云：桅與氾，聲不相近，偏考書傳亦無謂船舷板爲桅者。桅當爲⿰木芭，⿰木芭與氾同聲，故讀從之。⿰木芭字本作舥，廣雅曰：「舥謂之舷。」謂船兩邊也。集韻、類篇竝云舥或作⿰木芭。⿰木芭字草書作⿰木芭，因譌爲桅矣。楊慎古音餘於陷韻收入桅字，引淮南子「遽契其舟桅」，音氾，則爲俗本所惑也。暮薄而求之，其不知物類亦甚矣！日暮薄岸，而求劍於其所刻桅下，故曰不知物類也。夫隨一隅之迹，而不知因天地以游，惑莫大焉。隨一隅之迹，刻桅之類，惑〔一〕無有大于此也。雖時有所合，然而不足貴也。譬若旱歲之土龍，疾疫之芻狗，是時爲帝者也。土龍以求雨，芻狗以求福，時見貴也。曹氏之裂布，蛷者貴之，然非夏后氏之璜。楚人名布爲曹。

〔一〕「惑」，原本作「或」，據莊逵吉校本改。

今俗間以始織布繫著其耑，謂之曹布。燒以傅蠐螬則愈，故螬者貴之。半璧曰璜，璜以發衆，國家之寶，故曰「然非夏后氏之璜」也。○俞樾云：高氏所據本疑無氏字。若有氏字，則「曹」是人之氏族，何得以布言之乎？今有氏字者，蓋涉下文「夏后氏之璜」而衍，非高本之舊也。惟高注義亦未安。若從前一說，則曹卽布之異名，言曹不必更言布。若從後一說，則當以「曹布」連文，不當曰「曹之裂布」也。曹疑當讀爲褿。廣雅釋器曰：「褿，褯也。」玉篇巾部曰：「𢄔，藉也。」𢄔卽褿之異文。又衣部曰：「褯，小兒衣也。」然則褿者，疑是小兒承藉菌屎之布，故亦謂之褯。褯猶席也。漢書宣帝紀注引李奇曰：「緥，小兒大藉也。」卽其類也。「褿之裂布」者，說文衣部：「裂，繒餘也。」字通作烈。爾雅釋詁：「烈，餘也。」裂布卽餘布，言承藉小兒，其四邊所有之餘布也。是其爲物至賤，然而螬者貴之，正上文「時有所合」之意。○洪亮吉云：說文「胡曹作衣」，曹氏或卽指此。**無古無今，無始無終，未有天地而生天地，至深微廣大矣。**言其深微廣大，故能生天地也。

足以屣者淺矣，然待所不屣而後行；屣，履也。待所履而行者則不得行，故曰待所不履而後行。○王念孫云：「足以屣」，以亦當爲所。文子上德篇作「足所踐」，是其證。**智所知者褊矣，然待所不知而後明。**褊，狹。知所知所不知，以成明矣。**游者以足蹷，以手抻，不得其數，愈蹷愈敗；**愈，益也。敗，猶没也。**及其能游者，非手足者矣。**不用手足而自游也。

鳥飛反鄉，兔走歸窟，狐死首丘，寒將翔水，各哀其所生。寒將，水鳥。哀，猶愛也。○俞樾云：文子上德篇作「各依其所生也」。哀與依古聲同，此作哀者，卽依之叚字耳。高注曰：「哀，猶愛也。」非是。○陶方琦云：文選謝惠連擣衣詩注引許注：「寒螿，蟬屬也。」按：二注文義並異。文子〔一〕上德作「寒螿得木」，許本當同，與高作水鳥解者正異。文選劉鑠擬古詩注亦引淮南作「寒螿」。爾雅釋蟲：「蜺，寒蜩。」郭注：「寒螿也。似蟬而小，青色。」莊子逍遥遊釋文司馬注：「惠姑，寒蟬也，一名蝭蟧。」陸云：「卽楚辭所云寒螿。」玉篇：「螿，寒蟬屬。」與許注同。

毋貽盲者鏡，毋予躄者履，毋賞越人章甫，非其用也。賞，遺也。章甫，冠。越人斷髮，無用冠爲。

椎固有柄，不能自椓；目見百步之外，不能自見其眦。喻人能有所爲，而不能自爲也。

狗彘不擇甂甌而食，偷肥其體而顧近其死；偷，取也。顧，反也。肥則烹之，故近其死也。鳳皇高翔千仞之上，故莫之能致。七尺曰仞。非聖德君不致，故曰莫之能致也。

月照天下，蝕於詹諸；騰蛇游霧，而殆於蝍蛆；詹諸，月中蝦蟇，食月，故曰食于詹

〔一〕「子」，原本誤作「字」，今改。

諸。殆，猶畏也。蝍蛆，蟋蟀，爾雅謂之蜻蛚〔一〕之大腹也，上蛇，蛇不敢動，故曰殆于蝍蛆也。○莊逵吉云：殆，御覽作困。**烏力勝日，而服於鵻禮，能有修短也。**烏在日中而見，故曰勝日。服，猶畏也。鵻禮，爾雅謂䳭䳓，秦人謂之祀祝。間鼉時晨鳴人舍者，鴻鳥皆畏之。故曰能有修短也。○王引之云：禮當爲札。札譌爲礼，後人因改爲禮耳。（廣雅「札，甲也」，今本札譌作禮。莊子人間世篇「名也者，相札也」，崔譔曰：「札，或作禮。」）埤雅引此作「鵻禮」，則所見本已誤。廣雅曰：「車榪，焦札也。」鈔本太平御覽引廣雅作「鶌礼」，刻本作「鵻禮」，亦是鈔本譌札爲礼，刻本又改爲禮也。今本廣雅作「鶌杔」，杔亦札之譌。鶌、鵻二字往往相亂。説文曰：「鵻，祝鳩也。」昭十七年左傳注則云：「祝鳩，鶌鳩也。」然則淮南之鵻札，卽廣雅之鶌札也。此六句以諸、蛆爲韻，日、札爲韻。（成十六年左傳七札之札，徐邈音側乙反，正與日字相協。）若作禮，則失其韻矣。

莫壽於殤子，而彭祖爲夭矣。生寄，死歸。殤子去所寄，歸所安，故曰以爲壽。彭祖蓋楚先，壽八百歲，不早歸，故以爲夭。論語曰：「竊比于我老彭。」蓋謂是也。一説：彭祖蓋黃帝時學仙者。言不如殤子早歸神明矣。

短綆不可以汲深，器小不可以盛大，非其任也。任，讀勘任之任。

怒出於不怒，爲出於不爲。不怒乃是怒，不爲乃是爲也。**視於無形，則得其所見**

〔一〕「蜻蛚」下疑有脱文。爾雅蝍蛆注：「似蝗而大腹，長角，能食蛇腦。」

矣；聽於無聲，則得其所聞矣。言皆易恤無聲，故得有聞。至味不慊，至言不文，至樂不笑，至音不叫，大匠不斲，大豆不具，大勇不鬭，慊，快。叫，譟呼也。不斲，不自斲削。豆，籩簋籩豆之器。大勇，人聞自畏之，不復鬭也。○俞樾云：大匠、大勇，皆以人言，而大豆獨以器言。且「大豆不具」，義亦難通，殆非也。淮南原文本作「大庖不豆」。呂氏春秋貴公篇曰：「大匠不斲，大庖不豆，大勇不鬭」，卽淮南所本。高氏彼注曰：「但調和五味，使神人享之而已，不復自列籩簋籩豆也。」疑高氏此注亦與彼同。今但存「豆，籩簋籩豆之器」七字，蓋後人删改之，以合於既誤之正文，非其舊也。又按：豆者，剅之叚字。廣雅釋詁：「剅，裂也。」「大庖不剅」謂不自割裂，與不斲、不鬭一律，説詳呂氏春秋。得道而德從之矣。譬若黄鐘之比宫，太簇之比商，無更調焉。更，改也。

以瓦鉒者全，以金鉒者跋，以玉鉒者發，鉒，讀象金之銅柱餘之柱。鉒者提馬，雒家謂之投翩。金者金步除。跋者刺跋走。發者疾迅。發，讀射百發之發。是故所重者在外，則内爲之掘。所重，謂金與玉。掘，律氣不安祥也。○陳觀樓云：掘卽拙字也。莊子達生篇作「凡外重者内拙」，是其證。史記貨殖傳「田農掘業」，徐廣曰：「古拙字亦作掘。」逐獸者目不見太山，嗜慾在外，則明所蔽矣。蔽者，見利之物，不見其害。見獸而已。

聽有音之音者聾，聽無音之音者聰；不聾不聰，與神明通。卜者操龜，筮者端策，以問於數，安所問之哉！策，四十九策。可以占遠，可以問于數。數，可卜筮者也。

舞者舉節，坐者不期而拚皆如一，所極同也。

日出暘谷，○陶方琦云：史記集解一百十七、漢書司馬相如傳注引許注：「熱如湯也。」按：高無注。高本當作「暘谷」，許本作「湯谷」也。説文「叒」字下云：「日初出東方湯谷所登榑桑。」「暘」字下引商書「曰暘谷」，按：乃洪範「曰暘若」之譌文，知許氏定作「湯谷」也。今淮南許、高注雜，正文用許本而遺敓其注。觀史記、漢書注引許注如是，益信正文作「湯谷」無疑。又史記索隱引淮南子曰「日出湯谷」，文選蜀都賦注及繆襲挽謌詩注皆引淮南作「日出湯谷」，卽此處文也。漢書、楚辭、論衡諸本並作「湯谷」，與許本同。海内東經「下有湯谷」，注：「湯谷，谷中水熱也。」亦與許説同。説文：「湯，熱水也。」入于虞淵，莫知其動，須臾之間，俛人之頸。俛，猶戾也。

人莫欲學御龍，而皆欲學御馬，莫欲學治鬼，而皆欲學治人，急所用也。御龍、治鬼，不益世用，故以御馬、治人爲急務矣。

解門以爲薪，塞井以爲臼，人之從事，或時相似。或，有也。相似，似其愚。

水火相憎，鏏在其間，五味以和。鏏，小鼎。又曰：鼎無耳爲鏏。鏏，讀曰彗。鏏受水而火炊之，故曰在其間。骨肉相愛，讒賊間之，而父子相危。楚平王、晉獻公是也。夫所以養而害所養，譬猶削足而適履，殺頭而便冠。所以養，諭讒賊。害所養，諭骨肉。殺，亦削也。頭大冠小，不相宜，削殺其頭以便冠也。昌羊去蚤虱而來蛉窮，昌羊，昌蒲。蛉窮，蝱蜒，入耳之蟲也。除小害而致大賊，欲小快而害大利。

牆之壞也，不若無也，然逾屋之覆。不若其無爲牆。屋之覆爲敗屋，牆之壞更爲土，歸於本，故曰逾〔一〕屋之覆也。

璧瑗成器，礛諸之功；礛諸，治玉之石。詩云：「他山之石，可以爲錯。」礛，讀「一曰廉氏〔二〕」之廉。鏌邪斷割，砥礪之力。力亦功，互文也。

狡兔得而獵犬烹，高鳥盡而强弩藏。烹猶殺，藏猶殘，喻不復用也。

虻與驥，致千里而不飛，無糗糧之資而不飢。失火而遇雨，失火則不幸，遇雨則幸也，故禍中有福也。

鬻棺者欲民之疾病也，○文典謹按：御覽五百五十一及八百四十引，「疾病」竝作「疾

〔一〕「逾」，原本作「踰」，形近而誤，據莊逵吉校本改。

〔二〕「氏」，疑當爲「善」，見周禮。

疫」，於義爲長。畜粟者欲歲之荒饑也。荒，大饑，粟不熟。○文典謹按：御覽三十五引注云：「謂將取厚利。」疑是許注。

水静則平，平則清，清則見物之形，弗能匿也，故可以爲正。匿，猶逃也。

川竭而谷虚，虚，無水也。丘夷而淵塞，夷，平。塞，滿也。脣竭而齒寒。

河水之深，其壤在山。言非一朝一夕。

鈞之縞也，一端以爲冠，一端以爲絑，冠則戴致之，絑則𡳐履之。○王念孫云：「戴致」二字義不相屬，致當爲跂，字之誤也。廣韻：「跂，跂戴物也。」跂亦戴也，𡳐亦履也。跂之言跂閣也。廣雅曰：「跂，閣載也。」又曰：「載，閣跂也。」載與戴古字通。文子上德篇作「冠則戴枝之」。爾雅曰：「支，載也。」支、枝與跂，亦聲近而義同。太平御覽布帛部六引此，無「致」、「𡳐」二字，此以意删，不可從。

知己者不可誘以物，物不能惑。明於死生者不可却〔一〕以危，危無能懼之。故善游者不可懼以涉。涉不能溺。

親莫親於骨肉，節族之屬連也，骨肉，謂一人之身，故曰節族之連也。心失其制，乃反

〔一〕「却」，王念孫説當爲「劫」，詳見道應訓「子罕遂却宋君而專其政」注。

自害，言心失制度，則自害身也。況疏遠乎！疏遠，喻他人也。

聖人之於道，猶葵之與日也，雖不能與終始哉，其鄉之誠也。鄉，仰。誠，實。○文典謹按：文選求通親親表注引，誠上有者字。

宮池涔則溢，旱則涸；涔，多水也。江水之原，淵泉不能竭。竭，盡也。

蓋非橑不能蔽日，輪非輻不能追疾，然而橑輻未足恃也。○文典謹按：御覽七百二引注云：「橑，蓋骨也。」

金勝木者，非以一刃殘林也；土勝水者，非以一墣塞江也。○陶方琦云：御覽三十六、又三百四十六引許注：「墣，塊也。」按：説文：「墣，塊也。」與注淮南訓同。（御覽又引賈逵國語注曰：「墣，塊也。」）玉篇引淮南子「非以一圤塞江」，「圤，塊也」，卽采許君舊説。○文典謹按：御覽九百五十二引注云：「音朴，土塊也。」淮南許、高注無言「某音某」者，此必後人所加也。

躄者見虎而不走，非勇，勢不便也。傾者易覆也，倚者易軵也，幾易助也，濕易雨也。軵，讀軵濟之軵。幾，近也。

設鼠者機動，釣魚者泛杭，任動者車鳴也。動，發也。發則得鼠。泛，釣浮。杭，動。動則得魚。任者，輂也。詩云：「我任我輂。」○王念孫云：御覽獸部二十三引此，杭作抗。案：杭、抗二字，義與動皆不相近，字當爲扤。扤誤爲抗，又誤爲杭耳。説文：「扤，動也。」小雅正月篇

「天之抏我」，毛傳曰：「抏，動也。」考工記輪人「則是以大抏」，鄭注曰：「抏，搖動貌。」司馬相如上林賦曰：「楊翠葉，抏紫莖。」抏字亦作抈。晉語「故不可抈也」，韋注曰：「抈，動也。」「設鼠者機動，釣魚者泛抏」，抏亦動也。機動則得鼠，泛動則得魚，故高注云「抏，動。動則得魚」也。○俞樾云：高說失之。黍苗篇「我任我輦，我車我牛」，毛傳曰：「任者，輦者，車者，牛者。」鄭箋曰：「有負任者，有輓輦者，有將車者，有牽牛者。」是毛、鄭皆以任、輦爲二事。若曰「任者輦也」，亦將曰「車者牛也」，其可通乎？今按：此任卽所謂任木也。考工記輈人曰：「凡任木，任正者，十分其輈之長，以其一爲之圍；衡任者，五分其長，以其一爲之圍。」鄭康成說任正、衡任，未得其義。宋戴侗六書故曰：「任正者，輈也。衡任者，軸也。」近世學者程氏瑶田則謂：「必在輿下者始足當任木之名。隧深四尺四寸，輈在四尺四寸下者，任正也。車廣六尺六寸，軸在六尺六寸下者，衡任也。」金氏榜則謂：「凡任木，縱者皆名任正，橫者皆名衡任。任正者，輈也，伏兔也。衡任者，軸也，衡也。」其說皆本戴氏而推之，可以說此文任動車鳴之義。

芻狗能立而不能行，蛇牀似麋蕪而不能芳。蛇牀臭，麋蕪香。**謂許由無德，烏獲無力，莫不醜於色，**醜，猶怒也。一曰：愧也。**人莫不奮于其所不足。**奮，厲也。**以兔之走，使犬〔二〕如馬，則逮日歸風；**言其疾

〔二〕「犬」，疑「大」字之誤。

也。〇孫詒讓云：歸當爲遺，聲之誤也。呂氏春秋本味篇云：「馬之美者，遺風之乘。」高注云：「行迅謂之遺風。」〇文典謹按：御覽九百七引，作「以兔之走，使大如馬，則逐日追風。及其爲馬，則不走矣。」實較今本爲長。及其爲馬，則又不能走矣。

冬有雷電，夏有霜雪，然而寒暑之勢不易，小變不足以妨大節。

黃帝生陰陽，黃帝，古天神也。始造人之時，化生陰陽。上駢生耳目，桑林生臂手，上駢、桑林，皆神名。此女媧所以七十化也。女媧，王天下者也。七十變造化。此言造化治世，非一人之功也。

終日之言必有聖之事，百發之中必有羿、逢蒙之巧，然而世不與也，其守節非也。非者，非其真也。

牛蹏彘顱亦骨也，而世弗灼，必問吉凶於龜者，以其歷歲久矣。

近敖倉者不爲之多飯，臨江、河者不爲之多飲，期滿腹而已。敖倉，古常滿倉，在滎陽北。

蘭芝以芳，未嘗見霜；芳，香。〇王念孫云：芝當爲芷，字本作茝，即今之白芷也。隸書止與之相亂，因誤而爲芝。古人言香草者必稱蘭芷，芝非香草，不當與蘭並稱。（古人所謂芝者，祇是木上所生。內則人君燕食有芝栭，盧植曰：「芝，木芝也。」庾蔚曰：「無華葉而生者曰芝栭，與神農經所稱五色神芝者不同。」然神農經亦但稱五色神芝爲聖王休祥，而不以爲香草也。）凡諸書中言蘭芝，言芝蘭者，皆是芷字之誤。（廣雅釋天「天子祭以鬯，諸侯以薰，大夫以茝蘭」，周官鬱人疏引王度記作芝蘭。荀子宥坐篇「芷蘭生於深林，非以無人而不芳」，說苑雜言篇作芝蘭。說苑雜言篇「如入蘭芷之室，久而不聞其香」，家語六本篇作芝蘭。皆字形相近而誤，其他可以類推。）太平御覽天部十四引此已誤作蘭芝。文子上德篇正作蘭芷。又下文「蘭芝欲脩而秋風敗之」，芝亦芷之誤。又脩務篇「佩玉環，揄步，（步上脱一字，説見脩務。）雜芝若」，高注曰：「雜佩芝若香草。」案：芝亦芷之誤。司馬相如子虛賦「衡蘭芷若」，張揖曰：「芷，白芷也。若，杜若也。」故注云「雜佩芷若香草」。若芝，則非其類矣。賈子勸學篇正作「雜芷若」，列子周穆王篇同。○文典謹按：御覽十四引注云：「先霜刈之。」疑是許注。

鼓造辟兵，壽盡五月之望。鼓造，蓋謂梟。一曰：蝦蟇。今世人五月望作梟羹，亦作蝦蟇羹。言物不當爲用。○莊逵吉云：造卽戚字，故戚然改容亦作「造然」。毛詩「戚施」，説文解字作「鼀䵶」，云「詹諸也」，詹諸卽蝦蟇矣。○朱芹云：「鼓造」二字切音爲梟，則作梟者是。望，謂五月五日也。

舌之與齒，孰先礲也？礲，磨盡也。**錞之與刃，孰先弊也？**錞，矜下銅鐏也。錞不休而刃先弊。錞，讀頓首之頓。**繩之與矢，孰先直也？**矢，箭。

今鱓之與蛇，蠶之與蠋，狀相類而愛憎異。人愛鱓與蠶，畏蛇與蠋，故曰異也。○文典謹按：蠋本作蜀。作蠋者，後人依韓非子內儲説上篇改之也。（説文虫部：「蜀，葵中蠶也。」詩東山「蜎蜎者蠋，烝在桑野」，説文引，蠋亦作蜀。）廣韻燭韻「蜀」字下引此文，正作「蠶與蜀相類而愛憎異也」，蜀正字，蠋俗字耳。

晉以垂棘之璧得虞、虢，説在齊俗篇也。**驪戎以美女亡晉國。**美女，驪姬也。亡，猶亂。

聾者不謌，無以自樂；盲者不觀，無以接物。接，猶見也。

觀射者遺其䩗，䩗，事。**觀書者忘其愛，意有所在，則忘其所守。**

古之所爲不可更，則推車至今無蟬匷。蟬匷，車類。匷，讀如「孔子射于矍相」之矍。○莊逵吉云：説文解字竹部有篗字，云「收餘者也」。方言：「篗，榬也。」郭璞注：「所以絡絲也。」然則蟬匷卽篗字矣。依義，「推車」之推字亦當爲維。

使但吹竽，使氏厭竅，雖中節而不可聽，但，古不知吹人。但，讀燕言鉏同也。○王念孫云：高讀與燕言鉏同，則其字當從且，不當從旦。説文：「伹，拙也。從人，且聲。」玉篇七間、祥間二切，引廣雅云：「伹，鈍也。」（今本廣雅伹誤作但，辯見廣雅疏證。）廣韻：「伹，拙人也。」意與高注「不知吹人」相近。又高注讀燕言鉏同，與説文從人且聲及玉篇七間、祥間二音並相近，若然，則但爲伹之誤也。「使氏厭竅」，氏當爲工。隸書工字或作𠃉，氏字或作𠂆，二形相似，故工誤爲氏。大戴禮帝繫篇「青陽降居江水」，今本江誤作泜，是其例也。厭與擪同。説文：「擪，一指按也。」玉篇烏協切。（泰族篇曰：「所以貴扁鵲者，貴其擪息脈血，知病之所從生也。」韓子外儲説右篇曰：「田連、成竅，天下善鼓瑟者也。然而田連鼓上，成竅擫下，而不能成曲，共故也。」楚辭九辯「自壓按而學誦」，壓一作厭。壓、擫、壓、厭，竝字異而義同。）言使不善吹者吹竽，而使樂工爲之按竅，音雖中節而不可聽也。文子上德篇作「使工捻竅」，（捻與厭同義。文選笙賦「厭焉乃揚」，李善曰：「厭，猶捻也。」）則氏爲工之誤，明矣。○俞樾云：高注曰「但，古不知吹人」，此殆望文生訓。且既不知吹矣，又何能中節乎？文子上德篇作「使倡吹竽，使工捻竅」，然則「但」、「氏」二字乃「倡」、「工」之誤。倡也、工也，特爲異名以別之，明非一人，實則同義。蓋倡與工雖善吹竽，然必自吹之而自厭之。若一人吹竽，一人厭竅，則雖中節而不可聽矣。韓子外儲説右篇曰：「田連、成竅，天下善鼓瑟者也。然而田連鼓上，成竅擫下，而不能成曲。」此意卽淮南所本。倡也、工也，猶曰田連也，成竅也。彼舉其人以實之，此則不舉其人耳。倡字闕壞而成但字。隸書工或作互，氏或作互，二形相似，故工誤作氏。高據誤本作注，曲爲之説，失之矣。**無其君形者也。**君，官主也。

與死者同病，難爲良醫；與亡國同道，難與爲謀。謀，或作豫也。

爲客治飯而自藜藿，名尊於實也。尊，重。享仁義之名，重於治飯之實也。○王念孫云：「自藜藿」本作「自食藜藿」。今本脱食字，則文義不明。舊本北堂書鈔酒食部三，出「爲客治飯，自食藜藿」八字，注云：「淮南子云：爲客治飯而自食藜藿，名尊於實也。」（陳禹謨本食字誤在「藜藿」下。）太平御覽飲食部八引同。

乳狗之噬虎也，伏雞之搏狸也，恩之所加，不量其力。使景曲者，形也；形曲則景曲也。使響濁者，聲也。聲濁則響濁也。情泄者，中易測。不閉其情欲，發泄于外，故其中心易測度知也。華不時者，不可食也。華，實。若今八九月食晚瓜，令人病瘧，此之類，故不可食。喻人多言，不時適，不可聽用也。蹠越者，或以舟，或以車，雖異路，所極一也。蹠，至也，極亦至，互文耳。一，同也。佳人不同體，美人不同面，而皆說於目；佳，美。梨橘棗栗不同味，而皆調於口。調，適。

人有盜而富者，富者未必盜；有廉而貧者，貧者未必廉。蔏苗類絮而不可爲絮，蔏苗，荻秀，楚人謂之蔏。蔏，讀敵戰之敵。幽、冀謂之荻苕也。○王念孫云：蔏本作藡，（注同。）故注讀如敵戰之敵。注内「荻秀」本作「萑秀」，「楚人謂之苗」本作「楚人謂之藡苗」。藡與荻同。（玉篇：「藡，徒歷切，萑也。或作荻。」）藡苗者，荻之穗也。（苗音他六、徒歷二反，字從由，不從田。）荻華如絮而不温，故曰「類絮而不可以爲絮」。荻或謂之萑。廣雅曰：「藡，萑也。」齊民要術引陸機毛詩疏曰：「薍或謂之荻，至秋堅成卽謂之萑。」是萑、藡一物也，其穗則謂之藡苗，故注云「藡苗，萑秀，楚人謂之藡苗。」玉篇苗音他六、徒歷二切。苗與苕一聲之轉，故幽、冀謂之荻苕也。豳風鴟鴞傳曰：「荼，萑苕也。」正義曰：「謂薍之秀穗也。」萑苕卽荻苕，荻苕猶藡苗耳。太平御覽布帛部六、百卉部七引此，竝作「藡苗類絮而不可以爲絮」，又引高注「藡苗，萑秀也」。今本藡字皆誤作蔏，（説文：「蔏，艸也。從艸，商聲。」玉篇舒羊切，引字書「蔏陸，蓫蒻也」，音義與此迥異。）注內「楚人謂之藡」下又脱苗字，（注言楚人謂萑秀爲藡苗，脱去苗字，則義不可通。太平御覽引此已誤。）「萑秀」又改爲「荻秀」，而不知荻卽藡字也。莊本改蔏爲蔏，而又不知説文、玉篇、廣韻、集韻之皆無蔏字也。

黂不類布而可以爲布。黂，麻之有實者。黂，讀左傳「有蜚不爲災」之蜚也。

出林者不得直道，行險者不得履繩。繩，亦直也。

羿之所以射遠中微者，非弓矢也；造父之所以追速致遠者，非轡銜也。

海內其所出，故能大；雷雨出于海，復隨溝還入，故曰內其所出。**輪復其所過，故能遠。**其所過，轉不止也。

羊肉不慕蟻，蟻慕於羊肉，羊肉羶也；醯酸不慕蚋，蚋慕於醯酸。○王念孫云：下三句當作「醯不慕蚋，蚋慕於醯，（句。）醯酸也」，與上三句相對爲文。今本「醯不慕蚋」句內衍一酸字，「醯酸也」句內又脱醯字、也字，則文不成義。太平御覽蟲豸部二引此已誤，唯也字未脱。

嘗一臠肉而知一鑊之味，懸羽與炭而知燥濕之氣，以小見大，以近喻遠。

十頃之陂可以灌四十頃，畜水曰陂。**而一頃之陂可以灌四頃，大小之衰然。**衰，差也。○王念孫云：「可以灌四頃」，當作「不可以灌四頃」。此言以十頃之陂可以灌四十頃例之，則一頃之陂亦可以灌四頃。然而不可以灌四頃者，十頃大而一頃小，大則所灌者多，小則所灌者少，故曰「大小之衰然」也。下文云「百梅足以爲百人酸，一梅不足以爲一人和」，意與此同。今本脱去不字，則失其義矣。

明月之光可以遠望，而不可以細書；甚霧之朝可以細書，而不可以遠望尋常之外。○莊逵吉云：御覽作「不可以望尋常之外」，無遠字，爲是。○王念孫云：莊説是也。遠字即因上文「遠望」而衍。舊本北堂書鈔天部二引此，亦無遠字。

畫者謹毛而失貌，謹悉微毛，留意於小，則失其大貌。射者儀小而遺大。儀望小處而射之，故耐中。事各有宜。

治鼠穴而壞里閭，潰小皰而發痤疽，皰，面氣也。痤疽，癰也。○文典謹按：北堂書鈔百五十八引，皰作靤。若珠之有纇，玉之有瑕，置之而全，去之而虧。置其纇、瑕也。

榛巢者處林茂，安也；○孫詒讓云：茂，疑當爲莽，形近而誤。漢書揚雄傳長楊賦云：「羅千乘於林莽。」窟穴者託埵防，便也。埵防，高處隄防也。王子慶忌足躡麋鹿，手搏兕虎，○文典謹按：御覽九百三十二引，搏作縛。置之冥室之中，不能搏龜鼈，勢不便也。慶忌，吳王僚之子也。

湯放其主而有榮名，湯，偰後十三世主癸之子履。放其主，謂伐桀。爲民除害，故有榮名也。崔杼弑其君而被大謗，崔杼，齊大夫崔野之子，弑君齊莊公也。所爲之則同，其所以爲之則異。所以爲則異，湯殺君以利與民，杼以利與身，故曰異。

吕望使老者奮，吕望鼓刀釣魚，年七十始學讀書，九十爲文王作師，佐武王伐紂，成王封之於齊，故老者慕之而自奮勵。項託使嬰兒矜，以類相慕。項託年七歲，窮難孔子而爲之作師，故使小兒之疇自矜大也。

使葉落者風摇之，使水濁者魚撓之。虎豹之文來射，虎豹以有文章，來使人射取之。蝯狖之捷來乍。蝯狖屬仰鼻而長尾。乍，暫疾。以其操捷，來使疾擊而取之。○洪頤煊云：乍當作笮。繆稱訓：「猨狖之捷來措。」漢書梁平王傳，晉灼曰：「許慎云：『措，置。』字借以爲笮耳。」莊子應帝王篇：「猨狙之便、執斄之狗來藉。」釋文：「司馬云：藉，繩也。由捷見結縛也。崔云：藉，繫也。」措、藉亦聲相近。○王念孫云：繆稱篇作「猨狖之捷來措」，高注：「措，刺也。」措與乍古同聲而通用，當以彼注爲是。○俞樾云：高注訓乍爲暫疾，而以「疾擊取之」申明其義，此曲説也。乍與作通，當讀爲斮。爾雅釋器「魚曰斮之」，禮記内則篇作「魚曰作之」，即其例也。成二年公羊疏引樊光曰：「斮，砍也。」砍乃斫之俗字。斫者，擊也。「猨狖之捷來斮」，謂見斫擊也，方與上句「虎豹之文來射」文義一律。繆稱篇曰「猨狖之捷來措」，高注曰：「措，刺也。」刺、擊義亦相近。

行一棊不足以見智，彈一弦不足以見悲。

三寸之管而無當，當，猶底也。天下弗能滿；十石而有塞，百斗而足矣。

以篙測江，篙終而以水爲測，惑矣。篙擿船，以篙度江，篙没，因以江水爲盡，故曰惑也。○陶方琦云：一切經音義十三引許注：「刺船竹，長二丈，以鐵爲鏃者也。」按：二注文異。方言：「所以刺船謂之⿰木篙。」說文新坿亦有篙字，曰：「所以刺船也。」

漁者走淵，漁，讀論語之語也。木〔二〕者走山，所急者存也。朝之市則走，夕過市則步，所求者亡也。走，讀奏記之奏。

豹裘而雜，不若狐裘之粹；粹，純。○文典謹按：豹裘襍，不若狐裘粹，是豹裘貴而狐裘賤也。然豹裘安得貴於狐裘？豹當爲貂，字之誤也。本書說山篇「貂裘而襍，不若狐裘而粹」，是其證。白璧有考，考，釁污也。不得爲寶，言至純之難也。

戰兵死之鬼憎神巫，兵死之鬼，善行病人，巫能祝劾殺之。憎，畏也。○王念孫云：戰字後人所加。古人所謂兵者，多指五兵而言，兵死謂死於兵也。曲禮曰：「死寇曰兵。」釋名曰：「戰

〔二〕「木」，俞樾說當爲「采」，詳見齊俗訓「山處者木」注。

死曰兵。言死爲兵所傷也。」周官冢人曰：「凡死於兵者不入兆域。」皆是也。後人謂戰士爲兵，故妄加戰字耳。「兵死之鬼憎神巫」，「盜賊之輩醜吠狗」，二句相對爲文。加一戰字，則文不成義，且與下句不對。據高注云：「兵死之鬼，善行病人」，則無戰字明矣。（說文：「兵死及牛馬之血爲粦。」論衡偶會篇：「軍功之侯，必斬兵死之頭。」）**盜賊之輩醜吠狗。**醜，猶惡也。

無鄉之社易爲黍肉，無國之稷易爲求福。無祀，不禋于神，而卒祀之，故易爲黍肉，易爲求福也。

鼈無耳，而目不可以瞥，精于明也。不可以瞥，瞥之則見也。**瞽無目，**目無所見。**而耳不可以察，精于聽也。**不可以察，察之則聞。○王引之云：正文、注文，皆義不可通。正文當作：「鼈無耳，而目不可以獘，精於明也。瞽無目，而耳不可以塞，精於聽也。」注當作：「不可以獘，視之則見也。不可以塞，聽之則聞也。」獘與蔽通。（主術篇：「聰明光而不獘，耳目達而不闇。」秦策「南陽之獘幽」，高注：「獘，隱也。」齊語「使海於有蔽」，管子小匡篇作獘。是蔽、獘古字通。）今作瞥者，涉上文目字而誤。（太平御覽鱗介部三引此已誤。）塞，猶蔽也。（鄭注郊特牲曰：「管氏樹塞門，塞猶蔽也。」）作察者，亦字之誤。後人不知其誤，故妄改注文以從之耳。文子上德篇正作：「鼈無耳，而目不可以蔽，精於明也。瞽無目，而耳不可以蔽，精於聽也。」

遺腹子不思其父，無貌于心也；不知父貌。**不夢見像，無形于目也。**目初不見父像，故曰無形于目也。

螣蛇不可爲足，虎豹不可使緣木。螣蛇有毒，螫人，不爲足，爲足益甚。虎，猛獸，不可使能緣木。○文典謹按：御覽九百三十三引，作「虎豹不可使緣木，螣蛇不可以安足」。藝文類聚九十六引，作「豹獸不可使緣木，螣蛇不可使安足」。

馬不食脂，桑扈不啄粟，非廉也。桑扈，青雀。一名竊脂。秦通崤塞，而魏築城也。魏徙都于大梁，聞秦通治崤關，知欲來東兼之，故築城設守備也。飢馬在廐，寂然無聲；投芻其旁，爭心乃生。

引弓而射，非弦不能發矢，引，張弓也。發，遣也。弦之爲射，百分之一也。

道德可常，權不可常，故遁關不可復，亡犴不可再。遁，逃。犴，獄。常以權變出關塞獄犴亡逃，不可復由其入，故曰權不可常也。

環可以喻員，不必以輪；絛可以爲繶，不必以紃。紃亦繶，婉轉數也。

日月不竝出，狐不二雄，神龍不匹，猛獸不羣，鷙鳥不雙。

循繩而斲則不過，懸衡而量則不差，衡，稱也。植表而望則不惑。

損年則嫌于弟，益年則疑于兄，不如循其理，若其當。理，道。當，猶實也。

人不見龍之飛，舉而能高者，風雨奉之。奉，助也。○文典謹按：御覽九百二十九引，「風雨奉之」作「風雨之奉也」。白帖九十五作「雨奉足也」。蠹衆則木折，隙大則牆壞。懸垂

之類，有時而隧；隧，墮也。**枝格之屬，有時而弛。**弛，落也。○莊逵吉云：說文解字有「格」字，云：「枝格也。從丰，各聲。」釋名：「胑，枝也。似木之枝格也。」此言人之四胑如枝格。又：「戟，格也。旁有格。」解字言：「戟，有枝兵也。」此言戈戟如枝格。史記始皇本紀：「或走或格，格〔一〕者輒死。」魯連傳：「曹子以一劍之任，枝桓公之心。」枝、格，殆假義歟！漢書梁孝王傳「義格」，如淳注：「格者，枝閣不得下。」枝閣亦即枝格。二字高無注義，因爲推廣之。

當凍而不死者，不失其適；死乃爲失適。不死，故曰不失其適也。**當暑而不暍者，不亡其適；**亡，亦失之。**未嘗適，亡其適。**亡，無也。言不凍不暍，何適之有。○王引之云：「未嘗適，亡其〔二〕適」，當作「未嘗不適，亡適」。上言「不亡其適」，乃亡失之亡；此言「亡適」，乃遺忘之忘。（忘字古通作亡。要略曰：「齊景公獵射亡歸。」韓子難二曰：「晉文公慕於齊女而亡歸。」齊策曰：「老婦已亡矣。」趙策曰：「秦之欲伐韓、梁，東闚於周室，甚，惟寐亡之。」竝與忘同。荀子勸學篇「怠慢忘身，禍災乃作」，大戴禮忘作亡。呂氏春秋權勳篇「是忘荊國之社稷而不恤吾衆也」，淮南人間篇忘作亡。）言人心有所謂適，則有所謂不適。當凍而不死，當暑而不暍者，能不失其適矣，而猶未忘乎其爲適也。若隨所往而未嘗不適者，則忘乎其爲適矣。莊子達生篇曰：

〔一〕「格」，原本作「之」，據史記改。

〔二〕「其」字，原無，據正文補。王引之所據本蓋無「其」字。

「忘足，屨之適也。忘要，帶之適也。知忘是非，心之適也。不内變，不外從，事會之適也。始乎適而未嘗不適者，忘適之適也。」（郭象注：「識適者，猶未適也。」）此卽淮南所本。高解「未嘗不適，亡適」云：「亡，無。言不凍不暍，何適之有。」未達正文之意。然據此，則正文本作「未嘗不適」，而今本脱不字，明矣。

湯沐具而蟣蝨相弔，大厦成而燕雀相賀，厦，屋也。**憂樂别也。柳下惠見飴，曰可以養老；盜跖見飴，曰可以黏牡，見物同，而用之異。**柳下惠，魯大夫展無駭之子，名獲，字禽。家有大柳樹，惠德，因號柳下惠。一曰：柳下，邑。牡，門户籥牡也。○莊逵吉云：柳下惠義，藝文類聚以爲許慎注。○陶方琦云：藝文類聚八十九、御覽九百五十七、事類賦柳部引許注：「展禽之家有柳樹，身行惠德，因號柳下惠。一曰：邑名。」按：二注文略異，然乃許注羼入高注中者。藝文類聚引許注，亦與今高注詳略不同。

蠶食而不飲，二十二日而化；○王念孫云：「二十二」當爲「三十二」。爾雅翼引此已誤。盧辯注大戴禮易本命篇及太平御覽資産部五、蟲豸部一，竝引作「三十二日」。**蟬飲而不食，三十日而脱；**○文典謹按：初學記虫部引，脱作死。**蜉蝣不食不飲，三日而死；人食礜石而死，蠶食之而不飢；**礜石出陰山。一曰：能殺鼠。**魚食巴菽而死，鼠食之而肥，**菽，豆緫名。**類不可必推。**推，猶知也。

瓦以火成，不可以得火；竹以水生，不可以得水。瓦得火則破，竹得水浸則死。揚堁而欲弭塵，被裘而以翣翼，豈若適衣而已哉！堁，土塵也。楚人謂之堁。翣，扇也。楚人謂之翣也。

槁竹有火，弗鑽不爇；土中有水，弗掘無泉。掘，猶窮也。○王念孫云：「弗掘無泉」，本作「弗掘不出」，謂不掘則泉不出，非謂無泉也。後人改「不出」爲「無泉」者，取其與爇字爲韻耳。不知此四句以火與水隔句爲韻，（火古讀若毀，說見唐韻正。）而鑽與爇、掘與出，則於句中各自爲韻。若云「弗掘無泉」，則反失其韻矣。（太平御覽火部二引此已誤。）且泉卽水也，既云「土中有水」，則不得又言「無泉」矣。文子上德篇正作「土中有水，不掘不出」。

蚌象之病，人之寶也；蚌，大蛤，中有珠。象牙還以自疾，故人得以爲寶。○文典謹按：御覽九百四十一引注，疾作病。人之病，將有誰寶之者乎？人之利欲爲病，無人寶之，故曰將有誰寶也。○文典謹按：宋本及御覽引注，「人之」竝作「人以」，義較長。

爲酒人之利而不酤，則竭；爲車人之利而不僦，則不達。握火提人，反先之熱。皆一介之人物，思自守者，不欲使酒人車人得利，不酤僦而先自竭，先不達，猶以火投人，先自熱爛也。

鄰之母死，往哭之，妻死而不泣，有所劫以然也。嫌於情色，故曰有所劫迫之。然，如是也。

西方之倮國，鳥獸弗辟，與爲一也。一，同也。倮國，在西南方。

一膊炭熯，一膊，一挺也。掇之則爛指；萬石俱熯，去之十步而不死，百廿觔爲石。同氣異積也。大勇小勇，有似於此。

今有六尺之席，卧而越之，下材弗難；植而踰之，上材弗易，勢施異也。

百梅足以爲百人酸，一梅不足以爲一人和。喻衆能濟少，少不能有所成也。

有以飯死者而禁天下之食，有以車爲敗者而禁天下之乘，則悖矣。申生雉經，晉不絶繩。子胥自沉，吴不斷水。○王念孫云：御覽疾病部四「噎」下引此，飯作噎，是也。噎通作饐，因誤而爲飯。吕氏春秋蕩兵篇：「夫有以饐死者，欲禁天下之食，悖。」卽淮南所本也。今俗語猶云「因噎廢食」。若云「以飯死」，則文不成義。

釣者静之，罧者扣舟；罩者抑之，罣者舉之，爲之異，得魚一也。罧者，以柴積水中，以取魚。扣，擊也。魚聞擊舟聲，藏柴下，壅而取之。罧，讀沙糝。今兖州人積柴水中捕魚爲罧，幽州名之爲涔也。○莊逵吉云：罧，據爾雅、説文解字，當作罧，今爾雅作槮，謂之涔槮，亦卽糝字。○王念孫云：説文、玉篇、廣韻、集韻皆無罧字，罧當爲罧，字之誤也。（注同。）説文：「罧，積柴水中以養魚。從网，林聲。」字林山沁反。（見毛詩、爾雅釋文。）故高注云「罧，讀沙糝」也。

(太平御覽飲食部八引通俗文曰:「沙入飯曰糝。」)周頌潛篇「潛有多魚」,毛傳曰:「潛,糝也。」爾雅「糝謂之涔」,孫炎曰:「積柴養魚曰糝。」糝與罧同。兗州謂之罧,幽州謂之涔,方俗語有輕重耳。罣非取魚之具,意林、埤雅及初學記武部、太平御覽資産部十四引此,竝作「罾者舉之」,是也。罣者下罣而得魚,故言「抑」;罾者舉罾〔一〕而得魚,故言「舉」。○文典謹按:意林引此文,「罭者扣舟」作「網者動之」,「爲之異」作「爲道異」。

見象牙乃知其大於牛,見虎尾乃知其大於狸,一節見而百節知也。吴伐越,至會稽,獨獲骨節專車。見一節大,餘節不得小,故曰百節知。

小國不鬬於大國之間,畏見嫌也。兩鹿不鬬於伏兕之旁。畏見食也。○文典謹按:御覽八百九十引,鹿作虎。

佐祭者得嘗,救鬬者得傷。蔭不祥之木,爲雷電所撲。蔭,木景。撲,擊也。○文典謹按:御覽十三引,電作霆。九百五十二引,蔭作陰,又引注,作「陰,休也」。

或謂冢,或謂隴;或謂笠,或謂簦。頭蝨與空木之瑟,名同實異也。頭中蝨,空木瑟,其音同,其實則異也。○王念孫云:「或謂簦」下當有「名異實同也」五字,言冢與隴,笠與簦,名異而實同。若頭蝨與空木之瑟,則名同而實異也。

〔一〕「罾」,原本作「罣」,依文義改。

日月欲明而浮雲蓋之，蓋，猶蔽也。蘭芝欲修而秋風敗之。脩，長。

虎有子，不能搏攫者，輒殺之，爲墮武也。墮，廢也。武，威之〔一〕也。

龜紐之璽，賢者以爲佩；龜紐之璽，衣印也。紐，係。佩，服也。土壤布在田，能者以爲富。能勤者播植嘉穀，以爲饒富也。

予拯溺者金玉，不若尋常之纆索。金玉雖寶，非拯溺之具，故曰不如尋常之纆索。◯文典謹按：拯字疑涉注「拯溺之具」而衍。御覽三百九十六引，無拯字。

視書，上有酒者下必有肉，上有年者下必有月，以類而取之。類，猶事也。

蒙塵而眯，固其理也；爲其不出户而堁之也。爲不出户而塵堁眯之，非其道。◯王引之云：如高注，則正文「爲其不出户而堁之」下，當有「非其道」三字，而寫者脱之也。道亦理也。「固其理也」，「非其道也」，相對爲文。爲猶謂也。蓋出户而後蒙塵，蒙塵而後眯。若謂不出户而堁之，則無是理也。今本無「非其道」三字，則文不成義，且與上文不對矣。又道與理爲韻，若無此三字，則失其韻矣。下文「雖欲養之，非其道」，亦與酒爲韻。

屠者羹藿，爲車者步行，陶者用缺盆，匠人處狹廬，◯王念孫云：「羹藿」本作「藿

〔一〕「之」字疑衍。

羹」。「藿羹」與「步行」相對爲文。諸書多言「藿羹」，無言「羹藿」者，此寫者誤倒也。「爲車者步行」本作「車者步行」。古者百工各以其事爲名，故考工記曰：「攻木之工：輪、輿、弓、廬、匠、車、梓。」此言車者，猶考工記言車人也。後人誤以車爲車馬之車，故又加爲字耳。「陶者」本作「陶人」，與「匠人」相對爲文。今本人作者，因上二句而誤。盧與廬同。（荀子富國篇「若盧屋妾」，卽廬屋。孟子屋廬子，廣韻作屋盧子。）道藏本、劉本竝作盧，莊改盧爲廬，未達假借之義。太平御覽器物部三引此，正作「屠者藿羹，車者步行，陶人用缺盆，匠人處狹盧」。意林引，作「屠者食藿羹，爲車者多步行，陶人用缺盆，匠人處狹盧」，食字、爲字、多字，皆馬總以意加之，餘與御覽同。爲者不必用，用者弗肯爲。爲者不得用，以利動也。用者不肯爲，以富寵也。

轂立，三十輻各盡其力，不得相害。使一輻獨入，衆輻皆棄，豈能致千里哉？

○俞樾云：文子上德篇作「轂虚而中立」，是此文轂下脱「虚而中」三字。「一輻」，文子作「一軸」，亦當從之。蓋一軸在轂中，三十輻在轂外，若一軸獨入，而三十輻皆棄，卽不成爲輪矣，故不可以致千里也。

夜行者掩目而前其手，涉水者解其馬載之舟，事有所宜，而有所不施。

橘柚有鄉，雚葦有叢。獸同足者相從游，鳥同翼者相從翔。以類聚也。

田中之潦，流入於海；附耳之言，聞於千里也。附，近也。近耳之言，謂竊語。聞於千里，千里知之。語曰：「欲人不知，莫如不爲。」○文典謹按：意林引，潦作水，言作語。

蘇秦步，曰何故；步，徐行也。人問何故。**趍，曰何趍馳，**○王引之云：馳字非原文所有。蓋後人見字書韻書「趍趙」之趍音馳，故旁記馳字，而寫者遂誤入正文也。不知此趍字（七俱反。）乃趨之變體，與音馳之趍相似而實非也。步爲徐行，趨爲疾行，故先言步，後言趨。高注「步，徐行也」，正以別於下句之趨也。「步，曰何故」，步與故爲韻；「趨，曰何趨」，趨與趨爲韻。或曰：當作「趍，曰何馳」，今知不然者，馳乃馬疾行之名，人行不得言馳也。○俞樾云：此當作「蘇秦步，曰何步；趨，曰何趨；馳，曰何馳」。因首句高注有「何故」二字，遂誤正文「何步」爲「何故」，而馳下又脱「曰何馳」三字，則文不成義矣。**有爲則議，多事固苛。**蘇秦爲多事之人，故見議見苛也。

皮將弗覩，毛將何顧！畏首畏尾，身凡有幾！畏始畏終，中身不畏，凡有幾何。言常畏也。

欲觀九州之土，足無千里之行；心無政教之原，而欲爲萬民之上，則難。無其術，故曰難。

的的者獲，提提者射，的的，明也。爲衆所見，故獲。提提，安也。若鳥不飛，獸不走，提提安時，故爲人所射。○王念孫云：注訓「提提」爲安，雖本爾雅，然非此所謂提提也。的的、提提，皆明也，語之轉耳。提與題同。説文：「題，（音提。）顯也。」顯亦明也。莊子養生主篇曰：「爲善無近名，爲惡無近刑。」管子白心篇曰：「爲善乎毋提提，爲不善乎將陷於刑。」是提提爲明也。「旳旳者獲，提提者射」，卽莊子（達生〔一〕篇）所謂「飾知以驚愚，脩身以明汙，昭昭乎如揭日月而行」，故不免者也。故下文卽云「大白若辱，大德若不足」。若訓提提爲安，則既與上句不類，又與下文不屬矣。○俞樾云：王氏念孫謂旳旳、提提皆明也，引管子白心篇「爲善乎無提提」爲證，其説得之矣。惟未説獲字之義。今按：旳旳猶提提也，獲猶射也，兩句實止一意。儀禮鄉射禮篇「獲者坐而獲」，鄭注曰：「射者中，則大言獲。」是古謂射中爲獲。上句言獲，下句言射，變文以成辭耳。**故大白若辱，大德若不足。**若辱，自同於衆人。若不足者，實若虛之貌。○莊逵吉云：鄭康成儀禮注曰：「以白造緇曰辱。」辱者，汙辱也，故與白對。注家皆未得其義。

未嘗稼穡粟滿倉，未嘗桑蠶絲滿囊，得之不以道，用之必横。横，放也。○文典謹按：御覽八百四十引，無必字。

海不受流胔，太山不上小人，骨有肉曰胔。有不義之骸流入海，海神蕩而出之，故曰不受。太山，東岳也，王者所封禪處，不令凶亂小人得上其上也。**㫄光不升俎，**㫄光，胞也。俎豆之實唯肩髀，而脇肋不得升也。**騶駁不入牲。**犧牲以純色也。

〔一〕「達生」，原本作「山木」，據莊子改。

中夏用箑，快之，至冬而不知去；褰衣涉水，至陵而不知下，未可以應變。○王念孫云：陵當爲陸，字之誤也。陸與水相對，作陵則非其指矣。意林引此，正作陸。有山無林，有谷無風，有石無金。林生於山，山未必皆有林。風出於谷，谷未必皆有風。金生於石，石未必皆有金。喻聖人出衆人，衆人未必皆聖賢也。滿堂之坐，視鉤各異，滿堂坐人，視其鉤，各異形。於環帶一也。鉤與環帶，一法也。類雖異，所用者同。

獻公之賢，欺於驪姬；殺申生也。叔孫之智，欺於豎牛。三日不食而餓死也。故鄭詹入魯，春秋曰「佞人來，佞人來」。鄭詹，鄭文公大夫。以齊桓公卒，不使鄭伯朝齊，而使朝於楚，齊人執之，自齊逃至魯，魯謂之佞人。以方驪姬、豎牛，故曰「佞人來，佞人來」。

君子有酒，鄙人鼓缶，雖不見好，亦不見醜。醜，惡也。

人性便絲衣帛，或射之則被鎧甲，爲其所不便以得所便。便，利也。○陳觀樓云：「便絲衣帛」，當作「便衣絲帛」，「衣絲帛」與「被鎧甲」相對。文子上德篇作「衣緜帛」。

輻之入轂，各值其鑿，不得相通，猶人臣各守其職，不得相干。干，亂也。

嘗被甲而免射者，被而入水；嘗抱壺而度水者，抱而蒙火，可謂不知類矣。

君子之居民上，若以腐索御奔馬，雍容恐失民之意。若履薄冰蛟在其下，蛟，魚屬，皮有珠，能害人，故曰蛟在其下。若入林而遇乳虎。言常驚懼恐也。化不洽於民，民不附。

善用人者，若蚈之足，衆而不相害；蚈，馬蚈，幽州謂之秦渠。蚈，讀蹊徑之蹊也。若脣之與齒，堅柔相摩而不相敗。摩，近。敗，毁也。

清醠之美，始於耒耜；醠，清酒。周禮醠齊是。醠，讀甕盎之盎也。○文典謹按：御覽八百二十三引，醠作英。又引注云：「清英，酒也。」黼黻之美，在於杼軸。白與黑爲黼，青與赤爲黻，皆文衣也。

布之新不如紵，紵之弊不如布，或善爲新，或惡爲故。善，猶宜也。○王念孫云：「或惡爲故」本作「或善爲故」，言紵善爲新，布善爲故也。今本作「或惡爲故」者，後人不曉文義而妄改之耳。太平御覽布帛部七引此，正作「或善爲故」。

靨輔在頰則好，在顙則醜。靨輔，著頰上窐也。窐者在顙，似衆，故醜。繡以爲裳則宜，以爲冠則譏。詩曰「袞衣繡裳」，故曰宜。譏，人譏非之也。○王念孫云：譏本作議，高注本作「議，人譏非之也」。今本議皆作譏者，後人以議與宜韻不相協而改之，因幷改高注耳。不知宜字古讀若俄，（說見唐韻正。）與譏字不相協，而議字古亦讀若俄，（小雅北山篇「或出入風議」，與爲爲韻，爲古讀若譌。淮南俶真篇「立而不議」，與和爲韻。詮言篇「行有迹則議」，與訶爲韻。史記太史公自序「王人是議」，與禾爲韻。）與宜字正相協也。太平御覽布帛部二引此，正作「以爲冠則議」。詮言篇云「行有迹則議」，又其一證也。○文典謹按：御覽八百十五引，裳作被。意林同。

馬齒非牛蹏，檀根非椅枝，故見其一本而萬物知。知，猶別也。石生而堅，蘭生而芳，少自其質，長而愈明。質，性也。明，猶盛也。○王念孫云：「少自其質」，自當依劉本作有，字之誤也。文子上德篇作「少而有之，長而逾明」。

扶之與提，謝之與讓，故之與先，諾之與已也，之與矣，相去千里。○俞樾云：「故之與先」本作「得之與失」。草書得字作[illegible]，故字作[illegible]，兩形相似，隸書失字或作失，先字或作先，兩形亦相似，因誤得爲故，誤失爲先耳。「之與矣」三字，衍文也。蓋校者見淮南舊本有「得之與失」句，因補注於「諾之與已也」下，而傳寫又脱得字，且誤失爲矣耳。文子上德篇正作「扶之與提，謝之與讓，得之與失，諾之與已，相去千里」，可據以訂正。

汙準而粉其顙；腐鼠在壇，楚人謂中庭爲壇。燒薰於宮；入水而憎濡，懷臭而求芳，雖善者弗能爲工。善，或作巧。

再生者不穫，華大旱者不胥時落。不胥時落，不待秋時而零落也。○陳觀樓云：大與太同。旱當爲早，字之誤也。再生者不穫，以其不及時也。華太早者先落，以其先時也。文子上德篇作「華太早者，不須霜而落」。

毋曰不幸，甑終不墮井。抽簪招燐，有何爲驚！燐，血精，似野火，招之應聲而至。

血灑汙人，以箸招則不至，故曰何驚也。

使人無度河，可；中河使無度，不可。不可，言不能也。

見虎一文，不知其武；見驥一毛，不知善走。

水蠆爲蟌，孑孑爲䖭，水蠆化爲蟌，蟌，青蜓也。孑孑，結蠆，水中到跂蟲，讀廉絜。兔齧爲螚，兔所齧草，靈在其心中，化爲螚。螚，讀能而心之惡。一說：兔齧，蟲名。○陶方琦云：物類相感志引許注：「兔所齧，沫著者爲䘅，如蝱而斑色，能齧人。」按：高注中一說，卽許義。玉篇亦作螚，（廣韻同。）曰「似蝱而小，青斑色，能齧人」，卽引許君注也。物之所爲，出於不意，弗知者驚，知者不怪。怪，惑也。

銅英青，金英黃，玉英白，黂燭捔，膏燭澤也，燭光捔澤，諭光明有明味也。以微知明，以外知內。

象肉之味不知於口，鬼神之貌不著於目，捕景之説不形於心。皆所不嘗見之。

冬冰可折，夏木可結，時難得而易失。

木方茂盛，終日采而不知；秋風下霜，一夕而殫。殫，盡也。

病熱而强之餐，救暍而飲之寒，救經而引其索，拯溺而授之石，欲救之，反爲惡。惡，猶害也。

雖欲謹，亡馬不發户轔；言馬亡不可發户限而求。轔，户限也。楚人謂之轔。轔，讀似隣，急氣言乃得之也。雖欲豫，就酒不懷蓐。

孟賁探鼠穴，鼠無時死，必噬其指，失其勢也。孟賁，勇士，爲探鼠於穴，故曰失其勢。山雲蒸，柱礎潤；礎，柱下石礩也。○陶方琦云：一切經音義十八引許注：「楚人謂柱碣曰礎。」按：二注文異。墨子（備城門篇。）「柱下傅舄」，舄卽碣字。玉篇（石部。）：「礎，柱碣也。」卽本許義。○文典謹按：文選江賦注、江文通雜體詩注、廣絶交論注引，竝作「山雲蒸而柱礎潤」。伏苓掘，兔絲死。所生者亡，故死。一家失熛，百家皆燒；讒夫陰謀，百姓暴骸。論語曰「惡利口之覆邦家」，故曰百姓暴骸。

粟得水濕而熱，○文典謹按：御覽七百五十七引，無水字。八百四十引，無濕字。疑許、高本異，而寫者誤合之。甑得火而液，水中有火，火中有水。疾雷破石，陰陽相薄。自然之勢。○王念孫云：「自然之勢」四字乃是正文，非注文。言疾雷破石，此陰陽相薄，自然之勢也。太平御覽火部二引此，四字在正文内，是其證。

湯沐之於河，有益不多。流潦注海，雖不能益，猶愈於已。已，止也。

一目之羅，不可以得鳥；無餌之釣，不可以得魚；遇士無禮，不可以得賢。

兔絲無根而生，蛇無足而行，魚無耳而聽，蟬無口而鳴，有然之者也。然，如是也。○文典謹按：御覽九百四十四引此文，「無足」作「不足」，「有然之者也」作「自然之音也」。

鶴壽千歲，以極其游；蜉蝣朝生而暮死，而盡其樂。修短各得其志。○文典謹按：意林引，作「鶴壽千歲極其樂，蜉蝣朝生暮死亦極其樂」。

紂醢梅伯，文王與諸侯構之；構，謀也。**桀辜諫者，湯使人哭之。**哭，猶弔也。**狂馬不觸木，猘狗不自投於河，雖聾蟲而不自陷，又況人乎！**聾，無知也。**愛熊而食之鹽，愛獺而飲之酒，雖欲養之，非其道。**熊食鹽而死，獺飲酒而敗，故曰非其道也。○文典謹按：御覽九百八引，道下有也字。

心所說，毁舟爲杕；心所欲，毁鐘爲鐸。鐸，大鈴也。金口木舌爲木鐸，金舌爲金鐸。杕，舟尾，讀詩「有杕之杜」也。

管子以小辱成大榮，管子相子糾，不能死，爲魯所囚，是其辱。卒相桓公，以至霸，是其大榮也。**蘇秦以百誕成一誠。**誠，信也。○文典謹按：白帖二十六引，作「蘇秦以百詐成一信」。御覽四百三十引，誠亦作信。

質的張而弓矢集，林木茂而斧斤入，非或召之，形勢所致者也。待利而後拯溺人，亦必以利溺人矣。利溺人者，利人之溺，得其利也。○俞樾云：以字衍文。高注曰「利溺人者，利人之溺，得其利也」，則其所據本無以字。

舟能沉能浮，愚者不加足。舟船能載浮物，愚者不敢加足，畏其沉。詩曰「汎汎揚舟，載沉載浮」是也。騏驥驅之不進，引之不止，人君不以取道里。刺我行者，欲與我交；訾我貨者，欲與我市。刺，猶非。訾，毁也。以水和水不可食，一絃之瑟不可聽。以其失和，故不可聽。刺專用也。駿馬以抑死，直士以正窮；賢者擯於朝，美女擯於宫。擯，棄也。行者思於道，而居者夢於牀；慈母吟於巷，適子懷於荆。精相往來也。○王念孫云：巷當爲燕，字之誤也。道與牀相對，燕與荆相對。今本燕作巷，則非其指矣。「精相往來也」五字，乃是正文，非注文。吕氏春秋精通篇「身在乎秦，所親愛在於齊，死而志氣不安，精或往來也」，高彼注曰：「淮南記曰：慈母在於燕，適子念於荆，言精相往來也。」太平御覽人事部十九：「淮南子曰：適子懷於燕，慈母吟於荆，情相往來也。」詞雖小異，而字皆作燕，且「精相往來」句皆與上二句連引。

赤肉懸則烏鵲集，鷹隼鷙則衆鳥散，物之散聚，交感以然。食其食者不毁其器，食其實者不折其枝。塞其源者竭，背其本者枯。交畫不暢，連環不解，其解之不以解。暢，達。不得達至也。交，止也。解連環，言不可解則得解也。

臨河而羡魚，不如歸家織網。羡，願。○文典謹按：白帖九十八引，「歸家織網」作「退而結網」。

明月之珠，蛖之病而我之利；○文典謹按：藝文類聚九十七引，「蛖之病」作「螺蚌之病」。虎爪象牙，禽獸之利而我之害。我，猶人也。

易道良馬，使人欲馳；飲酒而樂，使人欲謌。是而行之，故謂之斷；非而行之，必謂之亂。斷，猶治也。

矢疾，不過二里也；步之遲，百舍不休，千里可致。

聖人處於陰，衆人處於陽；聖人行於水，衆人行於霜。水有形而不可毁，故聖人行之無迹。霜雪履有迹，故衆人行之也。○王念孫云：此本作「聖人行於水，無迹也；衆人行於霜，有迹也」。今本脱「無迹也」、「有迹也」六字，則文義不明。文選洛神賦注引此，作「聖足行於水，無跡也；衆生行於霜，有跡也」。太平御覽天部十四引此，作「聖人行於水，無跡；衆人行於霜，有跡」。是其證。據高注云「水有形而不可毁，故聖人行之無迹」，則正文本有「無迹也」三字明矣。下注當云「霜雪有形而可毁，故衆人行之有迹」。今本云「霜雪履有迹，故衆人行之也」，則後人依已誤之正文改之耳。○俞樾云：四語相對成文，且陽、霜爲韵，非有脱誤。文選洛神賦注引，作「聖足行於水，無迹也；衆生行於霜，有迹也」，太平御覽天部引作「聖人行於水，無迹；衆人行於霜，有迹」，疑「無迹也」、「有迹也」是許叔重注，引者幷注文舉之，使其意明顯耳。王氏念孫欲據以增入正文，然則「處於陰」、「處於陽」下又將增入何語乎？足知其非矣。

異音者不可聽以一律，異形者不可合於一體。合，同也。**農夫勞而君子養焉，**君子，國君。養焉，以化澤懊休之。**愚者言而智者擇焉。**擇可用者而用之也。

捨茂林而集於枯，不弋鵠而弋烏，難與有圖。圖，謀也。言其愚也。

寅丘無壑，泉源不溥；言汙小潦水名寅。寅之丘無大壑，故泉流不得溥。○俞樾云：寅丘謂大丘也。方言：「夤，大也。」廣雅釋詁同。寅卽夤之叚字。言丘雖大，而無壑，則泉原不溥也。下文曰「尋常之壑，灌千頃之澤」，尋常言其小，則寅丘必言其大矣。高注以爲汙潦水名，非是。**尋常之壑，灌千頃之澤。**言有源也。

見之明白，處之如玉石；見之闇晦，必留其謀。玉之與石，言可別也。闇晦，不明。留，猶思謀也。

以天下之大，託於一人之才，譬若懸千鈞之重於木之一枝。言不能任。

負子而登牆，謂之不祥，爲其一人隕而兩人傷。負，抱也。隕，墜也。**善舉事者，若乘舟而悲謌，一人唱而千人和。**言能得衆人之心也。

不能耕而欲黍粱，不能織而喜采裳，○文典謹按：御覽八百四十二引，「喜采裳」作「意衣裳」。無事而求其功，難矣。

有榮華者必有憔悴，有羅紈者必有麻蒯。言有盛必有衰。○陶方琦云：文選潘岳藉田賦注引許注：「紈，素也。」按：説文：「紈，素也。」與注淮南同説。

鳥有沸波者，河伯爲之不潮，畏其誠也；鳥，大鵬也。翱翔水上，扇魚令出沸波，攫而食之，故河伯深藏於淵，畏其精誠，爲不見。故一夫出死，千乘不輕。主術篇曰「兵莫憯于志，莫邪爲下」，言匹夫志意出死必戰，雖大國兵車千乘，不輕之也。

蝮蛇螫人，傅以和堇則愈，和堇，野葛，毒藥。物故有重而害反爲利者。

聖人之處亂世，若夏暴而待暮，夏，日中甚熱。暮，涼時。言聖人居亂世，忍以待涼。桑榆之間，逾易忍也。言亂世將盡，如日在西方桑榆間，將夕，故曰易忍。

水雖平，必有波；衡雖正，必有差；尺寸雖齊，必有詭。詭，不同也。

非規矩不能定方圓，非準繩不能正曲直；用規矩準繩者，亦有規矩準繩焉。準平繩直之人，能平直爾，故曰亦有規矩準繩。

舟覆乃見善游，馬奔乃見良御。善游，故覆舟不溺；良御，馬奔車不敗，故見之。

嚼而無味者弗能内於喉，視而無形者不能思於心。形，象。無形于目，不能思之于心。

兕虎在於後，隨侯之珠在於前，弗及掇者，先避患而後就利。隨國在漢東，姬姓之侯，出游于野，見大蛇斷在地，隨侯令醫以續傅，斷蛇得愈，去，後銜大珠報之，蓋明月之珠，因號隨侯之珠，世以爲寶也。

逐鹿者不顧兔，○文典謹按：御覽九百六引，兔上有雉字。決千金之貨者不爭銖兩之價。言在大不顧小。

弓先調而後求勁，馬先馴而後求良，勁，强。馴，擾也。人先信而後求能。人非信不立也。

陶人棄索，車人掇之；屠者棄銷，而鍛者拾之，所緩急異也。

百星之明不如一月之光，十牖之開不如一户之明。

矢之於十步貫兕甲，及其極，不能入魯縞。言勢有極。

太山之高，背而弗見；秋豪之末，視之可察。察，别。言用明矣。

山生金，反自刻；木生蠹，反自食；人生事，反自賊。賊，敗也，害也。物自然也。

巧冶不能鑄木，工巧不能斵金者，形性然也。○孫詒讓云：「工巧」當作「巧匠」。今本匠譌爲工，而文又到，遂不可通。泰族訓云：「故良匠不能斵金，巧冶不能鑠木。」是其證。

白玉不琢，美珠不文，質有餘也。性自然，不復飾。

故跬步不休，跛鼈千里；跬，猶跮尺也。累積不輟，可成丘阜。輟，止。城成於土，木直於下，非有事焉，所緣使然。

凡用人之道，若以燧取火，疏之則弗得，疏，猶遲也。數之則弗中，數，猶疾也。正在疏數之間。得其節，火乃生。

從朝視夕者移，從枉準直者虧；枉，邪。聖人之偶物也，若以鏡視形，曲得其情。偶，猶周也。

楊子見逵路而哭之，爲其可以南可以北；道九達曰逵。閔其別也。〇莊逵吉云：御覽作「楊朱見岐路而哭之」。墨子見練絲而泣之，爲其可以黄可以黑。練，白也。閔其化也。

趍舍之相合，猶金石之一調，相去千歲，合一音也。金曰鐘，石曰磬。雖久不變，故曰相去千歲，合一音也。

鳥不干防者，雖近弗射；鳥，燕之屬是也。其當道，雖遠弗釋。當道，爲作防害者，故曰不釋也。

酤酒而酸，買肉而臭，然酤酒買肉不離屠沽之家，故求物必於近之者。

以詐應詐，以譎應譎，若披蓑而救火，毁瀆而止水，〇文典謹按：意林引，毁作鑿。

乃愈益多。

西施、毛嬙，狀貌不可同，世稱其好，美鈞也。堯、舜、禹、湯，法籍殊類，得民心一也。俱一于人。聖人者，隨時而舉事，因資而立功，潦則具擢對，旱則修土龍。擢對，貯水器也。土龍，致雨物也。

臨淄之女，織紈而思行者，爲之悖戾。臨淄，齊都。悖，麤惡也。室有美貌，繒爲之纂繹。不密緻，志有感故。纂，讀曰綾繹纂之纂。

徵羽之操，不入鄙人之耳；徵羽正音，小人不知，不入其耳。抮和切適，舉坐而善。抮，轉也。轉其和，更作急調，激楚之音，非正樂，故舉坐而善之。◯俞樾云：高注曰：「抮，轉也。轉其和，更作急調。」然則正文疑當作「抮和適切」。切者，急切也。適，猶之也，往也。言轉其和平之音，而適於急切之調也。

過府而負手者，希不有盜心；府，藏貨所主也。故侮人之鬼者，過社而搖其枝。侮，猶病也。

晉陽處父伐楚以救江，故解捽者不在於捌格，在於批伉。批，擊也。伉，推。擊其要也。◯王引之云：伉，抗字之誤也。（隸書亢字或作冗，亢字或作允，二形相似，故抗字右邊或誤爲冗，或誤爲亢，其左邊手旁又誤爲人旁，故藏本作伉，劉本作伉也。列子「攩拯挨抗」，釋文：

「抌，一本作抗。」此冘誤爲亢之證也。俗書沈字作沉，此冘誤爲冗之證也。）注内推字當爲椎。方言曰：「挩、抌，椎也。（郭璞曰：「抌，都感反，亦音甚。」今本方言椎字亦誤作推。一切經音義卷四、卷八所引，竝作椎，今據改。）南楚凡相椎搏曰挩，或曰攩。」列子黄帝篇曰：「攩挩挨抌。」説文：「椎，擊也。」「捲，反手擊也。」「抌，深擊也。」捲與批同，故高注云「批，擊；抌，椎」矣。或謂史記孫子傳「夫解雜亂紛糾者不控捲，救鬭者不搏撠，批亢擣虚，形格勢禁，則自爲解耳」，語意略與此同，此言批伉，卽史記之批亢。今知不然者，史記「批亢擣虚」是謂批其亢、擣其虚，（日知録曰：亢與劉敬傳「搤其肮」之肮同，謂喉嚨也。）此文「捌格」、「批抌」皆兩字平列，則與史記異義。且高注訓抌爲椎，則非伉字明矣。

木大者根擢，山高者基扶，其下跳也。**蹠巨者志遠，體大者節疏。**○王念孫云：蹠者，足也。足大與「志遠」，義不相通。志當爲走。言足大者舉步必遠也。氾論篇曰：「體大者節疏，蹠距者舉遠。」是其證。隸書走、志相似，故走誤爲志。

狂者傷人，莫之怨也；嬰兒詈老，莫之疾也，賊心⿱宀亡。賊，害也。○陳觀樓云：⿱宀亡字當爲「亡也」二字之譌。亡，無也。言狂者與嬰兒皆無賊害之心，故人莫之怨也。意林引此作「無心也」，蓋脱賊字。

尾生之信，不如隨牛之誕，尾生效信於婦人，信之失。隨牛、弦高矯君命爲誕以存國，故不如隨牛誕也。○俞樾云：高注曰「隨牛、弦高矯君命爲誕以存國」，然隨牛未知何人。據人閒篇注曰：「蹇他，弦高之黨。」未聞其有隨牛也。「隨牛」疑當作「隨生」，卽謂漢初之隨何也。生，猶先生也。史記儒林傳索隱曰：「自漢已來，儒者皆號生，亦先生省字呼之耳。」然則稱隨何爲隨生，乃漢時常語也。隨何爲漢初辯士，故曰「尾生之信，不如隨生之誕」。陸士衡漢高祖功臣頌曰：「隨何辯達，因資於敵。紓漢披楚，唯生之績。」此卽隨何稱生之證。**而又況一不信者乎！**一，猶常也。況常不爲信，不爲誕乎！一，或作一一，猶待也。

憂父之疾者子，治之者醫；論語曰：「父母唯其疾之憂。」故曰憂之者子。**進獻者祝，治祭者庖。**庖，宰也。

淮南鴻烈集解卷十八

人間訓

人間之事，吉凶之中，徵得失之端，反存亡之幾也，故曰「人間」。○文典謹按：此篇敍目無「因以題篇」字，乃許慎注本。

清浄恬愉，人之性也；儀表規矩，事之制也。知人之性，其自養不勃；知事之制，其舉錯不惑。發一端，散無竟，周八極，總一筦，謂之心。○俞樾云：「總一筦」三字當在「周八極」之上，蓋言發於一端而散於無竟，總於一筦而周於八極，猶下文所云「執一而應萬」也。兩句誤倒，失其義矣。見本而知末，觀指而睹歸，執一而應萬，握要而治詳，謂之術。居智所爲，行智所之，事智所秉，動智所由，○王念孫云：四智字竝讀爲知。（智字古有二音二義，一爲智慧之智，一爲知識之知。說見管子法法篇「不智」下。）劉本依文子微明篇改智爲知，而諸本多從之，蓋未達假借之義也。又下文：「曉自然以爲智，知存亡之樞機，禍福之門户，舉而用之，陷溺於難者，不可勝計也。」案：然字當在曉字下，智卽知字也，不當更有知字。「曉然自以爲智存亡之樞機、禍福之門户」十六字連讀。後人不識古字，而讀「曉然自以爲智」絶句，故又加知字以聯屬下文耳。今本然字又誤在自字下，則更不可讀矣。謂之道。道者，置之前而不輂，錯之後而不軒，内之尋常而不塞，布之天下而不窕。是故使人高賢稱譽己者，心之力也；使人卑下誹謗己者，心之罪也。夫言出於口者不可止於人，行發於邇者不可禁於遠。事者，難成而易敗也；名者，難立而易廢也。千里之隄，以螻螘之穴漏；百尋之屋，以突隙之煙焚。突，竈突也。○莊逵吉云：「突隙」當作「突隙」，突音式鍼切，與犬出穴中之「突」字異。○王引之云：突隙之煙，不能焚屋，明是熛字之誤。説林篇曰：「一家失熛，百家皆燒。」是其證也。太平御覽蟲豸部四引此，正作「突隙之熛」。世人多見煙，少見熛，故諸書中熛字多誤作煙。説見吕氏春秋「煙火」下。○陶方琦云：羣書治要引許注：「突，竈突也。」按：二注正同。説文：「突，竈突也。」與注淮南説正合。堯戒曰：「戰戰慄慄，日慎一日。」人莫蹪於山，而蹪於蛭。蹪，躓也。蛭，蟻也。○莊逵吉云：各本皆作垤，唯藏本作蛭，依義作垤爲是。○陶方琦云：羣書治要引許注：「蹪，躓也。垤，螘封也。」按：二注正同。今注蛭乃垤字之誤。詩東山毛傳：「垤，螘塚也。」方言：「楚郢以南，螘土謂之垤。」是故人皆輕小害，易微事，以多悔。○文典謹按：羣書治要引，人下有者字，以上有是字。宋本皆作者。患至而後憂之，是猶病者已惓而索良醫也，惓，劇也。○陶方琦云：羣書治要引許注：「惓，劇也。」按：二注正同。惓，依説文作倦。倦，罷也。雖有扁鵲、俞跗之巧，猶不能生也。俞跗，黄帝時醫。○陶方琦云：羣書治要引許注：「俞夫，黄帝時醫。」（羣書治要引正文及注，跗竝作夫。）

按：二注正同。史記扁鵲列傳「醫有俞跗」，應劭曰：「俞跗，黄帝時醫。」周禮疾醫注「岐伯、榆柎」，韓詩外傳作踰跗，揚雄解嘲作臾跗。夫禍之來也，人自生之；福之來也，人自成之。禍與福同門，利與害爲鄰，非神聖人，莫之能分。凡人之舉事，莫不先以其知規慮揣度，揣，商量高下也。而後敢以定謀。其或利或害，此愚智之所以異也。曉自然以爲智，知存亡之樞機，禍福之門户，舉而用之，陷溺於難者，不可勝計也。使知所爲是者，事必可行，則天下無不達之塗矣。是故知慮者，禍福之門户也；動静者，利害之樞機也。百事之變化，國家之治亂，待而後成。是故不溺於難者成，是故不可不慎也。

天下有三危：少德而多寵，一危也；才下而位高，二危也；身無大功而受厚禄，三危也。故物或損之而益，或益之而損。何以知其然也？昔者楚莊王既勝晉於河、雍之間，莊王敗晉荀林父之師於邲。邲，河、雍地也。歸而封孫叔敖，辭而不受，○文典謹按：北堂書鈔四十八引，孫叔敖三字重。病疽將死，○王念孫云：此事又見列子説符篇、吕氏春秋異寶篇，皆不言孫叔敖病疽死。「病疽將死」，當作「病且死」。史記滑稽傳「孫叔敖病且死，屬其子曰」，賈子胎教篇「史鰌病且死，謂其子曰」，文義竝與此同。列子、吕氏春秋作「孫叔敖疾將死」，將亦且也。今作「病疽將死」者，且字因與病字相連而誤爲疽，後人以下文「謂其子曰」云云乃未死以前之事，故於死上加將字，而不知疽爲且之誤也。○俞樾云：諸書無言孫叔敖以病疽死者，疽乃「疒且」二字之誤。「病將」二字皆衍文也。説文疒部：「疒，㾓也。人有疾痛，象倚著之形。」是古疾病字止作疒。其從矢之疾，蓋疾速字，而非疾病字也。後人叚疾爲疒，疾行而疒廢矣。「疒且死」，即疾且死也。其事亦見列子説符篇、吕氏春秋異寶篇，並作「疾將死」，將猶且也。彼作疾，此作疒，古今字耳。因疒且二字誤合爲疽字，後人乃於上加病字，下加將字，失之矣。**謂其子曰：「吾則死矣，王必封女。**○王念孫云：「吾則死」下本無矣字，此後人不曉則字之義而妄加之也。則猶若也。言吾若死，王必封女也。列子、吕氏春秋並作「爲我死」，爲亦若也。（爲字古與若同義。管子戒篇「管仲寢疾，桓公往問之，管仲曰：夫江、黄之國近於楚，爲臣死乎，君必歸之楚而寄之」是也。）若我死猶言吾若死，吾若死猶言吾則死也。古者則與若同義。三年問曰：「今是大鳥獸則失喪其羣匹，越月踰時焉則必反巡。」言若失喪其羣匹也。荀子議兵篇曰：「大寇則至，使之持危城則必畔，遇敵處戰則必北。」言大寇若至也。趙策曰：「彼則肆然而爲帝，過而遂正於天下，則連有赴東海而死矣。」言彼若爲帝而正於天下也。（史記魯仲連傳「彼則」作「彼即」，即亦若也。説見下。）燕策，太子丹謂荆軻曰：「誠得劫秦王，使悉反諸侯之侵地，則大善矣。則不可，因而刺殺之。」言若不可也。韓詩外傳曰：「臣之里，有夫死三日而嫁者，有終身不嫁者，則自爲娶，將何娶焉？」言若自爲娶也。史記項羽紀，項王謂曹咎等曰：「謹守成皋，則漢欲挑戰，慎勿與戰。」漢書項籍傳作「即漢欲挑戰」，則與即古字通，而同訓爲若。（漢書西南夷傳注：「即，猶若也。」）故史記高祖紀作「若漢挑戰」也。襄二十七年公羊傳：「甯殖病將死，謂喜曰：『我卽死，女能固內公乎？』」賈子胎教篇：「史鰌病且死，謂其子曰：『我卽死，治喪於北堂。』」史記孔子世家：「季桓子病，顧謂其嗣康子曰：『我卽死，若必相魯。』」彼言我卽死，此言吾則死，皆謂吾若死也。「吾若死」之下加一矣字，則文不成義矣。**女必讓肥饒之地，而受沙石之間有寢丘者，其地确石而名醜。**寢丘，今汝南固始地，前有垢谷，後有庄丘，名醜。**荆人鬼，**好事鬼也。**越人禨，**禨，祥也。○陶方琦云：許本作「吳人鬼，越人魕」。（説文鬼部「魕」字下。）按説文：「魕，鬼俗也。淮南傳曰：『吳人鬼，越人魕。』」是許舊注本如是也。今本作荆，作禨，乃後人因吕氏春秋異寶篇而改。（列子説符亦作「楚人鬼，越人禨」。）禨祥之訓，亦吕覽高注文也。列子盧重玄注引淮南亦作「吳人鬼，越人魕」。漢書趙王彭祖傳注引淮南亦作「越人魕」。（玉篇：「魕，鬼俗也。吳人鬼，越人魕。」廣韻七尾亦引作「吳人鬼，越人魕」。）唐以前人猶見許注完本，故皆與説文所引同。**人莫之利也。**」○王引之云：「受沙石」下有脱文，此當作「女必讓肥饒之地，而受沙石之地。楚、越之間有有寢之丘者，其地确而名醜」云云。今本「沙石」下脱「之地」二字，「之間」上又脱「楚、越」二字，「有有寢之丘者」又脱一有字及之字，「确」下又衍石字。下文云孫叔敖請沙石之地，則此當作「受沙石之地」明矣。列子云「楚、越之間有寢丘者」，吕氏春秋云「楚、越之間有有寢之丘者」，則此亦當作「楚、越之間」，故下文云「荆人鬼，越人禨」也。「有有寢之丘者」，今本作「有寢丘者」，涉注文而誤也。注但言「寢丘」者，詳言之則曰有寢之丘，略言之則曰寢丘。故列子作寢丘，而吕氏春秋作有寢之丘。（今本亦脱有字，唯之字未脱。）下文云其子請有寢之丘，又云孫叔敖請有寢之丘，則此亦當作有寢之丘明矣。地确，謂瘠薄之地。墨子親士篇曰「墝埆者其地不育」是也，（墝埆與磽确同。）不專指石而言。且地确、名醜，相對爲文，确下尤不當有石字。此因上文「沙石」而誤衍耳。**孫叔敖死，王果封其子以肥饒之地，其子辭而不受，請有寢之丘。楚國之俗，功臣二世而爵禄，惟孫叔敖獨存。**○王引之云：俗當爲法。隷書去、谷二字相似。（隷書去字或作厺，形與谷相似，故從去之字或誤爲谷。廣雅「渡，去也」，去誤爲谷；「祛，開也」，祛誤爲裕，皆其類也。列子説符篇「白公遂死於浴室」，吕氏春秋精諭篇作法室，亦以相似而誤。）法誤爲浴，後人因改爲俗耳。此謂楚國之法如是，非謂其俗也。「功臣二世而爵禄」，文不成義，當有脱誤。韓子喻老篇作「楚邦之法，禄臣再世而收地，唯孫叔敖獨在」。○俞樾云：「二世而爵禄」，文義未完，疑本作「二世而奪禄」。下文曰：「夫孫叔敖之請有寢之丘，沙石之地，所以累世不奪也。」奪字即承此而言。因奪與爵草書相似，又以文在禄上，故奪誤爲爵耳。夫所謂「孫叔敖獨存」者，存其寢丘之地也，禄也，非爵也，不當兼言爵。韓子喻老篇作「楚邦之法，禄臣再世而收地」，亦言禄，不言爵。則爵字之誤無疑矣！**此所謂損之而益也。何謂益之而損？昔晉厲公南伐楚，東伐齊，西伐秦，北伐燕，兵横行天下而無所綣，威服四方而無所詘，**綣，屈也。○王念孫云：兵行天下，威服四方，相對爲文。横字蓋後人所加。**遂合諸侯於嘉陵。氣充志驕，淫侈無度，暴虐萬民。内無輔拂之臣，外無諸侯之助。戮殺大臣，親近導諛。明**

年出游匠驪氏，欒書、中行偃劫而幽之，欒書、中行偃，皆大夫。諸侯莫之救，百姓莫之哀，三月而死。此所謂益之而損者也。夫戰勝攻取，地廣而名尊，此天下之所願也，然而終於身死國亡。此之合諸侯於嘉陵，所以身死於匠驪氏也。夫孫叔敖之請有寢之丘，沙石之地，所以累世不奪也。晉厲公利，知利之爲病也。衆人皆知利利而病病也，唯聖人知病之爲財。以言大利而反爲害也。夫再實之木根必傷，掘藏之家必有殃，掘藏，謂發冢得伏藏，無功受于晉陽，爲趙襄子所殺。張武教智伯奪韓、魏之地而擒於晉陽，張武，智伯臣也。擒已乃復之。孔子讀易至損、益，未嘗不憤然而歎，中叔時教莊王封陳氏之後而霸天下。中叔時，楚大夫。莊王滅陳，喟同。憒然非歎貌，憒當爲喟，喟與○王念孫云：憒誤爲嘳，（隸書賁字或作貴，形與貴相近，故從貴從賁之字或相亂。莊子天運篇「乃憒吾心」，憒本又作憤，潛夫論浮侈篇「懷憂憤憤」，後漢書王符傳作憒憒，是其例也。）後人又改爲憤耳。太平御覽學部三引此作「喟然而歎」，説苑敬慎篇、家語六本篇竝云「孔子讀易，至於損、益，喟然而歎」，是其明證矣。説文：「喟，太息也。或作嘳。」徐鍇曰：「韓詩外傳『嘳然太息』作此字。」文選舞賦「嘳息激昂」，李善亦引外傳云：「魯哀公嘳然太息。」今外傳嘳作喟，後人改之也。又晏子襍篇「晏子嘳然而歎」，亦作此嘳字。曰：「益損者，其王者之事與！

事或欲以利之，適足以害之；或欲害之，乃反以利之。利害之反，禍福之門户，不可不察也。」○王念孫云：「或欲利之」，「或欲害之」，相對爲文，利之上不當有以字，此因下句以字而誤衍也。太平御覽學部三引此，無以字。「禍福之門户」，户字亦因上文「禍福之門户」而衍。利害之反，禍福之門，相對爲文，則户字可省。覽冥篇「利害之路，禍福之門」，卽其證。太平御覽引此，無户字。文子微明篇同。陽虎爲亂於魯，陽虎，季氏之臣也。陽虎、季氏專魯國也。魯君令人閉城門而捕之，得者有重賞，失者有重罪。○莊逵吉云：御覽引，作「得者有賞，失者夷族」。圍三帀，而陽虎將舉劍而伯頤。伯，迫也。○莊逵吉云：御覽引，作「圍三帀矣，陽虎將舉劍而自刎頸」。門者止之曰：「天下探之不窮，不窮，言深遠。○王念孫云：「門者止之曰」下，不當有「天下探之不窮」六字，蓋錯簡也。（高注同。）太平御覽兵部八十二引此，作「門者止之曰：『我將出子。』」無「天下探之不窮」六字。我將出子。」陽虎因赴圍而逐，揚劍提戈而走。○莊逵吉云：御覽引，作「左持劍，右提戈，赴圍而走」。門者出之，顧反取其出之者，以戈推之，攘祛薄腋。祛，袂也。出之者怨之曰：「我非故與子反也，○王念孫云：「我非故與子反也」，反當爲友。言素與陽虎無交，而爲之蒙死被罪也。今作反者，涉上下文反字而誤。爲之蒙死被罪，而乃反傷我。宜矣其有此難也！」魯君聞陽虎失，大怒，問所出之門，使有司拘之，以爲傷者受大賞，而不傷者被重罪。○王念孫云：「以爲」二字，與下文義不相屬。太平御覽引此，作「以爲傷者，戰鬬者也，不傷者，爲縱之者，傷者受厚賞，不傷者受重罪」，是也。今本無「傷者戰鬭」以下十三字，此因兩「傷者」相亂，故寫者誤脱之耳。此所謂害之而反利者也。◯王念孫云：利下脱之字。太平御覽引此有之字。上文云：「或欲害之，乃反以利之。」是其證。又下文「此所謂與之而反取者也」，取下亦脱之字。上文云：「或與之而反取之。」是其證。何謂欲利之而反害之？楚恭王與晉人戰於鄢陵，戰酣，晉人，晉厲公也。恭王傷而休。晉人射恭王，中目。司馬子反渴而求飲，豎陽穀奉酒而進之。豎，小使也。陽穀其名。子反之爲人也，嗜酒而甘之，不能絶於口，遂醉而卧。恭王欲復戰，使人召司馬子反，辭以心痛。◯王念孫云：心痛本作心疾，此後人以意改之也。後漢書文苑傳注引此，作「辭以疾」，蓋脱心字。吕氏春秋權勳篇、韓子十過飾邪二篇、説苑敬慎篇竝作「辭以心疾」。王駕而往視之，入幄中而聞酒臭。恭王大怒曰：「今日之戰，不穀親傷，不穀，不禄也。人君謙以自稱也。所恃者，司馬也，而司馬又若此，是亡楚國之社稷，而不率吾衆也。◯王念孫云：亡與忘同。率當爲恤，聲之誤也。吕氏春秋、韓子、説苑竝作「不恤吾衆」。不穀無與復戰矣！」於是罷師而去之，斬司馬子反爲僇。◯王念孫云：後漢書注引此，「爲僇」上有以字，是也。今本脱以字，則詞意不完。吕氏春秋、韓子、説苑皆有以字。故豎陽穀之進酒也，非欲禍子反也，誠愛而欲快之也，而適足以殺之。此所謂欲利之而反害之者也。夫病溼而强之食，病暍而飲之寒，此衆人之所以爲養也，而良醫之所以爲病也。○王念孫云：劉本温誤作濕，莊本又改爲溼，皆非也。病温者不可以食，若作病溼，則非其指矣。文子微明篇作「病温而强餐之熱，病暍而强飲之寒」。説林篇云：「病熱而强之餐，救暍而飲之寒。」熱亦温也。又案：「强之食」，食當依説林篇作餐，字之誤也。餐、寒爲韻，養、病爲韻。（病古音蒲浪反，説見唐韻正。）若作食，則失其韻矣。悦於目，悦於心，愚者之所利也，然而有道者之所辟也。○王念孫云：劉本依文子改「有論」爲「有道」，而莊本從之，非也。「有論」謂有知也，對上文「愚者」而言，言悦目悦心，愚者之所欲，而有知者不以此傷性。若作「有道」，則非其指矣。古或謂知爲論。説山篇：「以小明大，以近論遠。」吕氏春秋直諫篇：「凡國之存也，主之安也，必有以也。不知所以，雖存必亡，雖安必危。所以不可不論也。」高注並云：「論，知也。」大戴禮保傅篇：「天子不論先聖王之德，不知君國畜民之道。」論亦知也。荀子解蔽篇：「坐於室而見四海，處於今而論久遠。」謂知久遠也。又脩務篇：「故夫孿子之相似者，唯其母能知之。玉石之相類者，唯良工能識之。書傳之微者，唯聖人能論之。」論與知、識同義。彼注訓論爲敍，失之。故聖人先忤而後合，衆人先合而後忤。

有功者，人臣之所務也；有罪者，人臣之所辟也。或有功而見疑，或有罪而益信，何也？則有功者離恩義，有罪者不敢失仁心也。魏將樂羊攻中山，樂羊，文侯之將。其子執在城中，城中縣其子以示樂羊。樂羊曰：「君臣之義，不得以子爲私。」

攻之愈急。中山因烹其子，而遺之鼎羹與其首，樂羊循而泣之，〇陶方琦云：宋蘇頌校淮南題序引許本，揗作循。按：蘇氏云，許于卷内多有叚借用字。以揗爲循，亦叚借也。説文手部：「揗，摩也。」又彳部：「循，順也。」廣雅釋詁：「循，摩順也。」漢書李陵傳「數數自循其刀鐶」，注：「循，摩順也。」以揗爲循，古字叚借之例。齊俗訓「虛循撓」，循亦揗之叚借。曰：「是吾子。」已，爲使者跪而啜三杯。使者歸報，中山曰：「是伏約死節者也，不可忍也。」遂降之。爲魏文侯大開地，有功。自此之後，日以不信。此所謂有功而見疑者也。何謂有罪而益信？孟孫獵而得麑，孟孫，魯大夫。使秦西巴持歸烹之，麑母隨之而嘑。秦西巴弗忍，縱而予之。孟孫歸，求麑安在，秦西巴對曰：「其母隨而嘑，臣誠弗忍，竊縱而予之。」孟孫怒，逐秦西巴。居一年，取以爲子傅。左右曰：「秦西巴有罪於君，今以爲子傅，何也？」孟孫曰：「夫一麑而不忍，又何況於人乎！」此〔二〕謂有罪而益信者也。故趨舍不可不審也。此公孫鞅之所以抵罪於秦，而不得入魏也。公孫鞅，商君也。爲秦伐魏，欺魏公子卬而殺之。後有罪走魏，魏人不入也。功非不大也，然而累足無所踐者，不義之故也。

〔二〕據上下文例，「此」下當有「所」字。

事或奪之而反與之，或與之而反取之。智伯求地於魏宣子，宣子弗欲與之。○俞樾云：「弗欲與之」，本作「欲弗與之」，下文「求地而弗與」，即承此而言。戰國趙策作「魏桓子欲勿與」。任登曰：「智伯之强，威行於天下，求地而弗與，是爲諸侯先受禍也。不若與之。」宣子曰：「求地不已，爲之奈何？」任登曰：「與之，使喜，必將復求地於諸侯，諸侯必植耳。植耳，竦耳而聽也。與天下同心而圖之，一心所得者，非直吾所亡也。」魏宣子裂地而授之。又求地於韓康子，韓康子不敢不予。諸侯皆恐。又求地於趙襄子，襄子弗與。於是智伯乃從韓、魏圍襄子於晉陽。三國通謀，禽智伯而三分其國。此所謂奪人而反爲人所奪者也。何謂與之而反取之？晉獻公欲假道於虞以伐虢，遺虞垂棘之璧與屈産之乘。虞公惑於璧與馬，而欲與之道。宮之奇諫宮之奇，虞臣也。曰：「不可！夫虞之與虢，若車之有輪，輪依於車，車亦依輪。○王念孫云：輪本作輔，此後人妄改之也。韓子十過篇云：「夫虞之有虢也，如車之有輔，輔依車，車亦依輔。」呂氏春秋權勳篇同此。皆淮南所本。僖五年左傳亦云「輔車相依」。虞之與虢，相恃而勢也。若假之道，虢朝亡而虞夕從之矣。」○俞樾云：勢字義不可通，疑本作「相恃而存也」。呂氏春秋權勳篇曰：「夫虢之不亡也恃虞，虞之不亡也亦恃虢也。若假之道，則虢朝亡而虞夕從之矣。」即淮南所本。虢不亡恃虞，虞不亡恃虢，故曰「相恃而存也」。今本誤作勢者，蓋因呂氏春秋此文之上有「虞、虢之勢是也」句，韓子十過篇亦有「虞、虢之勢正是也」句，疑淮南不當無此句，因以意竄改，非其舊矣。虞公弗聽，遂假之道。荀息伐虢，遂克之。荀息，晉大夫。還反伐虞，又拔之。此所謂與之而反取者也。

聖王布德施惠，非求其報於百姓也；郊望禘嘗，郊，祭天。望，祭日月星辰山川也。禘、嘗，祭宗廟也。非求福於鬼神也。山致其高而雲起焉，水致其深而蛟龍生焉，〇王念孫云：雲下脱雨字。「雲雨」、「蛟龍」相對爲文。太平御覽鱗介部二引此，正作「雲雨起焉」。説苑貴德篇、文子上德篇及論衡龍虚篇引傳竝同。荀子勸學篇「積土成山，風雨興焉；積水成淵，蛟龍生焉」，亦以「風雨」、「蛟龍」相對。君子致其道而福禄歸焉。夫有陰德者必有陽報，有陰行者必有昭名。〇王念孫云：「陰行」本作「隱行」，此涉上文「陰德」而誤也。陰與陽相對，隱與昭相對。今本隱作陰，則非其指矣。説苑、文子竝作「隱行」。下文「有陰德也」、「有隱行也」，即承此文言之。古者，溝防不修，水爲民害，禹鑿龍門，辟伊闕，平治水土，使民得陸處。百姓不親，五品不慎，〇莊逵吉云：御覽慎作順。契教以君臣之義，父子之親，夫妻之辨，〇莊逵吉云：御覽辨作別。長幼之序。田野不脩，民食不足，后稷乃教之辟地墾草，糞土種穀，令百姓家給人足。故三后之後，謂夏、殷、周。無不王者，有陰德也。周室衰，禮義廢，孔子以三代之道教導於世，其後繼嗣至今不絶者，有隱行也。秦王趙政兼吞天下而亡，趙政，始皇。生於趙，故名趙政。智伯侵地而滅，商鞅支解，李斯車裂，李斯，上蔡人也。爲秦相趙高譖之，二世車裂之于雲陽。三代種德而王，齊桓繼絶而霸。故樹黍者不獲稷，樹怨者無報德。◯文典謹按：御覽八百四十二引，作「三代積德而王，齊桓繼絶而霸。故樹黍者無不穫稷，樹恩者無不報德」。宋本獲亦作穫。昔者，宋人好善者，◯王念孫云：「好善」上脱有字。列子説符篇作「宋人有好行仁義者」，論衡福虛篇作「宋人有好善行者」，皆有有字。三世不解。家無故而黑牛生白犢，以問先生，先生曰：「此吉祥，以饗鬼神。」先生，凡先人生者也。以享鬼神，白犢純色可以爲犧牲也。◯俞樾云：「吉祥」下脱也字。列子説符篇、論衡福虛篇竝作「此吉祥也」，當據補。居一年，其父無故而盲，牛又復生白犢，其父又復使其子以問先生。其子曰：「前聽先生言而失明，今又復問之，奈何？」其父曰：「聖人之言，先忤而後合。其事未究，固試往復問之。」其子又復問先生，先生曰：「此吉祥也，復以饗鬼神。」歸致命其父，其父曰：「行先生之言也。」居一年，其子又無故而盲。其後楚攻宋，圍其城。楚莊王時，圍宋八月。◯陶方琦云：列子釋文引許注：「楚莊王圍宋九月。」按：今本八月當作九月。左傳宣十四年：「秋九月，楚子圍宋。」十五年：「夏，楚子去宋。」杜注：「在宋積九月。」呂覽愼勢篇：「莊王圍宋九月。」宋本淮南正作九月。當此之時，易子而食，析骸而炊，丁壯者死，老病童兒皆上城，牢守而不下。楚王大怒，城已破，諸城守者皆屠之。此獨以父子盲之故，得無乘城。軍罷圍解，則父子俱視。視，復明也。夫禍福之轉而相生，其變難見也。近塞上之人有善術者，○莊逵吉云：御覽作「北塞之人有善道者」。○王念孫云：「近塞」本作「北塞」，此後人以意改之也。北塞謂北方之塞。若改爲近塞，則不知爲何方之塞矣。漢書敍傳：「北叟頗識其倚伏。」顏師古注引此，正作「北塞上之人」。後漢書蔡邕傳「得北叟之後福」，李賢注云：「北叟，塞上叟也。」藝文類聚禮部下、獸部上、太平御覽禮儀部四十、獸部八引此，竝作「北塞上之人」。下文「近塞之人，死者十九」，亦本作「塞上之人」。漢書、後漢書注及藝文類聚、太平御覽、文選幽通賦注竝引作「塞上之人」。○俞樾云：近，謂近時也。此蓋淮南舉近事言之，故曰「近」，非連塞字爲義也。班孟堅幽通賦「北叟頗識其倚伏」，卽用此事，而云「北叟」者，以下文言「胡人大入塞」，故知是北方之塞耳。乃顏師古注漢書敍傳引此文，作「北塞上之人」，蓋涉正文「北叟」而誤，非顏注之舊，是以李善注文選幽通賦止云「塞上之人」。若使本作「北塞」，則正宜引之以證「北叟」之義，安得删去之？惟其是近字，故可有可無也。後漢書蔡邕傳「得北叟之後福」，李賢注曰：「北叟，塞上叟也。」但言塞上，不言北塞上，然則淮南子原文不作北塞明甚。而藝文類聚、太平御覽引此文，竝作「北塞上之人」，則爲漢書注所誤。王氏念孫反據以訂正淮南，謬矣。下文「近塞之人死者十九」，則當作「塞上之人」。漢書、後漢書注、文選注及諸類書所引，無作「近塞」者，可知近字之非。然亦無作「北塞」者，又可見此文作「北塞上」之誤矣。馬無故亡而入胡，○莊逵吉云：御覽作「其馬無故亡入胡中」。

人皆弔之。其父曰：「此何遽不爲福乎！」○莊逵吉云：御覽作「此何知乃不爲福」，下「爲禍」、「爲福」二句同。○王念孫云：「何遽不爲福」，本作「何遽不能爲福」，能與乃同。（乃、能古字通，説見漢書谷永傳「能或滅之」下。）言何遽不乃爲福也。下文曰：「此何遽不能爲禍乎！」卽其證。此及下文兩「何遽不爲福」，藝文類聚禮部、太平御覽禮儀部竝引作「何遽不乃爲福」。又「何遽不能爲禍」亦引作「何遽不乃爲福」。居數月，其馬將胡駿馬而歸，人皆賀之。其父曰：「此何遽不能爲禍乎！」家富良馬，○王念孫云：「良馬」本作「馬良」，與「家富」相對爲文。漢書、後漢書注、藝文類聚、太平御覽引此，竝作「家富馬良」。其子好騎，墮而折其髀，人皆弔之。其父曰：「此何遽不爲福乎！」居一年，胡人大入塞，○莊逵吉云：御覽作「胡夷大出塞」。丁壯者引弦而戰，○王念孫云：引本作控，此亦後人以意改之也。文選幽通賦注、太平御覽禮儀部引此，竝作「控弦而戰」。漢書注及藝文類聚禮部、獸部、太平御覽獸部竝引作「皆控弦而戰」。藝文類聚又引注云：「控，張也。」則本作控明矣。近塞之人，○莊逵吉云：御覽作「塞上之人」。死者十九，此獨以跛之故，父子相保。故福之爲禍，禍之爲福，化不可極，深不可測也。

或直於辭而不害於事者，或虧於耳以忤於心而合於實者。○王念孫云：「不害」當爲「不周」。隸書害作𠵣，與周相似而誤。（道應篇「周鼎著倕而使齕其指」，文子精誠篇周誤作害。）

宣六年公羊傳「靈公有周狗，謂之獒」，爾雅釋畜注誤作害。）楚辭離騷「雖不周於今之人兮」，王注曰：「周，合也。」汜論篇曰「苟周於事，不必循舊」，謂合於事也。此言「不周於事」，亦謂不合於事也。此言「直於辭而不周於事」，下言「虧於耳、忤於心而合於實」，合亦周也。下文高陽魋命匠人爲室之言，所謂「直於辭」也，室成而終敗，所謂「不周於事」也。若云「不害於事」，則與此意相反矣。劉績不知害爲周之誤，故删去不字耳。又下文「此所謂直於辭而不可用者也」，「不可用」亦當作「不周於事」。凡言「此所謂」者，皆復舉上文之詞，不當有異。此因周誤作用，後人遂改爲「不可用」，而不知其與上文不合也。又下文：「仁者，百姓之所慕也；義者，衆庶之所高也。然世或用之而身死國亡者，不同於時也。」同亦當爲周。不周於時，不合於時也。齊俗篇曰「事周於世則功成，務合於時則名立」是也。文子微明篇正作「不周於時」。隸書害、用、同三字竝與周相似，故傳寫多誤。高陽魋或曰：高陽魋，宋大夫。將爲室，問匠人。匠人對曰：「未可也。木尚生，加塗其上，必將撓。以生材任重塗，今雖成，後必敗。」〇文典謹按：「今雖成」本作「今雖善」。下文「今雖惡，後必善」及「其始成，竘然善也，而後果敗」，皆承此而言。呂氏春秋別類篇及御覽九百五十二引此文，竝作「今雖善」，皆其證也。高陽魋曰：「不然。夫木枯則益勁，塗乾則益輕。以勁材任輕塗，今雖惡，後必善。」匠人窮於辭，無以對，受令而爲室。其始成，竘然善也，竘，高壯貌。而後果敗。此所謂直於辭而不可用者也。何謂虧於耳、忤於心而合於實？靖郭君將城薛，靖郭君，齊威王之子也。封於薛。賓客多止之，弗聽。靖郭君謂謁者曰：「無爲賓通言。」齊人有請見者曰：「臣請道三言而已。過三言，請烹。」靖郭君聞而見之，賓趨而進，再拜而興，因稱曰：「海大魚。」則反走。靖郭君止之曰：「願聞其說。」賓曰：「臣不敢以死爲熙。」熙，戲也。靖郭君曰：「先生不遠道而至此，爲寡人稱之！」賓曰：「海大魚，網弗能止也，釣弗能牽也。蕩而失水，則螻蟻皆得志焉。今夫齊，君之淵也。君失齊，則薛能自存乎？」靖郭君曰：「善。」乃止不城薛。此所謂虧於耳、忤於心而得事實者也。夫以「無城薛」止城薛，其於以行說，乃不若「海大魚」。故物或遠之而近，或近之而遠。

或說聽計當而身疏，或言不用、計不行而益親。何以明之？三國伐齊，圍平陸。三國，韓、魏、趙也。括子以報於牛子括子、牛子，齊臣。曰：「三國之地不接於我，踰鄰國而圍平陸，利不足貪也。然則求名於我也。請以齊侯往。」牛子以爲善。括子出，無害子入，無害子，亦齊臣。牛子以括子言告無害子。無害子曰：「異乎臣之所聞。」牛子曰：「國危而不安，患結而不解，何謂貴智！」○王念孫云：謂與爲同。（爲、謂古字通，說見秦策「蘇代僞爲齊王曰」下。）「國危而不安，患結而不解」，本作「國危不而安，患結不而解」。不而者，不能也。能、而古聲相近，故能或作而。（原道篇「而以少正多」，高注：「而，能也，能以寡統衆。」又注呂氏春秋去私、不屈、士容三篇，竝云：「而，能也。」逸周書皇門篇曰：「譬若衆畋，常扶予險，乃而予于濟。」墨子尚同篇曰：「故古者聖王，唯而審以尚同，以爲正長，是故上下情通。」又曰：「天下之所以治者，何也？唯而以尚同一義爲政故也。」非命篇曰：「不而矯其耳目之欲。」莊子逍遥游篇曰：「知效一官，行比一鄉，德合一君，而徵一國。」荀子哀公篇曰：「君以此思哀，則哀將焉而不至矣。」楚辭九章曰：「不逢湯、武與桓、繆兮，世孰云而知之。」齊策：「管燕謂其左右曰：子孰而與我赴諸侯乎？」又：「秦始皇使遺君王后玉連環曰：齊多知，而解此環不？」而字竝與能同。故鄭注屯卦讀而爲能。堯典「柔遠能邇」，漢督郵班碑作「柔遠而邇」。皋陶謨「能哲而惠」，衛尉衡方碑作「能悊能惠」，史記夏本紀作「能知能惠」。論語憲問篇「愛之能勿勞乎」，鹽鐵論授時篇能作而。吕氏春秋不侵篇「能治可爲管、商之師」，齊策能作而。又禮運正義曰，劉向説苑能字皆作而。今説苑中能字無作而者，皆後人改之也。唯論衡之感虚、福虚、亂龍、講瑞、指瑞、感類、定賢諸篇，能字多作而。其作能者，亦是後人所改。）後人不曉而字之義，故改「不而」爲「而不」耳。此言所貴乎智者，國危能安，患結能解也。若國危不能安，患結不能解，則何爲貴智乎？下文張孟談對趙襄子曰：「亡不能存，危弗能安，無爲貴智。」語意正與此同。吴語：「危事不可以爲安，死事不可以爲生，則無爲貴智矣。」不可猶不能也。後人改爲「國危而不安，患結而不解」，非也。若謂國不安，患不解，則與「何爲貴智」四字義不相屬。若謂國危而不安之，患結而不解之，則是不仁，而非不智矣。

無害子曰：「臣聞之，有裂壤土以安社稷者，聞殺身破家以存其國者，不聞出其君以爲封疆者。」〇王念孫云：首句本作「臣聞裂壤土以安社稷者」，與下二句文同一例。因「臣聞」下衍之字，後人遂於之下加有字，而句法參差不協矣。牛子不聽無害子之言，而用括子之計，三國之兵罷，而平陸之地存。自此之後，括子日以疏，無害子日以進。故謀患而患解，圖國而國存，括子之智得矣。無害子之慮無中於策，謀無益於國，然而心調於君，有義行也。○俞樾云：調當爲周。楚辭離騷「雖不周於今之人兮」，王逸注曰：「周，合也。」「心周於君」，謂心合於君也。作調者，古字通用。文子微明篇正作「心周於君」。今人待冠而飾首，待履而行地。冠履之於人也，寒不能煖，煖，温。風不能障，暴不能蔽也，然而冠冠履履者，其所自託者然也。夫咎犯戰勝城濮，而雍季無尺寸之功，然而雍季先賞而咎犯後存者，其言有貴者也。故義者，天下之所賞也。○王念孫云：賞當爲貴。此承上句「其言有貴者也」言之。文子微明篇作「仁義者，天下之尊爵也」，是其證。今本貴作賞者，涉上文「雍季先賞」而誤。百言百當，不如擇趨而審行也。

或無功而先舉，或有功而後賞。何以明之？昔晉文公將與楚戰城濮，問於咎犯曰：「爲奈何？」○文典謹按：「奈何」上敓之字。韓非子難一及御覽三百十三引此文，竝作「爲之奈何」。咎犯曰：「仁義之事，君子不厭忠信；戰陳之事，不厭詐僞。」○文典謹按：「仁義之事」、「戰陳之事」，「不厭忠信」、「不厭詐僞」，相對爲文，不當有「君子」二字。御覽三百十三引此文，作「仁義之軍，不厭忠信；戰陳之戎，不厭詐僞」，無「君子」二字。今本有此二字者，後人依韓非子難一加之，而不知其不可通也。吕氏春秋義賞篇作「繁禮之君，不足於文；繁戰之君，不足於詐」，亦四字爲句。君其詐之而已矣。」辭咎犯，問雍季，雍季對曰：「焚林而獵，愈多得獸，後必無獸。以詐僞遇人，雖愈利，後無復。○莊逵吉云：御覽此下亦有利字。○俞樾云：愈當爲偷，古偷字也。周官大司徒職「以俗教安，則民不愉」，釋文云：「愉音偷。」是其證也。偷利即偷利，謂雖偷取利，而後不可復也。吕氏春秋義賞篇曰：「雖今偷可，後將無復。」君其正之而已矣。」於是不聽雍季之計，而用咎犯之謀，與楚人戰，大破之。還歸賞有功者，先雍季而後咎犯。左右曰：「城濮之戰，咎犯之謀也。君行賞先雍季，何也？」文公曰：「咎犯之言，一時之權也。雍季之言，萬世之利也。吾豈可以先一時之權，而後萬世之利也哉！」○王念孫云：此本作：「吾豈可以一時之權，而先萬世之利也哉！」先，音悉薦反，後人誤讀爲悉前反，遂改爲「先一時之權，而後萬世之利」，失之矣。太平御覽兵部四十四引此，正作「吾豈可以一時之權，而先萬世之利哉」，吕氏春秋義賞篇作「焉有以一時之務，先百世之利者乎」，皆其證。智伯率韓、魏二國伐趙，圍晉陽，決晉水而灌之。城下緣木而處，縣釜而炊。○王念孫云：太平御覽兵部五十二引此，「城下」作「城中」，是也。趙策及韓子十過篇、史記趙世家竝作「城中」。襄子謂張孟談曰：「城中力已盡，糧食匱乏，大夫病，○王念孫云：「糧食匱乏」，太平御覽引此無乏字，是也。今本乏字，蓋高注之誤入正文者耳。

（高注主術、要略二篇，竝云：「匱，乏也。」此處脱去注文，乏字又誤入正文耳。）力盡、糧匱、士大夫病，盡、匱、病相對爲文，則匱下不當有乏字。韓子、趙策皆無乏字，是其證。「大夫病」，御覽引作「武夫病」。案：此本作「武大夫病」。淮南一書通謂士爲武。韓子作「士大夫羸」，趙策作「士大夫病」，此作「武大夫病」，一也。下文「中行穆伯攻鼓，餽聞倫曰：『請無罷武大夫，而鼓可得也。』」是其明證矣。御覽作「武夫病」者，不解「武大夫」之語而删去大字也。今本作「大夫病」者，亦不解「武大夫」之語而删去武字也。士大夫皆病，而但言大夫，則偏而不舉矣。爲之奈何？」張孟談曰：「亡不能存，危不能安，無爲貴智士。○王念孫云：劉本依趙策改智爲智士，非也。此謂亡不能存，危不能安，則無爲貴智，非謂無爲貴智士。上文牛子謂無害子曰：「國危不能安，患結不能解，何謂貴智。」智下亦無士字。吴語亦云：「危事不可以爲安，死事不可以爲生，則無爲貴智矣。」趙策誤衍士字，而劉據之以改本書，謬矣。太平御覽引此作「無爲貴智」，韓子作「則無爲貴智矣」，皆無士字。臣請試潛行，潛行，伏行也。見韓、魏之君而約之。」乃見韓、魏之君，說之曰：「臣聞之，脣亡而齒寒。今智伯率二君而伐趙，趙將亡矣。趙亡，則君爲之次矣。○王念孫云：「君爲之次」，君上脱二字。（太平御覽引此已誤。）上下文皆作「二君」，韓子、趙策亦云「趙亡，則二君爲之次」。又下文「言出君之口，入臣之耳」，君上亦脱二字。太平御覽引此，正作「言出二君之口」。韓子、趙策作「謀出二君之口」。及今而不圖之，禍將及二君。」

二君曰：「智伯之爲人也，粗中而少親。我謀而泄，事必敗。爲之奈何？」張孟談曰：「言出君之口，入臣之耳，人孰知之者乎？且同情相成，同利相死，君其圖之！」二君乃與張孟談陰謀，與之期。○王念孫云：太平御覽引此，作「二君乃與張孟談謀，（句。）陰與之期」，是也。「陰與之期」，謂陰約舉事之期也。趙策作「陰約三軍，與之期日夜」，是其證。今本陰字誤入上句謀字上，則非其指矣。張孟談乃報襄子。至其日之夜，○俞樾云：其當作期，謂所期之日之夜也。韓子十過篇正作「至於期日之夜」。趙氏殺其守隄之吏，決水灌智伯。○王念孫云：「智伯」下當有軍字。下句「智伯軍救水而亂」，卽承此句言之。太平御覽引此，已脫軍字。韓子、趙策皆作「灌智伯軍」。智伯軍救水而亂，韓、魏翼而擊之，襄子將卒犯其前，大敗智伯軍，殺其身而三分其國。襄子乃賞有功者，而高赫爲賞首。羣臣請曰：「晉陽之存，張孟談之功也。而赫爲賞首，何也？」襄子曰：「晉陽之圍也，寡人國家危，社稷殆，羣臣無不有驕侮之心者，唯赫不失君臣之禮，吾是以先之。」由此觀之，義者，人之大本也。雖有戰勝存亡之功，不如行義之隆。故君子曰：「美言可以市尊，美行可以加人。」○王念孫云：「君子」本作「老子」，此淺學人改之也。今老子作「美言可以市，尊行可以加人」，無下美字，而以市字絕句，尊字下屬爲句。道應篇引老子，亦有下美字，則所見本異也。

或有罪而可賞也，或有功而可罪也。西門豹治鄴，西門豹，文侯臣。廩無積粟，府無儲錢，庫無甲兵，官無計會，人數言其過於文侯。文侯身行其縣，果若人言。文侯曰：「翟璜任子治鄴，而大亂。子能道則可，不能，將加誅於子。」○王念孫云：「子能道」，太平御覽治道部八引，作「子能變道」，是也。變道，謂易其道也。晏子春秋雜篇：「崔杼謂晏子曰：『子變子言，則齊國吾與子共之。子不變子言，戟既在脰，劍既在心。唯子圖之！』」語意與此相似。今本脱去變字，則文不成義。西門豹曰：「臣聞：王主富民，霸主富武，亡國富庫。今王欲爲霸王者也，○王念孫云：「今王」當爲「今君」，此涉上下文王字而誤也。魏自惠王始稱王，此對文侯言之，不當稱王。下文云「君以爲不然」，則本作君，明矣。太平御覽引此正作君。臣故稸積於民。君以爲不然，臣請升城鼓之，甲兵粟米可立具也。」於是乃升城而鼓之。一鼓，民被甲括矢，甲，鎧也。括，箭也。操兵弩而出。再鼓，負輦粟而至。服，駕牛也。輦，擔也。○王念孫云：太平御覽引此作「服摙載粟而至」，是也。據高注云「服，駕牛也」，則負本作服，今作負者，聲之誤耳。一切經音義十一引此作「摙載粟米而至」，與御覽所引小異，而皆有載字，則今本脱載字明矣。摙與輦同，謂人挽車也。「服輦載粟而至」者，或服或輦，載粟而至也。管子海王篇曰：「行服連軺輂者，必有一斤一鋸一椎一鑿，若其事立。」連亦與輦同。（周禮鄉師注：「故書輦作連。鄭司農云，連讀爲輦。」巾車「連車組輓」，釋文：「連，本亦作輦。」）

服、輦皆車名，故管子、淮南皆竝稱服輦，許、高注皆訓輦爲擔，於義少疏矣。（許注見一切經音義。）○陶方琦云：一切經音義引作「摙載粟米而至」，又引許注：「摙，擔也。」按：故書輦作連，周禮鄉師鄭注連讀爲輦。摙字説文不收，當卽連字。説文：「連，負車也。」（各本作「員連」，誤，此依段説。）與輦義通。管子海王篇「行服連軺輦者」，服連卽服摙。玉篇：「摙，運也。」廣韻：「摙，擔運物也。」南史何遠傳「摙水還之」，義亦近擔。玄應曰：「摙，今皆作輦。」知淮南今本輦字乃後人所改，注訓爲擔則並同。（御覽六百二十七引作「再鼓，服捷載粟而至」，捷乃摙之形似而誤。）文侯曰：「罷之！」西門豹曰：「與民約信，非一日之積也。一舉而欺之，後不可復用也。燕常侵魏八城，臣請北擊之，以復侵地。」遂舉兵擊燕，復地而後反。此有罪而可賞者也。解扁爲東封，解扁，魏臣，治東封者。上計而入三倍，有司請賞之。文侯曰：「吾土地非益廣也，人民非益衆也，入何以三倍？」對曰：「以冬伐木而積之，於春浮之河而鬻之。」文侯曰：「民春以力耕，○莊逵吉云：御覽作「寒以力耕」。暑以强耘，秋以收斂。冬間無事，以伐林而積之，○王念孫云：「暑以强耘」，當從齊民要術所引，作「夏以强耘」。夏與春秋冬相對，變夏言暑，則與上下文不類矣。「以伐林而積之」，當從太平御覽所引，作「又伐林而積之」。又字承上春耕、夏耘、秋收而言。今本又作以，則義不可通矣。（此因上文三以字而誤。）負軶而浮之河，是用民不得休息也。民以敝矣，○文典謹按：御覽引，敝作弊。

宋本同。雖有三倍之人，將焉用之？」此有功而可罪者也。

賢主不苟得，忠臣不苟利。何以明之？中行穆伯攻鼓，弗能下。中行穆伯，晉大夫。鼓，北翟。○陶方琦云：羣書治要引許注：「中行繆伯，晉大夫。鼓，北翟。」按：二注正同，繆、穆古通。餽聞倫曰：「鼓之嗇夫，聞倫知之。餽聞倫，晉人也。○文典謹按：羣書治要引，餽聞倫作餽閒倫，（注同。）注「晉人也」作「晉大夫」。請無罷武大夫，而鼓可得也。」穆伯弗應。左右曰：「不折一戟，不傷一卒，而鼓可得也，君奚爲弗使？」○文典謹按：治要引，使作取。穆伯曰：「聞倫爲人，佞而不仁。若使聞倫下之，吾可以勿賞乎？若賞之，是賞佞人。佞人得志，是使晉國之武舍仁而後佞，○俞樾云：後字義不可通，乃從字之誤。佞人得志，故晉國之士皆舍仁而從佞也。「晉國之武」，即晉國之士，淮南一書通謂士爲武。雖得鼓，將何所用之！」攻城者，欲以廣地也。得地不取者，見其本而知其末也。秦穆公使孟盟舉兵襲鄭，孟盟，伯里奚之子也。過周以東。鄭之賈人弦高、蹇他蹇他，弦高之黨。相與謀曰：「師行數千里，數絶諸侯之地，○莊逵吉云：御覽作「又數過諸侯之地」。其勢必襲鄭。凡襲國者，以爲無備也。今示以知其情，必不敢進。」乃矯鄭伯之命，以十二牛勞之。○文典謹按：御覽三百七引，「勞之」作「爲勞」。三率相與謀三率，白乙、孟明、西乞。曰：「凡襲人者，以爲弗知。今已知之矣，守備必固，進必無功。」乃還師而反。晉先軫舉兵擊之，先軫，晉大夫也。大破之殽。鄭伯乃以存國之功賞弦高，○莊逵吉云：御覽功作賞。弦高辭之曰：「誕而得賞，則鄭國之信廢矣。爲國而無信，是俗敗也。賞一人而敗國俗，仁者弗爲也。以不信得厚賞，義者弗爲也。」遂以其屬徙東夷，終身不反。故仁者不以欲傷生，知者不以利害義。聖人之思修，愚人之思叕。叕，短也。

忠臣者務崇君之德，諂臣者務廣君之地。何以明之？陳夏徵舒弑其君，楚莊王伐之，陳人聽令。莊王以討有罪，遣卒戍陳，戍，守也。守，欲有陳也。大夫畢賀。申叔時使於齊，反還而不賀。○王念孫云：諸書有言「還反」者，無言「反還」者。反當爲及。謂大夫畢賀之時，申叔時尚未還，及其還而獨不賀也。太平御覽兵部三十六引此，正作「及還而不賀」。莊王曰：「陳爲無道，寡人起九軍以討之，○莊逵吉云：御覽「九軍」作「六軍」。征暴亂，誅罪人，羣臣皆賀，而子獨不賀，○莊逵吉云：御覽無獨字。何也？」申叔時曰：「牽牛蹊人之田，田主殺其人而奪之牛。○王念孫云：牽牛蹊人之田，太平御覽引作「人有牽牛而徑於人之田中」，是也。今作「牽牛蹊人之田」者，後人據左傳改之耳。案：宣十一年左傳，申叔時曰「夏徵舒弑其君，其罪大矣。討而戮之，君之義也。抑人亦有言曰：牽牛以蹊人之田，而奪之牛」云云。（史記陳杞世家作：「鄙語有之，牽牛徑人田，田主奪之牛。」）此文無「夏徵舒」以下四句，又無「人亦有言」之語，而卽云「牽牛以蹊人之田」，則語無倫次，故必詳言之曰「人有牽牛而徑於人之田中」。後人不察文義，遂據彼以改此，而不自知其謬也。罪則有之，罰亦重矣。今君王以陳爲無道，興兵而攻，因以誅罪人，遣人戍陳。○莊逵吉云：御覽作「舉兵而征之，因誅罪人，遣卒戍陳」。○王念孫云：「興兵而攻」，本作「興兵而政之」，政與征同。（古字多以政爲征，不煩引證。）今本政誤作攻，又脱之字。夏徵舒弒其君，故曰興兵而征之。若言攻，則非其指矣。太平御覽引此，正作「舉兵而征之」。「因以誅罪人」，本作「以誅罪人」，以與已同。言莊王已誅罪人，而遣人戍陳也。下文云：「諸侯聞之，以王爲非誅罪人也，貪陳國也。」則此本作「以誅罪人，遣人戍陳」明矣。上文云：「莊王以討有罪，遣卒戍陳。」尤其明證也。後人不知以與已同，故加因字耳。莊王之伐陳，本以誅罪人，不得言「因以誅罪人」也。太平御覽引此已誤。諸侯聞之，以王爲非誅罪人也，貪陳國也。蓋聞君子不棄義以取利。」王曰：「善！」乃罷陳之戍，立陳之後。諸侯聞之，皆朝於楚。此務崇君之德者也。張武爲智伯謀曰：張武，晉人。「晉六將軍，中行文子最弱，而上下離心，可伐以廣地。」於是伐范、中行。滅之矣，又教智伯求地於韓、魏、趙。韓、魏裂地而授之，趙氏不與，乃率韓、魏而伐趙，圍晉陽三年。三國陰謀同計，以擊智氏，遂滅之。此務爲君廣地者也。夫爲君崇德者霸，爲君廣地者滅。故千乘之國，行文德者王，○莊逵吉云：御覽作「修德行者王」。湯、武是也；萬乘之國，好廣地者亡，智伯是也。

非其事者勿仞也，非其名者勿就也，無故有顯名者勿處也，無功而富貴者勿居也。○王引之云：「無故有顯名者勿處也」，義與上句無別，當卽是上句之注，而今本誤入正文也。下文云：「夫就人之名者廢，仞人之事者敗，無功而大利者後將爲害。」皆承上文言之，而此句獨不在內，則非正文明矣。夫就人之名者廢，仞人之事者敗，無功而大利者後將爲害。譬猶緣高木而望四方也，雖愉樂哉，然而疾風至，未嘗不恐也。患及身，然後憂之，六驥追之，弗能及也。是故忠臣之事君也，○文典謹按：初學記政理部、白帖四十九、御覽六百三十三引，「忠臣」下竝有之字，今據增。計功而受賞，不爲苟得；積力而受官，不貪爵禄。○王念孫云：「積力」本作「量力」，此後人以意改之也。下文云「辭所不能而受所能」，正所謂「量力而受官」也。若改量力爲積力，則非其指矣。初學記政理部、白帖四十九、太平御覽治道部十四引此，皆作量力。其所能者，受之勿辭也；其所不能者，與之勿喜也。辭所能則匿，欲所不能則惑。辭所不能而受所能，則得無損墮之勢，而無不勝之任矣。昔者智伯驕，伐范、中行而克之，又劫韓、魏之君而割其地。尚以爲未足，遂興兵伐趙。韓、魏反之，軍敗晉陽之下，身死高梁之東，頭爲飲器，國分爲三，爲天下笑。此不知足之禍也。老子曰：「知足不辱，知止不殆，可以修久。」此之謂也。

或譽人而適足以敗之，或毀人而乃反以成之。何以知其然也？費無忌復於荆平王曰：費無忌，楚臣。復，白也。「晉之所以霸者，近諸夏也。近諸夏，國在諸夏也。而荆之所以不能與之争者，以其僻遠也。楚王若欲從諸侯，不若大城城父，而令太子建守焉，以來北方，○王念孫云：王上不當有楚字，此因下文「楚王悦之」而衍。王自收其南。是得天下也。」楚王悦之，因命太子建守城父，命伍子奢傅之。居一年，伍子奢游人於王側，伍子奢遣説於王之左側。言太子甚仁且勇，能得民心。王以告費無忌，無忌曰：「臣固聞之，太子内撫百姓，外約諸侯，齊、晉又輔之，將以害楚，其事已構矣。」王曰：「爲我太子，又尚何求？」曰：「以秦女之事怨王。」王因殺太子建而誅伍子奢。此所謂見譽而爲禍者也。何謂毀人而反利之？唐子短陳駢子於齊威王，唐子，齊大夫。威王欲殺之，陳駢子與其屬出亡，奔薛。孟嘗君聞之，孟嘗君封于薛。使人以車迎之。至，而養以芻豢黍粱五味之膳，日三至。冬日被裘罽，夏日服絺紵，出則乘牢車，駕良馬。孟嘗君問之曰：「夫子生於齊，長於齊，夫子亦何思於齊？」對曰：「臣思夫唐子者。」孟嘗君曰：「唐子者，非短子者耶？」曰：「是也。」孟嘗君曰：「子何爲思之？」對曰：「臣之處於齊也，糲粢之飯，藜藿之羹，冬日則寒凍，夏日則暑傷。自唐子之短臣也，以身歸君，食芻豢，飯黍粱，服輕煖，乘牢良，○王念孫云：「粢當爲粱，此涉上文『糲粢』而誤。上文云『糲粢之飯，藜藿之羹』，是粢爲食之粗者。賈逵注晉語云：『粱，食之精者。』（見文選陸機君子有所思行注。）此與『芻豢』對文，則當言黍粱，不當言黍粢。上文云『養以芻豢黍粱五味之膳』，是其明證也。且粱與良爲韻，若作粢，則失其韻矣。」臣故思之。」此謂毀人而反利之者也。是故毀譽之言，不可不審也。

或貪生而反死，或輕死而得生，或徐行而反疾。何以知其然也？魯人有爲父報讎於齊者，刳其腹而見其心，坐而正冠，○莊逵吉云：御覽正作拭。起而更衣，徐行而出門，上車而步馬，○文典謹按：御覽四百八十二引此文，作「徐出門，上車而步」。顔色不變。其御欲驅，撫而止之曰：「今日爲父報讎以出死，非爲生也。今事已成矣，又何去之！」追者曰：「此有節行之人，不可殺也。」解圍而去之。使被衣不暇帶，冠不及正，蒲伏而走，上車而馳，必不能自免於千步之中矣。今坐而正冠，起而更衣，徐行而出門，上車而步馬，顔色不變，此衆人所以爲死也，而乃反以得活。此所謂徐而馳，遲於步也〔一〕。夫走者，人之所以爲疾也；步者，人之所以爲遲也。今反乃以人之所爲遲者反爲疾，○王念孫云：此當作「今乃反以人之所以爲遲者爲疾」。上文曰：「此衆

〔一〕此句疑有誤，據上文「蒲伏而走，上車而馳」，似當爲「此所謂走而馳，遲於步也」。

人所以爲死也，而乃反以得活。」即其證。今本「乃反」二字誤倒，又脱一以字，衍一反字。明於分也。有知徐之爲疾，遲之爲速者，則幾於道矣。故黄帝亡其玄珠，使離朱、捷剟索之，離朱明目，捷剟疾利搏，善拾于物，二人皆黄帝臣也。○王念孫云：剟與掇通。剟上當有攫字。脩務篇曰：「離朱之明，攫掇之捷。」高彼注曰：「離朱，黄帝時人，明目，能見百步之外，秋毫之末。攫掇，亦黄帝時捷疾者。」是也。此注當作：「離朱明目，見物捷疾。攫剟善於搏拾物。（高注脩務篇曰：「攫，搏也。」注要略曰：「掇，拾也。」）二人皆黄帝臣也。」今本正文脱攫字，注文尤多脱誤。劉績不能釐正，乃於剟上增捷字（諸本及莊本同。）與脩務篇不合，非也。而弗能得之也，於是使忽怳，而後能得之。忽怳，黄帝臣也。忽怳善忘之人。

聖人敬小慎微，動不失時，百射重戒，射，象也。禍乃不滋。計福勿及，慮禍過之；同日被霜，蔽者不傷；愚者有備，與知者同功。夫爝火在縹煙之中也，一指所能息也；唐漏若鼷穴，一墣之所能塞也。及至火之燔孟諸而炎雲臺，孟諸，宋大澤。雲臺，高至雲也。水決九江而漸荆州，雖起三軍之衆，弗能救也。夫積愛成福，積怨成禍。若癰疽之必潰也，所浼者多矣。浼，污也。諸御鞅復於簡公諸御鞅，齊臣。簡公，齊君。曰：「陳成常、宰予二子者，甚相憎也。宰予，孔子弟子，仕於齊。臣恐其構難而危國也。君不如去一人。」簡公不聽。居無幾何，陳成常果攻宰予於庭中，而弑簡公於朝。○俞樾云：攻乃殺字之誤。殺宰予，弒簡公，君臣異辭，其實一也。下文曰「廷殺宰予」，是其明證。此不知敬小之所生也。魯季氏與郈氏鬭雞，季氏、郈氏，皆魯大夫。郈氏介其雞，介，以芥菜塗其雞翅也。○文典謹按：呂氏春秋察微篇高注：「介，甲也。作小鎧著雞頭也。」與此互異。昭二十五年左傳，賈逵云：「擣芥子爲末，播其雞翼。」（史記魯世家集解引服虔說同。）許君用師說耳。說文艸部：「芥，菜也。」亦與此注芥菜訓合。而季氏爲之金距。金距，施金芒於距也。季氏之雞不勝，季平子怒，因侵郈氏之宮而築之。郈昭伯怒，傷之魯昭公曰：傷，毀譖也。「禱於襄公之廟，舞者二人而已，時魯禱先君襄公，八佾之舞庭者凡二人也。○文典謹按：禱當爲禘，（注同。）字之誤也。呂氏春秋正作禘，左傳亦云「將禘於襄公」，皆其證。其餘盡舞於季氏。季氏之無道無上，久矣。弗誅，必危社稷。」公以告子家駒。子家駒，魯大夫。子家駒曰：「季氏之得衆，三家爲一。三家，孟氏、叔孫、季氏。其德厚，其威强，君胡得之！」昭公弗聽，使郈昭伯將卒以攻之。仲孫氏、叔孫氏相與謀曰：「無季氏，死亡無日矣。」遂興兵以救之。郈昭伯不勝而死，魯昭公出奔齊。故禍之所從生者，始於雞定；○莊逵吉云：本或作「雞足」，或作「雞距」，唯藏本作定。定，題也。疑藏本是。○王念孫云：「雞定」，當依劉本作「雞足」，字之誤也。上文云季氏與郈氏鬭雞，爲之金距，故曰禍「始於雞足」。且足與稷爲韻。（泰族篇「獄訟止而衣食足」，亦與息、德爲韻。老子「禍莫大於不知足」，與得爲韻。）若作定，則失其韻矣。莊伯鴻以定爲「麟之定」之定，大誤。及其大也，至於亡社稷。故蔡女蕩舟，齊師大侵楚。齊桓公與蔡姬乘舟，姬蕩舟，公懼，止之。公怒，歸之蔡。蔡人嫁之。公伐楚，至召陵而勝之也。○王念孫云：侵上不當有大字，此因上文「及其大也」而衍。兩人搆怨，廷殺宰予，簡公遇殺，身死無後，陳氏代之，齊乃無呂。兩家鬭雞，季氏金距，郈公作難，○俞樾云：郈昭伯，魯大夫，不得稱郈公，乃郈氏之誤。上文云「郈氏介其雞」，是其明證也。今作郈公者，涉下文「魯昭公出走」而誤。又按：「魯昭公出走」句，王氏念孫謂衍公字，以上下文皆四字句故也。然上文云「簡公遇殺，身死無後」，疑此文本作昭公。昭公不稱魯，猶簡公不稱齊，後人誤加魯字，遂致句法參差。而王氏乃議删公字，失之矣。魯昭公出走。故師之所處，生以棘楚。楚，大荆也。禍生而不蚤滅，若火之得燥，水之得濕，浸而益大。癰疽發於指，其痛遍於體。故蠹啄剖梁柱，蟁䖟走牛羊，此之謂也。

人皆務於救患之備，而莫能知使患無生。夫使患無生，易於救患，而莫能加務焉，則未可與言術也。晉公子重耳過曹，曹君欲見其骿脅，使之袒而捕魚。釐負羈止之曰：「公子非常也。○王念孫云：「非常」下脱人字。韓子十過篇作「晉公子非常人也」。從者三人，皆霸王之佐也。三人，謂狐偃、趙衰、胥臣。遇之無禮，必爲國憂。」君弗聽。重耳反國，起師而伐曹，遂滅之。身死人手，社稷爲墟，禍生於袒而捕魚。齊、楚欲救曹，不能存也。聽鼇負羈之言，則無亡患矣。今不務使患無生，患生而救之，雖有聖知，弗能爲謀耳。患禍之所由來者，萬端無方。是故聖人深居以避辱，靜安以待時。小人不知禍福之門户，妄動而絓羅網，雖曲爲之備，何足以全其身！譬猶失火而鑿池，被裘而用箑也。且唐有萬穴，唐，堤也。言堤之有萬穴也。◯文典謹按：文選海賦注引，唐作溏。塞其一，魚何遽無由出？室有百户，閉其一，盜何遽無從入？夫牆之壞也於隙，劍之折必有齧，齧，缺也。聖人見之密，故萬物莫能傷也。◯陳觀樓云：密當爲蚤，字之誤也。上文「禍生而不蚤滅」，即其證。太宰子朱侍飯於令尹子國，子朱、子國皆楚大夫。◯文典謹按：「侍飯」，北堂書鈔百四十四、御覽八百六十一引，竝作「侍食」。令尹子國啜羹而熱，投巵漿而沃之。◯王念孫云：下既言沃之，則上不當更言投。舊本北堂書鈔酒食部三引此，投作援，是也。援，引也。謂引巵漿而沃之也。作投者，字之誤耳。太平御覽飲食部十九所引與書鈔同，唐余知古渚宮舊事亦同。明日，太宰子朱辭官而歸。其僕曰：「楚太宰，未易得也。辭官去之，何也？」子朱曰：「令尹輕行而簡禮，其辱人不難。」明年，伏郎尹而笞之三百。郎尹，主郎官之尹也。◯文典謹按：御覽八百六十一引，作「明日伏節，尹怒而笞之三百」。夫仕者先避之，見終始微矣。◯王念孫云：「夫仕者先避」，當作「夫上仕者，先避患而後就利，先遠辱而後求名」。仕與士同。（曲禮「前有士師」，鄭注：「士或爲仕。」爾雅：「士，察也。」小雅節南山篇「弗問弗仕」，鄭箋：「仕，察也。」豳風東山篇「勿士行枚」，大雅文王有聲篇「武王豈不仕」，毛傳竝云「事也」。漢郎中馬江碑「士喪儀宗」、成陽靈臺碑「故有靈臺啬夫魚師衞士」，士皆作仕。）避患、遠辱，謂上文太宰子朱辭官之事。今本仕上脱上字，「先避」下脱「患而後就利，先遠辱而後求名」凡十二字。文子微明篇作「故上士先避患而後就利，先遠辱而後求名」，是其證。「之見終始微矣」上當有「太宰子朱」四字，此亦承上文而言，子朱見令尹之輕行簡禮，而知其必將辱人，卽辭官而去，可謂見其始而知其終，故曰「太宰子朱之見終始微矣」。夫鴻鵠之未乎於卵也，一指篾之，則靡而無形矣；○文典謹按：意林引，作「鴻鵠在卵也，一指蔑之則破」。及至其筋骨之已就，而羽翮之既成也，○文典謹按：意林引，翮作翅。則奮翼揮䎃，䎃，六翮之末也。淩乎浮雲，背負青天，膺摩赤霄，赤霄，飛雲也。○文典謹按：文選七命注引，青天作蒼天。翱翔乎忽荒之上，析惕乎虹蜺之間，○莊逵吉云：各本皆作徜徉，藏本作析惕。雖有勁弩利矰微繳，蒲且子之巧，亦弗能加也。○文典謹按：意林引，加作得。江水之始出於岷山也，可攓衣而越也；及至乎下洞庭，鶩石城，洞庭在長沙，石城在丹陽。經丹徒，丹徒在會稽。起波濤，波者涌起，還者爲濤。舟杭一日不能濟也。是故聖人者，常從事於無形之外，而不留思盡慮於成事之內，是故患禍弗能傷也。

人或問孔子曰：「顏回何如人也？」曰：「仁人也。丘弗如也。」「子貢何如人也？」曰：「辯人也。丘弗如也。」「子路何如人也？」曰：「勇人也。丘弗如也。」賓曰：「三人皆賢夫子，而爲夫子役，何也？」孔子曰：「丘能仁且忍，辯且訥，勇且怯。以三子之能，易丘一道，丘弗爲也。」孔子知所施之也。秦牛缺徑於山中牛缺，隱士。而遇盜，奪之車馬，解其橐笥，拖其衣被。拖，奪也。○文典謹按：説文：「褫，奪衣也。讀若池。」錢大昕云：「説文無池字，當爲拕。」易「終朝三褫之」，陸德明音義云：「褫，鄭本作拕，徒可反。」拕、奪聲亦相近也。盜還反顧之，無懼色憂志，驩然有以自得也。盜遂問之曰：「吾奪子財貨，劫子以刀，而志不動，何也？」秦牛缺曰：「車馬所以載身也，衣服所以揜形也。聖人不以所養害其養。」盜相視而笑曰：「夫不以欲傷生，不以利累形者，世之聖人也。以此而見王者，必且以我爲事也。」還反殺之。此能以知知矣，而未能以知不知也；能勇於敢，而未能勇於不敢也。凡有道者，應卒而不乏，遭難而能免，故天下貴之。今知所以自行也，而未知所以爲人行也，其所論未之究者也。人能由昭昭於冥冥，則幾於道矣。詩曰：「人亦有言，無哲不愚。」此之謂也。

事或爲之，適足以敗之；或備之，適足以致之。何以知其然也？秦皇挾録圖，挾，銷也。秦博士盧生使入海，還奏圖録書于始皇帝。見其傳曰：「亡秦者，胡也。」因發卒五十萬，使蒙公、楊翁子蒙公，蒙恬也。楊翁子，秦將。將，築脩城，西屬流沙，起隴西臨洮縣。北擊遼水，遼水，遼東。○俞樾云：擊字無義，疑罄字之誤。爾雅釋詁：「罄，盡也。」言北盡遼水也。史記作「起臨洮，至遼東」，至卽有盡義。東結朝鮮，朝鮮，樂浪。中國内郡輓車而餉之。又利越之犀角、象齒、翡翠、珠璣，翡，赤雀。翠，青雀。圓者爲珠，𩓐者爲璣。乃使尉屠睢尉屠睢，秦將。發卒五十萬，爲五軍，一軍塞鐔城之嶺，鐔城，在武陵西南，接鬱林。一軍守九疑之塞，九疑，在零陵。一軍處番禺之都，番禺，南海。一軍守南野之界，南野，在豫章。一軍結餘干之水，餘干在豫章。三年不解甲弛弩，使監禄無以轉餉，又以卒鑿渠而通糧道，監禄，秦將，鑿通湘水、離水之渠。○王念孫云：「無以」二字，後人所加。此言使監禄轉餉，又使用卒鑿渠而通糧道也。史記主父傳「使監禄鑿渠運糧，深入越」，是其證。「使監禄」下加「無以」二字，則文不成義矣。困學紀聞引此，無「無以」二字。以與越人戰，殺西嘔君譯吁宋。西嘔，越人。譯吁宋，西嘔君名也。而越人皆入叢薄中，與禽獸處，莫肯爲秦虜。相置桀駿以爲將，而夜攻秦人，大破之，殺尉屠睢，伏尸流血數十萬。乃發適戍以備之。當此之時，男子不得脩農畝，婦人不得剡麻考縷，考，成也。羸弱服格於道，大夫箕會於衢，箕會，以箕於衢會斂。病者不得養，死者不得葬。於是陳勝起於大澤，奮臂大呼，天下席卷，而至於戲。戲，地名，在新豐。劉、項興義兵，隨而定，若折槁振落，遂失天下。禍在備胡而利越也。欲知築脩城以備亡，不知築脩城之所以亡也；

發適戍以備越，而不知難之從中發也。夫鵲先識歲之多風也，去高木而巢扶枝，扶，旁也。○王念孫云：鵲上脱烏字。下文「烏鵲之智」即其證。初學記天部上、太平御覽天部九、白帖二引此，皆有烏字。○陶方琦云：初學記天部一、御覽九、事類賦風部引許注：「扶，傍也。」按：旁當作傍。説文：「傍，近也。」謂近枝也。太平廣記四百六十一引淮南「去喬木，巢傍枝」，亦作傍。大人過之則探鷇，嬰兒過之則挑其卵，知備遠難而忘近患。故秦之設備也，烏鵲之智也。

或争利而反强之，或聽從而反止之。何以知其然也？魯哀公欲西益宅，史争之，以爲西益宅不祥。西益宅，築舊居之西，更以爲田宅。○俞正燮云：論衡云：「俗有大諱四，西益宅居其一。」藝文類聚引風俗通亦有「西益宅不祥」。新序五及家語正論解則云「東益宅不祥」。哀公作色而怒，左右數諫不聽，乃以問其傅宰折睢。宰折睢，傅名姓。○莊逵吉云：御覽作曼折曜。曰：「吾欲益宅，而史以爲不祥。子以爲何如？」宰折睢曰：「天下有三不祥，西益宅不與焉。」哀公大悦而喜。頃，復問曰：「何謂三不祥？」對曰：「不行禮義，一不祥也。嗜慾無止，二不祥也。不聽强諫，三不祥也。」哀公默然深念，憒然自反，○俞樾云：憒然非自反之貌，憒疑隤字之誤。周易繫辭傳「夫坤，隤然示人簡矣」，虞注曰：「隤，安也。」馬注曰：「柔貌。」皆與自反之義合。上文「孔子讀易，至損、益，未嘗不憤然而歎」，王氏念孫謂憒然當作噴然。此誤隤爲憒，猶彼誤噴爲憒，皆形似而誤○文典謹按：御覽百八十引，憒作喟，於義爲長。遂不西益宅。夫史以争爲可以止之，而不知不争而反取之也。智者離路而得道，愚者守道而失路。夫兒説之巧，於閉結無不解。兒説，宋大夫也。非能閉結而盡解之也，不解不可解也。至乎以弗解解之者，可與及言論矣。或明禮義、推道體而不行，或解構妄言而反當。何以明之？孔子行游，馬失，食農夫之稼，○王念孫云：「孔子行遊」四字，文不成義。此本作「孔子行於東野」，下文「野人」二字，卽承此句言之。今本於誤作遊，又脱「東野」二字。太平御覽地部二十「野」下引此，正作「孔子行於東野」。吕氏春秋必己篇同。（今本作「孔子行道而息」，乃後人所改，辯見吕氏春秋。）野人怒，取馬而繫之。子貢往説之，卑辭而不能得也。○王念孫云：「子貢」上脱使字。太平御覽引此有使字。卑當爲畢，字之誤也。畢辭，謂竟其辭也。太平御覽引此，作「畢辭而弗能得」，吕氏春秋作「畢辭，野人不聽」，皆其證。孔子曰：「夫以人之所不能聽説人，譬以大牢享野獸，太牢，三牲。以九韶樂飛鳥也。予之罪也，非彼人之過也。」乃使馬圉往説之。圉，養馬者。至，見野人曰：「子耕於東海，至於西海。吾馬之失，安得不食子之苗？」野人大喜，解馬而與之。説若此其無方也，而反行。事有所至，而巧不若拙，故聖人量鑿而正枘。夫歌采菱，發陽阿，鄙人聽之，不若此延路、陽局，延路、陽局，鄙歌曲也。○莊逵吉云：御覽作延路、陵陽。○王念孫云：「不若此」，此字因上文「若此其無方」而衍。路本作露，脱去上半耳。「陽扃」本作「以和」，因上文「發陽阿」而誤爲「陽阿」，阿又誤爲扃也。（左畔阝字誤爲户，右畔可字誤爲可。劉本改扃爲局，而莊本從之，謬矣。）「不若延露以和」者，言采菱、陽阿，曲之至美者也；而鄙人聽之，曾不若歌延露以相唱和。（説山篇：「欲美和者，始於陽阿、采菱。」）所謂「曲高和寡」也。李善注吴都賦、月賦、舞賦、長笛賦、七啓引此，竝作「不若延露以和」，是其明證。注中「陽扃」二字，亦隨正文而衍。吴都賦注引高誘曰：「延露，鄙歌曲也。」無此二字。○文典謹按：王説是也。北堂書鈔一百六引，亦無此字。非歌者拙也，聽者異也。故交畫不暢，暢，申也。連環不解，物之不通者，聖人不争也。

仁者，百姓之所慕也；義者，衆庶之所高也。爲人之所慕，行人之所高，此嚴父之所以教子，而忠臣之所以事君也。然世或用之而身死國亡者，不同〔一〕於時也。昔徐偃王好行仁義，陸地之朝者三十二國。王孫厲謂楚莊王王孫厲，楚臣也。曰：「王不伐徐，必反朝徐。」王曰：「偃王，有道之君也，好行仁義，不可伐。」王孫厲曰：「臣聞之，大之與小，强之與弱也，猶石之投卵，虎之啗豚，又何疑焉！且夫爲文而不能

〔一〕「同」當作「周」，參上文七二頁引王念孫説。

達其德，爲武而不能任其力，亂莫大焉。」楚王曰：「善！」乃舉兵而伐徐，遂滅之。知仁義而不知世變者也。申菽、杜茝，申菽、杜茝，皆香草也。美人之所懷服也，及漸之於滫，滫，臭汁也。則不能保其芳矣。古者，五帝貴德，三王用義，五霸任力。今取帝王之道，而施之五霸之世，是由乘驥逐人於榛薄，而蓑笠盤旋也。今霜降而樹穀，冰泮而求穫，欲其食則難矣。故易曰「潛龍勿用」者，言時之不可以行也。故「君子終日乾乾，夕惕若厲，無咎」。終日乾乾，以陽動也；夕惕若厲，以陰息也。因日以動，因夜以息，唯有道者能行之。夫徐偃王爲義而滅，燕子噲行仁而亡，子噲，燕王也。蘇代說子噲讓國，遂專政。齊伐燕，大敗之，噲死也。哀公好儒而削，哀公，魯君。代君爲墨而殘。代君，趙之別國。滅亡削殘，暴亂之所致也，而四君獨以仁義儒墨而亡者，遭時之務異也。非仁義儒墨不行，非其世而用之，則爲之擒矣。夫戟者，所以攻城也；鏡者，所以照形也。宮人得戟則以刈葵，宮人，宦侍也。盲者得鏡則以蓋巵，○文典謹按：初學記器用部、白帖十三引，「蓋巵」下竝有「盲者不可貽以鏡，亂主不可舉其疵」十四字。不知所施之也。故善鄙不同，誹譽在俗；趨舍不同，逆順在君。○王念孫云：兩不字，後人所加。此言善鄙同，而或誹或譽者，俗使然也；趨舍同，而或逆或順者，君使然也。故下文云：「狂譎不受祿而誅，段干木辭相而顯，所行同也，而利害異者，時使然也。」後人於同上加不字，則義不可通矣。文子微明篇作「善否同，非譽在俗；趨行等，逆順在時」，是其證。齊俗篇云「趨舍同，誹譽在俗；意行鈞，窮達在時」，語意正與此同。狂譎不受禄而誅，狂譎，東海之上人也。耕田而食，讓不受禄，太公以爲飾虚亂民而誅。段干木辭相而顯，所行同也，而利害異者，時使然也。故聖人雖有其志，不遇其世，僅足以容身，何功名之可致也！知天之所爲，知人之所行，則有以任於世矣。○王念孫云：「任於世」三字義不相屬，任當爲徑。徑，行也。（見本經篇注及僖二十五年左傳注。）言知天知人，則有以行於世也。下文云：「知天而不知人，則無以與俗交；知人而不知天，則無以與道遊。」皆謂其不可行於世也。徑字或作徑，因誤而爲任。（詮言篇「下之徑衢不可勝理」，文子道德篇「徑衢」誤作「任懼」。）文子微明篇作「卽有以經於世矣」，經、徑古字通，經亦行也。（莊子外物篇曰：「不可與經於世。」）知天而不知人，則無以與俗交；知人而不知天，則無以與道遊。單豹倍世離俗，單豹，隱士。○文典謹按：文選嘯賦注、七啟注引，倍竝作背。巖居谷飲，不衣絲麻，不食五穀，行年七十，猶有童子之顔色，卒而遇飢虎，殺而食之。張毅好恭，張毅，好禮之人。過宫室廊廟必趨，見門閭聚衆必下，厮徒馬圉，皆與伉禮，然不終其壽，内熱而死。豹養其内而虎食其外，毅修其外而疾攻其内。故直意適情，則堅强賊之；以身役物，則陰陽食之。此皆載務而戲乎其調者也。得道之士，外化而内不化。外化，所以入人也；内不化，所以全其身也。故內有一定之操，而外能詘伸、贏縮、卷舒，與物推移，故萬舉而不陷。所以貴聖人者，以其能龍變也。今捲捲然守一節，推一行，雖以毀碎滅沉，猶且弗易者，此察於小好，而塞於大道也。

趙宣孟活飢人於委桑之下，而天下稱仁焉；荆佽非犯河中之難，不失其守，而天下稱勇焉；○王念孫云：河當爲江，字之誤也。「犯江中之難」，事見道應篇及呂氏春秋知分篇。是故見小行則可以論大體矣。田子方見老馬於道，田子方，魏人。喟然有志焉，以問其御曰：「此何馬也？」其御曰：「此故公家畜也。老罷而不爲用，出而鬻之。」田子方曰：「少而貪其力，老而棄其身，仁者弗爲也。」束帛以贖之。罷武聞之，知所歸心矣。齊莊公出獵，有一蟲舉足將搏其輪，問其御曰：「此何蟲也？」對曰：「此所謂螳螂者也。其爲蟲也，知進而不知却，不量力而輕敵。」莊公曰：「此爲人，而必爲天下勇武矣！」迴車而避之。勇武聞之，知所盡死矣。故田子方隱一老馬而魏國載之，齊莊公避一螳螂而勇武歸之。湯教祝網者，而四十國朝；昔湯出田，見四面張網者，湯教去其三面，祝曰：「欲上者上，欲下者下，無入吾網。」文王葬死人之骸，而九夷歸之；文王治靈臺，得死人之骨，夜夢人呼而請葬。于旦，文王反葬以五大夫之禮。○洪亮吉云：五大夫，秦爵，殷、周間何得有之？又云因枯骸見夢乞葬，旦而行之，亦與他書所說異。賈誼新書又云：「乞葬以人君之禮。」**武王蔭暍人於樾下**，武王哀暍者之熱，故蔭之於樾下。樾下，衆樹之虚也。○俞樾云：注曰「樾下，衆樹之虚也」，此注未得。精神篇曰：「當此之時，得茠越下，則脱然而喜矣。」注曰：「楚人樹上大本小，如車蓋狀，爲越。言多蔭也。越，讀經無重越之越也。」此注得之。越、樾古同字，而前後異説，疑有許、高之異。繆稱、齊俗、道應、詮言、兵略、人間、泰族、要略八篇，標目下無「因以題篇」四字，與它篇不同，或許注也。因無塙證，故不别言之。**左擁而右扇之，而天下懷其德；越王句踐一決獄不辜，援龍淵而切其股，血流至足，以自罰也，而戰武士必其死。**○王念孫云：御覽疾病部四引此，「九夷歸之」作「九夷順」，無之字；「天下懷」下無「其德」二字。又疾病部四、刑法部五引此，「戰武士必其死」，竝作「戰士畢死」，下有「感於恩也」四字。初學記帝王部引此云：「武王蔭暍人於樾下，而天下懷之，感於恩也。」案：「九夷歸」、「天下懷」與「四十國朝」相對爲文，則歸下本無之字，懷下亦無「其德」二字，「戰武士必其死」下當有「感於恩也」四字。此四字乃總承上文言之，不專指越王，故初學記引武王事下亦有此四字也。陳氏觀樓曰：「戰武士必其死」，士字、其字皆後人所加。淮南一書皆謂士爲武，戰武即戰士也，故御覽引作「戰士畢死」，畢、必古字通。○文典謹按：北堂書鈔四十四引，罰作刎；一百十八引，「一決」作「決一」，援作授。**故聖人行之於小，則可以覆大矣；審之於近，則可以懷遠矣。孫叔敖決期思之水**○莊逵吉云：御覽決作作，水作陂。**而灌雩婁之野**，雩婁，今廬江是。莊王知其可以爲令尹也。子發辯擊劇而勞佚齊，辯，次第也。擊劇，次第罷勞之賞，各有齊等也。或曰：子發辯擊之勞佚齊。子發築設勞逸之節，是以楚知可爲兵。齊，同也。楚國知其可以爲兵主也。此皆形於小微，而通於大理者也。聖人之舉事，不加憂焉，察其所以而已矣。

今萬人調鐘，不能比之律；誠得知者，一人而足矣。説者之論，亦猶此也。誠得其數，則無所用多矣。夫車之所以能轉千里者，以其要在三寸之轄。夫勸人而弗能使也，禁人而弗能止也，其所由者非理也。昔者，衛君朝於吴，吴王囚之，衛君，衛侯輒也。吴王，夫差。欲流之於海。説者冠蓋相望，而弗能止。魯君聞之，魯君，哀公。撤鐘鼓之縣，縞素而朝。仲尼入見曰：「君胡爲有憂色？」魯君曰：「諸侯無親，以諸侯爲親。大夫無黨，以大夫爲黨。今衛君朝於吴王，吴王囚之而欲流之於海。孰意衛君之仁義而遭此難也！○王念孫云：「朝於吴王」，王字涉下句吴王而衍。上下文四言「朝於吴」，吴下皆無王字，是其證。孰，何也。言何衛君之仁義而遭此難也。朱東光不曉孰字之義，而於孰下加意字，斯爲謬矣。吾欲免之而不能，爲奈何？」仲尼曰：「若欲免之，則請子貢行。」魯君召子貢，授之將軍之印，子貢辭曰：「貴無益於解患，在所由之道。」斂躬而行，至於吴，見太宰嚭。太宰嚭甚悦之，欲薦之於王。子貢曰：「子不能行説於王，奈何吾因子也！」太宰嚭曰：「子焉知嚭之不能也？」子貢曰：「衞君之來也，衞國之半曰，不若朝於晉；其半曰，不若朝於吳。然衞君以爲吳可以歸骸骨也，故束身以受命。今子受衞君而囚之，又欲流之於海，是賞言朝於晉者，而罰言朝於吳也。且衞君之來也，諸侯皆以爲蓍龜兆。以爲蓍龜，以卜朝吳之吉凶也。今朝於吳而不利，則皆移心於晉矣。子之欲成霸王之業，不亦難乎！」太宰嚭入，復之於王。王報出令於百官曰：「比十日，而衞君之禮不具者死！」子貢可謂知所以說矣。魯哀公爲室而大，公宣子諫公宣子，魯大夫。曰：「室大，衆與人處則譁，少與人處則悲。願公之適。」公曰：「寡人聞命矣。」築室不輟。公宣子復見曰：「國小而室大，百姓聞之必怨吾君，諸侯聞之必輕吾國。」魯君曰：「聞命矣。」築室不輟。公宣子復見曰：「左昭而右穆，昭穆，先君之宗廟。爲大室以臨二先君之廟，得無害於子乎？」○文典謹按：御覽百七十四引新序，子作孝，於義爲長。公乃令罷役除版而去之。魯君之欲爲室誠矣，公宣子止之必矣，然三說而一聽者，其二者非其道也。夫臨河而釣，日入而不能得一鯈魚者，非江河魚不食也，所以餌之者非其欲也。及至良工執竿，投而擐脣吻者，能以其所欲而釣者也。夫物無不可奈何，有人無奈何。言物皆可術而治也。事有人材所不及，無奈之何也。鉛之與丹，異類殊色，而可以爲丹者，得其數也。故繁稱文辭，無益於説，審其所由而已矣。

物類之相摩，近而異門户者，衆而難識也。故或類之而非，或不類之而是；或若然而不然者，或不若然而然者。◯王引之云：「不若然而然」，當作「若不然而然」。「若不然而然」者，謂越王句踐之事吴，請身爲臣，妻爲妾，若不叛吴而實欲滅吴也。（見下文。）「若不然而然」與「若然而不然」，文正相對。道藏本作「不若然而然」，則義不可通矣。（劉本删若字，尤非。）下文「何謂不然而若然者」，亦當作「何謂若不然而然者」。諺曰：「鳶墮腐鼠，而虞氏以亡。」何謂也？曰：虞氏，梁之大富人也。梁，今之陳留浚儀也。家充盈殷富，金錢無量，財貨無訾。升高樓，臨大路，設樂陳酒，積博其上。◯莊逵吉云：列子釋文作「擊博其上」，是也。太平御覽又作「蒱博」，似非。游俠相隨而行樓下。博上者◯莊逵吉云：列子釋文作「樓上博者」。射朋張，中反兩射朋張，上棋中之，以一反兩也。◯莊逵吉云：御覽「反兩」下有⿰禾翕字，云音揭。諸本皆無之。而笑，飛鳶適墮其腐鼠而中游俠。游俠相與言曰：「虞氏富樂之日久矣，而常有輕易人之志。吾不敢侵犯，而乃辱我以腐鼠。如此不報，無以立務於天下。務，勢也。◯王引之云：務與勢義不相近，務當爲矜，字之誤也。（矜、務二字，隸書往往譌溷。管子小稱篇「務爲不久」，韓子難篇作「矜僞不長」。又管子法法篇「矜物之人無大士焉」，韓詩外傳「矜而自功」，今本矜字並誤作務。）列子説符篇「立矜」作「立懂」，懂與矜古同聲而通用，猶穫之爲矜也。張湛注列子云：「憧，勇也。」此注云：「矜，勢也。」勢與勇亦同義。說山篇云：「立憧者非學鬬爭，憧立而生不讓。」氾論篇云：「立氣矜，奮勇力。」韓詩外傳云：「外立節矜，而敵不侵擾。」是立矜卽立憧也。趙策云：「勇哉氣矜之隆。」史記王翦傳云：「李將軍果勢壯勇。」是矜與勢、勇竝同義。請與公僇力一志，悉率徒屬，而必以滅其家。」○王念孫云：此處敍事未畢，當有脱文。太平御覽引此，「滅其家」下有「其夜乃攻虞氏，大滅其家」十字，是也。上文云：「鳶墮腐鼠，而虞氏以亡。」此處必有此十字，方與上文相應。因兩「滅其家」相亂，故寫者誤脱之耳。列子作「至期日之夜，聚衆積兵以攻虞氏，大滅其家」，是其證。此所謂類之而非者也。何謂非類而是？屈建告石乞屈建，楚大夫也。石乞，白公之黨。曰：「白公勝將爲亂。」石乞曰：「不然。白公勝卑身下士，不敢驕賢。其家無筦籥之信，關楗之固。大斗斛以出，輕斤兩以內。而乃論之，以不宜也。」屈建曰：「此乃所以反也。」居三年，白公勝果爲亂，殺令尹子椒、司馬子期。子椒、子期，皆白公之季父。此所謂弗類而是者也。何謂若然而不然？子發爲上蔡令，民有罪當刑，獄斷論定，決於令尹前，○王念孫云：尹字後人所加。「決於令前」，謂決於上蔡令之前，非謂令尹也。太平御覽刑法部二引此，無尹字。子發喟然有悽愴之心。罪人已刑而不忘其恩。此其後，子發盤罪威王而出奔。盤，辟也。發得罪辟於威王。○俞樾云：「盤罪」二字甚爲無義。盤疑本作服，服古字作般，與般字相似，往往致誤。爾雅釋詁「服、宜、貫、公，事也」，釋文曰：「服，又作般。」荀子賦篇「讒人服矣」，楊注曰：「服，本或作般。」並其證也。服誤爲般，因又誤爲盤耳。服者，負之叚字。考工記車人注：鄭司農曰：「服，讀爲負。」是負、服一聲之轉，古得通用。「服罪威王而出奔」，言其負罪而出奔也。高注曰：「盤，辟也。」是其所據本已誤。刑者遂襲恩者，恩者逃之於城下之廬。追者至，踹足而怒，踹足，躍足也。曰：「子發視決吾罪而被吾刑，○王念孫云：視當爲親，字之誤也。「親決吾罪」，卽上文所云「決於令前」也。韓子外儲説左篇載子皋出走之事，與此相似，云子皋問刖危曰：「吾不能虧主之法令，而親刖子之足。」彼言「親刖子足」，此言「親決吾罪」，其義一也。怨之憯於骨髓。憯，痛也。使我得其肉而食之，其知厭乎！」追者以爲然而不索其內，果活子發。此所謂若然而不然者。何謂不然而若然者？昔越王句踐卑下吴王夫差，請身爲臣，妻爲妾，奉四時之祭祀，而入春秋之貢職，委社稷，效民力，隱居爲蔽，而戰爲鋒行，○王念孫云：「隱居爲蔽」，當作「居爲隱蔽」，言越之事吴，居則爲隱蔽，而戰則爲前行也。今本隱字誤在「居爲」之上，則文不成義。韓策云：「韓之於秦也，居爲隱蔽，出爲鴈行。」語意正與此同。禮甚卑，辭甚服，其離叛之心遠矣，然而甲卒三千人以擒夫差於姑胥。姑胥，地名。此四策者，不可不審也。夫事之所以難知者，以其竄端匿迹，立私於公，倚邪於正，而以勝惑人之心者也。若使人之所懷於內者，與所見於外者，若合符節，則天下無亡國敗家矣。夫狐之捕雉也，必先卑體彌耳，以待其來也。○王念孫云：捕當爲搏，字之誤也。「彌耳」當爲「弭毛」。毛字因弭字而誤爲耳，後人又改弭爲彌耳。楚辭離騷注曰：「弭，按也。」言卑其體，按其毛，以待雉之來也。太平御覽人事部一百三十五、獸部二十一竝引此云：「夫狐之搏雉也，必卑體弭毛以待其來也。」高注呂氏春秋決勝篇云：「若狐之搏雉，俯體弭毛。」卽用淮南之文。吴越春秋句踐歸國外傳亦云：「猛獸將擊，必弭毛帖伏。」雉見而信之，故可得而擒也。使狐瞋目植睹，植睹，枉尾也。見必殺之勢，雉亦知驚憚遠飛，以避其怒矣。夫人僞之相欺也，○莊逵吉云：御覽作「夫人僞詐以相欺」。非直禽獸之詐計也，物類相似若然，而不可從外論者，衆而難識矣，是故不可不察也。

淮南鴻烈集解卷十九

脩務訓

脩，勉。務，趨。聖人趨時，冠攲弗顧，履遺不取，必用仁義之道以濟萬民，故曰「脩務」，因以題篇。

或曰：「無爲者，寂然無聲，漠然不動，引之不來，推之不往。如此者，乃得道之像。」或人以爲先爲術如此，乃可謂得道之法也。吾以爲不然。嘗試問之矣：以爲不如或人之言。嘗問之于聖人矣。「若夫神農、堯、舜、禹、湯，可謂聖人乎？」有論者必不能廢。言五人可謂聖人耶？有論者何能廢其道也。以五聖觀之，則莫得無爲，明矣。言不得無爲也。古者，民茹草飲水，采樹木之實，食蠃蛖之肉，時多疾病毒傷之害。害，患也。○王念孫云：「疾病」本作「疹病」，後人誤讀疹爲瘡疹之疹，以疹、病二字爲不類，故改爲「疾病」，而不知此疹字即疢疾之疢，非瘡疹之疹也。小雅小弁篇及左傳成六年、哀五年釋文竝云：「疢，或作疹。」廣雅音云：「疢，今疹字也。」襄二十三年左傳「季孫之愛我，疾疢也」，吕氏春秋長見篇注引此，疢作疹。文選思玄賦「思百憂以自疹」，後漢書張衡傳作疢。小雅小宛釋文引韓詩云：「疹，苦也。」越語云：「疾疹貧病。」是疹與疢同也。史記貨殖傳正義、太平御覽皇王部三、資産部三、鱗介部十三引此，竝作疹病，是其證。又泰族篇「以調陰陽之氣，以合四時之節，以辟疾病之菑」，亦是本作「疾疹」，而後人改爲「疾病」也。（太平御覽治道部五引此已誤。）文子上禮篇作「疾疢之灾」，是其證。**於是神農乃始教民播種五穀，**菽、麥、黍、稷、稻也。**相土地宜，燥濕肥墝高下，**相，視也。燥，乾也。墝，埆。高，陵也。下，濕也。○王念孫云：宜上脱之字。太平御覽皇王部三引此，有之字。○文典謹按：御覽八百二十三引，宜作「原隰」，當是異本。**嘗百草之滋味，水泉之甘苦，令民知所辟就。當此之時，一日而遇七十毒。**此神農之爲也。○王念孫云：遇字後人所加。太平御覽皇王部三、資産部三、百卉部一及寇宗奭本草衍義序例引此，竝作「一日而七十毒」，無遇字。路史禪通紀同。**堯立孝慈仁愛，使民如子弟。**言雖役使其民，必加仁愛遇之，如己之子弟也。**西教沃民，東至黑齒，北撫幽都，南道交趾。**沃民，西方之國。黑齒，東方之國。陰氣所聚，故曰幽都，今雁門以北是。交趾，南方之國。四者遠裔，不覩聖人之化，故親往行教導，撫之以仁義也。**放讙兜於崇山，竄三苗於三危，**放，棄也。讙兜，堯佞臣也。崇山，南極之山。三苗，蓋謂帝鴻氏之裔子渾敦，少昊氏之裔子窮奇，縉雲氏之裔子饕餮。三族之苗裔，故謂之三苗。三危，西極之山名。一曰：放三苗國民於三危也。○洪亮吉云：今攷孟子，「舜流共工于幽州」，賈逵左傳注：「窮奇，共工也。其行窮而好奇。」「放驩兜于崇山」，賈逵云：「渾敦，驩兜也。」「殛鯀于羽山」，賈逵云：「檮杌，鯀也。」惟饕餮不言，則竄三危者，當卽指饕餮耳。又高注，崇山南極之山，羽山東極之山，幽則北極，獨不言西極〔一〕。孔安國曰：「三危，西裔之山。」水經注：「三危山在敦煌南。肅州圖經云：白龍堆東倚三危，北望蒲昌，是爲西極要路。」是矣。**流共工於幽州，殛鯀於羽山。**堯時有共工官。鯀，禹父，爲治水績用不成，堯殛之。羽山，東極之山。是則堯之爲。鴻範曰「鯀則殛死」，然則渾敦、窮奇、饕餮生至四裔可知也。**舜作室，築牆茨屋，辟地樹穀，**○文典謹按：御覽百八十七引，室作宫。**令民皆知去巖穴，各有家室。**○文典謹按：初學記居處部、白帖十一引，室下竝有「此其始也」四字。御覽引亦有「始也」二字。**南征三苗，道死蒼梧。**三苗之國在彭蠡，舜時不服，故往征之。書曰：「舜陟方乃死。」時舜死蒼梧，葬于九疑之山，在蒼梧馮乘縣東北，零陵之南千里也。**禹沐浴霪雨，櫛扶風，**禹勞力天下，不避風雨，以久雨爲沐浴。扶風，疾風。以疾風爲梳櫛也。○莊逵吉云：中立府四子本作「沐浴霪雨，梳櫛扶風。」○王念孫云：沐下本無浴字，此涉高注「沐浴」而誤衍也。「沐霪雨」，「櫛扶風」，相對爲文，多一浴字，則句法參差矣。（劉本又於櫛上加梳字，以對沐浴，尤非。）藝文類聚帝王部一、太平御覽皇王部七、文選謝脁和王著作八公山詩注引此，皆無浴字。莊子天下篇「禹沐甚雨，櫛疾風」，此卽淮南所本。○俞樾云：浴字衍文，王氏念孫已訂正矣。扶字疑卽疾字之誤。隸

〔一〕按高注云：「三危，西極之山名。」洪氏謂「獨不言西極」，誤。

書疾字或作㾜，見圉令趙君碑，扶字作扶，見桐柏廟碑，兩形相似，故誤耳。○陶方琦云：御覽九引許注：「扶風，奔風。」按：扶乃疾字。藝文類聚引淮南作「榔疾風」，是許本也。周禮攷工記「忿埶以奔」，注：「奔，猶疾也。」莊子正作「疾風」。許作「疾風」，與高作「扶風」正異。覽冥訓「降扶風」，高注：「扶風，疾風也。」（劉子知人篇「榔奔風」，卽用許注義。）決江疏河，決巫山，令江水得東過，故言決。疏道東注于海，故言疏。鑿龍門，闢伊闕，龍門本有水門，鱣魚遊其中，上行得上過者，便爲龍，故曰龍門。禹闢而大之，故言鑿。伊闕，山名，禹開截山體，令伊水得北過，入洛水，故曰闕也。○莊逵吉云：鱣，一本作鮪字。脩彭蠡之防，乘四載，隨山栞木，平治水土，定千八百國。脩，治也。彭蠡，澤名，在豫章彭澤縣西。防，隄也。四載：山行用蔂，水行用舟，陸行用車，澤行用輴。隨，循也。栞，石栞識之。四海之內凡萬國，禹定千八百國。是禹之所爲也。○文典謹按：北堂書鈔四引，作「鑿昆龍，開吕梁，修彭離」。湯夙興夜寐，以致聰明；輕賦薄斂，以寬民氓；早起夜寐，以思萬事，能得其精，故曰「以致聰明」。寬，猶富也。野民曰氓。布德施惠，以振困窮；弔死問疾，以養孤孀。幼無父曰孤。孀，寡婦也。雒家謂寡婦曰孀婦。百姓親附，政令流行，乃整兵鳴條，困夏南巢，譙以其過，放之歷山。鳴條，地名。南巢，今廬江居巢是。譙，責也，讓夏桀之罪過也。歷山，蓋歷陽之山。是湯之爲也。此五聖者，天下之盛主，勞形盡慮，爲民興利除害而不懈。懈，惰也。奉一爵酒不知於色，言其輕也。○文典謹按：御覽四百六十九、七百六十一引，「於色」竝作「於邑」。**挈一石之尊則白汗交流，**言其重也。**又況羸天下之憂，而海內之事者乎？**○王念孫云：「海內」上脱任字。藝文類聚人部四、雜器物部、太平御覽人事部一百一十、器物部六引此，皆有任字。**其重於尊亦遠也！**遠，猶多也。○文典謹按：藝文類聚七十三、御覽七百六十一引，「遠也」竝作「遠矣」，當從之。**且夫聖人者，不恥身之賤，而愧道之不行；不憂命之短，而憂百姓之窮。是故禹之爲水，以身解於陽盱之河；**爲治水解禱，以身爲質。解，讀解除之解。陽盱河蓋在秦地。**湯旱，以身禱於桑山之林。**桑山之林，能興雲致雨，故禱之。○王念孫云：「禹之爲水」，蜀志郤正傳注、齊民要術序、文選應璩與岑文瑜書注、太平御覽皇王部七、禮儀部八引此，竝無之字。「湯旱」，蜀志注、齊民要術序、文選注竝引作「湯苦旱」，太平御覽引作「湯爲旱」。案：爲者，治也。水可言爲，旱不可言爲，作「苦旱」者是也。「禹爲水」，「湯苦旱」，相對爲文。今本禹下衍之字，湯下又脱苦字耳。（劉本作「湯之旱」，亦非。）「桑山之林」，蜀志注、齊民要術序、文選注引作「桑林之際」，太平御覽引作「桑林之下」。案：主術篇曰：「湯以身禱於桑林之際。」則作際者是也。今本作「桑山之林」者，涉注文而誤。（高注「桑山之林」，是解「桑林」二字，非正文本作「桑山之林」也。呂氏春秋順民篇「湯乃以身禱於桑林」，高注亦云：「桑林，桑山之林。」）**聖人憂民，如此其明也，**○文典謹按：御覽五百二十九引，明作切。**而稱以「無爲」，豈不悖哉！**悖，繆也。

且古之立帝王者，非以奉養其欲也；聖人踐位者，非以逸樂其身也。逸，安也。爲天下强掩弱，衆暴寡，詐欺愚，勇侵怯，懷知而不以相教，積財而不以相分，故立天子以齊一之。齊，等。一，同也。○莊逵吉云：藏本無一字，葉本有。太平御覽引亦有。爲一人聰明而不足以遍照海内，故立三公九卿以輔翼之。輔，正也。翼，佐也。絶國殊俗，僻遠幽閒之處，不能被德承澤，故立諸侯以教誨之。絶，遠。殊，異。能，猶及也。立，置以爲遠國君。是以地無不任，時無不應，官無隱事，國無遺利。言官無隱病失職之事，以利民，故無所遺亡也。所以衣寒食飢，養老弱而息勞倦也。若以布衣徒步之人觀之，則伊尹負鼎而干湯，伊尹處于有莘之野，執鼎俎，和五味以干湯，欲調陰陽，行其道。詩曰「實唯阿衡，實左右商王」是也。吕望鼓刀而入周，吕望，姜姓，四岳之後。四岳佐禹治水有功，賜姓曰姜氏。吕望其後，居殷，乃屠于朝歌，故曰鼓刀入周。自殷而往，爲文王太師，佐武王伐紂，成王封之于齊也。百里奚轉鬻，百里奚，虞臣。自知虞公不可諫而去，轉行自賣於秦，爲穆公相而秦興也。管仲束縛，管仲傅相齊公子糾，不死子糾之難而奔魯，束縛以歸齊，桓公用之而伯也。孔子無黔突，墨子無煖席。黔，言其突。竈不至於黑，坐席不至於温，歷行諸國，汲汲於行道也。○莊逵吉云：突音深，俗本作突字，誤。是以聖人不高山，不廣河，蒙恥辱以干世主，非以貪禄慕位，欲事起天下利而除萬民之害。聖人蓋謂禹、稷。不以山爲高，不以河爲廣，言必踰渡之。事，治也。○王念孫云：「事起天下利」，本作「事天下之利」，故高注云「事，治也」。今本利上脱之字，其事下起字則後人依文子加之也。「事天下之利」，「除萬民之害」，相對爲文，事下不當有起字。藝文類聚人部四、太平御覽人事部四十二、七十二引此，竝作「欲事天下之利，除萬民之害也」，是其證。**蓋聞傳書曰：神農憔悴，堯瘦臞，舜黴黑，禹胼胝。由此觀之，則聖人之憂勞百姓甚矣！**甚，重也。○文典謹按：藝文類聚二十、御覽四百一引，甚上竝有亦字。**故自天子以下，至於庶人，四胑不動，思慮不用，事治求澹者，未之聞也。**

夫地勢，水東流，人必事焉，然後水潦得谷行。水勢雖東流，人必事而通之，使得循谷而行也。○俞樾云：循谷而行謂之「谷行」，甚爲不辭。且水注谿曰谷，水之東流豈必循谷而行乎？於義亦不可通。谷疑沿字之誤。沿字缺壞，止存右畔之㕣，因誤爲谷矣。荀子禮論篇、榮辱篇楊倞注竝曰：「沿，循也。」然則沿行者，循行也。高注本作「循沿而行」，蓋以循訓沿耳。又下文説申包胥事曰：「於是乃贏糧跣足，跋涉谷行。」夫申包胥自楚至秦，非必行於谷中。且其下説所經歷之地，曰「峭山」，曰「深谿」，曰「川水」，曰「津關」，乃獨以「谷行」二字冠之，則於文轉爲不備矣。谷亦沿字之誤，沿亦循也。申包胥恐爲吴軍所得，不敢從正路，循沿邊際而行，故曰沿行。楚策載此事，曰「於是贏糧潛行」，是其義也。**禾稼春生，人必加功焉，故五穀得遂長。**加功，謂「是藨是蔉」，耘耔之也。遂，成也。**聽其自流，待其自生，則鯀、禹之功不立，而后稷之**

智不用。若吾所謂「無爲」者，私志不得入公道，嗜欲不得枉正術，循理而舉事，因資而立權，自然之勢，而曲故不得容者，曲故，巧詐也。○王念孫云：「因資而立」下脱一字，當依文子自然篇作「因資而立功」，「立功」與「舉事」相對爲文。氾論篇曰：「聖人隨時而動静，因資而立功。」説林篇曰：「聖人者，隨時而舉事，因資而立功。」皆其證也。事、功二字承上文「必事」、「必加功」言之；下文「事成」、「功立」又承此文言之。今本脱功字，則既與上句不對，又與上下文不相應矣。「權自然之勢」，當依文子作「推自然之勢」，字之誤也。原道篇曰：「天下之事，不可爲也，因其自然而推之。」主術篇曰：「推不可爲之勢，而不循道理之數。」高注：「推，行也。」今本推作權，則非其指矣。事成而身弗伐，伐，自矜大其善。功立而名弗有，不名有其功也。○王念孫云：事下脱成字，劉依文子補入，是也。政當爲故，字之誤也。「故事成而身弗伐，功立而名弗有」，乃結上之詞。劉不審文義而删去政字，誤矣。非謂其感而不應，攻而不動者。○王引之云：攻當爲攷。攷，今迫字也，故文子作「迫而不動」。原道篇云：「感則能應，迫則能動。」精神篇云：「感而應，迫而動。」莊子刻意篇云：「感而後應，迫而後動。」皆其證也。説文：「攷，迮也。」徐鍇曰：「迮，猶切近也。」玉篇曰：「攷，附也。」是古迫迮字本作攷。今諸書皆作迫，未必非後人所改也。此攷字若不誤爲攻，則後人亦必改爲迫矣。若夫以火熯井，以淮灌山，此用己而背自然，故謂之有爲。火不可以熯井，淮不可以灌山，而以用之，非其道，故謂之有爲也。

若夫水之用舟，沙之用鳩，泥之用輴，山之用蔂，夏瀆而冬陂，因高爲田，○王念孫云：田當爲山，字之誤也。「因高爲山」，所謂「爲高必因丘陵」也。若田則有高原下濕之分，不得但言因高矣。文子自然篇正作「因高爲山」。因下爲池，此非吾所謂爲之。此皆因其宜用之，故曰非吾所謂爲。言無爲。

聖人之從事也，殊體而合于理，殊，異也。體，行也。理，道也。其所由異路而同歸，其存危定傾若一，志不忘於欲利人也。何以明之？昔者，楚欲攻宋，墨子聞而悼之，墨子，名翟，宋大夫。悼，傷也。自魯趍而十日十夜，足重繭而不休息，裂衣裳裹足，至於郢，見楚王，自，從。趍，走。郢，楚都也，今南郡江陵北里郢是也。○王念孫云：「趨而」下脱往字。北堂書鈔衣冠部三、太平御覽服章部十三、工藝部九引此，皆有往字，吕氏春秋愛類篇作「自魯往」，皆其證。「裂衣裳裹足」，衍衣字。太平御覽工藝部引此有衣字，亦後人依俗本加之。舊本北堂書鈔衣冠部「裳」下、（陳禹謨依俗本加衣字。）太平御覽服章部「裳」下引此，皆作「裂裳裹足」。吕氏春秋愛類篇同。文選廣絶交論「裂裳裹足」，李善注引墨子公輸篇亦同。後漢書郅煇傳注引史記，亦云「申包胥足腫蹠盩，裂裳裹足」。（今見吴越春秋。）若云「裂衣裳裹足」，則累於詞矣。曰：「臣聞大王舉兵將攻宋，計必得宋而後攻之乎？亡其苦衆勞民，頓兵挫鋭，負天下以不義之名，而不得咫尺之地，猶且攻之乎？」頓，罷。挫，辱折。鋭，精。攻無罪之宋，故負天下以不義之名，猶且必攻也？ ○王念孫云：漢魏叢書本改剉爲挫，而莊本從之，非也。道藏本、劉本竝作剉，太平御覽工藝部引此亦作剉，則舊本皆作剉，明矣。説文：「剉，折傷也。」莊子山木篇、吕氏春秋必己篇竝云「廉則剉」。高注吕氏春秋云：「剉，缺傷也。」經傳或作挫者，借字耳。後人多見挫，少見剉，遂改剉爲挫，謬矣。高注本訓剉爲折，今本折上有辱字，亦後人所加。王曰：「必不得宋，又且爲不義，曷爲攻之！」墨子曰：「臣見大王之必傷義而不得宋。」王曰：「公輸，天下之巧士，作雲梯之械設以攻宋，曷爲弗取！」公輸，魯般號，時在楚。雲梯，攻城具，高長，上與雲齊，故曰雲梯。械，器。設，施也。墨子曰：「令公輸設攻，臣請守之。」於是公輸般設攻宋之械，墨子設守宋之備，九攻而墨子九却之，弗能入。入，猶下也。於是乃偃兵，輟不攻宋。輟，止也。段干木辭禄而處家，魏文侯過其閭而軾之。閭，里。周禮二十五家爲閭。軾，伏軾，敬有德。曲禮曰：「軾視馬尾。」又曰：「兵車不軾，尚威武也。」其僕曰：「君何爲軾？」文侯曰：「段干木在，是以軾。」其僕曰：「段干木布衣之士，君軾其閭，不已甚乎？」文侯曰：「段干木不趍勢利，懷君子之道，隱處窮巷，聲施千里，聲，名也。施，行也。寡人敢勿軾乎！勿，無也。段干木光於德，寡人光於勢；段干木富於義，寡人富於財。勢不若德尊，財不若義高。干木雖以己易寡人不爲，使干木之己賢，易寡人之尊，不肯爲之也。吾日悠悠慙于影，影，形影也。子何以輕之哉！」其後秦將起兵伐魏，司馬庾諫曰：「段干木賢者，庾，秦大夫也。或作唐。其君禮之，天下莫不知，諸侯莫不聞。舉兵伐之，無乃妨於義乎！」於是秦乃偃兵，輟不攻魏。夫墨子跌蹏而趍千里，以存楚、宋；跌，疾行也。蹏，趍走也。○王引之云：書傳無訓跌爲疾行者。跌當作趹。（音決。）注當作：「趹蹏，疾行也。趨，走也。（見説文。）」今本趹字皆誤作跌，注内蹏字又誤在「趨，走也」之上。廣雅：「駃，奔也。」「赽，疾也。」駃、赽竝與趹通。玉篇：「趹，疾也。」下文「欶蹻趹步」，高彼注云：「趹，趣也。（趣與趨通。）」是疾行爲趹也。説文：「赽，踶也。」漢書武帝紀「馬或奔踶而致千里」，踶亦奔也。（顔師古誤訓踶爲蹋，辯見廣雅疏證。）踶、蹏古字通。（集韻：「蹏或作踶。」）是疾行又爲蹏也。合言之則曰趹蹏。古馬之善走者謂之駃騠，駃騠之言趹蹏也。疾行謂之趹蹏，故曰「趹踶而趨千里」。段干木闔門不出，以安秦、魏。夫行與止也，其勢相反，而皆可以存國，此所謂異路而同歸者也。異路，謂行與止也。同歸，謂歸于存國也。今夫救火者，汲水而趍之，或以甕瓴，或以盆盂，其方員鋭橢不同，盛水各異，其於滅火，鈞也。故秦、楚、燕、魏之謳也，異轉而皆樂，轉，音聲也。○文典謹按：文選和伏武昌登孫權故城詩注引，魏作趙。九夷八狄之哭也，殊聲而皆悲，一也。東方之夷九種，北方之狄八類。夫謳者，樂之徵也；哭者，悲之效也。徵，應也。效，驗也。憤於中則應於外，憤，發也。故在所以感。感，發也。○俞樾云：感下本有「之矣」二字，傳寫脱之，則文義未完。文子精誠篇正作「故在所以感之矣」。**夫聖人之心，日夜不忘於欲利人，其澤之所及者，效亦大矣。**效，功也。

世俗廢衰，而非學者多：非者，不善之辭，故曰非。**「人性各有所脩短，若魚之躍，若鵲之駮，此自然者，不可損益。」**推此揆之，故不欲學。○俞樾云：「非學者多」下有闕文，或是言字，或是曰字，未敢臆補。蓋人性各有所脩短云云，乃世俗非學者之説。意謂人性之自然者，非學所能損益也。下文「吾以爲不然」，則淮南自爲破之之説。**吾以爲不然。夫魚者躍，鵲者駮也，猶人馬之爲人馬，筋骨形體，所受於天，不可變。以此論之，則不類矣。**言人自爲人，馬自爲馬，不相類也。○文典謹按：「猶人馬之爲人馬」，義不可通，疑本作「猶人之爲人，馬之爲馬」。高注「言人自爲人，馬自爲馬」，是其證。**夫馬之爲草駒之時，跳躍揚蹏，翹尾而走，人不能制，**馬五尺以下爲駒，放在草中，故曰草駒。翹，舉也。制，禁也。**齕咋足以噆肌碎骨，蹶蹏足以破盧陷匈。**咋，齧也。噆，穿也。**及至圉人擾之，良御教之，**圉，養馬官。擾，順也。**掩以衡扼，連以轡銜，則雖歷險超壍，弗敢辭。**○文典謹按：御覽八百九十六引，辭下有也字。七百四十六引，超作趨，「弗敢辭」作「弗敢違戾」。**故其形之爲馬，馬不可化；其可駕御，教之所爲也。馬，聾蟲也，**蟲，喻無知也。○文典謹按：御覽八百九十六引注，「蟲，喻」作「聾，蟲」。**而可以通氣志，猶待教而成，又況人乎！**

且夫身正性善，發憤而成仁，帽憑而爲義，帽憑，盈滿積思之貌。○王念孫云：帽當爲惛，字之誤也。廣雅曰：「惛怦，忼慨也。」（惛，音謂。怦，普耕反。）惛怦與惛憑聲近而義同。「惛憑而爲義」，猶言忼慨而爲義耳。楚辭離騷注云：「楚人名滿曰憑。」故高注云「惛憑，盈滿積思之貌」。又離騷「喟憑心而歷兹」，王注云：「喟然舒憤懣之心。」喟憑與惛憑義亦相近。性命可說，不待學問而合於道者，堯、舜、文王也；言有善性命可教說者，聖人不學而知之者，堯、舜、文王。詩云「不識不知，順帝之則」是也。沉湎耽荒，不可教以道，不可喻以德，嚴父弗能正，賢師不能化者，丹朱、商均也。丹朱，堯子。商均，舜子。弗能化，詩云「誨爾諄諄，聽我藐藐」，是其類也。曼頰皓齒，形夸骨佳，不待脂粉芳澤而性可說者，西施、陽文也；曼頰，細理也。夸，弱也。佳，好也。性，猶姿也。西施、陽文，古之好女。○陶方琦云：文選七發注、辨命論注、御覽三百八十一引許注：「陽文，楚之好人也。」按：好人，美人也。許注多稱楚人，是其例。說文：「媄，色好也。」○文典謹按：藝文類聚十八引，作「曼容皓齒，形姱骨佳，不待傅粉芳澤而美者，西施、陽文也。」啳睽哆噅，籧蒢戚施，雖粉白黛黑弗能爲美者，嫫母、仳倠也。啳，讀權衡之權，急氣言之。睽，讀夔。哆，讀大口之哆。噅，讀楚蔿氏之蔿。籧蒢，偃也。戚施，僂也。皆醜貌。嫫母、仳倠，古之醜女。嫫，讀如模範之模。仳，讀人得風病之靡。倠，讀近虺。仳倠，一說：讀曰莊維也。○孫詒讓云：靡無風病之義，注靡當作痱。說文疒部云：「痱，風病也。」○文典謹按：詩新臺傳：「籧篨，不能俯者。戚施，不能仰者。」御覽蟲豸部引薛君章句云：「戚施、蟾蜍，喻醜惡。」高注云「醜皃」，本韓詩說。韓與毛訓異，而意同也。晉語「籧篨不可使俯，戚施不可使仰」，又「戚施直鎛，籧篨蒙璆」，韋昭注：「籧篨，直者；戚施，瘁者。」亦與高說相近。又凡物之粗惡者曰籧篨。說文：「籧篨，粗竹席也。」方言：「簟，自關而西，其粗者謂之籧篨。」**夫上不及堯、舜，下不及商均，**○王念孫云：「下不及」當爲「下不若」，言不似商均之不肖也。比上則言不及，比下則言不若。下文「美不及西施，惡不若嫫母」，卽其證。今作「下不及」者，因上句及字而誤。文選辯命論注引此，正作「下不若商均」。**美不及西施，惡不若嫫母，此教訓之所諭也，**諭，導也。**而芳澤之所施。且子有弑父者，然而天下莫疏其子，何也？愛父者衆也。儒有邪辟者，而先王之道不廢，何也？其行之者多也。今以爲學者之有過而非學者，則是以一飽之故，絶穀不食，以一蹪之難，輟足不行，惑也。**蹪，躓，楚人謂躓也。言以飽而不食，蹪而不行，諭丹朱、商均不可教化而非學，故謂之惑也。○王念孫云：「以一飽之故絶穀」，義不可通。飽當爲餲，字之誤也。（注同。）餲與噎同。說文：「噎，飯窒也。」字又作饐。漢書賈山傳「祝餲在前，祝鯁在後」，顔師古曰：「餲，古饐字。」一饐而不食，與一蹪而不行，（高注：「蹪，躓也。」）事正相類。說苑說叢篇「一噎之故，絶穀不食；一蹶之故，卻足不行」，語卽本於淮南。今俗語猶云「因噎廢食」。**今有良馬，不待策錣而行；**○陶方琦云：御覽七百四十六引許注：「錣，策端有鐵也。」駑馬，雖兩錣之不能進，爲此不用策錣而御，則愚矣。爲良馬能自走，不復用箠，得駑馬，無以行之，故曰愚也。夫怯夫操利劍，擊則不能斷，刺則不能入；及至勇武，攘捲一擣，則摺脅傷幹，武，士也，楚人謂士爲武。摺，折也。爲此棄干將、鏌邪而以手戰，則悖矣。所謂言者，齊於衆而同於俗。今不稱九天之頂，則言黄泉之底，九天：八方、中央，故曰九。頂，極高。底，極卑也。是兩末之端議，何可以公論乎！公，平也。

夫橘柚冬生，而人曰冬死，死者衆；薺麥夏死，人曰夏生，生者衆。衆，多。○王念孫云：「橘柚」本作「亭歷」。時則篇「孟夏之月，靡草死」，高注曰：「靡草，薺、亭歷之屬也。」（吕氏春秋孟夏篇注及鄭注月令引舊説竝同。）吕氏春秋任地篇：「孟夏之昔，殺三葉而穫大麥。」高注曰：「三葉，薺、亭歷、菥蓂也，是月之季枯死。」本書天文篇曰：「五月爲小刑，薺麥、亭歷枯，冬生草木必死。」案：亭歷、薺麥，皆冬生夏死。此言亭歷冬生、薺麥夏死者，互文耳。後人改亭歷爲橘柚，斯爲不倫矣。太平御覽藥部十「亭歷」下引此，正作「亭歷冬生」。○文典謹按：宋黄震日抄引，「生者衆」作「生者多也」。江、河之回曲，亦時有南北者，而人謂江、河東流；攝提鎮星日月東行，而人謂星辰日月西移者，以大氐爲本。歲星在寅曰攝提。鎮星，中央土星，鎮四方，故曰鎮。氐，猶更。言其餘星辰皆西行，故曰「大氐爲本」也。胡人有知利者，而人謂之駤；駤，忿戾惡理不通達。胡人性皆然，亦舉多。駤，讀似質，緩氣言之者，在舌頭乃得。越人有重遲者，而人謂之訬，訬，輕利急〔一〕，亦以多者言。訬，讀燕人言趮操善趍者謂之訬同也。以多者名之。若夫堯眉八彩，九竅通洞，而公正無私，堯母慶都，蓋天帝之女，寄伊長孺家，年二十無夫。出觀于河，有赤龍負圖而至，曰赤龍受天下之圖。有人赤衣，光面，八彩，鬢冉長。赤帝起，成元寶，奄然陰雲。赤龍與慶都合而生堯，視如圖，故眉有八彩之色。洞，達聖道也。無私，無所愛憎也。○陶方琦云：意林引許注：「眉理八字也。」高注乃引春秋合誠圖語。一言而萬民齊；一言，仁言也。齊，無倦。舜二瞳子，是謂重明，言能知人，舉十六相。作事成法，出言成章；作事爲後世所法。論語：「舜有天下，焕乎其有文章，巍巍乎！」此之謂也。禹耳參漏，是謂大通，參，三也。漏，穴也。大通天下，擁下滯之物。興利除害，疏河決江；傳曰：「劉子觀于雒汭，曰：『微禹，吾其魚乎！』」故曰「興利除害」也。○文典謹按：藝文類聚十七引，作「決江疏河」。文王四乳，是謂大仁，乳所以養人，故曰「大仁」也。天下所歸，百姓所親；文王爲西伯，遭紂之虐，三分天下而有二，受命而王，故曰「百姓所親」也。皋陶馬喙，是謂至信，喙若馬口，出言皆不虛，故曰「至信」。決獄明白，察於人情；察，猶知也。禹生於

〔一〕文選吴都賦注引，「急」下有「疾」字。

石；禹母脩己，感石而生禹，折胸而出。**契生於卵；**契母，有娀氏之女簡翟也，吞燕卵而生契，愊背而出。詩云「天命玄鳥，降而生商」是也。**史皇產而能書；**史皇，蒼頡。生而見鳥跡，知著書，故曰史皇，或曰頡皇。**羿左臂脩而善射。**羿，有窮之君也。○莊逵吉云：吴處士江聲曰：羿，有窮君，不得云賢者，高注非是。此乃堯時之羿耳。○文典謹按：左臂雖長，何益於射。左當爲右，字之誤也。御覽三百六十九引，正作「羿右臂長而善射」。**若此九賢者，千歲而一出，猶繼踵而生。**以千歲爲近，明聖賢之難。**今無五聖之天奉，**堯、舜、禹、湯、周文王也。奉，助也。**四俊之才難，**才千人爲俊。謂皐陶、稷、契、史皇。**欲棄學而循性，是謂猶釋船而欲蹍水也。**蹍，履也。○王引之云：案：太平御覽皇親部一引河圖著命曰：「脩己見流星，意感生禹。」又引禮含文嘉曰：「夏姒氏祖以薏苡生。」又引孝經鉤命決曰：「命星貫昴，脩紀夢接生禹。」是禹之生，或以爲感流星，或以爲吞薏苡，無言生於石者。史記六國表「禹興於西羌」，集解引皇甫謐曰：「孟子稱禹生石紐，西夷人也。」蜀志秦宓傳曰：「禹生石紐，今之汶山郡是也。」注引譙周蜀本紀曰：「禹本汶山廣柔縣人也。生於石紐，其地名刳兒坪。」水經沫水注曰：「廣柔縣有石紐鄉，禹所生也。」是石紐乃地名。禹生石紐，猶言舜生於諸馮，文王生於岐周，非謂感石而生也。徧考諸書，無禹生於石之説。禹當爲啟。郭璞注中山經泰室之山云：「啟母化爲石而生啟，在此山，見淮南子。」是淮南古本有作「啟生於石」者。及考漢書武帝紀：「詔曰：朕至於中嶽，見夏后啟母石。」

應劭曰：「啟生而母化爲石。」師古曰：「禹治鴻水，通轘轅山，化爲熊，謂塗山氏曰：『欲餉，聞鼓聲乃來。』禹跳石，誤中鼓，塗山氏往見禹，方作熊，慙而去，至嵩高山下，化爲石。方生啟，禹曰：『歸我子！』石破北方而啟生。事見淮南子。」又御覽地部十六引淮南，與師古注略同。又北堂書鈔后妃部一亦引淮南石破生啟。蓋許慎本作「啟生於石」，書鈔、御覽及師古注所引卽許慎之注。郭璞所云「啟母化爲石而生啟，見淮南子」者，亦用許慎注也。且此段以堯、舜、禹、文王、皋陶、契、啟、史皇、羿九人言之，故謂之九賢，又謂之五聖四俊。若既言「禹耳參漏」，又言「禹生於石」，則僅八人，不得稱九矣。高據誤本「禹生於石」爲説，則九賢内少一賢，而五聖四俊亦不能如數，不得已，乃據上文所稱五聖神農、堯、舜、禹、湯，而取湯入五聖，又據上文言后稷之智而以稷入四俊，不知彼此各不相蒙也。且彼處五聖内有神農，何以舍之而取湯？此段九賢内有羿，又何以不得與列？若此者，皆不可解矣。以文義求之，五聖蓋卽堯、舜、禹、文王、皋陶，四俊蓋卽契、啟、史皇、羿也。**夫純鈎、魚腸之始下型，擊則不能斷，刺則不能入；**純鈎，利劍名。魚腸，文理屈辟若魚腸者，良劍也。型或作盧。○王念孫云：鈎皆當爲鈞，字之誤也。覽冥篇曰：「區冶生而淳鈞之劍成。」齊俗篇曰：「淳均之劍不可愛也，而區冶之巧可貴也。」皆其證。道藏本、劉本皆誤作鈎。朱本改鈎爲鈞，是也。茅本又改爲鉤，而莊本從之，且并覽冥篇亦改爲鉤，斯爲謬矣。舊本北堂書鈔武功部「劍」下三引此文，皆作純鈞。（陳禹謨改其一爲純鉤，而删其二。）越絶外傳記寶劍篇曰：「一曰湛盧，二曰純鈞。」廣雅曰：「醇鈞，劍也。」其字亦皆作鈞。且齊俗篇作淳均，若是鉤字，不得與均通矣。左思吴都賦「吴鉤越棘，純鈞湛盧」，上句言吴鉤，下句言純鈞，若作純鉤，則鉤字重出矣。○文典謹按：北堂書鈔百二十二「磨其鋒鍔」條引，刺作剸。初學記武部引，純作淳。又引注作「魚腸，文繞屈若魚腸」。**及加之砥礪，摩其鋒咢，則水斷龍舟，**龍舟，大舟也。**陸剸犀甲。**言利也。**明鏡之始下型，曚然未見形容；及其粉以玄錫，摩以白旃，鬢眉微豪可得而察。**旃，摩。微，細。察，見。○王念孫云：「粉以玄錫」，本作「扢以玄錫」。扢者，摩也。高注云「於摩」，於即扢字之誤。隸書於字或作扵，形與扢相似，故扢誤爲於。廣雅曰：「扢，磨也。」（磨與摩通。玉篇：「扢，柯礙、何代二切，摩也。」）淮南要略「濡不給扢」，高注曰：「扢，拭也。」漢書禮樂志郊祀歌「扢嘉壇」，孟康曰：「扢，摩也。」此云「扢以玄錫，摩以白旃」，是扢與摩同義，故高注云「扢，摩」。道藏本正文扢字誤作粉，注内扢字又誤作於，後人不得其解，遂改高注「於摩」爲「摩，磨」，莊本又改爲「旃，摩」，斯爲謬矣。初學記器物部九引此，竝作「粉以玄錫」，亦後人依誤本淮南改之。太平御覽學部一、服用部十九、珍寶部十一竝引作「扢以玄錫」。又高注吕氏春秋達鬱篇云：「鏡明見人之醜，而人扢以玄錫，摩以白旃」，即用此篇之語。是其明證矣。**夫學，亦人之砥錫也。而謂學無益者，所以論之過。**以，用也。過，非也。

知者之所短，不若愚者之所脩；短，缺。脩，長也。明有所不足，謂〔二〕愚有所不昧也。

〔二〕「謂」字似應在上句「明」字上。

賢者之所不足，不若衆人之有餘。衆，凡也。○王念孫云：「有餘」上亦當有所字。何以知其然？夫宋畫吴冶，刻刑鏤法，亂脩曲出，宋人之畫，吴人之冶，刻鏤刑法，亂理之文，脩飾之巧，曲出於不意也。其爲微妙，堯、舜之聖不能及。及，猶如也。○文典謹按：御覽七百五十引注「宋人之畫，吴人之冶」，之竝作工。及下有也字。八百三十三所引同。蔡之幼女，衞之稚質，蔡國，今南陽河曲。衞，故在河内，後徙頓丘，今東陽郡。稚質，亦少女也。梱纂組，雜奇彩，抑墨質，揚赤文，梱，叩椓。纂織組邪文，如今之短没黑耳，亦言其巧也。〔一〕○陶方琦云：孫奭孟子音義引許注：「捆，織也。」按：説文無捆字，惟稇下云：「絭束也。」孫氏引許君義，當屬淮南，故與高注正異。○文典謹按：御覽三百八十一引，無梱字、雜字，又引注作：「纂組，織組也，如今之綬也。没黑見赤，其工也。」禹、湯之智不能逮。言不能及二國之女巧也。○文典謹按：御覽引，作「湯、禹之智不能逮也」。夫天之所覆，地之所載，包於六合之内，託於宇宙之間，陰陽之所生，血氣之精，含牙戴角，前爪後距，奮翼攫肆，蚑行蟯動之蟲，喜而合，怒而鬬，攫，搏也。肆，極也。蚑，讀車蚑之蚑。蟯，讀饒多之饒。見利而就，避害而去，其情一也。雖所好惡，其與人無以異。一同人，亦避害就利。有不相如，故言「雖」也。然

〔一〕高注下，莊逵吉校本有：「逵吉按：太平御覽作『如今之綬也，没黑見赤，言其巧也。』」

其爪牙雖利，筋骨雖彊，不免制於人者，知不能相通，才力不能相一也。各有其自然之勢，勢，力也。無稟受於外，無有學問，受謀慮於外，以益其思也。故力竭功沮。竭，盡也。沮，敗也。夫鴈順風，以愛氣力，銜蘆而翔，以備矰弋，未秀曰蘆，已秀曰葦。矰，矢。弋，繳。銜蘆，所以令繳不得截其翼也。○王念孫云：「順風」下本有「而飛」二字，與「銜蘆而翔」相對爲文。今本脱此二字，則與下文不對。藝文類聚鳥部中、白帖九十四、太平御覽羽族部四引此，竝作「從風而飛，以愛氣力」，説苑説叢篇作「順風而飛，以助氣力」，皆其證。○文典謹按：「以備矰弋」，藝文類聚九十一、御覽九百十七引，竝作「以備弋繳」。文選蜀都賦注引，作「以備繒繳」，鷦鷯賦注引，作「以備矰繳」，白帖九十四引，作「以避繒繳」。螘知爲垤，貛貉爲曲穴，○文典謹按：御覽九百十三引，作「猯知曲穴」，與上句句法一律。虎豹有茂草，野彘有艽莦，槎櫛堀虛，連比以像宮室，○陶方琦云：文選蜀都賦注引許注：「坒，相連也。」按：本書無坒字，疑許本「連比」作「連坒」，故云「坒，相連也」。説文土部：「坒，地相次比也。从土、比。」（廣雅：「坒，次也。」）許本作坒，正與高異。陰以防雨，防，衛也。景以蔽日，蔽，擁也。○王引之云：景卽日之光，不得言「景以蔽日」。景當爲晏，字之誤也。繆稱篇「暉日知晏，陰諧知雨」，高注曰：「晏，無雲也。」（文選羽獵賦注引許注同。）説文：「晏，天清也。」又曰：「曣，星無雲也。」曣與晏通，字亦作曣，小雅角弓篇「見晛曰消」，韓詩作「曣晛聿消」，云：「曣晛，日出也。」荀子非相篇作「晏然聿消」。

史記封禪書「至中山，曣温」，漢書郊祀志曣作晏，如淳曰：「三輔謂日出清濟爲晏。」韓子外儲説左篇曰：「雨霽日出，視之晏陰之間。」晏與陰正相對，故曰「陰以防雨，晏以蔽日」。言穴居之獸，陰則有以防雨，晴則有以蔽日也。此亦鳥獸之所以知求合於其所利。今使人生於辟陋之國，辟，遠。陋，鄙小也。長於窮櫚漏室之下，長無兄弟，少無父母，目未嘗見禮節，耳未嘗聞先古，先古，謂聖賢之道也。獨守專室而不出門，專室，小室也。○王念孫云：門下當有户字。「不出門户」與「獨守專室」相對爲文。且户與下、母、古、寡爲韻。（下，讀若户。寡，讀若古。母，合韻音莫補反。竝見唐韻正。）若無户字，則失其韻矣。使其性雖不愚，然其知者必寡矣。昔者，蒼頡作書，容成造曆，容成，黄帝臣。造作曆，知日月星辰之行度。胡曹爲衣，易曰：「黄帝垂衣裳。」胡曹亦黄帝臣也。后稷耕稼，儀狄作酒，見世本。奚仲爲車。傳曰：「奚仲爲夏車正，封于薛。」此六人者，皆有神明之道，聖智之迹，故人作一事而遺後世，非能一人而獨兼有之。各悉其知，貴其所欲達，達，通也。遂爲天下備。備，猶用也。今使六子者易事，而明弗能見者何？見，猶知也。言人各有所不通。萬物至衆，而知不足以奄之。奄，蓋之也。周室以後，無六子之賢，賢，才也。而皆脩其業；當世之人，無一人之才，而知其六賢之道者何？○王念孫云：「知其六賢之道」，其字涉上文「脩其業」而衍。教順施續，而知能流通。施，設。續，猶傳也。由此觀之，學不可已，明矣！

已，止也。

今夫盲者，目不能別晝夜，分白黑，然而搏琴撫弦，參彈復徽，攫援摽拂，手若蔑蒙，不失一弦。參彈，撫弦。復徽，上下手也。攫援，掇也。摽拂，敷也。蔑蒙，言其疾也。徽，讀紲車之紲。攫，讀「屈直木令句」、「欲句此木」之句。摽，讀刀摽之摽。使未嘗鼓瑟者，○俞樾云：瑟當作琴。上文云「然而搏琴撫弦」，此與相應，不容異文。雖有離朱之明，攫掇之捷，猶不能屈伸其指。離朱，黃帝時人，明目，能見百步之外，秋豪之末。攫掇，亦黃帝時捷疾者也。何則？服習積貫之所致。謂上「不失一弦」。故弓待檠而後能調，劍待砥而後能利。檠，矯弓之材，讀曰敬。砥，厲石也。玉堅無敵，鏤以爲獸，首尾成形，礛諸之功。礛諸，治玉之石。詩云「他山之石，可以爲厝」是。礛，讀廉氏之廉，一曰濫也。木直中繩，揉以爲輪，其曲中規，規，員之也。隱括之力。唐碧堅忍之類，猶可刻鏤，揉以成器用，唐碧，石似玉。皆堅鑽之物。又況心意乎！且夫精神滑淖纖微，倏忽變化，與物推移，推移，猶轉易也。雲蒸風行，在所設施。施，用。君子有能精搖摩監，砥礪其才，自試神明，覽物之博，通物之壅，觀始卒之端，見無外之境，所觀以遠。以逍遥仿佯於塵埃之外，塵埃，猶窈冥也。超然獨立，卓然離世，不羣于俗。此聖人之所以游心。若此而不能，閒居靜思，鼓琴讀書，追觀上古，及賢大夫，學問講辯，日以自娛，講論辯別然否，自娛樂。蘇援世事，

分白黑利害，蘇，猶索。援，別〔一〕。分別白黑，知利害之所在也。**籌策得失，以觀禍福，**籌策曰視，非常曰觀。○王念孫云：「分白黑利害」，本作「分別白黑」。（高注內「分別白黑」四字，卽本於正文。）「白黑」下本無「利害」二字，今作「分白黑利害」者，分下脱去別字，遂不成句，後人以高注云「知利害之所在」，因加「利害」二字以足句耳。案：高注云「分別白黑，知利害之所在」，此是因正文而申言之，謂分別白黑則可以知利害之所在，非正文內本有「利害」二字也。有白黑，斯有得失；有得失，斯有禍福，故云「分別白黑，籌策得失，以觀禍福」。禍福卽高注所謂利害也。若此句先言利害，則下文不必更言禍福矣。「蘇援世事」，「分別白黑」，「籌策得失」，皆相對爲句。若云「分白黑利害」，則句法參差矣。且此段以書、夫、娛爲韻，黑、福、則爲韻。若云「分白黑利害」，則失其韻矣。**設儀立度，可以爲法則，窮道本末，究事之情，**窮，盡也。究，極也。**立是廢非，明示後人，**是，善也。非，惡也。**死有遺業，生有榮名。**遺餘功業〔二〕。榮，寵也。**如此者，人才之所能逮，**逮，及也。**然而莫能至焉者，偷慢懈惰，多不暇日之故。**偷，薄。慢，易。薄易之人，懈惰于庶幾，多言己不暇日而不學，推此故也。○俞樾云：不字衍文。「多暇日」者，謂其人偷慢懈惰而不學，故多暇日也。今衍不字，失其指矣。荀子脩身篇曰：「其爲人也多暇

〔一〕「別」，疑爲「引」之誤。

〔二〕「遺餘功業」釋正文「遺業」。疑「功業」二字誤倒，似當作：「遺，餘。業，功。」

日者，其出人也不遠矣。」即淮南所本。夫瘠地之民多有心者，勞也；心，向義之心也。沃地之民多不才者，饒也。饒，逸也。由此觀之，知人無務，不若愚而好學。自人君公卿至於庶人，不自彊而功成者，天下未之有也。詩云：「日就月將，學有緝熙于光明。」此之謂也。詩頌敬之篇，言爲善者，日有所成就，月有所奉行，當學之是明。此勉學之謂也。

名可務立，功可彊成，務，事也。彊，勉也。故君子積志委正，以趣明師；師，所以取法則。勵節亢高，以絶世俗。不羣於衆也。何以明之？昔者南榮疇耻聖道之獨亡於己，身淬霜露，敕蹻趹，跋涉山川，冒蒙荆棘，淬，浴。敕，猶著也。蹻，履。趹，趣也。不從蹊遂曰跋涉，故觸犯荆棘。南，姓；榮疇，字，蓋魯人也。百舍重跰，不敢休息，百里一舍。跰，足胝生〔一〕。○王念孫云：「敕蹻趹」，趹下本有步字。趹步，疾行也。（説文：「趹，馬行皃。」又云：「赽，踶也。」廣雅云：「駃，奔也。」史記張儀傳「探前趹後，蹄間三尋」，索隱曰：「言馬之走勢疾也。」莊子齊物論篇「麋鹿見之決驟」，崔譔曰：「疾走不顧爲決。」趹、赽、駃、決，竝字異而義同。）故注訓趹爲趨。莊子庚桑楚釋文引此，正作「敕蹻趹步」，今本脱去步字，則文不成義。且自「身淬霜露」以下，皆以四字爲句，又以露、步爲韻，棘、息爲韻。脱去步字，則句既不協，而韻又不諧矣。

〔一〕「足胝生」，疑當作「足生胝。」

「重趼」當爲「重趼」，字之誤也。（高注同。）趼，讀若繭。莊子天道篇「百舍重趼而不敢息」，釋文：「趼，古顯反。司馬云：胝也。許慎云：足指約中斷傷爲趼。」所引許注，卽此篇「重趼」之注也。司馬訓趼爲胝，與高注「足生胝」同義。劉晝新論惜時篇云：「南榮之訪道，重趼而不休。」卽用此篇之文。則趼爲趼之誤，明矣。趼字亦作繭。賈子勸學篇云「南榮跦百舍重繭而不敢久息」是也。宋策「墨子百舍重繭」，高彼注云：「重繭，累胝也。」亦與此注同義。○陶方琦云：莊子大宗師釋文引司馬注：「病不能行，故趼躃。」趼，古顯反，高作趼，誤文。高當作繭。上文「足重繭而不休息」，下文又云「曾繭重胝」，（宋策：「墨子聞之，重繭百舍。」後漢段熲傳注：「繭，足下傷起，形如繭也。」）故高以胝訓。當是高本作繭，許本作趼也。此乃後人因許本改。**南見老聃，受教一言，**老聃，老子，字伯陽，楚苦縣賴鄉曲里人。今陳國東瀨鄉有祠存。據在魯南，故曰南見老子聃。一言，道合也。**精神曉泠，鈍聞條達，**曉，明。泠，猶了也。鈍聞，猶鈍惛也。○王念孫云：文子精誠篇作「屯閔條達」。案：閔與惛聲相近，故高注云「鈍聞，猶鈍惛」。方言曰：「頓愍，惛也。江、湘之間謂之頓愍。」○陶方琦云：一切經音義十四引許注：「泠然解悟之意也。」按：泠同聆。齊俗訓「所居聆聆」，許注：「聆聆，意曉解也。」**欣然七日不食，**丈夫七日不食則斃，故以七日爲極。**如饗太牢，**三牲具曰太牢。○王引之云：「七日不食」上當有若字。如，讀爲而。言聞老聃之言，若七日不食而饗太牢也。賈子云：「南榮跦既遇老聃，見教一言，若飢十日而得太牢。」是其證。文子精誠篇襲用此文，而改之曰「勤苦七日不食，如享太牢」，失其指矣。**是以明照四海，名**

施後世，施，延也。達畧天地，達，猶通也。畧，猶數也。察分秋豪，察，明。稱譽葉語，至今不休。葉，世也。言榮疇見稱譽，世傳相語，至今不止。○王念孫云：葉當爲蕐。俗書蕐字作華，與葉相似而誤。蕐，榮也。「稱譽蕐語，至今不休」，言榮名常在人口也。高所見本已誤作葉，故訓葉爲世。文子正作「稱譽蕐語」。此所謂名可彊立者。○俞樾云：「彊立」本作「務立」。上文「名可務立，功可彊成」，高注曰：「務，事也。」然則此亦當言「務立」。今作「彊立」者，乃後人據文子精誠篇改之。不知彼上文云「名可强立，功可强成」，與此文本不相同，不得據彼以改此也。

吳與楚戰，吳王闔閭與楚昭王戰于柏舉。莫囂大心撫其御之手曰：「今日距彊敵，犯白刃，蒙矢石，莫，大也。囂，衆也。主大衆之官，楚卿大夫。大心，楚成得臣子玉之孫。彊敵，謂吳。蒙，冒。石，矢弩也。一曰：發石也。○莊逵吉云：錢別駕曰：「莫囂卽莫敖，能矢石者。漢時謂之厥張士。厥，發石。張，挾弓也。春秋傳曰『旝動而鼓發石』是也。」戰而身死，卒勝民治，全我社稷，可以庶幾乎！」庶幾得安。○俞樾云：治字衍文，本作「卒勝民全」。此時但求民之全，不當計其治不治也。後人誤以全字屬下句讀，故妄增治字耳。楚策作「社稷其庶幾乎」，無全字，然則此全字上屬無疑。遂入不返，決腹斷頭，不旋踵運軌而死。言入吳，不旋踵回軌而死。勇，然不如申包胥之功也。○王紹蘭云：吳、楚柏舉之戰，在定公四年。據左氏傳說此事云：「左司馬戌敗吳師于雍澨，傷，謂其臣曰：『誰能免吾首？』吳句卑布裳，剄而裹之，藏其身，而以其首免。」與此文「決腹斷頭」相似，無莫囂大心戰死之事。莫囂卽莫敖，楚官名。或昭王時自有名大心者，爲莫敖之官，死於柏舉之戰，其軼事見於它説。淮南博采舊聞，正可補傳文所未備。高注乃以大心爲楚成得臣子玉之孫。攷左氏僖二十八年傳云：「初，楚子玉自爲瓊弁玉纓，夢河神謂己：『畀余。』弗致也。大心與子西使榮黄諫。」杜注：「大心，子玉之子。」傳又謂之孫伯，卽大心，子玉子也。三十三年傳謂之大孫伯，文五年傳謂之成大心。計自僖二十八年（據傳稱「初，楚子玉」，是追述之辭，則大心使榮黄諫，其事且在僖二十八年前矣。）至定四年，中隔文、宣、成、襄、昭五世，共一百二十七年。當其使榮黄諫子玉時，最少亦得一二十歲。柏舉之役，成大心已一百三四十許人，安得有距彊敵，犯白刃，蒙矢石，遂入不返之事，且又未聞其官莫敖也？高氏之言，斯爲不敏矣。申包胥竭筋力以赴嚴敵，伏尸流血，不過一卒之才，在車曰士，步曰卒。如此者，一人之功也。不如約身卑辭，求救於諸侯。申包胥，楚大夫，與伍子胥友者。子胥之亡，謂申包胥曰：「我必覆楚國。」申包胥曰：「子能覆之，我必興之。」及昭王敗於柏舉，奔隨，申包胥如秦乞師，故曰「不如求救于諸侯」。○俞樾云：「竭筋力」以下，皆申包胥之言也。申包胥下當有「曰吾」二字，而今脱之。楚策曰：「棼冒勃蘇曰：吾被堅執鋭，赴强敵而死，此猶一卒也，不若奔諸侯。」是其明證。於是乃贏糧跣走，跋涉谷行，贏，裹也。一曰：囊。跣走，不及著履也。不蹊遂曰跋涉。上峭山，赴深谿，游川水，峭山，高山。深谿，大壑。游，渡。自楚至秦所經由也。犯津關，獵蒙籠，蹷沙石，蹠達膝曾繭重胝，七日七夜，至於秦庭。犯，觸。觸津闕，則踐躐蒙籠之山。一曰：葛虆所蒙籠，言非人所由。蹷，僵。蹠，足。達，穿也。幽通賦曰「申重繭以存荆」是也。○王念孫云：蹷訓爲僵，雖本説文，而此蹷字則非其義。蹷者，蹋也，謂足蹋沙石也。蹷或作蹶，説文作趣，云「蹠也」。（主術篇注曰：「蹠，蹈也。」楚辭九章注曰：「蹠，踐也。」文選舞賦注引許慎淮南注曰：「蹠，蹋也。」）呂氏春秋知化篇「子胥兩袪高蹶而出於廷」，高注曰：「蹶，蹈也。」司馬相如上林賦「蹷石闕」，郭璞曰：「蹷，蹋也。」漢書申屠嘉傳「材官蹶張」，如淳曰：「材官之多力，能脚蹋彊弩張之，故曰蹶張。」是足蹋謂之蹷也。申包胥跋涉谷行，故足蹋沙石而蹠爲之穿。若訓蹷爲僵，則與上下文不相貫注矣。○文典謹按：文選百辟勸進今上牋注引：「曾繭」作「累繭」。**鶴跱而不食，晝吟宵哭，面若死灰，顔色黴黑，**鶴跱，跱立貌。言不動不食，黴黑其面色，欲速得秦救也。**涕液交集，以見秦王，**秦王，秦哀公也。**曰：「吴爲封豨脩蛇，蠶食上國，虐始於楚。**封，脩，皆大也。豨，蛇，喻貪也。蠶食，盡無餘。上國，中國。虐，害。始，先也。言將以次至秦也。**寡君失社稷，越在草茅。**寡君，昭王。越遠在于隨矣。**百姓離散，夫婦男女不遑啟處。**遑，暇。啟，跪。處，安也。**使下臣告急。」秦王乃發車千乘，步卒七萬，屬之子虎，**秦大夫子車鍼虎。傳曰「率車五百乘以救楚」，凡三萬七千五百人。此云千乘，步卒七萬，不合也。○王紹蘭云：左氏定五年傳：「申包胥以秦師至，秦子蒲、子虎帥車五百乘以救楚。」又案文六年傳：「秦伯任好卒，以子車氏之三子奄息、仲行、鍼虎爲殉。」是子車、鍼虎殉穆公而葬矣。徧考書傳，未聞其死而復生也。即使復生，且自文六年至定五年，計一百十七年。秦風黄鳥篇「維此鍼虎，百夫之禦。」當殉葬時，最少亦得二十歲，則秦師救楚之年，鍼虎已百三十七歲。即使復生，安得尚能帥師，明子虎非鍼虎也。高氏此注，校之以莫囂大心爲成大心，尤爲不敏矣。**踰塞而東，**塞，函谷。一曰：武關塞也。**擊吴濁水之上，果大破之，以存楚國，**濁水，蓋江水。傳曰：「敗吴于公壻之谿。」公壻之谿，楚地。**烈藏廟堂，著於憲法。此功之可彊成者也。**烈，功。憲，法也。**夫七尺之形，心知憂愁勞苦，膚知疾痛寒暑，人情一也。**一，同也。**聖人知時之難得，務可趣也，苦身勞形，焦心怖肝，不避煩難，不違危殆。**怖肝，猶戒懼。**蓋聞子發之戰，**子發，楚威王將。**進如激矢，合如雷電，解如風雨，員之中規，方之中矩，破敵陷陳，莫能壅御，澤戰必克，**克，勝也。**攻城必下。彼非輕身而樂死，務在於前，遺利於後，故名立而不墮。**名武中寧國之名。墮，廢也。**此自強而成功者也。**成，猶立也。**是故田者不強，囷倉不盈；**强，力也。**官御不厲，心意不精；**精，專也。**將相不强，功烈不成；**烈，業也。**侯王懈惰，後世無名。**世，猶身也。○莊逵吉云：京房易有世應，郭璞洞林以爲身，是「世，身也」之證。**詩云：「我馬唯騏，六轡如絲。」**詩云，小雅皇皇者華之篇。六轡四馬如絲，言調勻也。**載馳載驅，周爰諮謨。」以言人之有所務也。**諮，難也。詩言當馳驅，以忠信往謨難，事之不自專，已慎之至，乃聖人之務也。

通於物者不可驚以怪，通，達也。言怪物不能驚之也。喻於道者不可動以奇，喻，明也。非常曰奇。察於辭者不可燿以名，燿，眩也。名，虚實之名。審於形者不可遯以狀。遯，欺也。狀，貌也。世俗之人，多尊古而賤今，故爲道者必託之於神農、黄帝而後能入説。説，言也。言爲二聖所作，乃能入其説于人，人乃用之。亂世闇主，高遠其所從來，因而貴之。爲學者，蔽於論而尊其所聞，相與危坐而稱之，正領而誦之。此見是非之分不明。誦之，諭若影之隨形，響之應聲，效言之，不知其理，故曰「不明」也。夫無規矩，雖奚仲不能以定方圓；無準繩，雖魯般不能以定曲直。是故鍾子期死，而伯牙絶絃破琴，知世莫賞也；鍾，官氏。子，通稱。期，名也。達於音律。伯牙，楚人，覩世無有知音若子期者，故絶絃破其琴也。惠施死，而莊子寢説言，見世莫可爲語者也。惠施，宋人，仕于梁，爲惠王相。莊子名周，宋蒙縣人，作書廿三篇，爲道家之言。夫項託七歲爲孔子師，孔子有以聽其言也。以年之少，爲閭丈人説，救敲不給，何道之能明也！閭，里也。敲，横也。丈人，長老之稱。年少爲之説事，老人敲其頭，自救不暇，何能明道也！昔者，謝子見於秦惠王，惠王説之。以問唐姑梁，唐姑梁曰：「謝子，山東辯士，固權説以取少主。」謝，姓也。子，通稱也。唐，姓，名姑梁，秦大夫。言謝子，辯士也，常發其巧説以取少主之權。少主，謂子之君。一曰：謂惠王。惠王，秦孝公之子也。○王引之云：權本作奮，奮字上半與權字右半相似，又涉注内權字而誤也。高注曰：「常發其巧説以取少主之權。」發字正釋奮字。（史記樂書集解引孫炎樂記注曰：「奮，發也。」）「以取少主之權」，乃加「之權」二字以申明其義，非正文有權字也。吕氏春秋去宥篇正作「將奪於説以取少主」。惠王因藏怒而待之，後日復見，逆而弗聽也。聽，猶説是也。非其説異也，所以聽者易。易，革也。夫以徵爲羽，非絃之罪；罪在聽也。以甘爲苦，非味之過。過在嘗也。楚人有烹猴而召其隣人，以爲狗羹也而甘之。召，猶請也。後聞其猴也，據地而吐之，盡寫其食。此未始知味者也。喻以惠王初説謝子，唐姑梁間之，因藏怒也。○王念孫云：「隣人」下當更有「隣人」二字，今本脱去，則文義不明。北堂書鈔酒食部三、初學記器物部、太平御覽飲食部十九、獸部二十二引此，竝疊「鄰人」二字。「盡寫其食」，亦當依初學記、太平御覽引，作「盡寫其所食」。○文典謹按：「楚人有烹猴而召其隣人」，御覽九百十引，作「楚有烹猴者，（八百六十一引亦有者字。）而給其隣人。」（給下有注云：「徒亥切。」必非誤字。）八百六十一引，仍作召。疑許、高之異。邯鄲師有出新曲者，託之李奇，師，樂師，瞽也。出，猶作也。新曲，非雅樂也。李奇，古之名倡也。○陶方琦云：御覽五百六十五引許注：「李奇，趙之善樂者也。」意林引，作「趙之善音者」。新論正賞篇：「趙人有曲者，託以伯牙之聲，世人競習之。」即用此事。指爲趙人，與許説合。諸人皆争學之。諸，衆也。後知其非也，而皆棄其曲。此未始知音者也。知非李奇所作，而皆棄之，故未始知音也。鄙人有得玉璞者，喜其狀，以爲寶而藏之。鄙人，小人。以示人，人以爲石也，因而棄之。此未始知玉者也。故有符於中，則貴是而同今古；符，驗。驗者，有明也。是，實也。言中心能明實是者則貴之，古今一也，故曰同也。無以聽其說，則所從來者遠而貴之耳。言無中心明驗，無以聽人說之是否，但見其言遠古之事，便珍貴之耳。近世之事，有可貴者，亦有不貴之也。此和氏之所以泣血於荆山之下。荆人和氏得美玉之璞于荆山之下，獻楚武王，武王以爲石，刖其右足。及文王卽位，復獻之如是，乃泣血證之爲寶。文王曰：「先王輕于刖足而重剖石。」遂爲剖之，果如和言，因號爲和氏之璧也。今劍或絶側羸文，齧缺卷銋，而稱以頃襄之劍，則貴人争帶之。絶無側，羸無文，齧齒卷銋，鈍弊無刃，託之爲楚頃襄王所服劍，故貴人慕而争帶之。一說：頃襄王，善爲劍人名。銋，讀豐年之稔。琴或撥刺枉橈，濶解漏越，而稱以楚莊之琴，側室争鼓之。撥刺，不正。枉橈，曲弱。濶解，壞。漏越，音聲散。託之爲楚莊王琴，則側室之寵人争鼓之也。側室，或作廟堂也。○孫詒讓云：後泰族訓「朱弦漏越」，許注云：「漏，穿。越，琴瑟兩頭也。」與此注異，許義爲允。禮記樂記云：「清廟之瑟，朱弦而疏越。」鄭注云：「越，瑟底孔畫，疏之使聲遲也。」此云漏越，亦猶疏越矣。○俞樾云：「側室」二字無義。高注曰：「側室，或作廟堂也。」「廟堂」亦無義。疑本作「則尚士争鼓之」，尚與上通，尚士卽上士也。考工記桃氏爲劍，弓人爲弓，竝有「上士服之」之文，故此言琴，亦曰「上士鼓之」也。上文曰「今劍或絶側羸文，齧缺卷鉟，而稱以頃襄之劍，則貴人争帶之」，兩文相對，此曰「則上士争鼓之」，猶彼曰「則貴人争帶之」也。因叚尚爲上，而「尚士」二字誤合爲堂字，淺人因改則字爲廟字，高所據或本是也。又因古本實是則字，遂改堂字爲室字，而加人旁於則字之左，高所據本是也。

苗山之鋋，羊頭之銷，雖水斷龍舟，陸剸兕甲，莫之服帶。苗山，楚山，利金所出。羊頭之銷，白羊子刀。雖有利用，無所稱託，故無人服帶也。○王念孫云：鋋當爲鋌，字之誤也。鋌音挺。説文：「鋌，銅鐵樸也。」文選七命注引此篇「苗山之鋌，（七發注同。）羊頭之銷」，又引許慎注曰：「鋌，銅鐵樸也。（高注：「苗山，楚山，利金所出。」義與許同。）銷，生鐵也。」是其證。○陶方琦云：文選七命注引許注：「鋌，銅鐵樸也。銷，生鐵也。」按：説文：「鋌，銅鐵樸也。」與注淮南訓正同。論衡率性篇：「世稱利劍有千金之價，其本鋌，山中之恒鐵也。」衆經音義十一玄應曰：「鋌，銅鐵之璞，未成器用者也。」皆與許義合。説文金部：「銷，鑠金也。」非此義。當是鐃字。説文：「鐃，鐵文也。」次于鋌字篆下，卽依淮南舊文，知許本當作鐃也。**山桐之琴，澗梓之腹，雖鳴廉隅脩營，唐牙莫之鼓也。**伐山桐以爲琴，溪澗之梓以爲腹，鳴聲有廉隅。脩營，音清涼，聲和調。唐猶堂。營，讀營正急之營也。○文典謹按：北堂書鈔一百九引，「澗梓」作「澤澗」。**通人則不然。**通人，通于事類。不然，不如衆人貴遠慕聲。**服劍者期於恬利，**○陶方琦云：據宋蘇頌校淮南題序，許本恬作錟。按：蘇氏曰：「許本多用叚借，以恬爲惔。」索隱十八引淮南作「期于錟利」，知許本作錟，後人因别本改也。恬字亦當作銛。（史記「錟戈在後」，亦借爲銛利字。）

而不期於墨陽、莫邪；墨陽、莫邪，美劍名。乘馬者期於千里，而不期於驊騮、緑耳；鼓琴者期於鳴廉脩營，而不期於濫脇、號鐘；濫脇，音不和。號鐘，高聲，非耳所及也。○劉績云：濫脇、號鐘，皆古琴名。梁元帝纂要以爲齊桓公琴是也。作「藍脅」。○王念孫云：劉説是也。濫與藍古字通。廣雅：「藍脅、號鍾，琴名也。」楚辭九歎「破伯牙之號鍾兮」，王注云：「號鍾，琴名。」馬融長笛賦亦云：「若絙瑟促柱，號鍾高調。」宋書樂志云：「齊桓曰號鍾，楚莊曰繞梁。」事出傅玄琴賦。誦詩、書者期於通道畧物，而不期於洪範、商頌。畧，達物事也。頌，或作容。○莊逵吉云：周禮「和容」，杜子春讀作「和頌」。攷古容貌字作頌，容納字作容，實兩分。今則通用之也。聖人見是非，若白黑之於目辨，辨，別也。清濁之於耳聽。清，商也。濁，宫也。衆人則不然，然，如是也。中無主以受之。譬若遺腹子之上隴，以禮哭泣之，而無所歸心。目不識父之顔，心不哀也。故夫孿子之相似者，唯其母能知之；知獨別也。玉石之相類者，唯良工能識之；卞和是也。書傳之微者，唯聖人能論之。微，妙。論，敍也。今取新聖人書，名之孔、墨，則弟子句指而受者必衆矣。眩于孔、墨之名而或，不知其實非孔、墨所作也。故美人者，非必西施之種；通士者，不必孔、墨之類。曉然意有所通於物，故作書以喻意，以爲知者也。喻，明也。作書者，以明古今傳代之事，以爲知者施也。○王念孫云：如高注，則「喻意」當作「喻事」，「知者」下當有施字。施，設也。言作書以明事，爲後之知己者設也。又下文：「故師曠之欲善調鍾也，以爲後之知音者也。」注曰：「喻上句作書爲知者施也。」（各本「知者」作「知音」，因正文「知音」而誤。今據上注改。）則正文有施字明矣。今本喻事作喻意，涉上句意字而誤，知者下脱施字，則文義不明。誠得清明之士，執玄鑑於心，照物明白，不爲古今易意，玄，水也。鑑，鏡也。皆以自見。能自易，故能見物，言反易也。攄書明指以示之，雖闔棺亦不恨矣。攄，抒也。指，書也。朝聞道，夕死可矣，何恨之有乎！昔晉平公令官爲鐘，鐘成而示師曠，師曠曰：「鐘音不調。」平公，晉悼公之子彪。師曠識音，故知其不調。平公曰：「寡人以示工，工皆以爲調。而以爲不調，何也？」而，汝也。師曠曰：「使後世無知音者則已，若有知音者，必知鐘之不調。」故師曠之欲善調鐘也，以爲後之有知音者也。諭上句作書爲知音施也。

三代與我同行，五伯與我齊智，我，謂作書者。彼獨有聖智之實，我曾無有閭里之聞、窮巷之知者何？曾，則也。我則無聲名宣聞于閭里，窮巷之人無有知我之賢，何故也？彼并身而立節，我誕謾而悠忽。彼謂三代、五伯。并身，同行也。立節，成功業也。誕謾，倨傲也。悠忽，遊蕩輕物也。今夫毛嬙、西施，天下之美人，若使之銜腐鼠，蒙蝟皮，衣豹裘，帶死蛇，則布衣韋帶之人，過者莫不左右睥睨而掩鼻。言雖有美姿，人惡聞其臭，故睥睨掩其鼻。孟子曰「西子蒙不潔，則人皆掩其鼻而過之」是也。嘗試使之施芳澤，正娥眉，設笄珥，衣阿錫，曳齊紈，笄，婦人首飾。珥，瑱也。阿，細縠。錫，細布。紈，素，齊所出。粉白黛黑，佩玉環，揄步，體搖動，撓足行。雜芝〔一〕若，籠蒙目視，雜佩芝若香草。籠蒙，猶眇。目，視也。○孫詒讓云：注「籠蒙，猶眇。目，視也」，宋本眇作「妙瞀」。案：妙瞀即法言先知篇之眇緜也，李注云：「眇緜，遠視。」莊本妙作眇，亦通，挩瞀字則非。冶由笑，目流眺，冶由笑，巧笑。詩曰「巧笑倩兮」是也。流眺，晴眄也。詩曰「美目盼兮」是也。口曾撓，奇牙出，䣍酺搖，曾，則也。撓，弱也。口則弱撓，冐若將笑，故好齒出。詩云「齒如瓠犀」是也。䣍酺，頰邊文，婦人之媚也。○王念孫云：說文：「揄，引也。」揄、步之間脱去一字。自「佩玉環」以下皆三字爲句，此獨兩字，則與上下不協。新書勸學篇作「揄鋏陂」，（今本揄誤作楡，辯見賈子。）亦三字爲句也。「籠蒙目視」四字，文不成義，且與上下句不協。劉績曰：衍目字。念孫案：此當衍視字。高注：「目，視也。」則正文作「籠蒙目」明矣。（今本目下有視字，卽涉注文而誤。）廣雅亦云：「目，視也。」史記項羽紀曰「范增數目項王」是也。「籠蒙目」卽籠蒙視，與「冶由笑」相對爲文。賈子作「風蚿視」。（今本風蚿誤作蚿蚩）風蚿、籠蒙，語之轉耳。則雖王公大人，有嚴志頡頏之行者，無不憚悇癢心而悅其色矣。憚悇，貪欲也。癢心，煩悶也。憚悇，讀慘探之探也。○莊逵吉

〔一〕「芝」，王念孫説當爲「芷」，詳見説林訓「蘭芝以芳」注。

云：錢別駕云：憚讀探，必非憚字。據楚辭及馮衍賦，應作「憛悇」爲是。形之譌耳。○王念孫云：錢謂憚當作憛，是也。然楚辭七諫「心悇憛而煩冤兮」，王注云：「悇憛，憂愁貌。」後漢書馮衍傳「終悇憛而洞疑」，李賢注引廣蒼云：「悇憛，禍福未定也。」皆與高注貪欲之義不同。唯賈子勸學篇「孰能無悇憛養心」，義與此同。廣韻：「悇，抽據切。憛悇，愛也。」義蓋本於淮南。**今以中人之才，蒙愚惑之智，被汙辱之行，無本業所脩，方術所務，焉得無有睥面掩鼻之容哉！**

今鼓舞者，「鼓舞」或作「鄭舞」，鄭者鄭袖，楚懷王之幸姬，善謌攻舞，因名鄭舞。一說：鄭重攻舞也。**繞身若環，**車輪倒也。**曾撓摩地，扶旋猗那，動容轉曲，便媚擬神，**曾撓摩地，鼓車平解。扶轉周旋，更曲意更爲之。擬，象也。**身若秋葯被風，**葯，白芷，香草也。被風，言其弱也。**髮若結旌，**屈而復舒也。**騁馳若騖；**騁馳，言其疾也。○王念孫云：高注傳寫脱誤，當作：「扶於，周旋也。轉，更也。曲竟更爲之。」今本脱去於字、兩也字，轉字誤在「周旋」上，竟字又誤作意，遂致文不成義。正文內「扶於」二字，各本多誤作「扶旋」，（旋字卽涉注文而誤。）唯道藏本、茅本不誤。扶於、猗那，皆疊韻也。若作扶旋，則失其讀矣。史記司馬相如傳「扶輿猗靡」，集解引郭璞曰：「淮南所謂『曾折摩地，扶輿猗委』也。」扶輿卽扶於。（相如傳又云「垂條扶於」。）太平御覽樂部十二引此，正作「扶於」，又引高注曰：「轉，更也。曲竟更爲之也。」是其證。楚辭九懷

「登羊角兮扶輿」，洪興祖補注引此，亦作「扶於」。而莊刻乃從諸本作「扶旋」，謬矣。「便嬛擬神」，嬛當爲娟。嬛字俗書作媚，與娟相似而誤。楚辭大招「豐肉微骨，體便娟只」，王注云：「便娟，好貌也。」便娟亦疊韻。若作便嬛，則失其讀矣。後漢書文苑傳注及太平御覽引此，竝作「便娟」。「騁馳若鶩」，鶩當爲騖。高注「言其疾也」，正釋「若騖」二字。（今本「言其疾」上有「騁馳」二字，此涉正文而衍。）張衡西京賦説舞曰「紛縱體而迅赴，若驚鶴之羣罷」是也。騖、鶩字相近，因誤爲鶩。（莊子知北遊篇注「理未動而志已驚」，釋文：「驚，本亦作鶩。」）鶩與騁馳同義，若云「騁馳若鶩」，則是「騁馳若騁馳」矣。且地、那爲韻，（地古讀若沱，説見唐韻正。）神、旌、騖爲韻，（此以真、耕通爲一韻，周易、楚辭及老、莊諸子多如此。）若作鶩，則失其韻矣。太平御覽引此，正作「騁馳若騖」。**木熙者，舉梧檟，據句枉，**熙，戲也。舉，援也。梧，桐。檟，梓。皆大木也。句枉，曲枝也。枉或作掘也。**蝯自縱，好茂葉，**言舞者若蝯，不復踐地，好上茂木之枝葉。**龍夭矯，燕枝拘，**言纘蘊若蟠龍。燕枝拘，言其著樹，如燕附枝也。**援豐條，舞扶疏，**援，持也。持大條，以木舞。扶疏，槃跚貌。**龍從鳥集，搏援攫肆，蔑蒙踊躍；**言其舞體如龍附雲，如鳥集山，持捷大極其巧。蔑蒙踊躍，言其疾也。**且夫觀者莫不爲之損心酸足，**觀者見其微妙危險，皆爲之損動中心，酸酢其足也。○王念孫云：且當爲則，字之誤也。「則夫」二字承上「今鼓舞者」以下二十一句而言。上文云「則布衣韋帶之人，莫不左右睥睨而掩鼻」，又云「則雖王公大人，有嚴志頡頏之行者，無不憛悇癢心而悦其色矣」，語意竝與此同。**彼乃始徐行微笑，被衣修擢。**彼舞者更復徐行小笑，被倡衣，脩擢舞，爲後曲也。**夫鼓舞者非柔縱，**言非其人生自柔弱屈句委縱也。**而木熙者非眇勁，**眇，絶也。言其非能自有絶眇之强力也。**淹浸漬漸靡使然也。**淹，久也。浸，漬。漸于教久，使之柔縱眇勁，靡教化使之然也。○王念孫云：高訓眇爲絶，而以「眇勁」爲絶妙之强力，於義未安。今案：「眇勁」與「柔縱」相對爲文，眇讀爲訬，「訬勁」猶輕勁也。上文曰：「越人有重遲者，而人謂之訬。」高彼注曰：「訬，輕利急疾。（舊本脱疾字，據文選注補。）訬，讀燕人言躁操善趍者謂之訬同也。」後漢書馬融傳「或輕訬趬悍」，李賢曰：「訬，輕捷也。」文選吴都賦「輕訬之客」，李善曰：「高誘淮南子注曰：訬，輕利急疾也。訬音眇。」是訬、眇同聲而通用也。「淹浸漬漸靡」，漬字涉注文而衍。「淹浸、漸靡」，皆兩字連讀，不當有漬字。且注訓淹爲久，浸爲漬，則正文無漬字明矣。**是故生木之長，莫見其益，有時而修；**長者，令長之長。**砥礪礦堅，莫見其損，有時而薄。**有時，積時，言非一日。教化亦然也。**藜藿之生，蝡蝡然日加數寸，不可以爲櫨棟；**加，猶益也。櫨，屋也。○王念孫云：「藜藿」當爲「藜藋」，（徒弔反。）字之誤也。藋，即今所謂灰藋也。爾雅「拜，蔏藋」，郭注曰：「蔏藋似藜。」昭十六年左傳曰「斬其蓬蒿藜藋」，莊子徐無鬼篇曰「藜藋柱乎鼪鼬之逕」是也。藜藋皆生於不治之地，其高過人，故曰「蝡蝡然日加數寸」。若藿爲豆葉，豆之高不及三尺，斯不得言「日加數寸」矣。藜藋皆一莖直上，形似樹而質不堅，故曰「不可以爲櫨棟」。若藿，則非其類矣。太平御覽木部六引作「藜藋」，亦傳寫之誤。百卉部「藋」下引此，正作「藜藋」。後人多聞藜藿，寡聞藜藋，故諸書中藜藋字多誤爲藜藿。説見史記仲尼弟子傳。○俞樾云：高注曰：「櫨，屋也。」然則正文及注文竝當作廬。漢書食貨志注曰：「廬，田中屋也。」故高注訓廬爲屋。「以爲廬棟」，猶曰「以爲屋棟」。說山篇曰：「郢人有買屋棟者。」彼云「屋棟」，此云「廬棟」，其義一也。因棟字從木，遂并廬字而亦誤從木作櫨。櫨者，柱上柎也。若果是櫨字，何得以屋訓之？本經篇「標株欂櫨」，高注曰：「櫨，柱上柎。」卽梁上短柱也。然則高氏非不知柱上柎之義，何以於此篇必變其說乎？且以文義言之，日加數寸，言其長也。屋棟之木，必取其長。若櫨，則短柱耳，以方木爲之，其形如斗，故亦謂之斗拱，非必長木乃可爲之，何取於日加數寸者乎？

楩柟豫章之生也，七年而後知，故可以爲棺舟。知猶覺，覺其大。○陶方琦云：文選養生論注引許注：「豫章，與枕木相似，須七年乃可別。」（文選注引延叔堅注云云，叔堅卽叔重之譌。後人因東漢有延篤字叔堅，遂增入延字。）○文典謹按：「七年而後知」，文選注、藝文類聚八十八引，竝作「七年可知」。（史記司馬相如傳集解亦云：「生七年乃可知也。」）

夫事有易成者名小，難成者功大。君子脩美，雖未有利，福將在後至。美，善也。**故詩云：「日就月將，學有緝熙於光明。」此之謂也。**已說在上章也。

淮南鴻烈集解卷二十

泰族訓

泰族訓泰言古今之道，萬物之指，族於一理，明其所謂也，故曰「泰族」。○曾國藩云：族，聚也，羣道衆妙之所聚萃也。泰族者，聚而又聚者也。始之又始曰泰始，一之又一曰泰一，伯之前有伯曰泰伯，極之上有極曰泰極，以及泰山、泰廟、泰壇、泰折，皆尊之之辭。○文典謹按：此篇敍目，無「因以題篇」字，乃許慎注本。

天設日月，列星辰，調陰陽，張四時，日以暴之，夜以息之，風以乾之，雨露以濡之。其生物也，莫見其所養而物長；其殺物也，莫見其所喪而物亡，此之謂神明。聖人象之，故其起福也，不見其所由而福起；其除禍也，不見其所以而禍除。遠之則邇，延之則疏；稽之弗得，察之不虛；日計無筭，歲計有餘。夫濕之至也，莫見其形，而炭已重矣。風之至也，莫見其象，而木已動矣。日之行也，不見其移，騏驥倍日而馳，草木爲之靡，縣烽未轉，縣烽，邊候，見虜舉烽，轉相受，行道里最疾者也。○文典謹按：「縣烽未轉」，御覽八百九十六引，作「懸峰未薄」，又引注云：「懸峰，馬蹄下雞舌也。」與今注迥殊，疑許、高之異也。而日在其前。故天之且風，草木未動而鳥已翔矣，鳥巢居，知風也。其且雨也，陰曀未集而魚已噞矣，魚潛居，知雨也。以陰陽之氣相動也。故寒暑燥濕，以類相從；聲響疾徐，以音相應也。故易曰：「鳴鶴在陰，其子和之。」高宗諒闇，三年不言，四海之内寂然無聲；一言聲然，大動天下。○俞樾云：「聲然」二字，文不成義。聲當作罄，涉上文「四海之内，寂然無聲」而誤也。周書太子晉篇「師曠罄然又稱曰」，孔注曰：「罄然，自嚴整也。」是其義也。下文「故聖人者，懷天心，聲然能動化天下者也」，「聲然」亦「罄然」之誤。能，讀爲而。是以天心呿唫者也，故一動其本而百枝皆應，若春雨之灌萬物也，渾然而流，沛然而施，無地而不澍，無物而不生。故聖人者懷天心，聲然能動化天下者也。故精誠感於内，形氣動於天，則景星見，黄龍下，祥鳳至，醴泉出，嘉穀生，河不滿溢，海不溶波。故詩云：「懷柔百神，及河嶠嶽。」逆天暴物，則日月薄蝕，五星失行，四時干乖，晝冥宵光，山崩川涸，冬雷夏霜。詩曰：「正月繁霜，我心憂傷。」天之與人有以相通也。故國危亡而天文變，世惑亂而虹蜺見，萬物有以相連，精祲有以相蕩也。精祲，氣之侵入者也。

故神明之事，不可以智巧爲也，不可以筋力致也。天地所包，陰陽所嘔，雨露所濡，化生萬物，瑶碧玉珠，翡翠玳瑁，文彩明朗，潤澤若濡，摩而不玩，久而不渝，○王念孫云：「雨露所以濡，生萬物」，本作「雨露所濡，以生萬殊」，「瑶碧玉珠」本在「翡翠瑇瑁」之下。

道藏本「濡以」二字誤倒，「萬殊」誤作「萬物」，「翡翠瑇瑁」又誤在「瑤碧玉珠」之下。案：「雨露所濡」爲句，「以生萬殊」爲句，如藏本，則失其句矣。且此段以嘔、濡、殊、珠、濡、渝爲韻，如藏本，則失其韻矣。劉本作「雨露所濡，生萬物」又脱去以字。漢魏叢書本乃於「生萬物」上妄加化字，而莊本從之，斯爲謬矣。太平御覽工藝部九引此，正作「雨露所濡，以生萬殊，翡翠瑇瑁，瑤碧玉珠」。奚仲不能旅，旅，部旅也。魯般不能造，○俞樾云：旅字無義，疑放字之誤。廣雅釋詁：「放，效也。」言天地所生者，雖奚仲不能放效之，雖魯般不能造作之也。高注曰：「旅，部旅也。」其所據本已誤。此之謂大巧。宋人有以象爲其君爲楮葉者，象，象牙也。三年而成，莖柯豪芒，鋒殺顔澤，亂之楮葉之中而不可知也。列子曰：「使天地三年而成一葉，則萬物之有葉者寡矣。夫天地之施化也，嘔之而生，吹之而落，豈此契契哉！」故凡可度者，小也；可數者，少也。至大，非度之所能及也；至衆，非數之所能領也。故九州不可頃畝也，八極不可道里也，太山不可丈尺也，江海不可斗斛也。故大人者，與天地合德，日月合明，鬼神合靈，與四時合信。○王念孫云：此用乾文言語也，「日月」、「鬼神」上竝脱與字。文子精誠篇正作「與日月合明，與鬼神合靈」。故聖人懷天氣，抱天心，○俞樾云：文子精誠篇作「懷天心，抱地氣」，是也。上文云「故聖人者懷天心」，則此文亦當作「懷天心」矣。「懷天心」之文既與文子同，則下句亦當作「抱地氣」矣，傳寫誤耳。上文「故聖人者懷天心」下，疑亦當有「抱地氣」三字。今闕此句，文義不備。執中含和，不下廟堂而衍四海，○王念孫云：文選東都賦注引此，作「不下廟堂而行於四海」，於義爲長。文子精誠篇亦作「不下堂而行四海」。變習易俗，民化而遷善，若性諸己，能以神化也。詩云：「神之聽之，終和且平。」夫鬼神，視之無形，聽之無聲，然而郊天、望山川，禱祠而求福，雩兑而請雨，兑，說也。卜筮而決事。詩云：「神之格思，不可度思，矧可射思！」此之謂也。

天致其高，地致其厚，月照其夜，日照其晝，陰陽化，列星朗，非其道而物自然。○王念孫云：下三句本作「列星朗，陰陽化，非有爲焉，正其道而物自然」。自「天致其高」至「列星朗」，是說天地日月星，而「陰陽化」一句則總承上文言之。今本「列星朗」句在後，則失其次矣。且厚、晝爲韻，化、焉、然爲韻。（化字古音在歌部，焉、然二字在元部，歌、元二部古或相通。陳風東門之枌篇以差、原、麻、娑爲韻，小雅桑扈篇以翰、憲、難、那爲韻，隰桑篇以阿、難、何爲韻。逸周書時訓篇「鳴鳥猶鳴，國有訛言，虎不始交，將帥不和，荔挺不生，卿士專權」，莊子天運篇「孰隆施是，孰居無事淫樂而勸是」，淮南詮言篇「爲善則觀，爲不善則議，觀則生責，議則生患」，說林篇「百梅足以爲百人酸，一梅不足以爲一人和」，泰族篇「其美在和，其失在權，水火金木土穀異物而皆任，規矩權衡準繩異形而皆施，丹青膠漆不同而皆用，各有所適，物各有宜」，皆其證也。差、施、議、宜四字，古在歌部，說見唐韻正。）若「列星朗」句在後，則失其韻矣。「非有爲焉，正其道而物自然」者，然，成也。（廣雅：「然，成也。」大戴禮武王踐阼篇「毋曰胡殘，其禍將然」，謂其禍將成也。莊子繕性篇「莫之爲而常自然」，謂常自成也。楚辭遠遊「無滑而魂兮，彼將自然」，謂彼將自成也。又見下。）言天地陰陽非有所爲，但正其道而萬物自成也。原道篇云：「萬物固以自然，（以與已同。）聖人又何事焉！」語意正與此同。下文云：「故陰陽四時，非生萬物也；雨露時降，非養草木也；神明接，陰陽和，而萬物生矣。」卽此所謂「非有爲焉，正其道而物自然」也。道藏本非有下脱「爲焉正其」四字，則文不成義。劉本作「正其道而物自然」，無「非有爲焉」四字，亦非。（若本無「非有爲焉」四字，則藏本不得有「非有」二字矣。主術篇曰：「是故繩正於上，木直於下，非有事焉，所緣以脩者然也。」語意正與此同。）莊本作「非其道而物自然」，則其謬益甚。文子精誠篇作「列星朗，陰陽和，非有爲焉，正其道而物自然」，是其明證矣。（和字亦與焉、然爲韻。）故陰陽四時，非生萬物也；雨露時降，非養草木也；神明接，陰陽和，而萬物生矣。故高山深林，非爲虎豹也；大木茂枝，非爲飛鳥也；流源千里，淵深百仞，非爲蛟龍也；○王念孫云：太平御覽鱗介部二引此，「流源」作「源流」，「淵深」作「深淵」，是也。源流者，有源之流，原道篇云「源流泉浡，沖而徐盈」是也。今作「流源」，則文不成義。「深淵」與「源流」相對爲文，猶上文言「高山深林」、「大木茂枝」也。今作「淵深」，則與上文不類矣。致其高崇，成其廣大，山居木棲，巢枝穴藏，○俞樾云：枝乃跂字之誤。「巢跂」、「穴藏」，相對成義。史記梁孝王世家索隱引通俗文曰：「高置立跂棚曰跂閣。」卽此跂字之義。巢高故言跂，穴深故言藏。水潛陸行，各得其所寧焉。夫大生小，多生少，天之道也。故丘阜不能生雲雨，滎水不能生魚鼈者，小也。○王念孫：滎水，小水也。説文：「滎，絶小水也。」韓詩外傳曰：「滎澤之水，無吞舟之魚。」漢書楊雄傳「梁弱水之濎濴兮」，服虔曰：「昆侖之東有弱水，度之若濎濴耳。」師古曰：「濎濴，小水之皃。」濴與滎同。道藏本、劉本皆作滎，太平御覽鱗介部四引此同。牛馬之氣蒸生蟣蝨，蟣蝨之氣蒸不能生牛馬。故化生於外，非生於内也。○文典謹按：御覽九百五十一引，「蟣蝨之氣」下無蒸字。夫蛟龍伏寢於淵，而卵割於陵；蛟龍，鼈屬也。乳於陵而伏於淵，其卵自孕。○王念孫云：割當爲剖，字之誤也。剖謂破卵而出也。原道篇「羽者嫗伏」，高注曰：「嫗伏，以氣剖卵也。」文選海賦「剖卵成禽」，李善曰：「剖，猶破也。」初學記鱗介部、白帖九十五、太平御覽鱗介部二引此，竝作「卵剖」。開元占經龍魚蟲蛇占引作「卵孚」，又引許慎注曰：「孚，謂卵自孚也。」孚、剖聲相近，故高注曰「蛟龍乳於陵而伏於淵，其卵自孚」也。○陶方琦云：史記集解百二十八、開元占經百二十引許注：「蛟龍，龍屬也。」按：史記龜筴傳「明月之珠，蚗龍伏之」，徐廣引許注作蚗龍，索隱謂蚗應作蛟。説文：「蛟，龍屬也。」漢書明帝紀注引許君説：「蛟，龍屬也。」今注「蛟龍」不誤，鼈乃龍之誤文。又占經引許注：「孚，謂卵自孚也。」乃約文；其全文，今本是也。説文：「孚、卵孚也。」人間訓：「夫鴻鵠之未孚于卵也。」通俗文：「卵化曰孚。」○文典謹按：「伏寢於淵」，白帖九十五引，作「潛伏於川」。螣蛇雄鳴於上風，雌鳴於下風而化成形，精之至也。○文典謹按：「螣蛇，藝文類聚九十六引，作「騰蛇」。故聖人養心，莫善於誠，至誠而能動化矣。今夫道者，藏精於内，棲神於心，靜漠恬淡，訟繆胸中，訟，容也。繆，靜也。○王引之云：高所見本作訟，故訓爲容。訟、容古同聲也。其實訟乃説字之誤，説，古悦字。繆與穆同，穆亦和悦也。大雅烝民箋曰：「穆，和也。」管子君臣篇「穆君之色」，尹知章曰：「穆，猶悦也。」「説繆胸中」者，所謂「不改其樂」也。文子精誠篇正作「悦穆胷中」。邪氣無所留滯，四枝節族，毛蒸理泄，則機樞調利，百脉九竅莫不順比，其所居神者得其位也，豈節拊而毛修之哉！聖主在上，○文典謹按：羣書治要引，主作王。廓然無形，寂然無聲，官府若無事，朝廷若無人，無隱士，無軼民，無勞役，無冤刑，四海之内莫不仰上之德，象主之指，夷狄之國重譯而至，非户辯而家説之也，○文典謹按：羣書治要引，辯作辨。辨、辯古通用。推其誠心，施之天下而已矣。詩曰：「惠此中國，以綏四方。」内順而外寧矣。太王亶父處邠，狄人攻之，杖策而去，百姓攜幼扶老，負釜甑，踰梁山，而國乎岐周，非令之所能召也。秦穆公爲野人食駿馬肉之傷也，飲之美酒，韓之戰，以其死力報，非券之所責也。券，契也。○王念孫云：責上脱能字。上文云「非令之所能召也」，下文云「非刑之所能禁也」，「非法之所能致也」，是其證。○陶方琦云：羣書治要引許注：「券，契也。」按：説文：「券，契也。」與注淮南説合。密子治亶父，○文典謹按：羣書治要引，密作季，亶作單。巫馬期往觀化焉，見夜漁者得小即釋之，非刑之所能禁也。孔子爲魯司寇，道不拾遺，市買不豫賈，○王念孫云：買字卽賈字之誤而衍者也。「市不豫賈」，謂市之鬻物者不高其價以相誑豫，非謂買者也。荀子儒效篇作「魯之鬻牛馬者不豫賈」，淮南覽冥篇及史記循吏傳竝云「市不豫賈」。多一買字，則文不成義，且與上句不對矣。田漁皆讓長，讓長，分別長者得多。○陶方琦云：羣書治要引許注「長者得多」，佚上四字。而辯白不戴負，辯白，頭有白髮。○陶方琦云：羣書治要引許注：「斑白，頭有白髮。」按：説文：「辬，駁文也。」「皤，老人頭白也。」「顊，須髮半白也。」非法之所能致也。夫矢之所以射遠貫牢者，弩力也；○文典謹按：羣書治要引牢作堅。其所以中的剖微者，正心也。○王念孫云：「正心」本作「人心」，與「弩力」相對爲文。今作「正心」者，後人妄改之耳。羣書治要及太平御覽工藝部二引此，竝作「人心」。○文典謹按：王説是也。人字，唐武后作𤯔，形與正相近，遂譌爲正耳。賞善罰暴者，政令也；其所以能行者，精誠也。故弩雖強不能獨中，令雖明不能獨行，必自精氣所以與之施道。○文典謹按：羣書治要引，自作有。故攄道以被民，而民弗從者，誠心弗施也。○文典謹按：羣書治要引，攄作總。

天地四時，非生萬物也，神明接，陰陽和，而萬物生之。聖人之治天下，非易民性也，拊循其所有而滌蕩之，故因則大，化則細矣。能循，則必大也；化而欲作，則小矣。

○王念孫云：化字義不可通。化當爲作，字之誤也。聖人順民性而條暢之，所謂因也。反是，則爲作矣。原道篇曰：「任一人之能，不足以治三畝之宅也。循道理之數，因天地之自然，則六合不足均也。」故曰：「因則大，作則細矣。」高注本作「能循，則必大也；欲作，則小矣」，今本「欲作」上有「化而」二字，則後人依已誤之正文加之耳。文子道原篇作「因卽大，作卽細」，自然篇作「因卽大，作卽小」，皆其證。呂氏春秋君守篇曰：「作者擾，因者平。」任數篇曰：「爲則擾矣，因則靜矣。」語意略與此同。○陶方琦云：羣書治要引許注：「能循，則必大也；欲作，則小矣。」按：今本化字當爲作。文子亦云「作則細」。說文：「細，微也。」「小，物之微也。」禹鑿龍門，闢伊闕，決江濬河，東注之海，因水之流也。后稷墾草發菑，糞土樹穀，使五種各得其宜，因地之勢也。○文典謹按：御覽八百三十七引，五下有「穀之五」三字。湯、武革車三百乘，甲卒三千人，討暴亂，制夏、商，因民之欲也。故能因，則無敵於天下矣。夫物有以自然，而後人事有治也。故良匠不能斲金，巧冶不能鑠木，金之勢不可斲，而木之性不可鑠也。埏埴而爲器，窬木而爲舟，○文典謹按：御覽七百五十二引，窬作刳。鑠鐵而爲刃，鑄金而爲鐘，因其可也。駕馬服牛，令雞司夜，令狗守門，因其然也。民有好色之性，故有大婚之禮；有飲食之性，故有大饗之誼；有喜樂之性，故有鐘鼓筦絃之音；有悲哀之性，故有衰絰哭踊之節。故先王之制法也，因民之所好，而爲之節文者也。因其好色而制婚姻之禮，故男女有別；○文典謹按：羣書治要引，別作班。因其喜音而正雅、頌之聲，○文典謹按：羣書治要引，喜作好。故風俗不流；因其寧家室、樂妻子，教之以順，○文典謹按：羣書治要引，順作孝。故父子有親；因其喜朋友而教之以悌，故長幼有序。然後修朝聘以明貴賤，饗飲習射以明長幼，○王念孫云：饗當爲鄉，字之誤也。經解、射義竝云：「鄉飲酒之禮，所以明長幼之序。」是其證。羣書治要引此，正作鄉飲。時搜振旅以習用兵也〔一〕，搜，簡車馬。出曰治兵，入曰振旅。○陶方琦云：羣書治要引許注：「蒐，簡車馬也。」按：經傳多作蒐，亦作獀。齊語：「春以獀振旅。」入學庠序以修人倫。此皆人之所有於性，而聖人之所匠成也。故無其性，不可教訓；有其性，無其養，不能遵道。繭之性爲絲，然非得工女煮以熱湯而抽其統紀，則不能成絲。卵之化爲雛，非慈雌嘔煖覆伏，累日積久，則不能爲雛。人之性有仁義之資，非聖人爲之法度而教導之，則不可使鄉方。故先王之教也，因其所喜以勸善，因其所惡以禁姦，故刑罰不用而威行如流，政令約省而化燿如神。故因其性，則天下聽從；拂其性，則法縣而不用。

〔一〕「也」字疑衍。

昔者，五帝三王之莅政施教，必用參五。何謂參五？仰取象於天，俯取度於地，中取法於人，乃立明堂之朝，行明堂之令，明堂，布令之宫，有十二月之政令也。以調陰陽之氣，以和四時之節，以辟疾病[一]之菑。俯視地理，以制度量，察陵陸水澤肥墽高下之宜，○文典謹按：御覽六百二十四引，作「察山陵水澤肥墝高下之宜」。立事生財，以除飢寒之患。中考乎人德，○文典謹按：御覽引，作「中之考乎德」。以制禮樂，行仁義之道，以治人倫而除暴亂之禍。乃澄列金木水火土之性，澄，清也。故立父子之親而成家；別清濁五音六律相生之數，以立君臣之義而成國；○王念孫云：「故立父子之親」亦當爲「以立父子之親」，與下文相對。文子上禮篇正作「以立」。「清濁五音」亦當依文子作「五音清濁」。○俞樾云：「故立」當從文子上禮篇作「以立」，王氏念孫已訂正矣。惟「木水」二字傳寫誤倒，當作「水木」，蓋金、水、木、火、土，相生之序，故本之以立父子之親也。察四時季孟之序，以立長幼之禮而成官，此之謂參。制君臣之義，父子之親，夫婦之辨，長幼之序，朋友之際，此之謂五。乃裂地而州之，分職而治之，築城而居之，割宅而異之，分財而衣食之，立大學而教誨之，夙興夜寐而勞力之。此治之綱紀也。然得其人則舉，失其

[一] 王念孫說，「病」當爲「疹」。詳見脩務訓「時多疾病毒傷之害」注。

人則廢。堯治天下，政教平，德潤洽。在位七十載，乃求所屬天下之統，令四岳揚側陋。四岳舉舜而薦之堯，堯乃妻以二女，以觀其內；二女，娥皇、女英。任以百官，以觀其外；既入大麓，烈風雷雨而不迷，林屬於山曰麓。堯使舜入林麓之中，遭大風雨不迷也。乃屬以九子，堯有九男。贈以昭華之玉，而傳天下焉。昭華，玉名。以爲雖有法度，而朱弗能統也。朱，堯子也。

夫物未嘗有張而不弛、成而不毀者也，惟聖人能盛而不衰，盈而不虧。神農之初作琴也，以歸神；及其淫也，反其天心。○王念孫云：此文本作「神農之初作琴也，以歸神杜淫，反其天心；（白虎通義曰：「琴者，禁也。所以禁止淫邪，正人心也。」琴操曰：「昔伏羲氏作琴，所以禦邪僻，防心淫，以脩身理性，反其天真也。」）及其衰也，流而不反，淫而好色，至於亡國。」「流而不反」正對「反其天心」言之，「淫而好色」正對「杜淫」言之。下文曰：「夔之初作樂也，皆合六律而調五音，以通八風；及其衰也，以沈湎淫康，不顧政治，至於滅亡。」句法皆與此相對。此以淫、心爲韻，色、國爲韻；下文以音、風爲韻，（風字古音在侵部，説見唐韻正。）康、亡爲韻。文子上禮篇作「聖人之初作樂也，以歸神杜淫，反其天心；至其衰也，流而不反，淫而好色，（今本此下有「不顧正法，流及後世」八字，蓋後人所加，羣書治要引文子無此八字。）至於亡國」，是其明證矣。文選長笛賦注引上三句云：「神農之初作瑟，（瑟字與今本不合，所引蓋許慎本。）以歸神反望，及其天心。」「杜淫」作「反望」，「反其」作「及其」，皆傳寫之誤，（「反望」之反，蓋涉下「反其天心」而誤。淫、望，反、及，皆以形近而誤。）而句法正與文子同。若今本，則錯脱不成文理，且失其韻矣。夔之初作樂也，夔，堯典樂官也。皆合六律而調五音，以通八風；及其衰也，以沉湎淫康，不顧政治，至於滅亡。蒼頡之初作書，以辯治百官，領理萬事，愚者得以不忘，智者得以志遠；○王念孫云：「志遠」本作「志事」。以書記事，無分於遠近，不當獨言「志遠」。後人以兩事字重出，故改「志事」爲「志遠」耳，不知古人之文不嫌於複，且兩事字自爲韻，（上下文皆用韻。）若作「志遠」，則失其韻矣。文子正作「智者以記事」。至其衰也，爲姦刻僞書，以解有罪，以殺不辜。湯之初作囿也，以奉宗廟鮮犞之具，生肉爲鮮，乾肉爲犞。簡士卒，習射御，以戒不虞；及至其衰也，馳騁獵射，以奪民時，罷民之力。○王念孫云：「罷民之力」，當作「以罷民力」，與上句相對爲文。上文「以解有罪，以殺不辜」，與此文同一例。文子正作「以罷民力」。○文典謹按：初學記居處部引，作「馳騁游獵，以奪人之時，勞人之力。」堯之舉禹、契、后稷、皋陶，政教平，姦宄息，獄訟止而衣食足，賢者勸善而不肖者懷其德；及至其末，朋黨比周，各推其與，廢公趨私，內外相推舉，姦人在朝而賢者隱處。○王念孫云：「內外相推舉」，句法與上下文不協。且推字與上文「各推其與」相複，蓋衍文也。文子無推字。故易之失也卦，書之失也敷，樂之失也淫，詩之失也辟，禮之失也責，春秋之失也刺。○王念孫云：此六句非淮南原文，乃後人取詮言篇文附入，而加以增改者也。下文云「故易之失鬼，樂之失淫，詩之失愚，書之失拘，禮之失忮，春秋之失訾」，與此六句相距不過數行，而或前後重出，或彼此參差，其不可信一也。下文「易之失鬼」六句，高氏皆有注，而此獨無注，若原文有此六句，不應注於後而不注於前，其不可信二也。太平御覽學部二所引，有下「易之失鬼」六句，而無此六句，其不可信三也。天地之道，極則反，盈則損。五色雖朗，有時而渝；茂木豐草，有時而落；物有隆殺，不得自若。故聖人事窮而更爲，法弊而改制，非樂變古易常也，將以救敗扶衰，黜淫濟非，以調天地之氣，順萬物之宜也。

聖人天覆地載，日月照，陰陽調，四時化，萬物不同，無故無新，無疏無親，故能法天。天不一時，地不一利，人不一事，是以緒業不得不多端，趨行不得不殊方。五行異氣而皆適調〔二〕，○莊逵吉云：御覽作「而皆和」，無「適調」字。六藝異科而皆同道。○莊逵吉云：御覽無同字。○文典謹按：北堂書鈔九十五引，作「五行異氣而皆和，六藝異科而皆通」。温惠柔良者，詩之風也；○文典謹按：初學記文部引，作「温惠淳良，詩教也。」御覽六百八引，柔亦作淳。淳龐敦厚者，書之教也；○文典謹按：「淳龐」，書鈔引作「純龙」，御覽引

〔二〕「五行異氣而皆適調」，王念孫説當爲「五行異氣而皆和」。詳見詮言訓「物莫不足滑其調」注。

作「純元」。清明條達者，易之義也；○文典謹按：御覽引，明作淨。書鈔引，義作教。恭儉尊讓者，禮之爲也；○文典謹按：尊，書鈔、御覽引，竝作揖。寬裕簡易者，樂之化也；○莊逵吉云：御覽裕作和。刺幾辯義者，春秋之靡也。○文典謹按：御覽引，幾作譏，義作議。故易之失鬼，易以氣定吉凶，故鬼。樂之失淫，樂變至於鄭聲，淫也。詩之失愚，詩人怒，怒近愚。○莊逵吉云：怒，疑當作怨。書之失拘，書有典謨之制，拘以法也。○文典謹按：御覽引，拘作劫。禮之失忮，禮尊尊卑卑，尊不下卑，故忮也。○莊逵吉云：御覽忮作亂。春秋之失訾。春秋貶絶不避王人，書人之過，相訾也。○文典謹按：御覽引此六句，失下皆有也字。六者，聖人兼用而財制之。失本則亂，得本則治。其美在調[一]，其失在權。水火金木土穀異物而皆任，規矩權衡準繩異形而皆施，丹青膠漆不同而皆用，各有所適，物各有宜。輪圓輿方，轅從衡橫，勢施便也。驂欲馳，服欲步，驂，騑。服，車中央馬也。帶不厭新，鉤不厭故，處地宜也。關雎興於鳥，而君子美之，爲其雎雄之不乖居也；○王念孫云：乖當爲乘，字之誤也。（羅願爾雅翼引此已誤。）乘者，匹也，言雎雄有別，不匹居也。廣雅曰：「雙、耦、匹、乘，二也。」月令「乃合累牛騰馬」，鄭注曰：「累、騰，皆乘匹之名。」家語好生

[一]「調」，王念孫說當爲「和」。詳見詮言訓「物莫不足滑其調」注。

篇曰：「關雎興于鳥，而君子美之，取其雌雄之有別。」毛詩傳亦云：「雎鳩摯而有別。」（鄭箋曰：「摯之言至也，謂王雎之鳥雌雄情意至，然而有別。」戴先生毛鄭詩考正曰：「案：古字鷙通用摯。夏小正『鷹始摯』，曲禮『前有摯獸』，是其證。春秋傳郯子言少皞以鳥名官，雎鳩氏，司馬也。說曰：『鷙而有別，故爲司馬，主法制。』義本毛詩，不得如箋所云明矣。」念孫謹案：淮南說林篇「神龍不匹，猛獸不羣，鷙鳥不雙」，義與毛詩同。）「有別」，即此所云「不乘居」也。漢張超誚青衣賦亦曰：「感彼關雎，性不雙侶。」列女傳仁智傳曰：「夫雎鳩之鳥，猶未嘗見其乘居而匹處也。」（張華鷦鷯賦云：「繁滋族類，乘居匹游。」）此尤其明證矣。鹿鳴興於獸，君子大之，取其見食而相呼也。泓之戰，軍敗君獲，宋襄公與楚戰於泓，楚人敗之，獲襄公。而春秋大之，取其不鼓不成列也；宋伯姬坐燒而死，伯姬，宋共公夫人。夜失火，待傅母不至，不下堂，而及火死之也。春秋大之，取其不踰禮而行也。成功立事，豈足多哉，方指所言，而取一槩焉爾。王喬、赤松去塵埃之間，離羣慝之紛，慝，惡也。○文典謹按：文選左太冲招隱詩注引，慝作物。吸陰陽之和，食天地之精，呼而出故，吸而入新，踈虛輕舉，乘雲游霧，可謂養性矣，而未可謂孝子也。周公誅管叔、蔡叔，以平國弭亂，可謂忠臣也，而未可謂弟也。○王念孫云：此當作「可謂忠臣矣，而未可謂弟弟也」。上文云「可謂養性矣，而未可謂孝子也」，是其證。○孫詒讓云：當作「而未可謂悌弟也」與上下文「未可謂孝子」、「未可謂忠臣」、

「未可謂慈父」文例同。湯放桀，武王伐紂，以爲天下去殘除賊，可謂惠君，而未可謂忠臣矣。樂羊攻中山，未能下，中山烹其子，而食之以示威，可謂良將，而未可謂慈父也。故可乎可，而不可乎不可；不可乎不可，而可乎可。舜、許由異行而皆聖，伊尹、伯夷異道而皆仁，箕子、比干異趨而皆賢。故用兵者，或輕或重，或貪或廉，此四者相反，而不可一無也。輕者欲發，重者欲止，貪者欲取，廉者不利非其有。故勇者可令進鬭，而不可令持牢；重者可令埴固，而不可令凌敵；貪者可令進取，而不可令守職；廉者可令守分，而不可令進取；信者可令持約，而不可令應變。五者相反，聖人兼用而財使之。○俞樾云：「勇者」當作「輕者」。上文云：「故用兵者，或輕或重，或貪或廉，此四者相反，而不可一無也。輕者欲發，重者欲止，貪者欲取，廉者不利非其有。」然則此承上文而言，亦當以輕、重、貪、廉對舉，其本作「輕者」明矣。淺人不尋上下文理，見有「進鬭」之文，妄改爲「勇者」，非其舊也。又按：上言四者，而下言五者，義亦可疑。且輕與重反，貪與廉反，所謂「四者相反」也。信，則與何者相反乎？乃云「五者相反」，義不可通。疑「信者可令持約，而不可令應變」十二字，淺人竄入，淮南本無此句，「五者」亦作「四者」，與上文相應。因竄入「信者」句，遂改四爲五以合之，而不悟其不可通耳。夫天地不包一物，陰陽不生一類。海不讓水潦以成其大，○文典謹按：藝文類聚八、白帖六引，竝作「海不讓水，積以成其大」。山不讓土石以成其高。夫守一隅而遺萬方，取一物而棄其餘，則所得者鮮，而所治者淺矣。

治大者道不可以小，地廣者制不可以狹，位高者事不可以煩，民衆者教不可以苛。夫事碎，難治也；法煩，難行也；求多，難澹也。寸而度之，至丈必差；銖而稱之，至石必過。石秤丈量，徑而寡失；簡絲數米，煩而不察。言事當因大法，如簡閱絲數米，則煩而無功也。故大較易爲智，曲辯難爲慧。故無益於治而有益於煩者，聖人不爲；無益於用而有益於費者，智者弗行也。故功不厭約，事不厭省，求不厭寡。功約，易成也；事省，易治也；求寡，易澹也。衆易之，於以任人，易矣！孔子曰：「小辯破言，小利破義，小藝破道，小見不達，必簡。」○王念孫云：「必簡」上當更有達字。此言見大者達，達則必簡，猶樂記言「大樂必易，大禮必簡」也。文子上仁篇作「道小必不通，通則必簡」，是其證。○俞樾云：小上當有道字，因涉上句「小藝破道」，兩道字適相連，寫者止於上句道字下作二小畫以識之，而遂脱去也。見，乃則字之誤。則字闕壞，止存左旁之貝，因誤爲見矣。達下當更有達字，亦因止作二小畫而脱去也。其文本曰：「道小則不達，達必簡。」文子上仁篇作「道小必不通，通則必簡」，與此文小異而義同。若如今本，則不成文理矣。河以逶蛇，故能遠；山以陵遲，故能高；陰陽無爲，故能和；道以優游，故能化。○王念孫云：「陰陽無爲，故能和」，後人所加也。此以河之逶蛇、山之陵遲喻道之優游，若加入「陰陽無爲」二句，則與

「逶蛇」、「陵遲」、「優游」之義咸不相比附矣。且「陰陽無爲」與「河以逶蛇」三句句法亦屬參差。太平御覽地部二十六引淮南，無此二句。說苑說叢篇、文子上仁篇並同。 夫徹於一事，察於一辭，審於一技，可以曲說，而未可廣應也。 蓼菜成行，甂甌有䓣，秤薪而爨，數米而炊，可以治小，而未可以治大也。 員中規，方中矩，動成獸，止成文，可以愉舞，而不可以陳軍。◯文典謹按：御覽三百七引，「愉舞」作「諭衆」。 滌杯而食，洗爵而飲，盥而後饋，可以養少，而不可以饗衆。 今夫祭者，屠割烹殺，剝狗燒豕，調平五味者，庖也；陳簠簋，器方中者爲簠，圓中者爲簋也。 列樽俎，設籩豆者，祝也；齊明盛服，淵默而不言，神之所依者，尸也。 宰、祝雖不能，尸不越樽俎而代之。 故張瑟者，小絃急而大絃緩；◯文典謹按：急當爲絙，字之誤也。藝文類聚五十二引，正作絙。又引注云：「絙者，急也。」立事者，賤者勞而貴者逸。 舜爲天子，彈五絃之琴，謌南風之詩，而天下治。 周公肴臑不收於前，鐘鼓不解於懸，而四夷服。 趙政晝決獄而夜理書，趙政，秦始皇帝。◯文典謹按：藝文類聚引，趙政作嬴秦政。 御史冠蓋接於郡縣，◯文典謹按：「接於郡縣」，藝文類聚引作「相接於道」。 覆稽趨留，◯文典謹按：「覆稽趨留」，御覽六百三十六引，作「覆督稽留」。 戍五嶺以備越，◯文典謹按：藝文類聚引注云：「五嶺：鐔城之嶺、九疑之塞、番禺之都、南野之界、射干之水。」 築脩城以守胡，然姦邪萌生，盜賊羣居，事愈煩而亂愈生。 ◯文典謹按：「亂愈生」，藝文類聚引，作「亂愈滋」，御覽引，作「亂愈多」。故法者，治之具也，而非所以爲治也。而猶弓矢，中之具，而非所以中也。○王念孫云：「而猶」當爲「亦猶」。隸書「而」、「亦」下半相似，故亦誤爲而。（趙策「趙雖不能守，亦不至失六城」，舊本亦誤作而。）黄帝曰：「芒芒昧昧，因天之威，與元同氣。」故同氣者帝，同義者王，同力者霸，無一焉者亡。○文典謹按：御覽七十七引注云：「於三者無一，雖□於世，俱滅亡。」

故人主有伐國之志，邑犬羣嘷，伐國，逆天之行，則時必有大禍。雄雞夜鳴，庫兵動而戎馬驚；戎馬，兵馬也。雞夜鳴而兵馬起，氣之感動也。今日解怨偃兵，家老甘臥，巷無聚人，妖菑不生。非法之應也，精氣之動也。故不言而信，不施而仁，不怒而威，是以天心動化者也；○俞樾云：「天心動化」本作「無心動化」。因無字作无，故誤爲天耳。文子上仁篇亦作「天心」，誤與此同。而精誠篇曰：「一言而大動天下，是以无心動化者也。」无字不誤，可據以訂正上仁篇，卽可以正淮南子矣。施而仁，言而信，怒而威，是以精誠感之者也；施而不仁，言而不信，怒而不威，是以外貌爲之者也。故有道以統之，法雖少，足以化矣；無道以行之，法雖衆，足以亂矣。治身，太上養神，其次養形；治國，太上養化，其次正法。神清志平，百節皆寧，養性之本也；肥肌膚，充腸腹，供嗜慾，養生之末也。民交讓争處卑，委利争受寡，力事争就勞，日化上遷善而不知其所以然，此治之上也。○王念孫云：「治之上」當爲「治之本」，對下文「治之末」而言。上文「養性之本」、「養性之末」，卽其證。今作「治之上」者，涉上文「治國，太上養化」而誤。文子下德篇正作「治之本」。利賞而勸善，畏刑而不爲非，法令正於上而百姓服於下，此治之末也。上世養本而下世事末，此太平之所以不起也。夫欲治之主不世出，而可與興治之臣不萬一，○俞樾云：興字衍文，蓋卽與字之誤而衍者。高誘注呂氏春秋觀世篇引此文曰：「欲治之君不世出，可與治之臣不萬一。」是其明證。文子下德篇亦無興字。以萬一求不世出，此所以千歲不一會也。○王念孫云：「以萬一求不世出」，當作「以不萬一求不世出」。「不萬一」三字卽承上句言之。文子下德篇作「以不世出求不萬一」，呂氏春秋觀世篇注引淮南作「以不萬一待不世出」，皆其證。

水之性，淖以清，窮谷之汙，生以青苔，青苔，水垢也。○文典謹按：文選張景陽雜詩注引，作「窮谷之洿，生以蒼苔」，又引高注：「蒼苔，水衣也。」不治其性也。掘其所流而深之，○莊逵吉云：御覽掘上有若字。茨其所決而高之，茨，積土填滿之也。使得循勢而行，乘衰而流，衰，下也。○王引之云：衰與下義不相近，衰當爲衺，字之誤也。說文：「衺，污衺下也。」字通作邪。史記滑稽傳「污邪滿車」，集解引司馬彪曰：「污邪，下地田也。」故高注訓衺爲下。○俞樾云：衰乃等衰之衰。水之從高流下，必有次弟，故曰「乘衰而流」。高注訓衰爲下，未得。王氏引之因以衰爲衺之誤字，更非矣。雖有腐髊流漸，弗能汙也。腐髊，骨也。漸，水也。○

莊逵吉云：御覽漸作澌，澌字爲是。其性非異也，通之與不通也。風俗猶此也。誠決其善志，防其邪心，啟其善道，塞其姦路，與同出一道，則民性可善，風俗可美也。〇莊逵吉云：御覽作「風俗可遷矣」。所以貴扁鵲者，非貴其隨病而調藥，貴其擪息脉血，知病之所從生也。言人之喘息，脉之病可知。所以貴聖人者，非貴隨罪而鑒刑也，貴其知亂之所由起也。若不修其風俗，而縱之淫辟，乃隨之以刑，繩之法法，雖殘賊天下，弗能禁也。〇王念孫云：當依劉本作「繩之以法」。茅本作「繩之以法，法雖殘賊天下」，以次法字屬下讀，亦非。（莊本同。）文子下德篇作「棄之以法，隨之以刑，雖殘賊天下，不能禁其姦矣」，則劉本是也。禹以夏王，桀以夏亡；湯以殷王，紂以殷亡；非法度不存也，紀綱不張，風俗壞也。〇文典謹按：御覽六百二十四引，張下有而字。三代之法不亡，而世不治者，無三代之智也。六律具存，而莫能聽者，無師曠之耳也。故法雖在，必待聖而後治；律雖具，必待耳而後聽。故國之所以存者，非以有法也，以有賢人也；其所以亡者，非以無法也，以無賢人也。〇文典謹按：御覽六百二十四引，作「以無聖人也」。晉獻公欲伐虞，宮之奇存焉，爲之寢不安席，食不甘味，而不敢加兵焉。賂以寶玉駿馬，宮之奇諫而不聽，言而不用，越疆而去，荀息伐之，兵不血刃，抱寶牽馬而去。〇王念孫云：去當爲至，此涉上文「越疆而去」而誤。僖二年公羊傳正作「虞公抱寶牽馬而至」。故守不待渠壍而固，攻不待衝降〔一〕而拔，得賢之與失賢也。故臧武仲以其智存魯，而天下莫能亡也；璩伯玉以其仁寧衛，而天下莫能危也。易曰：「豐其屋，蔀其家，窺其户，闃其無人。」無人者，非無衆庶也，言無聖人以統理之也。民無廉耻，不可治也；非修禮義，廉耻不立。民不知禮義，法弗能正也；非崇善廢醜，不向禮義。無法不可以爲治也，不知禮義不可以行法。法能殺不孝者，而不能使人爲孔、曾之行；法能刑竊盜者，而不能使人爲伯夷之廉。孔子弟子七十，養徒三千人，皆入孝出悌，言爲文章，行爲儀表，教之所成也。墨子服役者百八十人，皆可使赴火蹈刃，死不還踵，化之所致也。夫刻肌膚，鑱皮革，被創流血，至難也，然越爲之，以求榮也。越人以箴刺皮，爲龍文，所以爲尊榮之也。○王念孫云：越下脱人字，高注「越人以箴刺皮」卽其證。羣書治要引此，正作「越人」。○陶方琦云：羣書治要引許注：「越人以箴刺其皮，爲龍文。」按：卽越人鬋髮文身之説。原道訓「鬋髮文身」，高注：「文身，刻畫其體，納墨其中，爲蛟龍之狀。」義亦相同。聖王在上，明好惡以示之，○文典謹按：羣書治要引，作「聖王在位，明好憎以示人」。經誹譽以導之，親賢而進之，賤不肖而退之，無被創流血之苦，○文典謹按：羣書

〔一〕「降」，疑當讀爲「隆」，二字古通。「衝隆」乃攻城之具。兵略訓：「故攻不待衝隆雲梯而城拔。」

治要引，苦作患。而有高世尊顯之名，民孰不從？

古者法設而不犯，刑錯而不用，非可刑而不刑也，百工維時，庶績咸熙，禮義修而任賢德也。故舉天下之高以爲三公，一國之高以爲九卿，一縣之高以爲二十七大夫，一鄉之高以爲八十一元士。故智過萬人者謂之英，千人者謂之俊，百人者謂之豪，十人者謂之傑。明於天道，察於地理，通於人情，大足以容衆，德足以懷遠，信足以一異，知足以知變者，人之英也。○文典謹按：御覽四百三十二引，作「智之足以知權者，人英也」。德足以教化，行足以隱義，仁足以得衆，明足以照下者，人之俊也。行足以爲儀表，知足以決嫌疑，廉足以分財，信可使守約，作事可法，出言可道者，人之豪也。守職而不廢，處義而不比，見難不苟免，見利不苟得者，人之傑也。英俊豪傑，各以小大之材處其位，得其宜，由本流末，以重制輕，上唱而民和，上動而下隨，四海之内，一心同歸，背貪鄙而向義理，○王念孫云：「義理」本作「仁義」，此後人妄改之也。貪則不義，鄙則不仁，貪鄙與仁義正相反，故曰「背貪鄙而向仁義」。若作「義理」，則失其指矣。且義與和、隨、靡爲韻，若作「義理」，則失其韻矣。文子上禮篇正作「背貪鄙，嚮仁義」。其於化民也，○文典謹按：羣書治要引，作「於其以化民也」。若風之摇草木，無之而不靡。今使愚教知，使不肖臨賢，雖嚴刑罰，民弗從也。○文典謹按：羣書治要引，也作者。小不能制大，弱不能使強也。故聖主者舉賢以立功，不肖主舉其所與同。文王舉太公望、召公奭而王，桓公任管仲、隰朋而霸，此舉賢以立功也。夫差用太宰嚭而滅，秦任李斯、趙高而亡，此舉所與同。○文典謹按：羣書治要引，同下有也字。故觀其所舉，而治亂可見也；察其黨與，而賢不肖可論也。

夫聖人之屈者，以求伸也；枉者，以求直也；故雖出邪辟之道，行幽昧之塗，將欲以直大道，成大功。○王念孫云：羣書治要引此，直作興，是也。「興大道，成大功」，文義正相比附。今作「直大道」者，涉下文「不得直道」而誤。猶出林之中不得直道，拯溺之人不得不濡足也。伊尹憂天下之不治，調和五味，負鼎俎而行，伊尹七十説湯而不用，于是負鼎俎，調五味，僅然後得用。五就桀，五就湯，將欲以濁爲清，以危爲寧也。周公股肱周室，輔翼成王，管叔、蔡叔奉公子祿父而欲爲亂，周公誅之以定天下，緣不得已也。管子憂周室之卑，諸侯之力征，夷狄伐中國，民不得寧處，故蒙耻辱而不死，將欲以憂夷狄之患，平夷狄之亂也。孔子欲行王道，東西南北七十説而無所偶，故因衛夫人、彌子瑕而欲通其道。衛夫人，衛靈公夫人南子也。彌子瑕，衛之嬖臣。此皆欲平險除穢，由冥冥至炤炤，動於權而統於善者也。夫觀逐者於其反也，而觀行者於其終也。故舜放弟，周公殺兄，猶之爲仁也；文公樹米，文公，晉文公也。樹米而欲生之也。○文典謹按：御覽八百二十三引，樹作種。曾子架羊，架，連架，所以備知也。猶之爲知也。當今之世，醜必託善以自爲解，邪必蒙正以自爲辟。○王念孫云：辟字義不可通，當是辭字之誤。（辭或作辤，與辟相似。）「自爲辭」猶「自爲解」耳。○文典謹按：辟叚爲譬。禮記中庸「辟如行遠，必自邇；辟如登高，必自卑」，荀子彊國篇「今君人者，辟稱比方，則欲自竝乎湯、武，（楊倞注：「辟，讀爲譬。」）辟之是猶伏而咶天，救經而引其足也」，「辟之是猶欲壽而歾頸也」，周禮宰夫「凡失財用物，辟名者」，詩小雅「譬彼舟流」，鄭箋「譬本亦作辟」，皆其比也。古籍類然，不煩覼縷。「託善以自爲解」，「蒙正以自爲譬」，正相對成義。王氏以爲義不可通，至欲改字釋之，其失也迂矣。遊不論國，仕不擇官，行不辟汙，曰「伊尹之道也」。分別争財，親戚兄弟構怨，骨肉相賊，曰「周公之義也」。行無廉耻，辱而不死，曰「管子之趨也」。行貨賂，趣勢門，立私廢公，比周而取容，曰「孔子之術也」。此使君子小人紛然殽亂，莫知其是非者也。

故百川竝流，不注海者不爲川谷；○俞樾云：既云「百川」，則不得又云「不爲川」，川字衍文也。後人因下句云「不爲君子」，故妄增川字，使字數相當耳。文子上義篇正作「不注海者不爲谷」。趨行蹐馳，○王念孫云：蹐與舛同，說文云楊雄作舛字如此。莊子天下篇「其道舛駁」，文選魏都賦注引作「蹐駁」，又引司馬彪注曰：「蹐與舛同。」蹐馳，謂相背而馳也。俶真篇曰：「二者代謝舛馳。」説山篇曰：「分流舛馳。」玉篇引作「僢馳」。氾論篇曰「見聞舛馳於外」，法言敘曰「諸子各以其知舛馳」。舛、蹐、僢，字異而義同。道藏本作蹐，各本皆誤爲「跼蹐」之蹐，而莊本從之，斯爲謬矣。又下文「知能蹐馳」，各本亦誤作蹐。不歸善者不爲君子。故善言歸乎可行，善行歸乎仁義。田子方、段干木輕爵禄而重其身，不以欲傷生，不以利累形，李克竭股肱之力，領理百官，輯穆萬民，使其君生無廢事，死無遺憂，此異行而歸於善者。田子方、段干木、李克，皆魏文侯臣，故皆歸于善。張儀、蘇秦家無常居，身無定君，約從衡之事，爲傾覆之謀，濁亂天下，撓滑諸侯，使百姓不遑啟居，或從或横，或合衆弱，或輔富強，此異行而歸於醜者也。故君子之過也，猶日月之蝕，何害於明！小人之可也，猶狗之晝吠，鴟之夜見，何益於善！夫知者不妄發，○王念孫云：「夫知者不妄發」，羣書治要引作「夫知者不妄爲，勇者不妄發」，是也。下文「擇善而爲之」及「事成而功足賴」，皆承「知者不妄爲」而言，「計義而行之」及「身死而名足稱」，皆承「勇者不妄發」而言。今本脱爲字及「勇者不妄」四字，則與下文不合。説苑説叢篇亦云：「夫智者不妄爲，勇者不妄發。」（今本發誤作殺。）擇善而爲之，計義而行之，故事成而功足賴也，身死而名足稱也。雖有知能，必以仁義爲之本，然後可立也。知能蹐馳，百事竝行，○文典謹按：羣書治要引，行作作。聖人一以仁義爲之準繩，中之者謂之君子，弗中者謂之小人。君子雖死亡，其名不滅；小人雖得勢，其罪不除。使人左據天下之圖而右刎喉，愚者不爲也，○俞樾云：刎下當有其字。文子上義篇作「左手據天下之圖而右手刎其喉」。○文典謹按：俞説是也。本書精神篇及吕氏春秋知分篇高注引，刎下竝有其字。身貴於天下也。死君親之難，視死若歸，義重於身也。天下，大利也，比之身則小；身之重也，比之義則輕；○俞樾云：「身之重也」本作「身，（句。）所重也」，與「天下，（句。）大利也」一律，涉上下句兩言「比之」而誤。文子上義篇作「身之所重也，比之仁義則輕」，所字不誤，之字亦涉上下句而衍。義，所全也。詩曰：「愷悌君子，求福不回。」言以信義爲準繩也。

欲成霸王之業者，必得勝者也。能得勝者，必强者也。能强者，必用人力者也。能用人力者，必得人心者也。能得人心者，必自得者也。○王念孫云：「欲成霸王之業」，欲亦當爲能，言必得勝，而後能成霸王之業也。下文四能字，皆與此文同一例。若云「欲成霸王之業」，則與下句不合，且與下文不類矣。詮言篇「能成霸王者，必得勝者也」以下八句，竝與此同，是其證。故心者，身之本也；身者，國之本也。未有得己而失人者也，未有失己而得人者也。故爲治之本，務在寧民；寧民之本，在於足用；足用之本，在於勿奪時；勿奪時之本，在於省事；省事之本，在於節用；節用之本，在於反性。未有能摇其本而静其末，濁其源而清其流者也。○王念孫云：「節用」皆當爲「節欲」，此因上文「足用」而誤也。文子下德篇作「節用」，亦後人以誤本淮南改之。齊俗篇云「治欲者不以欲，以性」，又云「欲節事寡」，故曰「省事之本，在於節欲；節欲之本，在於反性」。今本「節欲」作「節用」，則非其指矣。詮言篇云「省事之本，在於節欲；節欲之本，在於反性」，以上八句，皆與此同。齊民要術引此，亦作「節欲」，又引注云：「節，止。欲，貪。」此皆其明證矣。故知性之情者，不務性之所無以爲；知命之情者，不憂命之所無柰何。故不高宮室者，非愛木也；不大鐘鼎者，非愛金也。直行性命之情，而制度可以爲萬民儀。今目悦五色，口嚼滋味，耳淫五聲，七竅交争以害其性，日引邪欲而澆其身夫調〔一〕，身弗能治，柰天下何！故自養得其節，則養民得其心矣。

所謂有天下者，非謂其履勢位，受傳籍，稱尊號也；言運天下之力，而得天下之心。紂之地，左東海，右流沙，前交趾，後幽都。師起容關，○莊逵吉云：御覽關作間。至浦水，士億有餘萬，○莊逵吉云：御覽無士字。然皆倒矢而射，傍戟而戰。武王左操黄鉞，右執白旄以麾之，○莊逵吉云：御覽以作而。則瓦解而走，遂土崩而下。○莊逵吉云：御覽下作亡。紂有南面之名，而無一人之德，○王念孫云：德本作譽。「無一人之譽」，

〔一〕「日引邪欲而澆其身夫調」，王念孫説當爲「日引邪欲而澆其天和」。詳見詮言訓「物莫不足滑其調」注。

謂無一人稱譽之也。此言紂失人心，故雖有南面之名，而實無一人之譽。譽與名相對爲文。後人改爲「無一人之德」，則文不成義矣。太平御覽皇王部八引此，正作「無一人之譽」，文子下德篇同。御覽皇王部七又引譙周法訓云：「桀、紂雖有天子之位，而無一人之譽。」此失天下也。故桀、紂不爲王，湯、武不爲放。周處酆、鎬之地，方不過百里，○王念孫云：酆、鎬下衍之字。此以「周處酆、鎬」爲句，「地方不過百里」爲句，兩句中不當有之字。吕氏春秋疑似篇亦以「周宅酆、鎬」爲句。而誓紂牧之野，入據殷國，朝成湯之廟，表商容之閭，封比干之墓，解箕子之囚，乃折枹毀鼓，偃五兵，縱牛馬，搢笏而朝天下，○王念孫云：道藏本、劉本「搢笏」作「挺肳」。案：肳當爲曶。曶，古笏字也。皋陶謨「在治忽」，鄭本作曶，注云：「曶者，笏也。臣見君所秉，書思對命者也。君亦有焉。」穆天子傳曰：「天子搢曶。」今作肳者，曶變爲吻，又誤爲肳耳，無煩改爲笏也。挺當爲捷。隸書捷字或作揵，形與挺相似，因誤爲挺。捷與插同，言插笏而朝天下也。小雅鴛鴦篇「戢其左翼」，韓詩曰：「戢，捷也，捷其噣於左也。」士冠禮注：「扱柶於醴中。」鄉射禮注：「搢，插也。」大射儀注：「搢，扱也。」內則注：「搢，猶扱也。」釋文插、扱二字竝作捷。管子小匡篇「管仲詘纓捷衽」，字竝與插同。「捷曶」猶搢笏也。後人不知挺爲捷之誤，而改挺爲搢，義則是而文則非矣。百姓謌謳而樂之，諸侯執禽而朝之，得民心也。闔閭伐楚，五戰入郢，燒高府之粟，破九龍之鐘，楚爲九龍之簴，以縣鐘也。○陶方琦云：御覽五百七十五引許注：「刻虡爲九龍，以縣鐘也。」又引賈子云：「毁十龍之鐘。」張華博物志：「子胥伐楚，燔其府庫，破其九龍之鐘。」藝文類聚鼎類引淮南「破九龍之鼎」，又引高注曰：「刻九龍于鼎，以爲名，言大鼎。」與此又異，乃許、高之别也。禮明堂位「夏后氏之龍簨虡」，鄭注：「飾簨以鱗屬，又于龍上刻畫之爲重牙。」與許説正合。**鞭荆平王之墓，**荆平王殺子胥之父，故鞭其墓以復讐。**舍昭王之宫。**吴之入楚，君舍乎君室，大夫舍大夫室也。**昭王奔隨，百姓父兄攜幼扶老而隨之，乃相率而爲致勇之寇，皆方命奮臂而爲之鬭。**○王念孫云：此當作「乃相率致勇而爲之寇」，與下句相對爲文。各本「而爲」二字誤在「致勇」之上，則文不成義。「方面」與「奪臂」亦相對爲文。道藏本、劉本皆作「方面」，漢魏叢書本面誤爲命，而莊本從之，斯爲謬矣。○俞樾云：「乃相率而爲致勇之寇」，文不成義，當作「乃相率爲勇而致之寇」，與下句相對。致如致師之致，寇即謂吴人也，言致死於吴也。下文曰「各致其死，却吴兵，復楚地」，是其義也。王氏念孫改爲「相率致勇而爲之寇」，然百姓却敵，初非爲寇，於義不可通矣。**當此之時，無將卒以行列之，各致其死，**○王念孫云：卒當爲率，率與帥同。將帥所以統三軍，故無將帥則無行列。若卒，則即在行列之中，不得言無將卒以行列之也。隸書率或作卛，（見漢韓勑造孔廟禮器碑。）形與卒相似，故書傳中率字多誤爲卒。**却吴兵，復楚地。靈王作章華之臺，**靈王，楚君。**發乾谿之役，**靈王伐齊，以恐吴，次於乾谿也。**外内搔動，百姓罷敝，弃疾乘民之怨而立公子比，**弃疾、公子比，靈王之兄弟。百姓放臂而去之，餓於乾谿，食莽飲水，莽，草也。○文典謹按：莽疑當作菱。御覽九百七十五「菱」條下引，作「百姓避而去之，乃食菱飲水，枕塊而死」。枕塊而死。楚國山川不變，土地不易，民性不殊，昭王則相率而殉之，靈王則倍畔而去之，得民之與失民也。故天子得道，守在四夷；天子失道，守在諸侯。諸侯得道，守在四鄰；諸侯失道，守在四境。故湯處亳七十里，文王處酆百里，皆令行禁止於天下。周之衰也，戎伐凡伯于楚丘以歸。凡伯，周大夫，使于魯，而戎伐之楚丘。故得道則以百里之地令於諸侯，失道則以天下之大畏於冀州。故曰：無恃其不吾奪也，恃吾不可奪。行可奪之道，而非篡弑之行，無益於持天下矣。

凡人之所以生者，衣與食也。今囚之冥室之中，雖養之以芻豢，衣之以綺繡，不能樂也，以目之無見，耳之無聞。穿隙穴，見雨零，則快然而嘆之，○王念孫云：嘆與「快然」，義不相屬，「快然而嘆之」，當作「快然而笑」，衍之字。下文「肆然而喜」、「曠然而樂」，與此文同一例。俗書笑字作咲，嘆字作嘆，二形相似而誤。況開户發牖，從冥冥見炤炤乎！從冥冥見炤炤，猶尚肆然而喜，又況出室坐堂，見日月光乎！見日月光，曠然而樂，又況登泰山，履石封，以望八荒，視天都若蓋，江、河若帶，又況萬物在其間者乎！○王念孫云：下「又況」因上「又況」而衍。「萬物在其間」，即承上文言之，非有二義。其爲樂豈不大哉！且聾者，耳形具而無能聞也；盲者，目形存而無能見也。夫言者，所以通己於人也；聞者，所以通人於己也。瘖者不言，聾者不聞，既瘖且聾，人道不通，故有瘖聾之病者，雖破家求醫，不顧其費。豈獨形骸有瘖聾哉？心志亦有之。夫指之拘也，莫不事申也，心之塞也，莫知務通也，不明於類也。夫觀六藝之廣崇，窮道德之淵深，達乎無上，至乎無下，運乎無極，翔乎無形，廣於四海，崇於太山，富於江、河，曠然而通，昭然而明，天地之間無所繫戾，○俞樾云：「繫戾」當爲「擊戾」，主術篇「曲得其宜，無所擊戾」是也。「擊戾」猶拂戾也。擊者，毄之叚字，説見荀子脩身篇。其所以監觀，豈不大哉！人之所知者淺，而物變無窮，曩不知而今知之，非知益多也，問學之所加也。夫物常見則識之，嘗爲則能之，故因其患則造其備，○俞樾云：因乃困字之誤，言困於患難則造作其備也。與下句「犯其難則得其便」一律。犯其難則得其便。夫以一世之壽，而觀千歲之知，今古之論，雖未嘗更也，其道理素具，可不謂有術乎！人欲知高下而不能，教之用管準則説；欲知輕重而無以，予之以權衡則喜；欲知遠近而不能，教之以金目則快射；金目，深目，所以望遠近射準也。○陳觀樓云：「則快」二字與「則説」、「則喜」相對爲文，快上不當有射字，蓋因高注「射準」而衍。下文「豈直一説之快哉」，正與此句相應。莊本依劉本作「快射」，亦非。又況知應無方而不窮哉！犯大難而不懾，見煩繆而不惑，晏然自得，其爲樂也，豈直一説之快哉！○俞樾云：「知應無方而不窮哉」句，衍知字、哉字，「應無方而不窮，犯大難而不懾，見煩繆而不惑」，三句一律，皆蒙「又況」二字爲文。因涉上文「欲知高下」、「欲知輕重」、「欲知遠近」而誤衍知字，則與下二句不一律，遂於句末加哉字，使自爲句，而文義隔絶矣。夫道，有形者皆生焉，其爲親亦戚矣；享穀食氣者皆受焉，其爲君亦惠矣；諸有智者皆學焉，其爲師亦博矣。射者數發不中，人教之以儀則喜矣，又況生儀者乎！人莫不知學之有益於己也，然而不能者，嬉戲害人也。○王念孫云：「害人」本作「害之」，此涉上下文人字而誤。羣書治要及太平御覽學部一引此，竝作「嬉戲害之也」。人皆多以無用害有用，故智不博而日不足。以鑿觀池之力耕，則田野必辟矣。以積土山之高修隄防，則水用必足矣。以食狗馬鴻鴈之費養士，則名譽必榮矣。以弋獵博弈之日誦詩讀書，聞識必博矣。○文典謹按：「聞識必博矣」，聞上脱則字，與上文「則田野必辟矣」、「則水用必足矣」、「則名譽必榮矣」不一律。羣書治要引，正作「則聞識必博矣」。御覽六百七引，作「則識必博矣」，亦有則字。故不學之與學也，猶瘖聾之比於人也。凡學者能明於天人之分，通于治亂之本，澄心清意以存之，見其終始，可謂知略矣。天之所爲，禽獸草木；人之所爲，禮節制度，搆而爲宮室，制而爲舟輿是也。治之所以爲本者，仁義也；所以爲末者，法度也。凡人之所以事生者，本也；其所以事死者，末也。本末，一體也；其兩愛之，一性也。○王念孫云：下一字因上一字而衍。此言本末兼愛，人性皆然。性也二字，與孟子「食色，性也」同義，性上不當有一字。劉依文子上義篇删去一字，是也。先本後末謂之君子，以末害本謂之小人。君子與小人之性非異也，所在先後而已矣。○王念孫云：「所在」當爲「在所」。草木〔一〕，洪者爲本，而殺者爲末。禽獸之性，大者爲首，而小者爲尾。末大於本則折，尾大於要則不掉矣。故食其口而百節肥，灌其本而枝葉美，天地之性也。天地之生物也有本末，○王念孫云：此本作「天地之性物也有本末」，性卽生字也。後人不識古字，乃於「天地之性」下加也字，又加「天地之生」四字，斯爲謬矣。上文「食其口而百節肥」二句，皆指人事言之，與天地之生物無涉，不得於「天地之性」下加也字以承上文也。其養物也有先後，人之於治也，豈得無終始哉！○文典謹按：御覽六百二十四引，作「人之於治國也，豈得無終始」。故仁義者，治之本也，今不知事修其本，而務治其末，是釋其根而灌其枝也。且法之生也，以輔仁義，今重法而棄義，是貴其冠履而忘其頭足也。○王念孫云：義上脱仁字。太平御覽治道部五引此已誤。上下文皆言仁義，無但言義者。故仁義者，爲厚基者也，不益其厚而張其廣者毁，不

〔一〕據下文「禽獸之性」，此「草木」下疑脱「之性」二字。

廣其基而增其高者覆。趙政不增其德而累其高，故滅；智伯不行仁義而務廣地，故亡其國。語曰：「不大其棟，不能任重。重莫若國，棟莫若德。」○王念孫云：亡下本無其字，「故亡」爲句，「國語曰」爲句。後人誤以「故亡國」爲句，「語曰」爲句，因妄加其字耳。「不大其棟」四句，魯語文也。國主之有民也，猶城之有基，木之有根。根深則本固，基美則上寧。○王念孫云：本當爲木。上文「木之有根」卽其證。○俞樾云：根卽本也，不得云「根深則本固」，本乃末字之誤。上文云「草木洪者爲本，而殺者爲末」是也。後人習於「根本」之說，遂妄改爲本字，失其義矣。「根深則末固」與下句「基美則上寧」一律。說文木部曰：「木上曰末。」然則末卽木之上也。「末固」、「上寧」，文異而義同。王氏念孫據上文「猶城之有基，木之有根」，謂本當作木，然則下句上字亦當作城字矣。下句不言城，知此句亦不言木，王說非也。

五帝三王之道，天下之綱紀，治之儀表也。今商鞅之啓塞，啓之以利，塞之以禁，商鞅之術也。申子之三符，申不害治韓，有三符驗之術。韓非之孤憤，韓非說孤生之憤志。張儀、蘇秦之從衡，蘇秦合六國爲從，張儀說爲衡。皆掇取之權，一切之術也，非治之大本，事之恒常，可博聞而世傳者也。子囊北而全楚，北不可以爲庸；子囊，楚大夫。北，逐走。庸，常也。弦高誕而存鄭，誕不可以爲常。今夫雅、頌之聲，皆發於詞，本於情，故君臣以睦，父子以親。故韶、夏之樂也，聲浸乎金石，潤乎草木。今取怨思之聲，施之於絃管，聞其音者，不淫則悲，淫則亂男女之辯，悲則感怨思之氣，豈所謂樂哉！趙王遷流於房陵，秦滅趙，虜王遷，徙房陵。房陵在漢中。○文典謹按：文選恨賦注引高注：「秦滅趙，遷之漢中房陵。」尤本「高誘曰」下有「趙王張敖」四字，乃淺人所加。思故鄉，作爲山水之嘔，山木之嘔，歌曲也。山水之嘔，謳曲。○王念孫云：「山水」當爲「山木」，字之誤也。（高注同。）史記趙世家集解、正義及文選恨賦注引此，竝作「山木」。聞者莫不殞涕。荊軻西刺秦王，高漸離、宋意爲擊筑，而謌於易水之上，荊軻，燕人，太子丹之客。丹怨秦王，故遣軻刺之。高漸離、宋意，皆太子丹之客。筑曲二十一弦。易水，燕之南水也。聞者莫不瞋目裂眦，髮植穿冠。○文典謹按：文選養生論注引，作：「荊軻爲燕太子丹刺秦王，高漸離、宋如意爲擊筑，而歌於易水之上。荊軻瞋目裂眥，髮植衝冠。」因以此聲爲樂而入宗廟，豈古之所謂樂哉！故弁冕輅輿，可服而不可好也；弁冕，冠也。大羹之和，可食而不可嗜也；大羹不和五味。朱弦漏越，朱弦，練絲。漏，穿。越，琴瑟兩頭也。一唱而三嘆，可聽而不可快也。故無聲者，正其可聽者也；其無味者，正其足味者也。吠聲清於耳，兼味快於口，非其貴也。○王念孫云：「吠聲清於耳」，義不可通，吠當爲咲，字之誤也。咲與咬同。張衡東京賦「咸池不齊度於𤖄咬」，薛綜曰：「𤖄咬，淫聲也。」玉篇：「咲，於交切，姪聲。」廣韻：「咬，於交切，淫聲。」是咲與咬同，故曰「咲聲清於耳，非其貴也」。故事不本於道德者，不可以爲儀；言不合乎先王者，不可以爲道；音不調乎雅、頌者，不可以爲樂。故五子之言，五子，謂商鞅、申子、韓非、蘇秦、張儀也。所以便説掇取也，非天下之通義也。

聖王之設政施教也，必察其終始，其縣法立儀，必原其本末，不苟以一事備一物而已矣。見其造而思其功，觀其源而知其流，故博施而不竭，彌久而不垢。夫水出於山而入于海，稼生于田而藏於倉，聖人見其所生，則知其所歸矣。故舜深藏黄金於嶄巖之山，所以塞貪鄙之心也。〇文典謹按：御覽八百十引，金下有「千斤」二字。儀狄爲酒，禹飲而甘之，遂疏儀狄而絶旨酒，〇文典謹按：疏，疑本作流。北堂書鈔四十五流刑條下引，作：「儀狄造酒，禹嘗而美之，曰：『後世必有以酒亡國者。』乃疏儀狄。」字雖作疏，然入之刑法部流刑條下，實古本作流之證。今本及書鈔引文字仍作疏者，乃後人習聞禹疏儀狄之説而改之也。所以遏流湎之行也。師延爲平公鼓朝謌北鄙之音，衞靈公宿於濮水之上，聞琴音，召師涓而寫之，蓋師延所爲紂作朝謌北鄙之音也。師曠曰：「此亡國之樂也。」靈公進新聲平公，平公以問師曠，師曠曰：「紂子師延作靡靡之樂。紂亡，師延東走，自投濮水而死。得此音必於濮上也。」大息而撫之，〇俞樾云：撫下脱止字，本作「大息而撫止之」。史記樂書作「師曠撫而止之」，韓非子十過篇作「師曠撫止之」，論衡紀妖篇作「曠撫而止之」，竝有止字，是其證。所以防淫辟之風也。故民知書而德衰，知數而厚衰，知券契而信衰，知械機而實衰也。

實，質也。巧詐藏于胸中，則純白不備，而神德不全矣。琴不鳴，而二十五絃各以其聲應；○王念孫云：劉本琴作瑟，與下文「二十五弦」合。文子微明篇亦作瑟。軸不運，而三十輻各以其力旋。絃有緩急小大然後成曲，○王念孫云：「成曲」上亦當有能字。文子微明篇正作「然後能成曲」。車有勞逸動靜而後能致遠。使有聲者，乃無聲者也；能致千里者，乃不動者也。故上下異道則治，同道則亂。位高而道大者從，事大而道小者凶。故小快害義，小慧害道，○文典謹按：羣書治要引，慧作惠。慧、惠古通用。小辯害治，苛削傷德。○文典謹按：羣書治要引，削作峭。文子微明篇同。大政不險，故民易道；○文典謹按：羣書治要引，道作遵。至治寬裕，故下不相賊；至忠復素，故民無匿情。○王念孫云：「下不相賊」，相字後人所加。賊，害也。政寬則不爲民害，故曰「至治寬裕，則下不賊」。若云「下不相賊」，則非其指矣。文子微明篇作「至治優游，故下不賊」，是其證。「民無匿情」，情字亦後人所加。匿與慝同。（齊俗篇曰「禮儀飾則生僞匿之士」，逸周書大戒篇曰「克禁淫謀，衆匿乃雍」，管子七法篇曰「百匿傷上威」，韓子主道篇曰「處其主之側，爲姦匿」，荀子樂論篇曰「亂世之文章匿而采」，字竝與慝同。又管子明法篇「比周以相爲匿」，明法解匿作慝；韓詩外傳「仁義之匿，車馬之飾」，新序節士篇匿作慝；史記酷吏傳「上下相爲匿」，漢書匿作慝；後漢書班固傳典引「慝亡迴而不泯」，文選慝作匿。）言至忠復素，則民無姦慝也。後人誤以匿爲藏匿之匿，而於匿下加情字，則非其指矣。且匿與賊爲韻，若作「匿情」，則失其韻矣。羣書治要引此，作「至德樸素，則民無慝」，是其證。商鞅爲秦立相坐之法，而百姓怨矣；相坐之法，一家有罪，三家坐之。吴起爲楚減爵禄之令，而功臣畔矣。減爵者，收減羣臣之爵禄。○王引之云：「減爵禄之令」，本作「張減爵之令」。張，施也。施減爵之令也。秦策云「吴起爲楚悼損不急之官」，即此所謂減爵也。高注云：「減爵者，收減羣臣之爵禄。」則正文本作「減爵」明矣。道應篇載吴起之言曰：「將衰楚國之爵而平其制禄。」蓋減爵則禄亦因之而減，故注言「收減羣臣之爵禄」，非正文内本有禄字也。「張減爵之令」與「立相坐之法」相對爲文。今本作「減爵禄之令」，則文不成義。此因高注而誤衍禄字，又脱去張字也。文子微明篇曰：「相坐之法立，則百姓怨；減爵之令張，則功臣叛。」語皆本於淮南，則此文本作「立相坐之法，張減爵之令」明矣。商鞅之立法也，吴起之用兵也，天下之善者也。然商鞅之法亡秦，察於刀筆之跡，而不知治亂之本也。吴起以兵弱楚，習於行陳之事，而不知廟戰之權也。晉獻公之伐驪，得其女，非不善也，然而史蘇嘆之，晉獻公得驪姬，使史蘇占之，史蘇曰：「俠以銜骨，齒牙爲禍也。」見其四世之被禍也。吴王夫差破齊艾陵，勝晉黄池，非不捷也，軍之所獲爲捷。而子胥憂之，見其必擒於越也。小白奔莒，小白，齊桓公。重耳奔曹，非不困也，而鮑叔、咎犯隨而輔之，知其可與至於霸也。句踐棲於會稽，修政不殆，謨慮不休，知禍之爲福也。襄子再勝而有憂色，趙襄子再勝，謂伐狄，勝二邑。畏福之爲禍也。故齊桓公亡汶陽之田而霸，魯莊公使曹子劫桓公，取汶陽之田，桓公不背信，諸侯朝之也。智伯兼三晉之地而亡。聖人見禍福於重閉之内，而慮患於九拂之外者也。九拂，九曲，是折投拂不見處也。〇王念孫云：禍字因上文兩禍字而衍。「見福於重閉之内，慮患於九拂之外」，（此承上文史蘇歎晉獻、子胥憂吴王及襄子「再勝而有憂色」言之。）相對爲文，則福上不當有禍字。文子微明篇無禍字。

原蠶一歲再收，原，再也。〇王念孫云：收本作登，此後人以意改之也。爾雅曰：「登，成也。」天文篇曰「蠶登」、「蠶不登」是也。爾雅翼引此作收，則所見本已誤。齊民要術、本草圖經及太平御覽資産部五、木部四引此，竝作登。太平御覽木部又引注云：「登，成也。」是其證。〇文典謹按：意林引，收作熟，收之爲誤字益明矣。非不利也，然而王法禁之者，爲其殘桑也。

離先稻熟，而農夫耨之，稻米隨而生者爲離，與稻相似。耨之，爲其少實。〇陶方琦云：意林引許注：「稻米落地而生爲離稻。」按：説文「秜」字下云：「稻今年落，來年自生，謂之秜。」秜卽離也。意林引作「落地」，與説文「今年落」正同。（御覽八百二十三引，作「葯先稻孰」，注：「葯，稗。」此高注，故與許注異。）不以小利傷大穫也。家老異飯而食，〇文典謹按：羣書治要引，飯作糧。殊器而享，〇文典謹按：羣書治要引，享作亯。子婦跣而上堂，跪而斟羹，〇文典謹按：羣書治要引，斟作酌。非不費也，然而不可省者，爲其害義也。待媒而結言，聘納而取婦，初絻而親迎，○王引之云：初字義不可通，初當作冠。字書冠字左畔作完，與衣相似，寸與刀相似，故冠誤爲初。冠，謂弁也。齊風甫田傳曰：「弁，冠也。」士昏禮「主人爵弁」，鄭注曰：「爵弁，玄冕之次，大夫以上親迎冕服。」是也。「冠絻而親迎」，兼貴賤言之。劉本改作紱絻，（諸本及莊本同。）則但有大夫以上，於義爲不備矣。且紱與初字不相似，若是紱字，無緣誤爲初也。○孫詒讓云：初當爲袀，形近而誤。袀絻者，謂玄衣而冕。禮記郊特牲説昏禮云：「玄冕齊戒。」又哀公問云：「冕而親迎。」「袀冕」即玄冕也。前齊俗訓云：「尸祝袀袨，大夫端冕。」注云：「袀，純服。」是其義也。（文選閒居賦李注引左傳服虔注云：「袀服，黑服也。」又引説文云：「袀服，玄服也。」今本説文衣部作「袗，玄服也。」）王校未塙。非不煩也，然而不可易者，所以防淫也。○文典謹按：羣書治要引，「所以」作「可以」。使民居處相司，有罪相覺，於以舉姦，非不掇也，○文典謹按：羣書治要引，覺作告，舉作禁，掇作輟。然而傷和睦之心，而構仇讎之怨。○王念孫云：末二句當從羣書治要所引，作「然而不可行者，爲其傷和睦之心，而構仇讎之怨也」。今本「然而」下脱去「不可行者爲其」六字及也字，則語意不完，且與上五條不對矣。故事有鑿一孔而生百隟，樹一物而生萬葉者。○俞樾云：「生百隙」，本作「開百隙」，涉下句而誤也。下文曰：「所鑿不足以爲便，而所開足以爲敗。」是其證。所鑿不足以爲便，而所開足以爲敗；所樹不足以爲利，而所生足以爲濊。愚者惑於小利，而忘其大害。○文典謹按：羣書治要引，此下有「不可以爲法也」六字。昌羊去蚤虱，而人弗庠者，爲其來蛉窮也。○王念孫云：庠當爲席，字之誤也。昌羊，昌蒲也。蛉窮，蚰蜒也。（並見説林注。）言昌蒲能致蚰蜒，故人不以爲席也。太平御覽蟲豸部八引此，正作席。貍執鼠，而不可脱於庭者，爲搏雞也。故事有利於小而害於大，得於此而亡於彼者。故行棊者，或食兩而路窮，行棊，謂大博也。或予踦而取勝。予踦，予對家奇一棊也。偷利不可以爲行，而智術不可以爲法，故仁知，人材之美者也。所謂仁者，愛人也；所謂知者，知人也。愛人則無虐刑矣，知人則無亂政矣。治由文理，則無悖謬之事矣；刑不侵濫，則無暴虐之行矣。上無煩亂之治〔一〕，下無怨望之心，則百殘除而中和作矣，此三代之所昌。○王念孫云：「此三代之所昌」，當從羣書治要所引，作「此三代之所以昌也」。今本脱去以字、也字，則文義不明。故書曰：「能哲且惠，黎民懷之。何憂讙兜，何遷有苗。」讙兜、有苗，舜所放佞也。智伯有五過人之材，智伯美髯長大，一材也；射御足力，二材也；材藝畢給，三材也；攻文辯慧，四材也；强毅果敢，五材也。○陶方琦云：羣書治要引許注，與今注正同，「攻文」作「巧文」。而不免於身死人手者，不愛人也。齊王建有三過人之巧，力能引强，走先馳馬，超能越

〔一〕「煩亂之治」，原本作「煩之亂治」，據莊逵吉校本改。

高。○陶方琦云：羣書治要引許注，與今注正同。而身虜於秦者，不知賢也。任用后勝之計，不用淳于越之言也。○陶方琦云：羣書治要引許注，「任用」上有齊王建三字，應補。故仁莫大於愛人，知莫大於知人。二者不立，雖察慧捷巧，劬禄疾力，不免於亂也。○盧文弨云：禄當作録。或古人以音同得借用也。

淮南鴻烈集解卷二十一

要略

凡鴻烈之書二十篇，略數其要，明其所指，序其微妙，論其大體，故曰「要略」。○文典謹按：此篇宋本、道藏本並題作淮南鴻烈要略閒詁叙目，復無「因以題篇」字，其爲許慎注本無疑。

夫作爲書論者，所以紀綱道德，經緯人事，上考之天，下揆之地，中通諸理。雖未能抽引玄妙之中才，繁然足以觀終始矣。總要舉凡，而語不剖判純樸，靡散大宗，純樸，太素也。大宗，事本也。懼爲人之惽惽然弗能知也；○俞樾云：爲字涉下句「多爲之辭，博爲之説」而衍，本作「懼人之惽惽然弗能知也」，與下文「又恐人之離本就末也」一律。衍一爲字，則文不成義。故多爲之辭，博爲之説，又恐人之離本就末也。故言道而不言事，則無以與世浮沉；言事而不言道，則無以與化游息。故著二十篇，有原道，有俶真，有天文，有墬形，有時則，有覽冥，有精神，有本經，有主術，有繆稱，有齊俗，有道應，有氾論，有詮言，有兵略，有説山，有説林，有人間，有脩務，有泰族也。

原道者，盧牟六合，盧牟，猶規模也。混沌萬物，象太一之容，太一之容，北極之氣合爲一體也。測窈冥之深，○文典謹按：文選辯命論注引，窈作窅。以翔虛無之軫。軫，道畛也。託小以苞大，守約以治廣，使人知先後之禍福，動靜之利害。誠通其志，浩然可以大觀矣。欲一言而寤，寤，覺。則尊天而保真；欲再言而通，則賤物而貴身；○文典謹按：文選幽憤詩注引，兩言字下皆有之字，身下有也字。欲參言而究，則外物而反情。執其大指，以内洽五藏，洽，潤。瀸濇肌膚，○王念孫云：說文：「濇，不滑也。」「瀸濇」二字義不相屬，濇當爲漬。隸書嗇字或作啬，形與責相近，故漬誤爲濇。瀸漬與漸漬同。言内則浹洽於五藏，外則漸漬於肌膚也。說文曰：「瀸，漬也。」（廣雅同。）莊十七年公羊傳：「瀸者何？瀸，積也。」釋文：「積，本又作漬。」被服法則，而與之終身，所以應待萬方，覽耦百變也，耦，通也。若轉丸掌中，足以自樂也。俶真者，窮逐終始之化，嬴埒有無之精，嬴，繞匝也。埒，靡煩也。○莊逵吉云：埒，一本作埓。離別萬物之變，合同死生之形，使人遺物反己，審仁義之間，通同異之理，觀至德之統，知變化之紀，說符玄妙之中，通迴造化之母也。造化之母，元氣太一之神。○王念孫云：「通迴」二字義不相屬，迴當爲迵，（音洞。）字之誤也。迵亦通也。「通迵造化之母」，謂通乎造化之原也。呂氏春秋貴同篇「禹通三江五湖，決伊闕，迵溝陸」，上德篇「德迵乎天地」，高注竝云：「迵，通也。」（今本迵字皆誤作迴，辯見呂氏春秋。）史記倉公傳「臣意診其脈，曰迵風」，集解曰：「迵，音洞，言洞徹入四肢也。」迵、洞同音，故迵或作洞，俶真篇「通洞條達」，即通迵也。世人多見迥，少見迵，故迵誤爲迥。下文「使人通迵周備」，其字正作迵。（道藏本、劉本如是，他本皆誤作迥，而莊本從之，謬矣。）天文者，所以和陰陽之氣，理日月之光，節開塞之時，列星辰之行，知逆順之變，避忌諱之殃，順時運之應，法五神之常，使人有以仰天承順，而不亂其常者也。墬形者，所以窮南北之脩，極東西之廣，經山陵之形，區川谷之居，明萬物之主，知生類之衆，列山淵之數，規遠近之路，使人通迵周備，不可動以物，不可驚以怪者也。時則者，所以上因天時，下盡地力，據度行當，合諸人則，形十二節，一月爲人一節。以爲法式，終而復始，歲終十二月，從正月始也。轉於無極，因循倣依，以知禍福，操舍開塞，各有龍忌，中國以鬼神之事日忌，北胡、南越皆謂之請龍。發號施令，以時教期，○俞樾云：期當讀爲惎。宣二年左傳「楚人惎之」，杜注曰：「惎，教也。」文選西京賦「人惎之謀」，薛綜注曰：「惎，教也。」是惎與教同義，故曰「以時教惎」。使君人者知所以從事。覽冥者，所以言至精之通九天也，至微之淪無形也，純粹之入至清也，昭昭之通冥冥也。乃始攬物引類，覽取撟掇，撟，取也。掇，拾也。浸想宵類，浸，微視也。宵，物似也。類，衆也。物之可以喻意象形者，乃以穿通窘滯，決瀆壅塞，引人之意，繫之無極，乃以明物類之感，同氣之應，陰陽之合，形埒之朕，所以令人遠觀博見者也。精神者，所以原本人之所由生，而曉寤其形骸九竅，取象與天，合同其血氣，與雷霆風雨，比類其喜怒，與晝宵寒暑竝明，宵，夜。○王念孫云：「竝明」二字，後人所加也。與者，如也。（廣雅：「與，如也。」司馬相如子虛賦：「楚王之獵，孰與寡人乎？」郭璞曰：「與，猶如也。」漢書高帝紀：「今某之業所就，孰與仲多？」顏師古曰：「與，如也。」案：古書多謂如曰與，詳見釋詞。）言血氣之相從，如雷霆風雨；喜怒之相反，如晝宵寒暑也。後人不知與之訓爲如，而讀「與雷霆風雨比類」爲一句，故又於「晝宵寒暑」下加「竝明」二字，以成對文耳。不知「合同其血氣」，「比類其喜怒」，相對爲文。今以「比類」二字上屬爲句，而「其喜怒」三字自爲一句，則句法參差矣。「與雷霆風雨」，「與晝宵寒暑」，亦相對爲文。今加「竝明」二字，則句法又參差矣。且此文以生、天爲韻，雨、怒、暑爲韻，今加「竝明」二字，則失其韻矣。又案：「取象於天」爲句，「合同其血氣」爲句。漢魏叢書本改「於天」爲「與天」，（莊本同。）以與下兩字相對，則又誤以「於天合同」爲句矣。皆由不知兩與字之訓爲如，故紛紛妄改耳。審死生之分，别同異之跡，節動静之機，以反其性命之宗。所以使人愛養其精神，撫静其魂魄，不以物易己，而堅守虚無之宅者也。本經者，所以明大聖之德，通維初之道，埒略衰世古今之變，以褒先世之隆盛，而貶末世之曲政也。所以使人黜耳目之聰明，精神之感動，樽流遁之觀，樽，止也。流遁，披散也。節養性之和，分帝王之操，列小大之差者也。主術者，君人之事也，所以因作任督責，使羣臣各盡其能也。○王念孫云：「因作任督責」，當作「因任督責」，謂因任其臣而督責其功也。今本作字卽任字之誤而衍者耳。主術篇曰：「因循而任下，責成而不勞。」韓子揚搉篇曰：「因而任之，使自事之。」呂氏春秋知度篇曰：「因而不爲，責而不詔。」竝與此「因任督責」同義。（莊子天道篇：「形名已明而因任次之。」）明攝權操柄，以制羣下，提名責實，提，挈也。考之參伍，所以使人主秉數持要，不妄喜怒也。其數直施而正邪，外私而立公，使百官條通而輻輳，各務其業，人致其功，此主術之明也。繆稱者，破碎道德之論，差次仁義之分，略雜人間之事，總同乎神明之德。假象取耦，以相譬喻，斷短爲節，以應小具，所以曲說攻論，應感而不匱者也。匱，乏。齊俗者，所以一羣生之短脩，同九夷之風氣，通古今之論，貫萬物之理，財制禮義之宜，擘畫人事之終始者也。擘，分也。○王念孫云：「風氣」本作「風采」。文選魏都賦「壹八方而混同，極風采之異觀」，李善曰：「淮南子曰：『同九夷之風采。』高誘曰：『風，俗也。采，事也。』」是其證。後人既改「風采」爲「風氣」，復删去高注以滅其迹，甚矣其妄也。且采與理、始爲韻，若作氣，則失其韻矣。○文典謹按：文選嘯賦注引，作「通古之風氣，以貫譚萬物之理」，理下又有「譚猶着也」四字，疑是注語。要略乃許注本，文選注所引殆高本也。道應者，攬掇遂事之蹤，追觀往古之跡，察禍福利害之反，考驗乎老、莊之術，而以合得失之勢者也。氾論者，所以箴縷縩繺之間，縩，綃煞也。攕揳唲齵之郄也。攕，薛也。揳，塞也。唲齵，錯梧也。接徑直施，施，衺。以推本樸，而兆見得失之變，利病之反，所以使人不妄没於勢利，不誘惑於事態，有符曮晲，兼稽時勢之變，而與化推移者也。詮言者，所以譬類人事之指，解喻治亂之體也。○文典謹按：一切經音義二十三、攝大乘論音義引，作：「詮言者，謂譬類人事，相解喻也。」差擇微言之眇，詮以至理之文，而補縫過失之闕者也。兵略者，所以明戰勝攻取之數，形機之勢，詐譎之變，體因循之道，操持後之論也。持後者，不敢爲主而爲客也。所以知戰陣分争之非道不行也，知攻取堅守之非德不強也。誠明其意，進退左右無所失擊危，乘勢以爲資，清静以爲常，○王念孫云：「無所擊危」者，危與詭同。（説林篇「尺寸雖齊，必有詭」，文子上德篇詭作危。漢書天文志「司詭星」，史記天官書作「司危星」。）擊詭，猶今人言違礙也。謂進退左右，無所違礙也。睽釋文曰：「詭，戾也。」（文選長笛賦「窊隆詭戾」，李善注：「詭戾，乖違貌。」）主術篇曰：「舉動廢置，曲得其宜，無所擊戾。」（又曰：「木擊折轊，水戾破舟。」）彼言「無所擊戾」，此言「無所擊詭」，其義一也。作危者，借字耳。劉績不解「無所擊危」之義，乃於「無所」下加失字，（諸本及莊本同。）讀「無所失」絶句，而以「擊危」二字下屬爲句，其失甚矣。避實就虚，若驅羣羊，此所以言兵者也。○文典謹按：各段皆作「者也」，此不得獨無者字。文選晉紀總論注引，正作「此所以言兵者也」，今據補。說山、說林者，所以竅窕穿鑿百事之壅遏，而通行貫扃萬物之窒塞者也。假譬取象，異類殊形，以領理人之意，解墮結細，說捍摶囷，摶，圓也。囷，芚也。而以明事埒事者也。埒，兆朕也。○王念孫云：墮亦解也。廣雅：「墮，脱也。」論衡道虛篇曰：「龜之解甲，蛇之脱皮，鹿之墮角。」是墮與解、脱同義，易林噬嗑之小畜曰「關柝開啟，衿帶解墮」是也。細當爲紐，字之誤也。紐亦結也。楚辭九歎王注曰：「紐，結束也。」管子樞言篇曰「先生不約束，不結紐」是也。說與脱同。捍當爲擇，字之誤也。（隸書擇字或作捍，與捍相似，見漢成陽靈臺碑。）擇與釋同。墨子節葬篇曰：「爲而不已，操而不擇。」易林恒之蒙曰：「郊耕擇耜，有所疑止。」韓子五蠹篇「布帛尋常，庸人不釋」，論衡非韓篇引韓子釋作擇，皆是也。脱、釋皆解也。摶囷者，卷束之名。（考工記鮑人「卷而摶之」，注：「鄭司農云：『摶讀爲縳，一如瑱之縳，謂卷縳韋革也。』」說文：「稛，絭束也。」稛與囷聲近而義同。）「解墮結紐」，「說擇摶囷」，其義一也。「明事埒事」，下事字因上事字而衍。「明事埒」者，明百事之形埒以示人也。高注繆稱篇曰：「形埒，兆朕也。」故此注亦曰「埒，兆朕也」。人間者，所以觀禍福之變，察利害之反，鑽脈得失之跡，標舉終始之壇也。標，末也。壇，場也。○俞樾云：高注曰「壇，場也」，然終始不當以壇場言，此注未得其義。壇，當讀爲嬗。說文女部：「嬗，一曰傳也。」精神篇「以不同形相嬗也」，高注曰：「嬗，傳也。」「終始之嬗」即終始之傳，作壇者，叚字也。分別百事之微，敷陳存亡之機，使人知禍之爲福，亡之爲得，成之爲敗，利之爲害也。誠喻至意，則有以傾側偃仰世俗之間，而無傷乎讒賊螫毒者也。脩務者，所以爲人之於道未淹，味論未深，見其文辭，反之以清静爲常，恬淡爲本，則懈墮分學，縱欲適情，欲以偷自佚，而塞於大道也。今夫狂者無憂，聖人亦無憂。聖人無憂，和以德也；狂者無憂，不知禍福也。故通而無爲也，與塞而無爲也同，其無爲則同，其所以無爲則異。〇王念孫云：「與塞而無爲也」下，不當有同字，此因下文同字而衍。故爲之浮稱流説其所以能聽，所以使學者孳孳以自幾也。幾，庶幾也。泰族者，横八極，致高崇，上明三光，下和水土，經古今之道，治倫理之序，總萬方之指，而歸之一本，以經緯治道，紀綱王事。乃原心術，理性情，以館清平之靈，館，舍。澄徹神明之精，澄，清也。徹澄，别清濁也。以與天和相嬰薄。嬰，繞抱也。所以覽五帝三王，懷天氣，抱天心，執中含和，德形於内，以莙凝天地，發起陰陽，序四時，正流方，綏之斯寧，推之斯行，乃以陶冶萬物，遊化羣生，唱而和，動而隨，四海之内，一心同歸。故景星見，景星，在月之旁，則助月之明也。祥風至，風不鳴條也。黄龍下，鳳巢列樹，麟止郊野。德不内形，而行其法藉，專用制度，神祇弗應，福祥不歸，四海不賓，兆民弗化。故德形於内，治之大本。此鴻烈之泰族也。鴻，大也。烈，功也。凡二十篇，總謂之鴻烈。

凡屬書者，所以窺道開塞，庶後世使知舉錯取舍之宜適，外與物接而不眩，内有以處神養氣，宴煬至和，而已自樂所受乎天地者也。故言道而不明終始，則不知所倣依；言終始而不明天地四時，則不知所避諱；言天地四時而不引譬援類，則不知精微；言至精而不原人之神氣，則不知養生之機；原人情而不言大聖之德，則不知五行之差；言帝道而不言君事，則不知小大之衰；言君事而不爲稱喻，則不知動静之宜；言稱喻而不言俗變，則不知合同大指；已言俗變而不言往事，則不知道德之應；知道德而不知世曲，則無以耦萬方；知氾論而不知詮言，則無以從容；通書文而不知兵指，則無以應卒；已知大略而不知譬喻，則無以推明事；知公道而不知人間，則無以應禍福；知人間而不知脩務，則無以使學者勸力。欲强省其辭，覽總其要，弗曲行區入，則不足以窮道德之意。故著書二十篇，則天地之理究矣，人間之事接矣，帝王之道備矣。其言有小有巨，有微有粗，指奏卷異，各有爲語。今專言道，則無不在焉，然而能得本知末者，其唯聖人也。今學者無聖人之才，而不爲詳説，則終身顛頓乎混溟之中，而不知覺寤乎昭明之術矣。

今易之乾、坤足以窮道通意也，八卦可以識吉凶、知禍福矣，然而伏羲爲之六十四變，八八變爲六十四卦，伏羲示其象。周室增以六爻，周室，謂文王也。所以原測淑清之道，而攆逐萬物之祖也。夫五音之數，不過宮、商、角、徵、羽，然而五弦之琴不可鼓也，必有細大駕和，而後可以成曲。今畫龍首，觀者不知其何獸也，具其形，則不疑矣。今謂之道則多，謂之物則少，謂之術則博，謂之事則淺，推之以論，則無可言者，所以爲學者，固欲致之不言而已也。夫道論至深，故多爲之辭以抒其情；萬物至衆，故博爲之説以通其意。辭雖壇卷連漫，絞紛遠緩，所以洮汰滌蕩至意，洮汰，潤也。使之無凝竭底滯，捲握而不散也。夫江、河之腐胔不可勝數，然祭者汲焉，大也。一盃酒白，蠅漬其中，匹夫弗嘗者，小也。○王念孫云：「一盃酒白」，白字義不可通。藝文類聚雜器物部引此，白作甘，是也。言酒雖甘，而蠅漬其中，則人弗飲也。隸書甘字或作𠙴，與白相似而誤。○俞樾云：「酒白」二字文不成義，疑本作「白酒」，而傳寫誤倒之。周官酒正職鄭注曰：「昔酒，今之酋久白酒。」然則白酒正漢時常語。藝文類聚襍器部引此，白作甘，蓋因已倒爲「酒白」，故臆改爲甘字。「一盃酒甘」，亦於義不安，未足據也。誠通乎二十篇之論，睹凡得要，以通九野，九野，八方、中央也。徑十門，八方，上下也。外天地，捭山川，捭，屏去也。其於逍遥一世之間，宰匠萬物之形，亦優游矣。若然者，挾日月而不烑，挾，至也。烑，光也。○孫詒讓云：挾，當爲周挾之義。荀子禮論篇「方皇周挾」，楊注云：「挾，讀爲浹，帀也。」烑者，窕之借字。（二字聲類同。）本經訓高注云：「窕，不滿密也。」後文云「布之天下而不窕」，注云：「窕，緩也。」前俶真訓云「横扃天地之間而不窕」，氾論訓云「舒之天下而不窕」，荀子賦篇云「充盈大宇而不窕」，竝與此文意相近。潤萬物而不耗。曼兮洮兮，足以覽矣！藐兮浩兮，曠曠兮，可以游矣！

文王之時，紂爲天子，賦斂無度，殺戮無止，康梁沉湎，宮中成市，康梁，耽樂也。沉湎，淫酒也。成市，言集者多也。○文典謹按：御覽八十四引，「沉湎」作「流湎」。作爲炮烙之刑，刳諫者，剔孕婦，天下同心而苦之。文王四世纍善，太王、王季、文王、武王，凡四世也。修德行義，處岐周之間，地方不過百里，天下二垂歸之。○莊逵吉云：御覽垂作分。文王欲以卑弱制强暴，以爲天下去殘除賊而成王道，故太公之謀生焉。太公爲周陳陰符兵謀也。○文典謹按：御覽八十四引，「故太公之謀生焉」作「故太公爲之謀主也」。文王業之而不卒，武王繼文王之業，用太公之謀，悉索薄賦，薄，少也。賦，兵也。躬擐甲冑，擐，貫著也。以伐無道而討不義，誓師牧野，以踐天子之位。天下未定，海内未輯，武王欲昭文王之令德，使夷狄各以其賄來貢，遼遠未能至，故治三年之喪，殯文王於兩楹之間，殯，大斂也。兩楹，堂柱之間，賓主夾之。以俟遠方。武王立三年而崩，成王在襁褓之中，○文典謹按：文選幽憤詩注引，「成王」下有幼字。未能用事，蔡叔、管叔輔公子禄父禄父，紂之兄子，周封之以爲殷後，使管、蔡監之。而欲爲亂。周公繼文王之業，持天子之政，以股肱周室，輔翼成王。懼争道之不塞，臣下之危上也，故縱馬華山，放牛桃林，敗鼓折枹，搢笏而朝，以寧静王室，鎮撫諸侯。成王既壯，能從政事，周公受封於魯，以此移風易俗。孔子脩成、康之道，述周公之訓，以教七十子，使服其衣冠，脩其篇籍，故儒者之學生焉。墨子學儒者之業，受孔子之術，以爲其禮煩擾而不悦，悦，易也。○王念孫云：如注義，則悦當爲侻。（他活反。）本經篇「其行侻而順情」，彼注云：「侻，簡易也。」義與此注同。莊本改悦爲説，未達高氏之旨。厚葬靡財而貧民，服傷生而害事，○王念孫云：「服傷生而害事」，文義未明，服上當有久字。「厚葬」、「久服」相對爲文。墨子節葬篇多言厚葬久喪，晏子春秋外篇「厚葬破民貧國，久喪遁哀費日」，皆淮南所本也。故背周道而用夏政。禹之時，天下大水，禹身執虆垂，以爲民先，○莊逵吉云：御覽「虆垂」作「畚插」爲是，此誤也。○王念孫云：垂字誤，而虆字不誤。虆，謂盛土籠也。垂，當爲臿。臿，今之鍬也。大雅緜傳云：「捄，虆也。」箋云：「築牆者捊聚壤土，盛之以虆，而投諸版中。」虆字或作蔂。説山篇「蔂成城」，高注云：「蔂，土籠也。」韓子五蠹篇「禹之王天下也，身執耒臿以爲民先」，此卽淮南所本。耒與虆聲相近，耒臿卽虆臿也。孟子滕文公篇「蓋歸反虆梩而掩之」，趙注云：「虆梩，籠臿之屬，可以取土者也。」彼言虆梩，亦卽此所謂虆臿也。（廣雅：「梩，臿也。」）管子山國軌篇「梩籠纍箕」，纍亦與虆同。太平御覽引此，虆作畚，所見本異耳，不得據彼以改此也。垂者，臿之誤，非插之誤。

俗書臿字或作函，（見廣韻。）垂字或作𡍮（見漢富春丞張君碑。）二形相似，故臿誤爲垂矣。○文典謹按：北堂書鈔九十二引，虆作絫。剔河而道九岐，剔，洩去也。九岐，河水播岐爲九，以入海也。○莊逵吉云：御覽作「疏河而道九支」。○文典謹按：御覽八十二引，「禹之時」作「堯之時」，「九支」下引注云：「支，分。」鑿江而通九路，江水通別爲九。辟五湖使水辟人而相從也。而定東海。當此之時，燒不暇撌，撌，排去也。濡不給扢，扢，拭也。死陵者葬陵，死澤者葬澤，故節財、薄葬、閑服生焉。○王念孫云：閒與簡同。（莊子天運篇「食於苟簡之田」，釋文：「簡，司馬本作閒。」）簡服，謂三月之服也。宋書禮志引尸子曰：「禹治爲喪法，使死於陵者葬於陵，死於澤者葬於澤，桐棺三寸，制喪三月。」是也。道藏本、劉本作「閒服」，他本閒字皆誤作閑，而莊本從之，謬矣。文選夏侯常侍誄注及路史後紀引此，竝作「簡服」。齊桓公之時，天子卑弱，諸侯力征，南夷北狄，交伐中國，中國之不絕如綫。綫，細絲也。齊國之地，東負海而北障河，地狹田少，而民多智巧。桓公憂中國之患，苦夷狄之亂，欲以存亡繼絕，崇天子之位，廣文、武之業，故管子之書生焉。齊景公內好聲色，外好狗馬，獵射亡歸，好色無辯，辯，別也。作爲路寢之臺，族鑄大鐘，族，聚也。○莊逵吉云：太平御覽作許慎注。撞之庭下，郊雉皆呴，大鐘聲似雷震，雉應而呴鳴也。○莊逵吉云：御覽呴作雊，有許慎注云：「鐘聲如雷震，雉皆應之。」與此略同。○陶方琦云：當从今注全文。莊子在宥「雲氣不待族而下」，司馬注云：「族，聚也。」廣雅釋詁：「族，聚也。」皆與許注合。說文：「雊，雄雉鳴也。雷始動，雉乃鳴而句其頸。」與淮南注亦合。○文典謹按：白帖六十二引注，作「鐘聲似雷，雷震則雉雊」。一朝用三千鐘贛，鐘，十斛也。贛，賜也。一朝賜羣臣之費三萬斛也。梁丘據、子家噲導於左右，二人，景公臣也。導，諫也。故晏子之諫生焉。晚世之時，六國諸侯，谿異谷別，水絶山隔，各自治其境内，守其分地，握其權柄，擅其政令，下無方伯，上無天子，力征爭權，勝者爲右，恃連與國，怙恃連與之國。○王念孫云：「連與」二字連讀，漢書武五子傳「羣臣連與成朋」是也。「恃連與，約重致，剖信符，結遠援」，皆三字爲句，則「連與」下不當有國字。蓋涉注文而衍。約重致，剖信符，結遠援，以守其國家，持其社稷，故縱橫修短生焉。申子者，韓昭釐之佐；韓，晉別國也，地墽民險，而介於大國之間，晉國之故禮未滅，韓國之新法重出，先君之令未收，後君之令又下，新故相反，前後相繆，百官背亂，不知所用，故刑名之書生焉。秦國之俗，貪狼狼，荒也。强力，寡義而趨利，可威以刑，而不可化以善，可勸以賞，而不可厲以名，被險而帶河，四塞以爲固，地利形便，畜積殷富，孝公欲以虎狼之勢而吞諸侯，故商鞅之法生焉。若劉氏之書，淮南王自謂也。觀天地之象，通古今之事，權事而立制，度形而施宜，原道之心，合三王之風，以儲與扈冶，儲與，猶攝業也。扈冶，廣大也。玄眇之中，精搖靡覽，楚人謂精進爲精摇。靡小皆覽之。棄其畛挈，楚人謂澤濁爲畛挈。斟其淑静，以統天下，理萬物，應變化，通殊類，非循一迹之路，守一隅之指，拘繫牽連之物，而不與世推移也，故置之尋常而不塞，布之天下而不窕。窕，緩也。布之天下，雖大不窕也。

附録一

淮南子校補

王念孫淮南子雜志校。俞樾淮南子平議校。孫詒讓札迻校。

淮南子原道篇：「四支不動，聰明不損，而知八紘九野之形埒者，何也？」典案：卷子本玉篇紘字下引「形埒」作「形垺」，於義爲長。惟俶真篇「未有形埒垠堮」，精神篇「休息于無委曲之隅，而游敖于無形埒之野」，繆稱篇「道之有篇章形埒者」，高注：「形埒，兆朕也。」是此文「形埒」二字不誤。淮南子有許慎、高誘二家注本，玉篇引文，疑是許本。

「加之以詹何、娟嬛之數。」高注：「詹何、娟嬛，古善釣人名。」典案：文選七發注引「娟嬛」作「蜎蠉」，又引高注「蜎蠉，白公時人」。困學紀聞引亦作「蜎蠉」。漢書藝文志有蜎子十三篇。七略：「蜎子名淵，楚人。」史記孟子荀卿列傳：「環淵，楚人，學黃、老道德之術，著上下篇。」廣韻二十七删環字下云：「古有楚賢者環淵。」宋玉釣賦：「宋玉與登徒子偕受釣於玄淵。」名雖殊，實一人也。蜎蠉、環淵、玄淵〔一〕、娟嬛並聲近通叚。

「雁門之北，狄不穀食，賤長貴壯，俗尚氣力。」王念孫云：「俗本作各，各誤爲谷，後人因加人旁耳。漢郃陽令曹全碑各作㕣，形與谷相似。太平御覽兵部八十九引此，正作『各尚氣力』。」典案：「俗尚氣力」，義自可通，不必改字釋之。類書所引孤證，未足爲據。且如王説，誤自漢代，則宋代類書引文安得不誤乎？王氏但欲證明俗爲各字之譌，不知所舉二證實難並立也。

「故橘樹之江北則化而爲枳，鴝鵒不過濟，貈渡汶而死。」王念孫云：「枳本作橙，此後人依攷工記改之也。埤雅引此作『化而爲枳』，則所見本已誤。文選潘岳爲賈謐贈陸機詩注、藝文類聚、太平御覽果部引並作橙。」典案：攷工記、埤雅字並作枳，卽枳字不誤之證。此文以枳、濟、死爲韻，作橙則失其韻矣。列子湯問篇：「渡淮而北，而化爲枳焉。鸜鵒不踰濟，貉踰汶則死矣。」與此文正同。説苑奉使篇：「江南有橘，齊王使人取之，而樹之於江北，生不爲橘，乃爲枳。」韓詩外傳十：「王不

〔一〕「淵」字原本脱，今補。

見夫江南之樹乎，名橘，樹之江北則化爲枳。」亦皆可證枳字不誤。王説失之。

「昔舜耕於歷山，期年，而田者争處墝埆，以封壤肥饒相讓；釣於河濱，期年，而漁者争處湍瀨，以曲隈深潭相予。」顧炎武云：「淮南子『舜釣於河濱，期年，而漁者争處湍瀨，以曲隈深潭相予』，爾雅注引之曰：『漁者不争隈。』此略其文而用其意也。」日知録二十引書用意條。典案：爾雅釋丘隩隈注所引「漁者不争隈」五字，乃覽冥篇之文，非略原道篇此文而用其意也。引書用意，古籍類然，顧先生所説誠是，惟舉例偶失檢耳。

「藏於不敢，行於不能。」俞樾云：「文子道原篇作『藏於不取』，當從之，卽所謂『百姓足，君孰與不足』也。」典案：藏與行、不敢與不能相對成義。藏於不敢，卽道家卑弱以自持之意。俞氏以論語「百姓足，君孰與不足」之義釋之，非其指矣。文子道原篇敢誤爲取，可依此文訂正，不當據彼改此也。

「動溶無形之域，而翺翔忽區之上。」典案：溶爲搈叚。説文手部：「搈，動搈也。」溶、搈同音，古通用。俶真篇「動溶於至虛」同。宋蘇頌校淮南子題序云：「許於卷内多假借用字，原道篇雖高本亦爾。」

「故老聃之言曰：『天下至柔，馳騁天下之至堅。出於無有，入於無間。』」典案：今本老子河上公章句偏用第四十三，作「天下之至柔，馳騁天下之至堅。無有入無間」。「無有」上敓「出」字，可據淮南引文增。道應篇引作「無有入於無間」，疑後人改之也。老子注：「無有，謂道也，道無形質，故能出入無間。」是所見本尚未敓出字。

「循之不得其身。」典案：「循」爲「揗」叚。説文手部：「揗，摩也。」「循之不得其身」，猶摩之不得其身也。

「憂悲者，德之失也。」俞樾云：「上云『喜怒者，道之邪也』，下云『好憎者，心之過也』，喜之與怒，好之與憎，皆二字相反。此云『憂悲』，則非其義矣。『憂悲』當作『憂樂』。」典案：下文「嗜欲者，性之累也」，嗜之與欲，誼固相類，而不相反也。俞説未審。

「故士有一定之論，女有不易之行。」高注：「士有同志，同志德也。」典案：注下「志」字疑衍。文選諮建平王上書注引此注無下「志」字，是其證。

「氣者，生之充也。」王念孫云：「充本作元，此涉下文『氣不當其所充』而誤也。文選養生論注引此正作元，文子九守篇亦作元。王冰注素問刺禁論云：『氣者，生之原。』語卽本於淮南。」典案：下文「氣不當其所充而用之則泄」，卽承此而言，正此文充字不誤之證。下文又云：「氣爲之充，而神爲之使也。」「無所不充，則無所不在。」並可證此文「充」非誤字。本書精神篇「使神滔蕩而不失其充」，素問解精微論「髓者，骨之充也」，誼皆與此文「充」字相類。王說未諦，不可從也。

「蚑蟯貞蟲。」高注：「貞蟲，細腰之屬也。」典案：本書說山訓「貞蟲之動以毒螫」，高彼注：「貞蟲，細腰蜂，蜾蠃之屬，無牝牡之合曰貞。」案：貞當爲征之叚字。墨子非樂上篇「今人固與禽獸麋鹿蜚鳥貞蟲異者也」，三朝記謂之「蜚征」。高以「無牝牡之合」釋之，未晐。

「終身運枯形於連嶁、列埒之門。」高注：「連嶁，猶離嶁也，委曲之類。列埒，不平均也。」典案：連、列對文，皆所謂動詞；嶁、埒對文，皆所謂名詞。嶁卽㟝嶁。埒，說文土部云：「卑垣也。」「連嶁、列埒之門」，謂㟝嶁連緜，卑垣橫列，行者將躓蹈其中，不能自脱也。高注未晰。

俶真篇：「是故日計之不足，而歲計之有餘。」高注：「以限計之，故有餘也。辟若梅矣，百梅足以爲百人酸，一梅不足爲百人酸也。」典案：注「一梅不足爲百人酸也」，百字當爲一字之誤。本書說林篇「百梅足以爲百人酸，一梅不足以爲一人和」，是其證也。事類賦果部二十六引此已誤。

「炊以鑪炭。」王念孫云：「炊當爲灼，字之誤也。吕氏春秋士容篇注作『爝以鑪炭』，燔亦灼也。」典案：呂氏春秋重己篇高注引此文亦作「燔以鑪炭」，與士容篇注同，是高氏所見本字作燔。炊固非，灼亦未必是。

「是故身處江海之上，而神游魏闕之下。」高注：「魏闕，王者門外闕，所以縣教象之書於象魏也。巍巍高大，故曰魏闕。言真人雖在遠方，心存王也。一曰：心下巨闕，神内守也。」陶方琦云：「莊子釋文引許注：『天子兩觀也。』文選弔魏武帝文注引許注作『魏闕，王之闕也。』高注前一説，文選注所引許注相同，當是許説羼入高注。文選、莊子所引，乃約文也。且高注内作兩説，多係許、高之異。」典案：呂氏春秋審爲篇高彼注云：「魏闕，心下巨闕也。心下巨闕，言神内守也。一説：魏闕，象闕也。」與此注正同。本書道應篇注：「江海之上，言志在於己身；心之魏闕也，言内守。」與此文注「一曰：心下巨闕，神内守也」相合。道應篇爲許注本，陶氏謂「高注内之一説，多是許説之羼入者」，是也。

「譬若周雲之蘢蓯，遼巢彭濞而爲雨。」高注：「周雲，密雨雲也。」俞樾云：「周，當讀爲朝。詩汝墳篇『惄如調飢』，毛傳曰：『調，朝也。』周之爲朝，猶調之爲朝也。」典案：説文口部：「周，密也。」與高注「密雨雲」之義正合。注「雨」字疑涉「雲」字上半誤羨之文。俞説迂曲，殆失之矣。

「夫秋豪之末，淪於無間而復歸於大矣；蘆苻之厚，通於無墊而復返於敦龐。若夫無秋豪之微，蘆苻之厚，四達無境，通于無圻，而莫之要御夭遏者。」典案：墊，古垠字，又或從斤作圻。上既言「通於無墊」，此不得復言「通于無圻」。上文「通於無墊」與「淪於無間」相對，句法一律，下文有「通于無圻」四字，不惟重複，句法亦不一律。此疑一本作「通於無墊」，一本作「通于無圻」，校者旁注，寫者誤入於此。墊字下無注，而圻字下有注云：「圻，垠字也。」疑亦後人所加，非高氏舊注也。

「然其斷在溝中，壹比犧尊、溝中之斷，則美醜有間矣。」典案：「然其斷在溝中」句不詞，「壹」字疑當在「其」字下。御覽七百六十一引莊子正作「其一斷在溝中」，是其證。今本莊子天地篇作「其斷在溝中」，誤與此文同。

「若然者，視天下之間，猶飛羽浮芥也。」高注：「芥，中也。」莊逵吉云：「中字疑當作艸。」典案：芥無中義，中必爲誤字。屮，古艸字，淺人加畫爲中。方言：「自淮以西，或曰草，或曰芥。」是芥本有草義。

「莫窺形於生鐵，而窺於明鏡者，以覩其易也。」王念孫云：「『以』下本無『覩』字。太平御覽服用部十九、方術部一引此，並無『覩』字。」典案：王説是也。北堂書鈔一百三十六引，亦無「覩」字，足證王説。

「智終天地。」典案：「智終天地」，義不可通，「終」當爲「絡」字之誤也。莊子天道篇「故古之王天下者，知雖落天地，不自慮也」，卽此文所本。「落」與「絡」同。莊子秋水篇「落馬首，穿牛鼻，是謂人」，本書原道篇作「絡馬之口，穿牛之鼻者，人也」，是莊子作「落」，本書作「絡」之證。知、智古今字。北堂書鈔帝王部七引莊子作「智洛天地。」落、絡、洛並同音通用。

「一人養之，十人拔之，則必無餘梓。」王念孫云：「一」當爲十，「十」當爲一。此言養之者雖有十人，而一人拔之則木必死也。二字互誤，則非其指矣。御覽方術部一引此，正作『十人養之，一人拔之。』」典案：王說是也。御覽九百五十二引此文，作「千人養之，一人拔之」，文雖有異，「十人」作「一人」則同。韓非子說林上篇「然使十人樹之，而一人拔之，則毋生楊矣」，卽淮南所本。

「燔生人，辜諫者。」典案：「辜諫者」不詞，「辜」當爲「辠」字之誤也。御覽六百四十七引，正作「辠諫者」。辠，古罪字，形與辜相近。

「故詩云：『采采卷耳，不盈傾筐。嗟我懷人，寘彼周行。』以言慕遠世也。」高注：「言采采易得之菜，不滿易盈之器，以言君子爲國，執心不精，不能以成其道，采易得之菜，不能盈易滿之器也。『嗟我懷人，寘彼周行』，言我思古君子官賢人，置之列位也。誠古之賢人各得其行列，故曰慕遠也。」典案：毛傳：「寘，置。行，列也。思君子官賢人，置周之列位。」胡承珙云：「此釋懷人二句，全同傳義。其釋上二句，意當亦本之毛公。」毛詩後箋。是也。惟荀子解蔽篇：「詩云：『采采卷耳，不盈頃筐，嗟我懷人，寘之周行。』頃筐易滿也，卷耳易得也，然而不可以貳周行。」申公之學出於荀卿，魯詩卷耳之義即本於此。高注所謂「易得之菜」，「易盈之器」，又用魯義爲解。俶真篇〔一〕爲高本，引詩「寘之」作「寘彼」，復與毛同，然則高誘固不分今古文者也。

天文篇：「虎嘯而谷風至，龍舉而景雲屬。」陶方琦云：「文選劉孝標廣絶交論注、御覽九百二十九、事類賦風部引許注『虎，陰中陽獸，與風同類。』」典案：初學記一引高注：「虎，陽獸，與風同類。」此文下既有高注云「虎，土物也。風，木風也。木生于土，故虎嘯而谷風至」，則初學記所引必許注也。

「南方曰炎天。」典案：文選顔延年夏夜呈從兄散騎車長沙詩注引高注：「南方五月建午，火之中也。火性炎上，故曰炎天。」今本敓，當據補。

〔一〕「真」，原本作「寘」，今改。

「執衡而治夏。」陶方琦云：「占經三十引許注：『衡，平也。』」典案：御覽八百六十九引許注同。

「景風至則爵有位，賞有功。」高注：「夏至陰氣在下，陽盛於上，象陽布施，故賞有功，封建侯也。」典案：注「封建侯也」不詞，「侯」上當有「諸」字。御覽二十三引注正作「封建諸侯」，是其證。

「太微者，太一之庭也。」俞樾云：「下文曰：『紫宮者，太一之居也。』然則太一自在紫宮，不在太微。此太一乃天子二字之誤。」典案：俞說是也。此蓋涉上「太微」而誤。文選江文通雜體詩注引「太一」作「天一」，天字尚不誤，足攷「天子」二字誤爲「太一」之跡。

「軒轅者，帝妃之舍也。」典案：文選月賦注引高注：「軒轅，星名。」當據補。齊敬皇后哀策文注引作：「軒轅，星也。」下文「天阿者，羣神之闕也」，北堂書鈔百五十亦引注云：「天河，星名也。」正與此注一例。疑此注本作：「軒轅，星名也。」

「咸池者，水魚之囿也。」典案：北堂書鈔百五十引「魚」作「衡」。疑此文「魚」本作「奐」，即古「衡」字，形與「魚」近，傳寫遂譌爲「魚」矣。若本爲「魚」字，無緣誤爲「衡」也。

「音比夾鐘。」高注：「夾，夾也。」典案：注下「夾」字當作「莢」。下文「夾鐘者，種始莢也」，是其證也。

「下生者倍，以三除之；上生者四，以三除之。」高注：「鐘律上下相生，誘不敏也。」典案：高氏於其所不知，皆直謝不敏。呂氏春秋上農篇「皆知其末，莫知其本真」，下亦有注云：「不敏也。」正與此一例。惟呂氏春秋古樂篇高注：「法鳳之雌雄，故律有陰陽，上下相生，故曰黄鍾之宫皆可以生之。」音律篇注：「律吕相生，上者上生，下者下生。」疑高氏注淮南在前，當時猶未明鍾律上下相生之理，及注吕氏春秋，已通其義，故此注直言不敏，而彼注則爲之解也。

「太陰治春，則欲行柔惠温涼。」俞樾云：「温涼異義，不得連文。涼當作良。」典案：「温涼」與「柔惠」誼不相類，俞謂「涼當爲良」，是也。北堂書鈔百五十三引，作「太陽治春，則欲行仁惠温良」，文雖小異，「温涼」正作「温良」，足證俞説。

地形篇：「食水者善游能寒。」典案：能，讀曰耐。吕氏春秋審時篇高注：「能，耐也。」漢書趙充國傳：「漢馬不能冬。」師古曰：「能，讀曰耐。」正與此文一例。家語執轡篇「食水者善遊而耐寒」，是其證矣。游、遊古通用。

「食土者無心而慧。」高注：「蚯蚓之屬是也。」俞樾云：「大戴記易本命篇作『無心而不息』，盧辯注曰：『蚯蚓之屬不氣息也。』此文慧字疑亦不息二字之誤。」典案：家語執轡篇作「食土者無心而不息」，王肅注：「螾屬不氣息也。」與大戴禮正同。御覽九百四十四引此文作「食土者無心不惠」，惠上亦有不字，「而慧」二字當爲「不息」之譌。高注「蚯蚓之屬是也」，不釋慧字之義，即所見本不作慧之證。

「無角者膏而無前，有角者指而無後。」高注：「膏，豕也，熊猿之屬。無前，肥從前起也。指，牛羊麋之屬。無後，肥從後起也。」莊逵吉云：「指應作脂，見周禮注，所謂『戴角者脂，無角者膏』是也。又王肅家語注引本書，正作脂。」典案：莊謂「指」應作「脂」，是也。説文肉部脂字下云：「戴角者脂，無角者膏。」家語執轡篇：「四足者無羽翼，戴角者無上齒，無角無前齒者膏，有角無齒者脂。」御覽八百六十四脂膏條、八百九十九牛條，兩引此文，「指」並作「脂」。又案：「無前」、「無後」義不可通，「無」當爲「兑」，即古「鋭」字。「兑」始譌爲「无」，傳寫又改爲「無」，義遂不可通矣。御覽八百九十九引此文正作「兑前」、「兑後」。又引注：「豕馬之屬前小，牛羊後小。」前小即鋭前，後小即鋭後矣。

「維出覆舟。」典案：「維」當爲「濰」字之壞也。御覽六十三引淮南云：「濰水覆舟山，蓋廣異名也。」文雖有異，「維」字正作「濰」。

時則篇：「律中太蔟。」高注：「律，管音也。陰衰陽發，萬物太蔟地而生，故曰太蔟。」典案：注「萬物太蔟地而生」義不可通，「太」當爲衍文。天文篇「音比太蔟」，高彼注言「陰衰陽發，萬物蔟地而生，故曰太蔟」也。吕氏春秋孟春紀「律中太蔟」注：「太陰氣衰，少陽氣發，萬物動生，蔟地而出，故曰律中太蔟。」二注與此注並同。禮月令注：「太蔟，言陽氣大蔟，達於上也。」蔟上雖有大字，然非指萬物生出，言不與高氏淮南、吕氏春秋注一例。

「四鄰入保。」高注：「四方之民來入城郭自保守也。」典案：吕氏春秋孟夏紀「四鄙入保。」高彼注云：「四境之民畏寇賊來，入城郭以自保守也。」禮月令鄭注：「小城曰保。」即此保字之義。莊子盜跖篇：「所過之邑，大國守城，小國入保。」城、保對文，可證。高氏此注與吕氏春秋注並以「自保守」釋之，非是。下文兩「四鄙入保」，注：「四界之民皆入城郭自保守也。」誤與此同。

「其兵戈。」王念孫云：「戈當爲戉，字之誤也。藝文類聚、太平御覽引此，並作『其兵鉞』，是其證也。」典案：顔師古匡謬正俗云：「黄帝素問及淮南子等諸書説五方之兵，東方其兵矛，南方其兵弩，中央其兵劍，西方其兵戈，北方其兵鎩。」是小顔所見本正作「其兵戈」。御覽引作「鉞」，蓋襲藝文類聚耳。

「固封壐。」典案：禮記月令「壐」作「疆」，鄭注：「今月令疆或作壐。」説文土部：「壐，王者之印也，以主土。據玉篇引。從土，爾聲。」壐字從土，以主土者，故「封疆」或作「封壐」。應劭漢官儀、蔡邕獨斷引月令並作「固封壐」，皆據今月令。北堂書鈔百五十六引淮南此文作「固封疆」，與古月令合，疑是許、高二家之異。

覽冥篇：「庶女叫天，雷電下擊，景公臺隕，支體傷折，海水大出。」高注：「庶賤之女，齊之寡婦，無子，不嫁，事姑謹敬。姑無男有女，女利母財，令母嫁婦。婦益不肯，女殺母以誣寡婦。婦不能自明，寃結叫天，天爲作雷電下擊景公之臺。」典案：「叫天」下敓「而」字，與上文「師曠奏白雪之音，而神物爲之下降」句不一律。北堂書鈔百五十二、初學記一、藝文類聚二引並有「而」字，當據增。又案：「叫天」，御覽六十引作「告天」，事類賦天部引説苑云：「庶女者，齊之寡婦，養姑。姑女利母財，而殺母以告寡婦。婦不能自解，以寃告天，而大風襲於齊殿。」「叫」亦作「告」，與御覽六十引文合。御覽引文，「景公臺隕」句下，又引注云：「景公，齊景公也。雷擊景公臺，隕壞之也。」「枝體傷折」句下，引注云：「景公爲雷霆所傷折。」「庶女告天」句下所引注，既與文選詣建平王上書注引許注合，則此二注必許君注矣。

「夫物類之相應，玄妙深微，知不能論，辯不能解。」俞樾云：「論者，知也。説山篇高注：『論，知也。』『不能論』，謂智者不能知也。」典案：下文「得失之度，深微窈冥，難以知論，不可以辯説也」，與此文義正同，而論字與説字對文，則此文之論亦不當訓知。俞説未安，不可從也。

「故山雲草莽，水雲魚鱗，旱雲煙火，涔雲波水，各象其形類，所以感之。」王引之云：「煙當爲熛，字之誤也。説文：『熛，火飛也。』『旱雲熛火，涔雲波水』，猶言旱雲如火，涔雲如水耳。」典案：此言雲之形狀象草莽、魚鱗、煙火、波水也。熛者迸火，卽俗語所謂火星也。雲之狀可以象煙，不得象火星。王説既無依據，又違物情，其失也迂矣。

「夫道者，無私就也，無私去也。」高注：「天道無私就去。」典案：「夫」當爲「天」，字之誤也。文子精誠篇、御覽二十七引此文並作「天道」，是其證也。高注「天道無私就去」，是所見本正作「天道」。主術篇：「天道玄默，無容無則。」是「天道」二字見於本書者。

「浮游不知所求，魍魎不知所往。」典案：「求」當爲「來」，字之誤也。北堂書鈔十五引，正作「浮游不知所來」，是其證也。「不知所來」、「不知所往」，相對爲文，且承上句「莫知所由生」而言。若作「求」，則文既不相對，又與上句之義不相應矣。

精神篇：「日中有踆烏。」高注：「踆，猶蹲也，謂三足烏。」典案：藝文類聚天部一、事類賦天部一並引注云：「踆，趾也。」北堂書鈔百四十九引，「趾」作「止」。廣韻十八諄：「竣，止也。」踆與竣同，止、趾古亦通用。

「甘瞑太宵之宅，而覺視於昭昭之宇。」高注：「太宵，長夜之中也。言其直瞑於大道之處，冥視昭昭矣。」典案：文選陸士衡答張士然詩、嵇叔夜養生論李注：「瞑，古眠字。」「甘瞑」猶酣眠也。高注「言其直瞑於大道之處，冥視昭昭矣」，未得其誼。本書俶真篇「甘瞑於溷澖之域」同。又案：「甘瞑」下當有「於」字。文選辛丑歲七月赴假還江陵夜行塗口詩注引作「甘瞑於大霄之宅」可證。俶真篇「甘瞑於溷澖之域」，「甘瞑」下亦有「於」字。

「使之左據天下圖而右手刎其喉，愚夫不爲。」高注：「天下至大，非手所據，故不言手也。」典案：泰族篇：「使人左據天下之圖而右刎喉，愚者不爲也。」「左」下亦無「手」字。惟呂氏春秋不侵篇高注引此文，知分篇高注引泰族篇文，「左」下並有「手」字。文子上義篇、後漢書仲長統傳昌言法誡篇、馬融傳、三國志彭羕傳、世説新語文學篇注亦並作「左手據天下之圖」。所謂據者，指天下之圖言之，非謂據天下也。高所見本敚手字，遂曲爲之説耳。

本經篇：「當此之時，玄元至碭而運照。」高注：「玄，天也。元，氣也。」莊逵吉校本避清聖祖諱，改「玄」爲「元」。俞樾云：「高注曰：『元，天也。元，氣也。』分兩字爲兩義，殊不可通。」典案：各本並作「玄元」，注並作：「玄，天也。元，氣也。」俞氏蓋據清代刊本立説，而不知上「元」字爲避諱所改也。

「伯益作井，而龍登玄雲，神棲昆侖。」高注：「伯益佐舜，初作井，鑿地而求水。龍知將決川谷，漉陂池，恐見害，故登雲而去，棲其神於昆侖之山。」典案：高注「故登雲而去，棲其神於昆侖之山」，是誤以神爲龍之神也。論衡感虚篇：「傳書又言：『伯益作井，龍登玄雲，神棲崑崙。』言龍井有害，故龍神爲變也。夫言龍登玄雲，實也；言神棲崑崙，又言爲作井之故，龍登神去，虚也。」又曰：「所謂神者，何神也？百神皆是。百神何故惡人爲井？」可證高注之非。

「故德之所總，道弗能害也。」高注：「總，一也。」俞樾云：「總字無義，乃利字之誤。利古文作𥝢，總俗作惣，其上半相似，因而致誤。」典案：下文「晚世學者，不知道之所一體，德之所總要」，高注：「總，凡也。」與此文及注誼皆相類，則「總」非誤字，明矣。高注：「總，一也。」是所見本字已作「總」。若如俞説，則是「利」之譌「總」，漢代已然。俗書之「惣」，造於唐代，宋丁度集韻始收其字，安得言古文「𥝢」與俗書之「惣」以上半相似而致誤乎？俞説甚鑿，不可從也。

「舜之時，共工振滔洪水，以薄空桑。」高注：「共工，水官名也，柏有之後。振，動也。滔，蕩也。欲壅防百川，滔高堙庳，以害天下者。」典案：御覽八十一引注云：「滔，漫之。共工，炎帝之後。隨高堙下，壅百川以爲民害。」今本注「柏有」二字當爲「炎帝」。

「燎焚天下之財。」俞樾云：「天下之財不當言燎焚，燎焚當作撩聚。」典案：「燎焚天下之財」，與下句「罷苦萬民之力」，即韓非子亡徵篇「罷露百姓，煎靡貨財」之義，承上文「琁室、瑶臺、象廊、玉牀」、「肉圃、酒池」而言，謂桀、紂之奢侈無度，非謂其聚斂也。俞欲改字釋之，其失也迂而鑿矣。韓非子外儲説左上亦云：「罷苦百姓，煎靡財貨。」「燎焚」猶「煎靡」矣。

主術篇：「兵莫憯於志而莫邪爲下，寇莫大於陰陽而枹鼓爲小。」高注：「以智意精誠伐人爲利。」典案：二句相對爲文，「志」上當有「意」字。意志、陰陽，文正相對。繆稱篇正作「兵莫憯於意志，莫邪爲下」，是其證矣。高注「智意」疑即「意志」二字之誤，其所見本當尚未敓意字。莊子庚桑楚篇「兵莫憯於志，鏌鋣爲下」，其敓意字與此同，或後人據彼删此也。

「而不能與越人乘幹舟而浮於江湖。」高注：「幹舟，小船也。」王念孫云：「古無謂小船爲幹者，幹當爲舲，字之誤也。舲與舲同。」典案：羣書治要引「幹」作「舼」。玉篇：「舼，小船也。」與高注小船亦合。

「而欲以偏照海内，存萬方。」典案：「照海内」、「存萬方」相對爲文，「照」上不當有「偏」字。羣書治要引此文無「偏」字，下文「如此而欲照海内，存萬方」亦無「偏」字，皆其證也。

「是故十圍之木，持千鈞之屋；五寸之鍵，制開闔之門。」王念孫云：「制開闔三字文義未足，説苑説叢篇作『而制開闔』，文子作『能制開闔』，能亦而也。二書皆本於淮南，則淮南原文本作『五寸之鍵而制開闔』明矣。」典案：王説是也。意林引此文，「持」上「制」上並有「能」字，是其證矣。

「豈其材之巨小足哉？所居要也。」典案：「足」字無義，疑衍文也。意林引作「非材有巨細，所居要耳」，「小」雖作「細」，下無「足」字。

繆稱篇：「昔東户季子之世，道路不拾遺，耒耜餘糧宿諸晦首。」典案：初學記引子思子曰：「東户季子之時，道上雁行而不拾遺，餘糧宿諸畂首。」即此文所本。

「老子學商容，見舌而知守柔矣。」注：「商容，神人也。商容吐舌示老子，老子知舌柔齒剛。」典案：「學」下當有「於」字。文子上德篇「學」下有「於」字，是其證。又案：商容，文子上德篇作「常樅」，說苑敬慎篇作「常摐」，漢書藝文志有常從日月星氣二十一卷，師古注：「常從，人姓名，老子師之。」王應麟困學紀聞以爲淮南子誤，當依文子、說苑作「常樅」。案：此當各依本書，商、常，容、樅、從，並聲近通用字。呂氏春秋離謂篇「箕子、商容以此窮」，高注：「商容，紂時賢人，老子所從學者。」慎大覽注：「商容，殷之賢人，老子師也。」並與此文注「神人」之說異。繆稱篇爲許注本，故與呂氏春秋注不合耳。

「雍門子以哭見孟嘗君，涕流沾纓。」俞樾云：「孟嘗君」下當更有「孟嘗君」三字。不然，則涕流沾纓仍屬雍門子，而不屬孟嘗君，不見其感人之至矣。」典案：俞說是也。論衡感虛篇「雍門子哭對孟嘗君，孟嘗君爲之於邑」，亦重「孟嘗君」三字。列子湯問篇「故雍門之人至今善歌哭，放娥之遺聲」，張注：「六國時有雍門子，名周，善琴，又善哭，以哭干孟嘗君。」文選陸士衡於承明作與士龍詩注引此文，「哭」作「琴」。說苑善說篇：「雍門子周以琴見乎孟嘗君。雍門子周引琴而鼓之，徐動宮徵，微揮羽角，切終而成曲。孟嘗君涕浪汗增，欷而就之曰：『先生之鼓琴，令文若破國亡邑之人也。』」三國志郤正傳「雍門援琴而挾說」，注引桓譚新論文略同。漢書景十三王傳：「雍門子壹微吟，孟嘗君爲之於邑。」蘇林曰：「六國時人，名周，善鼓琴。」如淳曰：「雍門子以善鼓琴見孟嘗君，先説『萬歲之後，高臺既已顛，曲池又已平，墳墓生荆棘，牧豎游其上，孟嘗君亦如是乎』？孟嘗君喟然歎息也。」是文選注引文作「琴」，非誤字也。此疑一本作「哭」，一本作「琴」。

「魯以偶人葬而孔子歎。」注：「偶人，桐人也。歎其象人而用之也。」典案：「桐人」一本作「相人」，當以「相人」爲是。周禮冢人鄭司農注：「象人，謂以芻爲人。」列子黄帝篇釋文：「木偶人形曰象人。」是其證。

「故商鞅立法而支解。」注：「商鞅爲秦孝公立治法，百姓怨之，以罪支解。」典案：「立」，疑當爲「峻」之壞字。此承上文「城峭岸崝」而言，又與下文「吴起刻削而車裂」相對爲文。若作「立法」，則與上下文皆不相應矣。韓詩外傳正作「商鞅峻法而支解」，是其證。高注「商鞅爲秦孝公立治法」，是所見本已作「立」，故增「治」字解之耳。

齊俗篇：「其後，齊日以大，至於霸，二十四世而田氏代之；魯日以削，至三十二世而亡。」典案：「魯日以削至」下當有「於覲存」三字。此以「齊日以大至於霸」，「魯日以削至於覲存」相對爲文，今敚此三字，以「至」字屬下「三十二世而亡」爲句，句法遂不一律矣。吕氏春秋長見篇正作「至於覲存」。高注：「覲，裁也。」又案：「三十二世而亡」，「二」當爲「四」。吕氏春秋正作「三十四世而亡」，高注：「自魯公伯禽至頃公讎爲楚考烈王所滅，適三十四世也。」韓詩外傳同。

「聖人之見終始微言。」孫詒讓云：「言當作矣。」典案：孫説是也。韓詩外傳十作「聖人能知微矣」，本書人間篇「夫仕者先避之，見終始微矣」，皆其證也。

「含珠鱗施，綸組節束。」注：「鱗施，玉紐也。」典案：吕氏春秋節喪篇注：「含珠，口實也。鱗施，施玉於死者之體如魚鱗也。」與此注「玉紐」不同，蓋許、高之異。

「屠牛吐一朝解九牛，而刀以剃毛。」莊逵吉云：「御覽吐作坦，疑垣字之訛。」典案：莊説非也。初學記武部、白帖十三、御覽三百四十六、八百二十八引此文並作「屠牛坦」。管子制分篇「屠牛坦朝解九牛，而刀可以莫鐵」，莊子養生主篇釋文引管子作「有屠牛坦，一朝解九牛，刀可剃毛」，與淮南此文正合，皆「吐」當爲「坦」之證。又案：「刀以剃毛」不詞，「以」上當有「可」字。初學記、白帖、御覽引並作「可以剃毛」，皆其證也。管子同。

「故趣舍合，即言忠而益親；身疏，即謀當而見疑。」王念孫云：「趣謂志趣也。『趣合』與『身疏』相對爲文，則趣下不當有舍字，蓋即合字之誤而衍者也。文子道德篇正作『趣合』。」典案：「趣」、「取」通用，趣舍即取舍也。韓非子姦劫弑臣篇：「今人臣之所譽者，人主之所是也，此之謂同取；人臣之所毁者，人主之所非也，此之謂同舍。夫取舍合而相與逆者，未嘗聞也。」卽此文所本。五蠹篇：「故法之所非，君之所取；吏之所誅，上之所養也，法趣上下四相反也。」可證趣者取也。王氏誤以「志趣」釋之，遂以「舍」爲衍文，其失也迂矣。文子敚「舍」字，當依此文及韓非子增，未可據彼删此。

「從城上視牛如羊，視羊如豕，所居高也。」典案：吕氏春秋壅塞篇：「夫登山而視牛若羊，視羊若豚，牛之性不若羊，羊之性不若豚，所自視之勢過也。」卽淮南此文所本。余前據御覽八百九十九引文無「視羊」二字，謂此文當作「從城上視牛，如羊如豕」，實爲大誤。

「若夫不爲虚而自虚者，此所慕而不能致也。」王念孫云：「『此所慕而不能致也』，義不可通。『不能致』當作『無不致』。所慕無不致，猶言所欲無不得。文子道德篇正作『此所欲而无不致也』。」俞樾云：「此言欲爲虚則不能爲虚，若夫不爲虚而自虚，則又慕之而不能致也。文子道德篇作『此所欲而無不致也』，於義不可通。王氏念孫反據以訂正淮南，殊爲失之。」典案：韓非子解老篇：「夫故以無爲無思爲虚者，其意常不忘虛，是制於爲虛也。虛者，謂其意所無制也，今制於爲虛，是不虛也。虛者之無爲也，不以無爲爲有常。不以無爲爲有常則虛。」卽淮南此文「不爲虛而自虛」之誼。此道家至高至深之境，出於性之自然，非有爲者所可幾及，故雖心焉慕之而實不能致也。文子道德篇作「此所欲而無不致也」，義既不可通，又與上文「常欲在於虛，則有不能爲虛矣」之誼不叶。王氏顧欲據以改淮南，斯爲謬矣。俞氏糾其失，是也。

「由是發其原而壅其流也。」王念孫云：「『由是』當爲『是由』，由與猶同。羣書治要引此，正作『是猶』。」典案：王說是也。文選東都賦、東京賦注引此文並作『是猶』，可證王說。猶、由古亦通用。爾雅釋言：「猶，若也。」猷與由通。惟唐人所見本字並作「猶」，則今本作「由」，聲之誤也。始誤「猶」爲「由」，後人又改爲「由是」耳。當依治要、文選注乙正。

「秦王之時，或人葅子，利不足也。」俞樾云：「或人卽國人也。或、國古通用。」典案：「或人葅子」，言人或有殺葅其子者耳。若作「國人」，則是舉國之人皆葅其子矣，事固不爾，文亦失經，俞說未安，不可從也。

道應篇：敍目：「道之所行，物動而應，考之禍福，以知驗符也，故曰道應。」典案：莊子知北遊篇无始曰「有問道而應之者，不知道也。雖問道者，亦未聞道。道无問，問无應。无問問之，是問窮也；无應應之，是无内也」，即「道應」二字之誼。此篇以太清問道於無窮爲始，故以「道應」題篇，敍目望文生義，以「道之所行，物動而應」釋之，非是。

「子之知道，亦有數乎？」典案：「子之知道」上當有「曰」字，而今本敓之。莊子知北遊篇正作「曰：『子之知道，亦有數乎？』」當據增。

「可以窈，可以明。」俞樾云：「窈讀爲幽，故與明相對。」典案：俞讀是也。文子微明篇正作「可以幽，可以明」，是其證矣。原道篇「幽而能明，弱而能强，柔而能剛」，與此文詞意略同，亦以幽明對文。

「弗知之深而知之淺，弗知内而知之外，弗知精而知之粗。」王念孫云：「『弗知之深』，『之』字當在上文『無爲』下，今本『無爲』下脱『之』字，則文不成義。『弗知』下衍『之』字，則與下二句不對。莊子知北遊篇作『「若是，則無窮之弗知與無爲之知，孰是而孰非乎？」無始曰：「弗知深矣，知之淺矣。弗知内矣，知之外矣。」』是其證。」典案：王謂上文「無爲」下脱「之」字，是也。惟文子微明篇襲用淮南此文，作「知之淺不知之深，知之外不知之内，知之粗不知之精」，文雖倒，「不知」下固自有

「之」字，且三句一律。文子襲用淮南子文，大抵删削多而增益少，或此文本作「弗知之深而知之淺，弗知之内而知之外，弗知之精而知之粗」，今本下二句敚兩「之」字耳。莊子文句與淮南相遠，文子則直襲用淮南，故以莊子校，不若以文子校之近確也。

白公問於孔子曰：「人可以微言？」典案：「微言」下當有「乎」字，語意始完。吕氏春秋精諭篇、列子説符篇、文子微明篇「微言」下並有「乎」字，是其證矣。

白公不得也，故死於浴室。注：「楚殺白公於浴室之地也。」典案：吕氏春秋精諭篇「浴室」作「法室」，高注：「法室，司寇也。一曰：浴室，澡浴之室也。」與此注異。道應篇爲許注本，故注與高彼注不合。

治國有禮，不在文辯。王念孫云：「『有禮』當爲『在禮』，字之誤也。在與不在相對爲文。羣書治要引此，正作『在禮』。」典案：文子微明篇作「治國有禮」，與淮南合，未可依後世類書引文改。

大敗知伯，破其首以爲飲器。注：「飲，溺器，椑榼也。」莊逵吉云：「左傳：『行人執榼承飲造於子重。』褚少孫補大宛傳曰『飲器』，韋昭説：『飲器，椑榼也。』皆爲酒器，非溺器也。疑此『酒』字譌『溺』。」典案：韓非子喻老篇作「漆其首以爲溲器」，説文水部：「浚，浸沃也。」蓋卽釀酒之器。説苑建本篇作「漆其首以爲酒器」。呂氏春秋義賞篇作「斷其頭以爲觴」，觴亦酒器也。注既言「椑榼」，不得復以爲溺器。莊謂「溺」爲「酒」字之譌，其説近確。惟以本書注之文例觀之，疑當作「飲器，椑榼也」。褚少孫補大宛傳「飲器」，韋注「椑榼也」，卽本淮南此注。「溺」字或後人妄加之也。

「此其賢於勇有力也，四累之上也，大王獨無意邪？」注：「此上凡四事，皆累於世，而男女莫不歡然爲上也。」典案：呂氏春秋順説篇高注：「四累，謂卿大夫士及民四等也。君處四分之上，故曰四累之上。」與此注迴殊。蓋許、高之異也。知分篇「四上之志」，高注：「四上，謂君也。卿大夫士與君爲四，四者之中，君處其上，故曰四上之志。」與順説篇注意相類。知高氏自以卿大夫士民爲解，與許氏以爲四事者不同。

「爲吾臣，與翟人奚以異？」典案：「爲吾臣，與翟人奚以異」，語意未晰。莊子讓王篇作「爲吾臣，與爲翟人臣奚以異」，當從之。呂氏春秋審爲篇作「爲吾臣，與狄人臣奚以異」。

「大王亶父可謂能保生矣。雖富貴，不以養傷身；雖貧賤，不以利累形。」典案：「保」當爲「尊」。「雖富貴」上當有「能尊生者」四字。莊子讓王篇、呂氏春秋審爲篇並作「大王亶父可謂能尊生矣」，卽此文所本。莊子之「能尊生」者，卽承此而言。若作「保生」，則與下句不叶矣。呂氏春秋、文子上仁篇「雖富貴」上亦並有「能尊生」三字。淮南敓此數字，「雖富貴，不以養傷身；雖貧賤，不以利累形」，二句遂無所指矣。

「故老子曰：『貴以身爲天下，焉可以託天下。愛以身爲天下，焉可以寄天下矣。』」典案：「焉」當訓「乃」，猶言貴以身爲天下，乃可以託天下；愛以身爲天下，乃可以寄天下也。禮月令「天子焉始乘舟」，墨子親士篇「焉可以長生保國」，魯問篇「焉始爲舟戰之器」，國語晉語「焉始爲令」，皆其比也。今本老子作「故貴以身爲天下者，則可寄於天下。愛以身爲天下者，乃可以託於天下。」莊子在宥篇作「故貴以身於爲天下，則可以託天下。愛以身於爲天下，則可以寄天下。」則、乃誼亦相近。

「故老子曰：『知和曰常，知常曰明，益生曰祥，心使氣曰強。』」典案：「益生曰祥，心使氣曰強」，「曰」皆當爲「日」，形近而誤也。今本老子玄符第五十五作「知和曰常，知常曰明，益生日祥，心使氣日強」，注：「人能知道之常行，則日以明達於玄妙也。」是所見本上二「曰」字亦作「日」。

「楚王曰：『寡人得立宗廟社稷。』」俞樾云：「『立』字無義，疑『主』字之誤。」典案：列子説符篇作「寡人得奉宗廟社稷」，藝文類聚五十二引此文同。「立」當爲「奉」字之壞。俞説失之。

「桓公讀書於堂，輪人斲輪於堂下。」典案：「桓公讀書於堂」，當作「桓公讀書於堂上」，與下句「輪人斲輪於堂下」相對。今敓「上」字，句法遂不一律。莊子天道篇作「桓公讀書於堂上，輪扁斲輪於堂下」，是其證矣。韓詩外傳五作「楚成王讀書於殿上」，「堂」雖作「殿」，亦有「上」字。

「夫國家之安危，百姓之治亂，在君行賞罰。」俞樾云：「『君』字衍文，涉下文『君自行之』而衍。此但言行賞罰，下乃分別言之。若此文有『君』字，則下文不可通矣。」典案：説苑君道篇作「國家之危定，百姓之治亂，在君行之賞罰也。」韓詩外傳七作「夫國家之安危，百姓之治亂，在君之行」。「在」下並有「君」字。俞謂「君」字爲衍文，失之。

「強臺者，南望料山，以臨方皇。」注：「料山，山名。方皇，水名，一曰山名。」典案：文選應休璉與滿公琰書注引作「吾聞京臺者，南望獵山，北臨方皇」，又引高注云：「京臺，高臺也。方皇，大澤也。」與此注不合。蓋許、高二家之異。「強臺」，高本作「京臺」，京、強古音同字通。說苑正諫篇、家語辯政篇字又作「荊」，亦以同音通用。料山，高本及說苑作獵山。方皇，說苑作方淮。料、獵，皇、淮雙聲，古亦通用。

「相天下之馬者，若滅若失，若亡其一。」王引之云：「此當以『若亡其一』爲句。高讀至『若亡』爲句，則『其一』二字上下無所屬矣。且一與失、轍爲韻，如高讀，則失其韻矣。」典案：王說是也。列子說符篇作「若滅若没，若亡若失」，亦以没、失、轍三字爲韻，四字爲句，可爲王說之一證。又案：「天下之馬」與上句「良馬」相對爲文，所謂「若滅若失，若亡其一」，乃指馬言，非指相馬言也。「天下之馬」上不當有「相」字。莊子徐無鬼篇、列子說符篇「天下馬」上並無「相」字，是其證矣。

「晉文公伐原。」注：「原，周邑。襄王以原賜文公，原叛，伐之。」典案：呂氏春秋爲欲篇「晉文公伐原」，高注：「原，晉邑。文公復國，原不從，故伐之。今河内軹縣北原城是也。」與淮南注不合。蓋亦許、高二家之異。

「軍吏曰：『原不過一二日將降矣。』」典案：「一二」當爲「三」字。國語晉語作「諜出曰：『原不過三日矣。』」韓非子外儲說左上篇作「士有從原中出者，曰：『原三日卽下矣。』」新序雜事四篇作「吏曰：『原不過三日將降矣。』」字並作「三」，是其證也。

「臣，偷也。」王念孫云：「『臣，偷也』，本作『臣，楚市偷也』。太平御覽人事部一百十六、一百四十引此，並作『臣，楚市偷也』。」典案：三國志郤正傳裴松之注引，作「臣，偷也」，與今本合。御覽所引，當是別本。

「深目而去鬢，淚注而鳶肩。」注：「淚，水。」王念孫云：「『淚注』當爲『渠頸』，高注『淚，水』，當爲『渠，大』，皆字之誤也。藝文類聚靈異部上引作『渠頸而鳶肩』，又引注云：『渠，大也。』斯爲確據矣。」典案：御覽三百六十九引莊子「盧敖見若士深目鳶肩」，是淮南此文本出莊子也。「淚注」，論衡道虛篇作「雁頸深目玄鬢」，雁頸、鳶肩誼正相類，文亦相對。王充東漢人，其書當較唐人所輯類書爲可信。此當依論衡，不當依藝文類聚引文。

「凡子所爲魚者，欲得也。」典案：「魚」當爲「漁」，字之壞也。呂氏春秋具備篇作「漁爲得也」。家語屈節篇作「凡敏者爲得」，敏與漁同。

「誠於此者刑於彼。」王念孫云：「各本及莊本『誠』字皆誤作『誡』，惟道藏本不誤。羣書治要引此正作『誠』。呂氏春秋、家語並同。」典案：王謂「誡」當爲「誠」，是也。「刑」爲「形」叚，言誠於此者則形於彼也。水經泗水注：「子聞之曰：『誠彼形此，子賤得之，善矣！』」是其證。

「築長城。」典案：淮南王父名長，故書中皆以「長」爲「修」。此文與主術篇「魚不長尺不得取」字仍作「長」，疑後人改之也。人間篇「使蒙公、楊翁子將築修城」；泰族篇「戍五嶺以備越，築修城以守胡」，字並作「修」，此不得獨作「長」。

「明日，往朝。師望之，謂之曰。」典案：「師」字當重。淮南此文出莊子，文選魏都賦、王元長三月三日曲水詩序注引莊子逸文並作「明日，往朝師。師曰」是其證。

「今日教子以秋駕。」典案：「教」上當有「將」字。吕氏春秋博志篇正作「今日將教子以秋駕」，文選魏都賦、王元長三月三日曲水詩序注引莊子作「今將教子以秋駕」，皆其證矣。

「墨者有田鳩者。」注：「田鳩學墨子之術也。」典案：吕氏春秋首時篇高注：「田鳩，齊人，學墨子術。」田鳩卽田俅子，漢書藝文志墨家有田俅子三篇。鳩、俅音近字通。

氾論篇：「陽侯殺蓼侯而竊其夫人，故大饗廢夫人之禮。」注：「陽侯，陽陵國侯也。蓼侯，皋陶之後，偃姓之國侯也，今在廬江。」典案：禮坊記「陽侯猶殺繆侯而竊其夫人」，注：「同姓也。其國未聞。」釋文繆音穆。案：記注、元朗音並誤，當以淮南此文及注爲是。左文五年傳「楚子燮滅蓼」，杜注：「蓼國，今安豐蓼縣。」與此注

「今在廬江」之説正合。潛夫論志氏姓篇「及梁、葛、江、黄、徐、莒、蓼、六、英皆皋陶之後也」，亦與此注「蓼侯，皋陶之後」説同。

「夫聖人作法而萬物制焉，賢者立禮而不肖者拘焉。」典案：「物」當爲「民」字之誤也。此以人民言，非以物言也。下文「制法之民不可與遠舉，拘禮之人不可使應變」，卽承此而言。若作「萬物」，則與下文不合矣。羣書治要引此文正作「萬民制焉」。

「必有獨聞之耳，獨見之明。」王念孫云：「劉本『耳』作『聰』是也。文子上義篇正作『獨聞之聰』。」典案：劉本是也。「聰」與「明」相對爲文，作「耳」則非其指矣。羣書治要引作「獨聞之聽」，「聽」與「聰」形近而誤，若字本作「耳」，無緣誤爲「聽」也。韓非子外儲説右上篇「獨視者謂明，獨聽者謂聰」，與此文義略同，亦以聰、明對文。

「今夫圖工好畫鬼魅，而憎圖狗馬者，何也？鬼魅不世出，而狗馬可日見也。」典案：羣書治要引此文「鬼魅不世出，而狗馬可日見也」，作「鬼魅無信驗，而狗馬切於前也」，疑別依一本。韓非子外儲説左上篇「客有爲齊王畫者，齊王問曰：『畫孰最難者？』曰：『犬馬最難。』『孰易者？』曰：『鬼魅最易。』夫犬馬，人所知也，旦暮罄於前，不可類之，故難。鬼魅，無形者，不罄於前，故易之也。」卽淮南此文所本。

羣書治要引文之「切於前」即韓非子「磬於前」也。今本淮南「不世出」、「可日見」相對爲文，則「可日見」亦非誤字，知羣書治要引文爲别據一本矣。

「故不用之法，聖王弗行；不驗之言，聖王弗聽。」典案：兩「聖王」於詞爲複，下「聖王」當爲「明主」。羣書治要引正作「明主弗聽」，是其證。此疑「主」始譌爲「王」，後人又依上句改「明」爲「聖」耳。

「故使陳成田常、鴟夷子皮得成其難。」錢大昕云：「淮南以鴟夷子皮爲田常之黨，他書所未見。按：田常弑君之年，越未滅吴，范蠡何由入齊？此淮南之誤也。」典案：説苑臣術篇：「陳成子謂鴟夷子皮曰：『何與常也？』對曰：『君死吾不死，君亡吾不亡。』陳成子曰：『然子何以與常？』對曰：『未死去死，未亡去亡。』」韓非子説林篇亦云「鴟夷子皮事田成子」，墨子非儒篇「乃樹鴟夷子皮於田常之門」，錢氏云「未見他書」，實爲失考。

「遇君子則易道，遇小人則陷溝壑。」典案：「易道」上當有「得」字。「得易道」與「陷溝壑」相對爲文，今敓「得」字，文既不相對，義亦不可通矣。意林引此文，作「遇君子則得其平易」，文雖小異，尚未敓「得」字。御覽七百四十引已敓。

「兼愛尚賢，右鬼非命，墨子之所立也，而楊子非之。」注：「兼三老五更，是以兼愛。」典案：三老五更不可言兼，注「兼」字當爲「養」字之誤。漢書藝文志正作「養三老五更，是以兼愛」，斯其確證矣。

「爲號曰。」典案：「爲號曰」，白帖引作「爲銘於籑簾曰」，與鬻子文同，疑是别本。

「故賞一人，而天下爲忠之臣者莫不終忠於其君。」王念孫云：「『天下爲忠之臣者』，當作『天下之爲臣者』。呂氏春秋義賞篇引孔子曰：『賞一人，而天下之爲人臣者莫敢失禮。』卽淮南所本也。今本『之爲』二字誤倒，又衍一『忠』字。」典案：「天下爲忠之臣者」，當作「天下之爲人臣者」。韓非子難一篇：「賞一人，而天下爲人臣者莫敢失禮矣。」説苑復恩篇：「賞一人，而天下之人臣莫敢失君臣之禮矣。」呂氏春秋義賞篇亦作「天下之爲人臣者」。王氏謂「之爲」二字倒，又衍「忠」字，是也。惟未知「臣」上敓「人」字耳。

「裘不可以藏者，非能具綈綿曼帛温煖於身也。」典案：「藏」卽「葬」字之或體。説文「葬」篆説解「臧也」。「臧」當爲「藏」。禮記檀弓：「葬也者，藏也。」列子楊朱篇：「及其死也，無瘞埋之資，一國之人受其施者，相與賦而藏之。」

「宋人有嫁子者。」典案：韓非子説林篇「宋」作「衞」。

詮言篇：「非以智，不争也〔一〕。」莊逵吉云：「吴處士江聲云：『應作「非以智也，以不争也」。中立四子本本作「非以智也，以不争也」。』」典案：御覽四百九十六引亦作「非以智也，以不争也」，與中立四子本合。道藏本作「非以智不争也」，文不成義，當依中立四子本。

「此四者，耳目鼻口不知所取去，心爲之制，各得其所。」俞樾云：「鼻字，衍文也。上文云『目好色，耳好聲，口好味』，此承上文而言，亦當止言耳目口，不當兼言鼻。今衍鼻字者，蓋後人據文子符言篇增入。」典案：此疑上文「口好味」上脱「鼻好香」三字。文子符言篇及此文耳目鼻口並舉，皆其證也。俞氏不據文子以補上文之脱句，反以鼻爲衍文，其失也迂矣。

「行成獸。」注：「有謂古禮執羔麑鹿，取其跪乳，羣而不黨。」俞樾云：「『成獸』之文，殊不成義。高注曲爲之説，非也。獸疑獻字之誤。」典案：俶真篇「文章成獸」，此「成獸」二字之見於本書者。俞氏以爲文不成義，失之。

兵略篇：「兵之所以強者，民也。」王念孫云：「文子上義篇作『兵之所以強者，

〔一〕此條似應排在「此四者」條後。

必死也』，於義爲長。下句『民之所以必死者，義也』，卽承此句言之。民字疑涉下句而誤。」典案：「兵之所以強者，民也」，實兵家之精義。上文「因民之欲，乘民之力，政勝其民，下附其上，則兵強矣」，卽此文「兵之所以強者，民也」之説。文子上義篇「國之所以強者，必死也；所以死者，必義也」，文義本不可通，未可據彼改此。且此文「兵之所以強者，民也；民之所以必死者，義也；義之所以能行者，威也」，三句正相連貫，第一句以民字終，第二句以民字起，第二句以義字終，第三句以義字始，文義句法皆相銜接。若依文子改之，則文義句法俱不合矣。王説未諦，不可從也。

「上親下如弟，則不難爲之死。」王念孫云：「『上親下如弟』，親亦當爲視字之誤也。上文正作『上視下如弟』。」典案：王謂「親」當爲「視」，是也。御覽二百八十一引此文，正作「上視下如弟」；文子上義篇作「上視下如弟，卽必難爲之死」，「不」雖誤爲「必」，「視」字尚不誤，皆其證矣。

「故將必與卒同甘苦俟飢寒。」俞樾云：「『俟』字義不可通，乃『併』字之誤。併與并通。」典案：此疑當作「將必與卒同甘苦勞佚飢寒」。御覽二百八十一引作「故將必與卒同甘苦勞佚飢寒」，雖敓「勞」字，「俟」作「佚」尚不誤。此承上文「察其勞佚，以知其飽飢」而言。今本既敓「勞」字，「佚」又譌爲「俟」，義遂不可通矣。下文「險隘不乘，上陵必下，所以齊勞佚也」，「佚」上亦有「勞」字。

「合戰必立矢射之所及，以共安危也。」王念孫云：「上文云『所以程寒暑』，『所以齊勞佚』，『所以同飢渴』，則此『以共安危』上亦當有『所』字。」典案：王説是也。意林引作「所以同安危也」，「共」雖作「同」，「以」上尚未敓「所」字，可證王説。

説山篇：「故玉在山而草木潤，淵生珠而岸不枯。」注：「珠，陰中之陽也，有光明，故岸不枯。」典案：荀子勸學篇、大戴記勸學篇並作「淵生珠」，與今本淮南文合，惟「玉在山」與「淵生珠」文不相對。文子上德篇作「珠生淵」，疑當從之。

「上食晞堁，下飲黄泉，用心一也。」高注：「堁，土塵也，楚人謂之堁。」典案：主術篇許注「堁，塵塺也，楚人謂之堁」，與此注合。蓋高承用許注。説文土部：「塺，塵也。」注「土」字疑「塺」之壞字也。

「獸不可以虚氣召也。」俞樾云「『氣』當作『器』。文子上德篇正作『獸不可以空器召』。」典案：俞説是也。傳寫宋本，字正作「器」。

「人不愛倕之手，而愛己之指；不愛江、漢之珠，而愛己之鉤。」高注：「鉤，釣也，道藏本如此。可以得魚，故愛之。」王念孫云：「正文『鉤』字本作『釣』，注本作『釣，鉤也』。釣爲釣魚之釣，又爲鉤之别名，故必須訓釋。若鉤字，則不須訓釋矣。古多謂鉤爲釣，故廣雅亦云：『釣，鉤也。』」典案「鉤」古音拘，故與「珠」爲韻。禮記樂記「倨中矩，句中鉤，累累乎端如貫珠」，太玄經迎次四「裳有衣襦，男子目珠，婦人唼鉤」，皆鉤字與珠爲韻。呂氏春秋重己篇「人不愛倕之指，而愛己之指，有之利故也。人不愛崑山之玉，江、漢之珠，而愛己之一蒼璧小璣，有之利故也」。即此所本。呂氏春秋以「倕之指」與「己之指」相對；「崑山之玉」、「江、漢之珠」與「己之一蒼璧小璣」相對。淮南以「倕之手」與「己之指」相對，「江、漢之珠」與「己之鉤」相對。蓋皆取其價雖相懸，而質則相類耳。帶鉤以玉爲之，故以之與江、漢之珠爲比，釣魚之鉤非其類也。高氏以釣鉤釋之，已非其指，王氏至欲改正文之鉤爲釣，既乖淮南子之意，又失其韻矣。

「曾子立廉，不飲盜泉。」典案：「曾」當爲「孔」，涉上「曾子立孝」而誤也。尸子：「孔子至於勝母，暮矣而不宿；過於盜泉，渴矣而不飲，惡其名也。」文選陸士衡猛虎行注引水經沂水注引略同。水經沂水注。列女傳：「樂羊子妻曰：『妾聞志士不飲盜泉之水。』」注引論語撰考讖：「水名盜泉，仲尼不漱。」後漢書鍾離意傳：「臣聞孔子忍渴於盜泉之水。」説苑説叢篇：「邑名勝母，曾子不入；水名盜泉，孔子不飲，醜其聲也。」論衡問孔篇：「孔子不飲盜泉之水，曾子不入勝母之閭，避惡去汙，不以義恥辱名也。」諸書皆以不飲盜泉爲孔子事，非曾子也。且上文已言「曾子立孝，不過勝母之閒」，下更言「曾子立廉」，於詞亦復矣。御覽四百二十六引此已誤。惟四百十三引「曾子立孝」「曾」誤爲「孔」，可考「曾」、「孔」二字互誤之跡。

「莊王誅里史，孫叔敖制冠浣衣。」俞樾云：「『制』疑『刷』字之誤。爾雅釋詁：『刷，清也。』故與『浣衣』對文。」典案：「制」、「製」古通用，「制冠」卽「製冠」也。蔡邕獨斷云：「長冠，楚製也。」是其證矣。俞氏欲改字釋之，非是。且「清冠」亦不詞。

「鼎錯日用而不足貴。」高注：「錯，小鼎。」王引之云：「古無謂小鼎爲錯者，『錯』當爲『鐟』。『鐟』字本在『鼎』字上。鐟鼎，小鼎也。説林篇『水火相憎，鐟在其間，五味以和』，彼注云：『鐟，小鼎。』正與此注相同。」典案：御覽七百六十五箕箒條下引此文作「掃箒日用而不足貴」，疑「鐟」始譌爲「簪」，後人又改爲「掃箒」也。御覽箕箒條下引此，是其譌已在宋前矣。

説林篇：「以瓦鉒者全，以金鉒者跋，以玉鉒者發。」典案：呂氏春秋去尤篇引莊子作「以瓦投者翔，以鉤投者戰，以黄金投者殆」。今本莊子達生篇作「以瓦注者巧，以鉤注者憚，以黄金注者殙」。列子黄帝篇「注」作「摳」，餘同莊子。

「是故所重者在外，則内爲之掘。」陳昌齊云：「掘卽拙字也。莊子達生篇作『凡外重者内拙』，是其證。」典案：陳説是也。列子黄帝篇作「凡重外者拱内」，張注：

『拱』本作『拙』。又唯忘内外，遺輕重，則無巧拙矣。」是張湛所見本字亦作「拙」。呂氏春秋去尤篇作「外有所重者泄蓋内掘」。

「以兔之走，使犬如馬，則逮日歸風。」典案：「使犬如馬」，「犬」當爲「大」字之誤也。御覽九百七、事類賦獸部二十三引，「犬」並作「大」，是其證。又案：「逮」，御覽引作「逐」；「歸」，御覽、事類賦引並作「追」，於義爲長。

「今鱓之與蛇，蠶之與蠋，狀相類而愛憎異。」典案：廣韻燭韻蜀字下引此文「蠋」作「蜀」。説文虫部：「蜀，葵中蠶也。今本作蠋〔一〕者，疑後人依韓非子説林下篇、内儲説上篇改之也。

「豹裘而雜，不若狐裘之粹。」典案：「豹」疑「貂」誤。説山篇正作「貂裘而雜，不若狐裘而粹」。

「巧冶不能鑄木，工巧不能斲金者，形性然也。」孫詒讓云：「『工巧』當作『巧匠』。」典案：文子上德篇作「巧冶不能銷木，良匠不能斲冰」。良匠猶巧匠也，孫説近確。

〔一〕「蠋」，原本作「蜀」，據説林訓「文典按」改。

人間篇：「魯君聞陽虎失。」俞樾云：「失當讀爲逸。陽虎逸即陽虎逃。古字『逸』與『佚』通。」典案：上文「魯君令人閉城門而捕之，得者有重賞，失者有重罪。」此「失」字即承上文而言，俞說未審。

「豎陽穀奉酒而進之。」典案：左成十六年傳，韓非子十過篇、飾邪篇，說苑敬慎篇，「陽穀」並作「穀陽」，唯呂氏春秋勸勳篇、史記楚世家作「陽穀」，與淮南合。

「宣子弗欲與之。」俞樾云：「『弗欲與之』，本作『欲弗與之』。趙策作『魏桓子欲勿與』。」典案：俞說是也。韓非子十過篇作「韓康子欲勿與」，可證俞說。

「非求其報於百姓也。」典案：此句與下文「非求福於鬼神也」相對爲文，「其」字疑衍。說苑貴德篇無「其」字。

「固試往復問之。」典案：列子說符篇「固試往復問之」作「姑復問之」。「固」疑當爲「姑」，聲近而誤也。

「今雖成，後必敗。」典案：「成」當爲「善」，作「成」者，後人依韓非子外儲說左上篇改之也。下文「今雖惡，後必善」；「其始成，竘然善也，而後果敗」，皆承此而言。作「成」，則與下文不合矣。呂氏春秋別類篇、御覽九百五十二引此文，並作「今雖善」，尤其確證矣。

「咎犯曰：『仁義之事，君子不厭忠信；戰陳之事，不厭詐僞。』」典案：「君子」二字疑衍。「仁義之事」、「戰陳之事」，「不厭忠信」、「不厭詐僞」相對爲文，不當有「君子」二字。韓非子難一篇作「繁禮君子，不厭忠信；戰陳之間，不厭詐僞」。吕氏春秋義賞篇作「繁禮之君，不足於文；繁戰之君，不足於詐」。説苑權謀篇作「服義之君，不足於信；服戰之君，不足於詐」。御覽三百十三引淮南此文作「仁義之軍，不厭忠信；戰陳之戎，不厭詐僞」。皆以四字爲句。有「君子」二字，則句法既不一律，義亦不可通矣。疑一本作「之事」，一本作「君子」，校者旁注「君子」二字，寫者誤入正文。

「以詐僞遇人，雖愈利，後無復。」俞樾云：「愈當爲愉，古偷字也。謂雖偷取利，而後不可復也。吕氏春秋義賞篇曰：『雖今偷可，後將無復。』」典案：俞説是也。韓非子難一篇作「以詐遇民，偷取一時，後必無復」。説苑權謀篇作「詐猶可以偷利，而後無報」。字並作「偷」，可證俞説。

「至其日之夜，趙氏殺其守隄之吏，決水灌智伯。」俞樾云：「『其』當作『期』，謂所期之日之夜也。韓子十過篇正作『至於期日之夜』。」典案：俞説是也。戰國策趙策作「使張孟談見韓、魏之君曰：『夜期殺守隄之吏，而決水灌智伯軍。』」文雖小異，

「其」亦作「期」，可證俞説。

「是故忠臣事君也。」典案：「忠臣」下當有「之」字。初學記政理部、白帖四十九、御覽六百三十三引，並作「是故忠臣之事君也」，是其證。

「郈氏介其雞。」注：「介，以芥菜塗其雞翅也。」典案：吕氏春秋察微篇高注：「介，甲也。作小鎧著雞頭也。」與淮南此注不同。蓋許、高之異也。左昭二十五年傳：「季、郈之雞鬭，季氏介其雞。」賈逵云：「擣芥子爲末，播其雞翼，可以坌郈氏雞目。」史記魯世家集解引服虔説同。許君爲賈逵弟子，此注卽用師説。人間篇之爲許注本，益信而有徵矣。説文艸部：「芥，菜也。」亦與此注「芥菜」訓合。

「禱於襄公之廟，舞者二人而已。」注：「時魯禱先君襄公，八佾之舞庭者凡二人也。」典案：「禱」疑當爲「禘」。説文示部：「禘，祭也。」「禱，告事求福也。」有事於先君之廟，用八佾之舞，則當言禘。吕氏春秋察微篇作「禘於襄公之廟也」。高注：「禘，大祭也。」左昭二十五年傳亦作「將禘於襄公」，皆其證矣。注「時魯禱先君襄公」，則所見本已作「禱」矣。

「史爭之，以爲西益宅不祥。」典案：藝文類聚六十四、御覽一百八十引風俗通義云：「宅不西益。俗説西者爲上，上益宅者，妨家長也。」卽「西益宅不祥」之説。

「吾欲益宅，而史以爲不祥。」典案：「益宅」上當有「西」字。史以西益宅爲不祥，非以益宅爲不祥也，今敓「西」字，文義不明。論衡四諱篇正作「吾欲西益宅，史以爲不祥」，是其證也。

「不若此延路、陽局。」王念孫云：「『不若此』，『此』字因上文『若此其無方』而衍。」典案：王説是也。北堂書鈔一百六引此文亦無「此」字，可證王説。

「爲大室以臨二先君之廟，得無害於子乎？」典案：「得無害於子乎」義不可通，「子」當爲「孝」之壞字。御覽一百七十四引新序逸篇作：「爲室而大，以臨二先君，無乃害於孝乎？」文雖小異，「子」正作「孝」，是其證矣。

修務篇：「其重於尊亦遠也。」典案：「也」當爲「矣」字之誤也。藝文類聚七十三、御覽七百六十一引，「也」並作「矣」，是其證。

「由此觀之，則聖人之憂勞百姓甚矣！」典案：「百姓」下當有「亦」字，而今本敓之。藝文類聚二十、御覽四百一引，並作「則聖人之憂勞百姓亦甚矣」。

「公輸，天下之巧士。」典案：古書無言「巧士」者，「士」當爲「工」字之誤也。吕氏春秋愛類篇正作「公輸般，天下之巧工也」。愼大覽注同。

「九攻而墨子九卻之。」典案：「九攻」上疑敓「公輸般」三字。今本吕氏春秋愛類篇亦敚。御覽三百二十引，有墨子公輸篇「公輸盤九設攻城之機變，子墨子九距之」。御覽三百三十六引尸子「公輸九設攻城之具機變，墨子九拒之」。呂氏春秋慎大覽注：「公輸般九攻之，墨子九卻之。」皆其證矣。

「羿左臂修而善射。」典案：御覽三百六十九引，「左」作「右」，較長。

「楚人有烹猴而召其隣人。」典案：「烹猴」下當有「者」字。御覽八百六十一、九

百十引，並作「烹猴者」，是其證。又案：「召」，御覽九百十引作「紿」，又有注云：「徒亥切。」則「紿」當非誤字。惟八百六十一引，字仍作「召」，與今本合。疑一本作「紿」，一本作「召」也。

泰族篇：「宋人有以象爲其君爲楮葉者，三年而成，莖柯豪芒，鋒殺顔澤，亂之楮葉之中而不可知也。」典案：「莖柯豪芒，鋒殺顔澤」，疑當爲「豐殺莖柯，豪芒繁澤」。韓非子喻老篇正作「豐殺莖柯，毫芒繁澤」。列子説符篇作「鋒殺莖柯，毫芒繁澤」，是其證也。「鋒」，當依韓非子作「豐」，淮南、列子作「鋒」，皆聲之誤。豐殺猶言肥瘦也。

「其所以中的剖微者，正心也。」王念孫云：「『正心』本作『人心』，與『弩力』相對爲文。今作『正心』者，後人妄改之耳。羣書治要及太平御覽工藝部二引此，並作

『人心』。」典案：王氏謂「正心」當爲「人心」，是也。唐武后所造「人」字作「𤯔」，形與「正」字相似，傳寫遂誤爲「正」矣。古書「人」字多有譌爲「正」者，皆由當時寫本致誤也。

「故守不待渠壍而固，攻不待衝降而拔。」典案：「降」爲「隆」叚，隆謂隆車也。氾論篇「晚世之兵，隆衝以攻，渠幨以守」。

「當今之世，醜必託善以自爲解，邪必蒙正以自爲辟。」王念孫云：「『辟』字義不可通，當是『辭』字之誤。」典案：「辟」叚爲「譬」。「託善以自爲解」，「蒙正以自爲譬」，相對爲文，義亦正相對。説文言部：「譬，諭也。」徐鍇曰：「猶匹也，匹而諭之也。」王氏欲改字釋之，非。

「使人左據天下之圖而右刎喉，愚者不爲也。」俞樾云：「『刎』下當有『其』字。文子上義篇作『左手據天下之圖而右手刎其喉』。」典案：俞説是也。「右」下當有「手」字。本書精神篇正作「右手刎其喉」。吕氏春秋不侵篇、知分篇高注、後漢書仲長統傳、世説新語文學篇注同。

「身貴於天下也。」典案：「身」當爲「生」字之誤也。本書精神篇、吕氏春秋知分篇高注、世説新語文學篇注，字並作「生」，是其證。

「百姓放臂而去之，餓於乾谿，食莽飲水，枕塊而死。」注：「莽，草也。」典案：御覽果部十二菱條下引此文作「百姓避而去之，乃食菱飲水，枕塊而死」。泰族篇乃許注本，此文注「莽，草也」，是許君所見本字正作「莽」。説文茻部：「茻，衆艸也。」亦與此注正合。惟御覽引文在果部菱條下，則「菱」亦非誤字。此當是許本作「莽」，高本作「菱」耳。

「以弋獵博奕之日誦詩讀書，聞識必博矣。」典案：「聞識」上敚「則」字。上文「則田野必辟矣」，「則水用必足矣」，「則名譽必榮矣」，句上並有「則」字。羣書治要引此文正作「則聞識必博矣」，尤其明證。御覽六百七引，作「則識必博矣」，雖敚「聞」字，「則」字尚存。

「儀狄爲酒，禹飲而甘之，遂疏儀狄而絶旨酒。」典案：北堂書鈔刑法部流刑條下，卽淮南此文，作「儀狄造酒，禹嘗而美之，曰：『後世必有以酒亡國者。』乃疏儀狄。」「疏」非刑也，書鈔何以入刑法部流刑類中？此疑「疏」本作「流」，左半相同而誤。

要略篇：「操舍開塞，各有龍忌。」注：「中國以鬼神之事日忌，北胡、南越皆謂之請龍。」典案：墨子貴義篇「子墨子北之齊，遇日者。日者曰：『帝以今日殺黑龍於北方，而先生之色黑，不可以北。』」云云，疑即此文所謂龍忌也。鬼谷子本經、陰符七術篇「盛神法五龍」，陶弘景注：「五龍，五行之龍也。」疑亦龍忌之類。注未晐。

「此所以言兵也。」典案：文選晉紀總論注引，「兵」下有「者」字，與上下文一律，當據增。

附録二

淮南子逸文

「鄒衍事燕惠王盡忠，左右譖之。王繫之，仰天而哭，五月天爲之下霜。」孫志祖云：「後漢書劉瑜傳注引淮南子曰：『鄒衍事燕惠王盡忠，左右譖之。王繫之，仰天而哭，五月天爲之下霜。』袁紹傳注同。又見初學記二、文選求通親〔一〕表李善注所引略同。今淮南無此文。」文典謹案：北堂書鈔百五十二、書鈔引「忠」作「誠」，避隋文帝父諱也。藝文類聚三、太平御覽十四、二十三所引亦略同。白帖二引作「鄒衍事燕惠王盡其忠貞，左右譖之。王弃衍，衍仰天而哭，感降霜」。文選詣建平王上書注引，作「鄒衍盡忠於燕惠王，惠王信譖而繫之。鄒子仰天而哭，正夏而天爲之降霜」。論衡感虚篇「鄒衍無罪，見拘於燕，當夏五

〔一〕「親」字原本誤重，據文選删。

月，仰天而歎，天爲隕霜」。論衡所舉儒者傳書之言，多與淮南子同，則此文亦必本之淮南也。

「安養士數千，高才者八人：蘇非、李尚、左吴、田由、伍被、毛周、雷被、晉昌，號爲八公。」

洪頤煊云：「史記淮南列傳索隱引淮南要略云：『安養士數千，高才者八人：蘇非、李尚、左吴、陳由、伍被、毛周、雷被、晉昌，號爲八公。』按：要略無此文，唯高誘序見此八人，陳由作田由，毛周作毛技。唐本序在要略後，故索隱以爲要略文。」文典謹案：文選謝玄暉和王著作八公山詩注引淮南子「淮南王安養士數千人，中有高才八人：蘇非、李上、左吴、陳由、伍被、雷被、毛被、晉昌，爲八公」。太平御覽四百七十五引淮南子「淮南王安養士數千人，其中高才八人：蘇非、李難、左吴、陳田、伍被、雷被、毛被、晉昌，號爲八公，共此看書」。八公姓名與高誘序正同。「共此看書」四字，疑卽高誘序「共講論道德，總統仁義，而著此書」十三字之敓誤。洪謂此爲高誘序，而非淮南正文，其説近確。

「直木先伐，甘井先竭。」藝文類聚八十八引。

文典謹案：莊子山木篇亦有此文。墨子親士篇「甘井近竭，招木近伐」，文子符言篇「甘井必竭，直木必伐」，文義皆與此略同。

「烏鵲填河成橋而渡織女。」白帖九引。

俞正燮云：「今淮南無之，或萬畢術文。歲華紀麗『鵲橋已成』注引風俗通云：『織女七夕當渡河，使鵲爲橋。』今風俗通已殘缺。馬縞中華古今注云：『鵲，一名神女。俗云七月填河成橋，乃附益崔豹所無者。』鵲於是日顛秃，又復不見容，是禽鳥有所避忌。淮南子言鵲開户知向太一，太一下行，忌七殺，重七避，鷙不足爲異，鵲又純雌，故名神女。值七日有牛、女之説，人遂妄意爲織女橋致首秃爾。」文典謹案：王觀國學林四引淮南子云：「烏鵲填河成橋而渡織女。」與白帖引文正同。王氏南渡後人，所引疑亦採之類書，非所見本尚有此文也。

「石破生啓。」

孫志祖云：「漢書武帝紀元封元年，登禮中嶽，『見夏后啓母石』，顔師古曰：『禹治洪水，通轘轅山，化爲熊，謂塗山氏曰：「欲餉，聞鼓聲乃來。」禹跳石，誤中鼓。塗山氏往，見禹方作熊，慙而去，至嵩高山下化爲石，方生啓。禹曰：「歸我子。」石破北方而啓生。事見淮南子。』洪興祖楚辭天問補注亦云：『今惟脩務訓有「禹生於石」之文，豈此事出許慎注耶？語涉怪誕，不似鴻烈本書。』

山海經五傳云：『「啓母化爲石而生啓」，見淮南子。』」文典謹案：北堂書鈔二十三引「石破生啓」，云出淮南子。太平御覽五十一引，作「禹娶塗山，化爲石，在嵩山下，方生啓，曰：『歸我子。』石破北方而生啓」。又藝文類聚六、太平御覽五十一引隨巢子「禹産於碮石，啓生於石」。北堂書鈔一引「啓生碮石」。史記六國表集解引皇甫謐云：「禹生石紐。」馬驌繹史十二「禹娶塗山，治鴻水，通轘轅山，化爲熊。塗山氏見之，慙而去，至嵩高山下，化爲石。禹曰：『歸我子。』石破北方而生啓」。王氏念孫淮南子雜志云：「書鈔、御覽及師古注所引，卽許慎之注。」孫氏詒讓云：「脩務訓『禹生於石，史皇産而能書』，疑並用隨巢子文。」文典疑淮南王書舊有此文，而今本敓之也。

「奔車之上無仲尼，覆舟之下無伯夷。」御覽四百五十九引。

文典謹案：韓非子安危篇：「奔車之上無仲尼，覆舟之下無伯夷，故號令者，國之舟車也，安則智廉生，危則爭鄙起。」御覽引殷康明慎云：「犇車之上無仲尼，覆舟之下無伯夷，言慎也。」山谷漫尉詩云：「覆轍索孤竹，奔車求仲尼。」王應麟云：「此韓非語也，余襄公余靖本名思古，字道安，建州人。謹箴用之。」御覽引此條，上下皆韓非子文，王氏亦以爲韓非語，而不及淮南，疑御覽誤。

「湯時大旱七年，卜用人祀天。湯曰：『我本卜祭爲民，豈乎自當之！』乃使人積薪，翦髮及爪，自潔居柴上，將自焚以祭天。火將然，卽降大雨。」文選思玄賦注引。

文典謹案：呂氏春秋順民篇「昔者，湯克夏而正天下，天大旱，五年不收，湯乃以身禱於桑林曰：『余一人有罪，無及萬夫；萬夫有罪，在余一人。無以一人之不敏，使上帝鬼神傷民之命。』於是翦其髮，𨯐其手，以身爲犧牲，用祈福於上帝。民乃甚説，雨乃大至」。御覽八十三引帝王世紀「湯自伐桀後，大旱七年，洛川竭。使人持三足鼎，祝於山川曰：『慾不節耶？使民疾耶？苞苴行耶？讒夫昌耶？宮室營耶？女謁行耶？何不雨之極也？』殷史卜曰：『當以人禱。』湯曰：『吾所爲請雨者，民也。若必以人禱，吾請自當。』遂齋戒，翦髮斷爪，以己爲牲，禱於桑林之社，曰：『唯予小子履，敢用玄牡，告于上天后土曰：「萬方有罪，罪在朕躬；朕躬有罪，無及萬方。無以一人之不敏，使上帝鬼神傷民之命。」』言未已，而大雨至，方數千里」。文選注引文「湯曰：『我本卜祭爲民，豈乎自當之！』」當有敚誤。墨子兼愛下篇文略同。

「楚恭王遊于林中，有白猨緣木而矯。王使左右射之，騰躍避矢，不能中。於是使由基撫弓而眄，猨乃抱木而長號。何者？誠在於心，而精通於物。」文選張茂先勵志詩注引。

文典謹案：今本淮南子説山篇「楚王有白蝯，王自射之，則搏矢而熙。使養由基射之，始調弓矯矢，未發，而蝯擁柱號矣」。文選幽通賦注、御覽三百五十、事類賦十三引，皆與説山篇文略同。勵志詩注所引，必他篇之逸文，非説山篇之異文也。藝文類聚九十五引郭璞山海經圖讚：「白猿肆巧，由基撫弓，應眄而號，神有先中。」則所見本必有「撫弓而眄」之文。吕氏春秋博志篇文與此多異。

「黄帝化天下，漁者不争坻。」文選傅長虞贈何劭王濟詩注、七命注引。

文典謹案：覽冥篇「昔者黄帝治天下，而力牧、泰山稽輔之，田者不侵畔，漁者不争隈。」顧炎武日知録卷二十引書用意。云：「淮南子原道篇。『舜釣於河濱，期年，而漁者争處湍瀨，以曲隈深潭相予。』爾雅注引之，則曰『漁者不争隈』，此略其文而用其意也。」不知爾雅釋丘注所引，乃覽冥篇文，非略原道篇文而用其意也。引書用意，古籍類然，顧説誠是，惟舉例未安。

「富貴而不道，適足以爲患。出車入輦，務以自供，命之曰蹷痿之機。肥肉厚酒，務以相強，命之曰爛腸之食。靡曼皓齒，鄭、衞之音，命之曰伐性之斧。三患者，富貴之所致。」御覽四百七十二引。

文典謹案：呂氏春秋本生篇「貴富而不知道，適足以爲患，不如貧賤。貧賤之致物也難，雖欲過之，奚由？出則以車，入則以輦，務以自佚，命之曰招蹷之機。肥肉厚酒，務以自彊，命之曰爛腸之食。靡曼皓齒，鄭、衛之音，務以自樂，命之曰伐性之斧。三患者，貴富之所致也」。卽此文所本。「務以自供」，「供」當爲「佚」字之誤也。草書「失」或作「𠂒」，形與「共」相似，故「佚」誤爲「供」耳。枚叔七發「且夫出輿入輦，命曰蹷痿之機；洞房清宮，命曰寒熱之媒；皓齒娥眉，命曰伐性之斧；甘脆肥膿，命曰腐腸之藥」。卽約用此文。

「湯放桀於歷山，與妹喜同舟浮江，奔南巢之山而死。」史記夏本紀正義引。

文典謹案：脩務篇「湯夙興夜寐以致聰明，輕賦薄斂以寬民氓，布德施惠以振困窮，弔死問疾以養孤孀，百姓親附，政令流行，乃整兵鳴條，困夏南巢，譙以其過，放之歷山」。無「與妹喜同舟浮江」之文。

「若天下無道，守在四夷；天下有道，守在海外。」文選東京賦注引。

文典謹案：泰族篇「故天子得道，守在四夷；天子失道，守在諸侯；諸侯得道，守在四隣；諸侯失道，守在四境」。文選注所引，或卽約舉泰族篇文，而又略加改易與？

「成相篇曰：『莊子貴支離，悲木槿。』」藝文類聚八十九引。

文典謹案：藝文類聚注云：「成相出淮南子。」是淮南王書本有成相篇，而今逸之也。漢書藝文志雜賦十二家，有成相雜辭十一篇。王應麟云：「淮南王亦有成相篇，見藝文類聚。」

「『牛膽塗目，莫知其誰。』注曰：『取八歲黃牛膽，桂三寸，著膽中，百日以成。因使巧工刻象人，丈夫著目下，爲女子著頭上，爲小兒著頤下，盛以五綵囊。先宿齋，無令人知也。』」太平御覽八百九十九引。

文典謹案：此條就其文義審之，當是淮南萬畢術文，御覽誤引耳。諸類書中，往往以萬畢術爲淮南子，此特其一例也。

「『天雄雄雞志氣益。』注：『取天雄二枚，納雄雞腹中。擣，生食之，令人勇。』」御覽九百九十引。

文典謹案：此疑是萬畢術文。廣雅釋艸：「蕪奚，附子也。一歲爲萴子，二歲爲烏喙，三歲爲附子，四歲爲烏頭，五歲爲天雄。」本書主術篇高注作「一歲爲側子，二歲爲附子，三歲爲烏頭，四歲爲天雄」。

「取牛膽塗熱釜即鳴矣。」御覽八百九十九引。

「濰水、覆舟山，蓋廣異名也。」御覽六十三引。

文典謹案：此疑是墬形篇「維出覆舟」注語。

「曲張，弓名也。一名彷徨弓。」御覽三百四十七引。

「宛轉弓，今之弭弓是也。」同上。

「朱鼈浮於水上，必大雨。」御覽十引。

「董仲舒請雨，秋用桐木魚。」初學記天部下、御覽十一引。

「七月七日午時，取生瓜葉七枚，直入北堂中，向南立，以拭面靨，卽當滅矣。」御覽三十一引。

文典謹案：此亦當是萬畢術文。

「『槐之生也，入季春，五日而兔目，十日而鼠耳，更旬而始規，二旬成葉。』注：『規葉始開。』」御覽九百五十四、事類賦二十五。

「月中有桂樹。」御覽九百五十七引。

「東方之人長一丈。」御覽三百七十七引。

「扶桑在暘州，日所拂。東北方，十日所出。扶桑生暘谷中，九日居下枝，一日居上枝也。」御覽九百五十五引。

文典謹案：海外東經「湯谷上有扶桑，十日所浴，在黑齒北。居水中，有大木，九日居下枝，一日居上枝」。郭璞傳云：「天有十日，日之數十。此云九日居下枝，一日居上枝。大荒經又云：『一日方至，一日方出。』明天地雖有十日，自使以次第迭出運照。」

「太陰在上，蚯蚓結，爲陽侯。」御覽九百四十七引。

「越雞不能伏鵠卵。」御覽九百二十八引。

「堯、舜之德，輕於鴻毛。」御覽八十引。

附録三

淮南天文訓補注 錢塘

自序

淮南鴻烈解有許慎、高誘兩家注，隋書經籍志竝列于篇。至劉昫作唐書經籍志，唯載高注，則許注已佚于五季之亂矣。而新唐書及宋史藝文志仍竝列兩家，謂唐時許注猶存，歐陽氏得其故籍，以爲志，可也，宋時安得復有許注，而修史志者猶采入之歟？觀陳氏書録解題有曰：「既題許慎記上，而序文則用高誘，然則許注既佚，宋人以其零落僅存者羼入高注，遂題許慎之名，而其未羼入者，仍名高注可知也。要其冠以高誘之序，則高注爲多矣。」今世所傳高氏訓解，已非全書，而明正統十年道藏刊本首有高誘之序，内則題太尉祭酒臣許慎記上，一如陳氏所云，是卽宋時羼入之本，以挍高注，增多十三四，其間當有許注也。夫以淮南王之博辯善文辭，爲武帝所尊重，復得四方賓客如「九師」、「八公」者，廣采羣籍，作爲是書，固已極魁瑋奇麗之觀，而東漢兩大儒，各以博識多聞之學，事爲之證，言爲之詁，亦既疏解略盡矣。道藏本雖不全，而雜有二家之注在焉，猶愈于訓解之止出一家，而又爲庸妄子之所芟削者。獨天文訓一篇，道藏本未嘗增多訓解一字，而中有「誘不敏也」之文，其注亦遂簡略，蓋此篇決出于誘之所注，而誘于術數未諳，遂不能詳言其義耳。然吾謂三代古術，往往見于周禮、左氏春秋傳、史記律、曆、天官書中，其可以相質證者，賴有此篇。儒者而弗明乎是，卽經史之奥旨，何由洞悉而無疑也哉？竊不自揆，推以算數，稽諸載籍，于高氏所未及者，皆詳言之。亦時正其舛謬，如「天一元始，正月建寅，日月入營室五度，天一以始建」，卽是顓頊曆上元，則「天一」當爲「太一」，而高氏無注；「二十四時之變」，反覆比十二律，故一氣比一音，而注以十二月律釋之；「淮南元年，太一在丙子，冬至甲午，立春丙子」，曆術所無，蓋時已酉冬至脱其日名，甲子自爲立春之日，重言「丙子」，本與下文「二陰一陽成氣二，二陽一陰成氣三」相連，卽釋「太一丙子」之義，而截「立春丙子」爲句，闋以注語，似立春僅去冬至四十二日，此皆舛錯尤大者。予之補注，不爲高氏作疏，正不妨直糾其失耳。書成于己亥之夏，戊申秋復改正數條，遂繕爲定本焉。

乾隆五十三年九月九日，嘉定錢塘序。

天文訓

元注：文者，象也。天先垂文象，日月五星及彗孛皆謂以譴告一人，故曰天文，因以名篇。

天墜未形，

補曰：「墜」，籀文「地」。

馮馮翼翼，洞洞灟灟，故曰太昭。

元注：馮翼洞灟，無形之貌。洞讀挺挏之挏，灟讀以鐵頭斫地之鐲也。

補曰：楚辭天問：「馮翼何象？何以識之？」王逸注云：「言天地既分，陰陽運轉，馮馮翼翼，何以識知其形象乎？」

道始于虛霩，

補曰：「霩」，古「廓」字。説文：「霩，雨止雲罷貌。臣鉉等曰：『今別作廓，非是。』」

虛霩生宇宙，宇宙生氣。氣有漢垠，

元注：宇，四方上下也。宙，往古來今也。將成天地之貌也。漢垠，重安〔一〕之貌也。

補曰：御覽卷一引作「涯垠」。案：「漢」，莊刻本作「涯」，云俗本作「漢」，誤。詳文義，當以「涯」爲是。

清陽者薄靡而爲天，

元注：薄靡者，若塵埃飛揚之貌。

重濁者凝滯而爲地。

補曰：黄帝素問陰陽應象大論曰：「積陽爲天，積陰爲地，故清陽爲天，濁陰爲地。」

清妙之合專易，

元注：「專」，一作「摶」。案：「摶」，莊刻本誤作「專」。

補曰：「專」，古通「摶」。易「夫乾其静也專」，陸績作「摶」，是也。史記王翦傳「專委于我」，徐廣曰：「專，亦作摶。」今淮南注别本云「一作『專』者」，傳寫誤。

〔一〕「重安」，原本作「安重」，據前天文訓注文改。

天言「合專」者，楚辭「乘精氣之摶摶兮」，王逸云：「楚人名員曰摶也。」此其義也。

重濁之凝結難，

補曰：「結」，一作「竭」。案：莊刻本正作「竭」。

故天先成而地後定。天地之襲精爲陰陽，

元注：襲，合也。精，氣也。

陰陽之專精爲四時，四時之散精爲萬物。積陽之熱氣生火，火氣之精者爲日；積陰之寒氣爲水，水氣之精者爲月。日月之淫爲精者爲星辰。天受日月星辰，地受水潦塵埃。昔者共工與顓頊争爲帝，怒而觸不周之山，

元注：共工，官名，霸于伏羲、神農之間。其後子孫任智刑以強，故與顓頊、黄帝之孫争位。不周山在西北也。

天柱折，地維絶。天傾西北，故日月星辰移焉；

元注：傾，高也。原道言「地東南傾」，傾，下也。此先言傾西北，明其高也。

地不滿東南，故水潦塵埃歸焉。

補曰：事見列子湯問篇，古蓋天之説也。祖暅天文録云：「古人言天地之形者

有三，一曰渾天，二曰蓋天，三曰宣夜。蓋天之説又有三體：一云天如車蓋，遊乎八極之中；一云天形如笠，中夾高而四邊下；一云天如敧車蓋，南高北下。」南高北下，卽東南高，西北下也。禹所受地説書曰：「崑崙東南方五千里，名曰神州，帝王居之。」河圖括地象曰：「地部之位，起形高大者有崑崙山，其山中應于天，居最中，八十一域布繞之。中國，東南隅，居其一分。」此亦蓋天之説。然則，中國地，西北高，東南下。蓋天既以天爲東南高，西北下，地又西北高，東南下，于是以天之西北爲傾，地之東南爲不足。楊炯渾天賦曰：「有爲蓋天之説者曰，天則西北既傾而三光北轉，地則東南不足而萬穴東流。」其明證也。古言天雖有三家，太初以後始用渾天，其前皆蓋天也。淮南亦主蓋天，故持載其説。王充作論衡，不信蓋天，其説日篇〔一〕云：「鄒衍曰：『方今天下，在地東南，名赤縣神州。』天極爲天中，如今天下在地東南，視極當在西北。今正在北，方今天下在極南也。」不知天以辰極爲中，地以崑崙爲中，二中相值，俱當在人西北。人居崑崙東南，視辰極則在正北者，辰極在天，隨人所視，方位皆同，無遠近之

〔一〕「説日篇」，當爲「談天篇」之誤。

殊，處高故也。崑崙在地，去人有遠近，則方位各異，處卑故也。不妨今天下在極南，自在地東南隅矣。案：崑崙所在，其説不一，酈道元以爲是阿耨達大山，劉元鼎以爲卽悶摩黎山，蒲蔡都實又謂是亦耳麻莫不剌山，但此諸山本不名崑崙，特中國人名之耳。中國自有崑崙山，山無别名者。是禹貢崑崙屬雍州。漢書地理志金城郡臨羌西北塞外有西王母石室，西有弱水、崑崙山祠。續漢書郡國志金城郡臨羌有崑崙山。十六國春秋前涼録馬岌傳云：「岌上言酒泉南山卽崑崙之體也，周穆王見王母，樂而忘歸，卽謂此山。此山上有石室，王母堂珠璣鏤飾，焕若神宮。」禹貢崑崙山在臨羌之西，卽此明矣。然則崑崙近在雍州之西北隅，故爾雅言「西北之美者，有崑崙之球琳琅玕焉」，卽山海經、穆天子傳所言崑崙，皆謂此山也。太史公曰：「自張騫使大夏之後也，窮河源，惡睹所謂崑崙者乎？」蓋譏武帝舍近求遠，非謂無崑崙也。故曰：「言九州山川，尚書近之矣。」晉鴻臚卿張匡鄴使于闐作行程記云：「玉河在于闐城外，其源出崑崙，西流一千三百里，至于闐界牛頭山。」然則崑崙在于闐東，明卽臨羌之崑崙。蓋天家見中國之山唯此最高，用爲地中，以應辰極，故曰天如攲車蓋。周禮説冬至祀天皇大帝，夏至祀崑崙，亦卽此意。若神州之神祭于建申之月，猶祭感生之帝于建寅之月，以神州在地東南隅，非大地故也。楚辭天問曰：「斡維焉繫？天極焉加？八柱何當？東南何虧？康回馮怒，地何故以東南傾？南北順橢，其衍幾里？崑崙縣圃，其凥安在？四方之門，其誰從焉？西北啓闢，何氣通焉？」此皆據楚先王廟之所圖而問之，知淮南所説，其備古矣。注以天傾爲高，則天北高南下，傾可言下，亦可言高，唯所命之而已。

天道曰圓，地道曰方。方者主幽，圓者主明。明者，吐氣者也，是故火曰外景；幽者，含氣者也，是故水曰内景。吐氣者施，含氣者化，是故陽施陰化。

補曰：以上皆見大戴禮曾子天圓篇，蓋孔氏微言也。天圓地方之義，曾子答單居離言之，曰：「天之所生者上首，地之所生者下首。上首之謂圓，下首之謂方。如誠天圓而地方，則是四角之不掩也。」此卽渾天之理，而蓋天亦然。周髀算經曰：「圓出于方，方出于矩。環矩以爲圓，合矩以爲方。方屬地，圓屬天，天圓地方。」趙君卿注云：「物有方圓，數有奇耦。天動爲圓，其數奇；地靜爲方，其數耦。此配陰陽之義，非實天地之體也。」足與曾子相備。「火曰外景」，「水曰内景」者，周易離爲火，崔憬曰「取卦陽在外，象火之照也」；坎爲水，宋衷曰「卦陽在中，内光明有似于水」是也。

天之偏氣，怒者爲風；地之含氣，和者爲雨。陰陽相薄，感而爲雷，

元注：薄，迫也。感，動也。

激而爲霆，亂而爲霧。陽氣勝則散而爲雨露，

元注：散，霧散也。

陰氣勝則凝而爲霜雪。毛羽〔一〕者，飛行之類也，故屬于陽。介鱗者，蟄伏之類也，故屬于陰。日者，陽之主也，是故春夏而羣獸除，案：「春夏而羣獸除」之「而」，莊刻本作「則」。

元注：除，冬毛微墮也。

日至而麋角解。

元注：日冬至麋角解，日夏至鹿角解。

月者，陰之宗也，是以月虛而魚腦減，月死而蠃蛖膲。

元注：宗，本也。減，少也。膲，肉不滿，言應陰氣也。膲，讀若物醮少之醮。

補曰：一本云：「讀若物少之醮也。」語較明。案：「醮」，莊刻本作「膲」，讀若物醮炒

〔一〕「毛羽」，原本作「羽毛」，據前天文訓乙。

之醮也，與此異。

火上蕁，

元注：蕁，讀若葛覃之覃。案：莊刻本無「若」字。

補曰：「蕁」當爲「燅」。有司徹云：「乃燅尸俎。」注：「燅，温也。古文『燅』皆作『蕁』，記或作『燖』。春秋傳曰：『若可燖也，亦可寒也。』」案：今春秋傳作「尋」。是「尋」、「燅」古今字，「蕁」又「尋」之借也。注讀爲「覃」，又卽「燂」字。説文云：「燂，火熱也。从火，覃聲。」「覃」、「燂」聲同，故讀從之。

水下流，故鳥飛而高，魚動而下。物類相動〔一〕，本標相應，

元注：標，讀刀末之標。

故陽燧見日則燃而爲火，

元注：陽燧，金也。取金杯無緣者，熟摩令熱，日中時，以當日下，以艾承之，則燃得火也。

補曰：論衡率性篇：「陽燧取火于天，五月丙午日中之時，銷鍊五石鑄以爲器，

〔一〕「物類相動」，原本脱，據前天文訓補。

磨礪生光，仰以向日，則火來至。」

方諸見月則津而爲水，

元注：方諸，陰燧，大蛤也。熟摩令熱，月盛時，以向月下，則水生，以銅盤受之，下水數滴。先師説然也。

補曰：舊唐書禮儀志引作「下水數石」，出于李敬貞所竄易。方諸下水，不得有數石也。御覽引有許慎注云：「諸，珠也。方，石也。以銅盤受之，下水數升。」高所云「先師説」，殆謂此。案：誘自序云：「自誘之少，從故侍中同縣盧君受其句讀，誦舉大義。」又云：「深思先師之訓，爲之注解。」盧君者，植也。」誘所云「先師」，當是盧植。周禮秋官：「司烜氏掌以夫遂取明火于日，以鑒取明水于月。」注：「夫遂，陽遂也。鑒，鏡屬。取水者，世謂之方諸。」攷工記：「金錫半，謂之鑒燧之齊。」是二器俱用金也。方諸亦有用石者。萬畢術「方諸取水」，注云「形若杯，合以五石」是也。依本注，陽燧爲鏡，方諸爲蚌。符子曰「鏡以曜明故鑒人，蚌以含珠故内照，曜明故能取火，含珠故能下水」，義可知也。方諸一名蚌鏡，故古謂之鑒。案：御覽引許慎注如此，又引高誘注與此本同，知高、許兩家注本無别。先生所列「元注」，係高注無疑，後引許注者復有數條，義亦如是。

虎嘯而谷風至〔一〕，龍舉而景雲屬，

元注：虎，土物也。風，木氣也。木生于土，故虎嘯而谷風至。龍，水物也。雲生水，故龍舉而景雲屬。屬，會也。案：「虎，土物也」，御覽引作「虎，陽獸也」，與此異。

補曰：初學記引高誘注云：「虎，陽獸，與風同類。」與此注異。疑此出許慎也。管輅別傳云：「龍者陽精，以潛爲陰，幽靈上通，和氣感神，二物相扶，故能興雲。夫虎者陰精，而居于陽，依木長嘯，動于巽林，二氣相感，故能運風。」

麒麟鬬而日月食，

補曰：御覽引許慎注云：「麒麟，獨角之獸，故與日月相符。」案：莊刻本引許慎注云：「麒麟，大角獸。」與此異。

鯨魚死而彗星出，

補曰：初學記引許慎注云：「彗，除舊布新也。」

蠶珥絲而商絃絶，

〔一〕「至」，原本作「生」，據前天文訓改。

元注：蠶老絲成，自中徹外，視之如金精珥，表裏見，故曰珥絲。一曰，弄絲于口。商音清，絃細而急，故先絶也。

賁星墜而勃海決。

元注：賁星，客星，又作孛星。墜，隕也。渤，大也。決，溢也。案：莊刻本「渤」作「勃」。「勃」、「渤」古今字耳。

人主之情，上通于天，故誅暴則多飄風，

元注：暴，虐也。飄風，迅也。

枉法令則多蟲螟，

元注：食心曰螟，穀之災也。

殺不辜則國赤地，

元注：赤地，旱也。

令不收則多淫雨。

元注：干時之令不收納，則久雨爲災。

四時者，天之吏也；日月者，天之使也；星辰者，天之期也；

元注：期，會也。

虹蜺彗星者，天之忌也。

元注：雄爲虹，雌爲蜺也。虹者，雜色也。忌，禁也。

天有九野，九千九百九十九隅，去地五億萬里，

元注：九野，九天之野也。一野千一百一十一隅也。

五星，八風，二十八宿，

元注：五星，歲星、熒惑、鎮星、太白、辰星也。八風，八卦之風也。二十八宿，東方角、亢、氐、房、心、尾、箕，北方斗、牛、女、虚、危、室、壁，西方奎、婁、胃、昴、畢、觜、參，南方井、鬼、柳、星、張、翼、軫也。

五官，六府，

元注：五官，五行之官。六府，加以穀。

補曰：六府具下，卽時則訓之六合也，非左傳所説夏書六府。

紫微，太微，軒轅，咸池，四宫，天阿。案：原寫本作「四宫」，莊刻本作「四守」。其應作「四守」之義見下「四宫者，所以爲司賞罰」句。補注文此處作「四宫」爲是。

元注：皆星名，下自解。

何謂九野？

補曰：此所説皆引吕氏春秋有始覽之文，因采高誘彼注補之。

中央曰鈞天，其星角、亢、氐。

元注：韓、鄭之分野也。

補曰：高誘云：「鈞，平也。爲四方主，故曰鈞天。角、亢、氐，東方宿，韓、鄭分野。」

東方曰蒼天，其星房、心、尾。

補曰：高誘云：「東方，二月，建卯，木之中也，木青色，故曰蒼天。房、心、尾，東方宿。房、心，宋分野。尾、箕，燕分野。

東北曰變天，其星箕、斗、牽牛。

元注：陽氣始作，萬物萌芽，故曰變天。尾、箕一名析木，燕之分野。斗，吴之分野。牽牛，一名星紀，越之分野。案：莊刻本「陽氣始作」十二字在「越之分野」句下，與此異。

補曰：彼注云：「東北，水之季，陰氣所盡，陽氣所始，萬物向生，故曰變天。斗、牛，北方宿。尾、箕，一名析木之津，燕之分野。斗、牛，吴、越分野。」

北方曰玄天，其星須女、虚、危、營室。

元注：虚、危，一名玄枵，齊之分野。

補曰：彼注云：「北方，十一月，建子，水之中也，水色黑，故曰玄天。婺女，亦越之分野。虚、危，齊分野。營室，衞分野。

西北方曰幽天，其星東壁、奎、婁。

元注：幽，陰也。西北季秋將卽于陰，故曰幽天也。營室、東壁，一名豕韋，衞之分野。奎、婁，一名降婁，魯之分野。案：「豕韋」，莊刻本作「承韋」，疑彼誤也。

補曰：彼注云：「西北，金之季也，將卽大陰，故曰幽天。東壁，北方宿，一名豕韋，衞之分野。奎、婁，西方宿，一名降婁，魯之分野。」

西方曰顥天，其星胃、昴、畢。

元注：顥，白也。西方金，色白，故曰顥天。或作昊。昴、畢，一名大梁，趙之分野。

補曰：彼注云：「西方，八月，建西，金之中也，金色白，故曰顥天。昴、畢，西方宿，一名大梁，趙之分野。」

西南方曰朱天，其星觜巂、參、東井。

元注：朱，陽也。西南爲少陽，故曰朱天。觜巂、參，一名實沈，晉之分野。

補曰：彼注云：「西南，火之季也，爲少陽，故曰朱天。觜巂、參，一名實沈，晉之分野。東井，南方宿，一名鶉首，秦之分野。」

南方曰炎天，其星輿鬼、柳、七星。

元注：柳、七星，周之分野，一名鶉火。案：「七星」下原寫本有「張」字，莊刻本無。張宿分野在下「東南方」，此當是衍字，今删。

補曰：彼注云：「南方，五月，建午，火之中也，火曰炎上，故曰炎天。輿鬼，南方宿，秦之分野。柳、七星，南方宿，一名鶉火，周之分野。」

東南方曰陽天，其星張、翼、軫。

元注：東南，純乾用事，故曰陽天。翼、軫，一名鶉尾，楚之分野。

補曰：彼注云：「東南，木之季也，將卽太陽，純乾用事，故曰陽天。張、翼、軫，南方宿。張、翼，周之分野。翼、軫，一名鶉尾，楚之分野。」

何謂五星？

補曰：春秋運斗樞云：「太微宫中有五帝座。」星河圖云：「蒼帝神名靈威仰，赤帝神名赤熛怒，黄帝神名含樞紐，白帝神名白招拒，黑帝神名汁光紀。」春秋文曜鈎云：「赤熛怒之神爲熒惑，位南方，禮失則罰出塡。黄帝含樞紐之精，其體璇璣中宿之分也。」尚書攷靈曜云：「歲星木精，熒惑火精，鎮星土精，太白金精，辰星水精也。」然則五緯卽是五帝，常居太微則曰帝，運行周天則曰緯耳。文曜鈎又言：「東宮蒼帝，其精爲龍；南宮赤帝，其精爲朱鳥；西宮白帝，其精白虎；北宮黑帝，其精玄武。」則五帝布精四方，又爲二十八宿矣。淮南言五星有五方、五帝、五佐、五神、五獸，其五帝、五佐乃人神之配天神者，則五方當謂五行，五獸卽二十八宿及軒轅。知獸有軒轅者，以史記言「軒轅，黄龍體」故也。

東方，木也，其帝太皞，

元注：太皞，伏犧氏有天下號也，死託祀于東方之帝也。

補曰：周禮小宗伯「兆五帝于四郊」，康成云：「五帝，蒼曰靈威仰，太昊食焉。」月令注云：「此蒼精之君。」

其佐勾芒，

補曰：高誘呂氏春秋正月紀注云：「勾芒，少昊氏之裔子，曰重，佐木德之帝，死爲木官之神。」然重亦託祀也。墨子明鬼篇曰：「昔者，鄭穆公當晝日中處于廟，有神人入門而左，鳥身，素服三絶，面狀正方。鄭穆公再拜稽首曰：『敢問何神？』曰：『予爲勾芒。』」山海經：「東方勾芒，鳥身人面，乘兩龍。」郭璞注：「木神也，方面素服。」知天神自有勾芒，重爲木正，故亦曰勾芒。月令注云：

「木官之臣。」

執規而治春。其神爲歲星，其獸蒼龍，其音角，其日甲乙。

元注：木〔一〕色蒼，龍〔二〕順其色也。角，木也。甲、乙皆木也。

補曰：史記律書：「九九八十一以爲宫。三分去一，五十四以爲徵。三分益一，七十二以爲商。三分去一，四十八以爲羽。三分益一，六十四以爲角。」即黄鐘爲宫，林鐘爲徵，太簇爲商，南吕爲羽，姑洗爲角也。以之分屬五時，則春，姑洗應；夏，林鐘應；長夏，黄鐘應；秋，太簇應；冬，南吕應。此止就黄鐘一宫言之也。十二月各用其律，則太簇爲無射之角，夾鐘爲應鐘之角，姑洗爲黄鐘之角。以春三月應，中吕爲無射之徵，蕤賓爲應鐘之徵，林鐘爲黄鐘之徵。以夏三月應，夷則爲蕤賓之商，南吕爲林鐘之商，無射爲夷則之商。以秋三月應，應鐘爲太簇之羽，黄鐘爲夾鐘之羽，大吕爲姑洗之羽。以冬三月應，而黄鐘之宫，獨應于長夏。其義可知。至以十日配四時，亦有二義：一由日行所在。

〔一〕「木」，原本作「本」，形近而誤，據前天文訓注文改。

〔二〕「龍」上原本衍一「蒼」字，據前天文訓注文删。

尚書攷靈曜云：「萬世不失九道謀。」康成注引河圖帝覽嬉曰：「黄道一；青道二，出黄道東；赤道二，出黄道南；白道二，出黄道西；黑道二，出黄道北。日春東從青道，夏南從赤道，秋西從白道，冬北從黑道也。」隋志云：「晉侍中劉智云，昔者聖王正曆明時，作圓蓋以圖列宿。極在其中，迴之以觀天象。分三百六十五度四分度之一，以定日數。日行于星紀，轉迴右行，故規圓之，以爲日行道。欲明其四時所在，故于春也，則以爲青道；于夏也，則以爲赤道；于秋也，則以爲白道；于冬也，則以爲黑道。四季之末，各十八日，則以爲黄道。」此一義也。一由月體所象。虞翻周易注云：「甲乾乙坤相得合木，謂天地定位也；丙艮丁兑相得合火，山澤通氣也；戊坎己離相得合土，水火相逮也；庚震辛巽相得合金，雷風相薄也；天壬地癸相得合水，陰陽相薄而戰乎乾，故曰五位相得而各有合。」參同契云：「三日出爲爽，震庚受西方。八日兑受丁，上弦平如繩。十五乾體就，盛滿甲東方。十六轉就緒，巽辛見平明，艮直于丙南，下弦二十三坤乙。三十日東方喪其朋，壬癸配甲乙，乾坤括始終。」又一義也。乾坤卽青道，艮兑卽赤道，坎離卽黄道，震巽卽白道，天地卽黑道。既日從青道，而甲乙在東方，則其日甲乙矣。此二義固相因也。其餘倣此。日名甲乙者，月令注云：「乙之言軋也。日之行，春東從青道，發生萬物，月爲之佐，時萬物皆解孚甲，自抽軋而出，因以爲日名焉。」

南方，火也，其帝炎帝，

元注：帝，少典之子也，以火德王天下，號曰神農，死託祀于南方之帝。

補曰：小宗伯注云：「赤曰赤熛怒，炎帝食焉。」月令注云：「此赤精之君神也。」

其佐朱明，

元注：舊説云祝融。

補曰：爾雅釋天云：「夏爲朱明。」故淮南以爲南方之帝佐。山海經曰：「南方祝融，獸身人面，乘兩龍。」郭璞注：「火神也。」楚辭九歎云：「絶廣都以直指兮，歷祝融于朱冥。」冥、明聲相近，是朱明卽祝融也。月令注云：「火官之臣。」

執衡而治夏。其神爲熒惑，其獸朱鳥，

元注：熒惑，五星之一也。朱鳥，朱雀也。

其音徵，其日丙、丁。

元注：徵，火也。丙、丁皆火也。

補曰：月令注云：「丙之言炳也。日之行，夏南從赤道，長育萬物，月爲之佐，時萬物皆炳然著見而强大，又因以爲日名焉。」

中央，土也，其帝黄帝，

元注：黄帝，少典之子也，以土德王天下，號曰軒轅氏，死託祀于中央之帝。

補曰：小宗伯注云：「黄曰含樞紐，黄帝食焉。」月令注云：「此黄精之君。」

其佐后土，

補曰：月令注云：「土官之臣。」

執繩而制四方。其神爲鎮星，其獸黄龍，

元注：土色黄也。

其音宫，其日戊己。

元注：宫，土。戊、己，土也。

補曰：史記天官書黄鐘宫案六十律始于戊子，則己丑爲林鐘徵，丑衝未，故林鐘爲六月律。林鐘徵也，其宫黄鐘。算律宫生徵，亦徵生宫，六倍黄鐘，即九倍林鐘是也。宫徵相生，律吕之要盡矣。律中黄鐘之徵者唯六月，故兼中黄鐘之宫。由此推之，十二月律各自爲徵，即各有其宫。不言者，非宫徵之始也。五行土寄王于未申，故坤爲土而位西南。宫，土音也，六月中之，必矣。日名戊己者，月令注云：「戊之言茂也。己之言起也。日之行，四時之間從黄道，月爲之佐，至此萬物皆枝葉茂盛，其含秀者屈抑而起，故因以爲日名焉。」

西方，金也，其帝少昊，

元注：少昊，黄帝之子青陽也，以金德王，號曰金天氏，死託祀于西方之帝。

補曰：小宗伯注云：「白曰白招拒，少昊食焉。」月令注云：「此白精之君。」

其佐蓐收，

補曰：高誘吕氏春秋七月紀注云：「少昊氏裔子，曰該，皆有金德，死託祀爲金神。」然晉語云：「虢公夢在廟，有神人面白毛虎爪，執鉞立于西阿。公懼而走。覺，召史嚚而占之，曰：『如君之言，則蓐收也。』」山海經云：「西方蓐收，左耳有蛇，乘兩龍。」郭璞注：「金神也。」明蓐收本天神，該爲金正，故亦名蓐收。月令注云：「金官之臣。」

執矩而治秋。其神爲太白，其獸白虎，其音商，其日庚辛。

元注：商，金也。庚、辛皆金也。

補曰：月令注云：「庚之言更也。辛之言新也。日之行，秋西從白道，成孰萬物，月爲之佐，萬物皆肅然改更，秀實新成，人因以爲日名焉。」

北方，水也，其帝顓頊，

元注：顓頊，黄帝之孫，以水德王天下，號曰高陽氏，死託祀于北方之帝也。

補曰：小宗伯注云：「黑曰汁光紀，顓頊〔一〕食焉。」月令注云：「此黑精之君。」

其佐玄冥，

補曰：高誘注十月紀云：「玄冥，水官也。少昊氏之子曰循，爲玄冥師，死祀爲水神。」然山海經云：「北方禺强，人面鳥身，珥兩青蛇，踐兩青蛇。」郭璞注云：「玄冥，水神也。」莊周曰：「禺彊立于北極。」則玄冥本天神，循爲水正，因得是名。月令注云：「水官之臣。」

執權而治冬。其神爲辰星，其獸玄武，其音羽，其日壬癸。

元注：羽，水也。壬、癸皆水也。

補曰：月令注云：「壬之言任也。癸之言揆也。日之行，冬北從黑道，閉藏萬物，月爲之佐，時萬物懷任于下，揆然萌芽，又因以爲日名焉。」

〔一〕「頊」，原本作「紀」，據周禮小宗伯注改。

太陰在四仲，則歲星行三宿；

元注：仲，中也。四仲，謂太陰在卯、酉、子、午四面之中也。

補曰：楊泉物理論曰：「歲行一次，謂之歲星。」

太陰在四鈎，則歲星行二宿。

元注：丑鈎辰，申鈎巳，寅鈎亥，未鈎戌，謂太陰在四角。

補曰：此以四辰成一鈎也。本或作「亥鈎戌」者非。此太陰謂歲陰。周禮保章氏注：「歲星爲陽，右行于天；太歲爲陰，左行于地，十二而小周。」鄭所謂陰，據太歲對歲星言之，尚非謂歲陰。此歲陰則歲雌也。既太歲、歲星行有左右，則與斗建日躔無異，故樂説云：「歲星與日常應太歲月建以見。」謂歲星與日同次之月，其斗所建之辰常有太歲也。古人視歲星以知太歲，因以太歲名年。爾雅「太歲在甲曰閼逢，太歲在寅曰攝提格」是也。至西漢時，復因太歲而知歲陰，命其時所用顓頊曆上元爲太歲甲寅推前三百三十八算而得太陰甲寅，于六十干支後三十八算，于十二辰則後二算。必三百三十八算者，略以五星通率推得之。其氣朔則正月朔旦啟蟄也，故天官書曰：「攝提格歲，歲陰左行在寅，歲星右轉居丑。」丑爲星紀，日月五星于是始，故治曆者必用此爲十二次之首，即以爲歲陰在攝提格之歲，其太歲則在子，是以孝武太初元年太歲在丙子，而詔以爲復得焉逢攝提格之歲，蓋用歲陰名也。小司馬不知其義，遂謂史、漢曆法不同，誤矣。歲星在丑，歲陰在寅，則歲星在子，歲陰在卯；歲星在酉，歲陰在午。可知由是一左一右，周行十二辰，歲星居四仲，歲陰亦必居四仲；歲星居四鉤，歲陰亦必居四鉤，但視歲星，可知歲陰。淮南由太陰以推歲星，義正同也。必仲有三宿，鉤止二宿者，左傳言：「婺女，玄枵之維首。」又言：「玄枵，虚中也。」則危爲玄枵之次末。玄枵有次三宿，則大梁、鶉火、大火亦必三宿，其餘八次僅得二宿。可知此宿次傳自周、秦之代，故淮南以爲言也。後漢鄭康成説周易爻辰亦用之。

二八十六，

補曰：歲星在四鉤，積八歲行十六宿。

三四十二，

補曰：歲星在四仲，凡四歲行十二宿。

故十二歲而行二十八宿。

補曰：卽一周也。康成依三統法謂之小周。小周者，漢志云木〔一〕金相乘爲十二，是謂小周。小周乘巛策，爲一千七百二十八，是爲大周。木三金四乘爲十二，卽仲三鈞二之義也。十二周天而超一辰，其積百四十四，卽巛策。十二超辰而爲一終，其積千七百二十八，故以小周乘巛策而爲大周也。三統之法，分一次爲百四十五分，歲星歲行一次又剩行一分，積百四十四歲而剩行分竟，故有超辰。大衍曆議謂，昔僖公六年，歲陰在卯，星在析木；昭公三十二年，亦歲陰在卯，而星在星紀，故三統曆因以爲超辰之率是也。星有超辰，則太歲、歲陰隨之俱超，故太歲、歲陰皆當以歲星爲宗，不當遽以六十年周定其歲名。東京順帝時，妄謂歲無超辰，遂以滿六十甲子爲青龍一周，且置太陰不講矣。康成云：「然則今厤太歲非此也。」謂太歲不應歲星。

日行十二分度之一，歲行三十度十六分度之七，十二歲而周。

補曰：古歲星無超辰，故以十二歲爲通率。星有見伏留逆則略之矣。歲星見月爲太歲所在，則一見伏必十三中氣有奇，而十二歲有十一見伏。法以十二歲

〔一〕「木」，原本作「水」，據漢書律曆志改。

之積日剖爲十一分，卽得一見伏之日數，一見盡一歲，于是〔二〕伏日内減去一歲日，餘卽伏日也。依此推之，十二歲積四千三百八十三日，每見伏有三百九十八日十一分日之五，其伏日則三十三日二十刻又十一分之五也。其見伏行度，亦以周天分爲十一分，得每分三十三度二千分又十一分之五，以一次三十度四千三百七十五分減之，餘二度七千六百七十五分，卽伏行度也。欲知歲行分者，古曆度分母四，是乘爲十六，以通周天三百六十五度四分一，得五千八百四十四爲實，以十二次爲法除之，得四百八十七。又用爲實，以十六爲法除之，得三十度不盡七，卽一歲歲星所行度分也。然則一次有四百八十七分，故歲有餘分七，積十二次而五千八百四十四分盡，故十二歲而周天也。欲知度行日者，以五千八百四十四爲一度之積分，四百八十七爲一日之行分，以日分除度分，得十二無餘分，是十二日行一度也。如是計之，歲星一見行盡一次，見後伏三十日十六分日之七而復見，積十二歲而有十一見，則周天也。

熒惑

〔二〕據上下文意，「是」當爲「見」之譌。

補曰：天官志云：「其精爲風伯，惑童兒歌謡嬉戲也。」常以十月入太微，受制而出行列宿，司無道之國，爲亂爲賊，爲疾爲喪，爲饑爲兵，出入無常，辯變其色，時見時匿。

元注：此皆所以譴告人君。

補曰，熒惑亦以五千八百四十四爲實，計十四終，有十六周天，即以實爲積度，如十四而一，得一終行四百十七度十四分度之六。欲知星行與歲日俱終者，則三十二歲有十五終也，因倍實以爲積日，如十五而一，得七百七十九日十五分日之三也。其一見六百三十二日行三百度，餘卽伏行日度。通率二十八日行十五度。十月入太微受制者，熒惑在陬訾，太微在鶉尾，一歲可行百九十二度，則近太微矣。

鎮星以甲寅元始建斗，歲

補曰：此太歲在甲寅，非太陰也。時用顓頊曆人正月，五星會陬訾之次，太歲正在甲寅。若太陰在甲寅，歲星必在星紀矣。

鎮行〔一〕一宿，當居而弗居，其國亡土；未當居而居之，其國益地，歲熟〔二〕。日行二十八分度之一，歲行十三度百十二分度之五，二十八歲而周〔三〕。

元注：鎮星一徧。

補曰：鎮星亦以五千八百四十四爲實，十六乘二十八爲法，得歲行十三度四百四十八分度之二十分，各四除之，卽百十二分之五也。鎮星歲一見伏，見三百三十日，行八度；伏三十五日四分日之一，行五度百十二分之五也。

太白元始以正月甲寅〔四〕，

補曰：正月甲寅者，甲寅歲人正月之名也。古歲、月俱首甲寅，爲建首人正之定法，紀年用太陰、太歲皆同。太初元年月名畢聚，用太陰紀年之甲寅月也。顓頊曆元首月名畢陬，用太歲紀年之甲寅月也。自用天正爲首月，而歲、月俱始甲子矣。又甲寅爲正月朔旦立春之日，卽顓頊曆去千一百四十算，其冬至則

〔一〕「行」原本作「星」，據前天文訓改。

〔二〕「熟」原本作「宿」，據前天文訓改。

〔三〕「周」下原本有「天」字，據前天文訓删。

〔四〕「甲寅」，莊校本作「建寅」。

己巳也。

與熒惑晨出東方，二百四十日而入，入百二十日而夕出西方，

補曰：「入百二十日」非是。晉灼漢書注改作「四十日」，亦非。

二百四十日而入，入三十五日而復出東方。出以辰戌，入以丑未。當出而不出，未當入而入，天下偃兵；當入而不入，當出而不出，

補曰：天官書作「未當出而出」，宜從之。

天下興兵。

補曰：太白八歲而出入東西各五，則一歲十六分歲之六，而晨夕各一見伏。此以五百八十四日四十刻爲兩見日數也。兩見四百八十日，餘爲兩伏日，晨伏不足九十日，夕伏十六日。云「入百二十日，入三十五日」者，皆誤。

辰星正四時，

補曰：宋均元命包注云：「辰星正四時之法，得與北辰同名也。」

常以二月春分效奎、婁，以五月夏至效東井、輿鬼，以八月秋分效角、亢，以十一月冬至效斗、牽牛。

元注：效，見。案：「效」，莊刻本文、注皆作「効」。説文無「効」字。玉篇云：「効，俗效

字。」此本作「效」是。

出以辰戌，入以丑未。晨候之東方，夕候之西方。一時不出，其時不和；四時不出，天下大饑。

元注：穀不熟爲饑也。案：「饑」，莊刻本作「飢」。飢，餓也。饑，穀不熟也。兩字訓異。依此注之義，自應作「饑」。

補曰：辰星百六十年有五百十二終，以五千八百四十四日十倍之爲實，三十二乘十六爲法，法除實得百十四日五百十二分日之七十二，爲晨夕兩見伏之日數。兩見八十日，餘卽兩伏日，伏皆十七日有奇，而見〔一〕歲有六見伏有奇，則四仲月俱得有辰星，故可以正四時。

何謂八風？

補曰：河圖括地象云：「天有八氣，地有八風。」易緯云：「八節之風謂之八風。」春秋攷異郵云：「八風殺生，以節翱翔。」

距冬至四十五日條風至，案：莊刻本「距」字下有「日」字。

〔一〕「見」字疑衍。

元注：艮卦之風，一名融。爲笙也。

補曰：史記律書云：「條風居東北，主出萬物。條之言條治萬物而出之，故曰條風。」呂氏春秋有始覽云：「東北曰炎風。」高誘曰：「炎風，艮氣所生，一曰融風。」是條風卽炎風。融與炎聲相轉。條者調也，調卽融矣。周語云：「先立春五日，瞽告有協風至。」亦卽此風也。易通卦驗云：「立春，條風至。」宋均注云：「條風者，條建萬物之風是也。」樂説云：「艮主立春，樂用塤。此云笙者，服虔左氏傳注『艮音匏，其風融』，匏卽笙。八風于遁甲爲八門，條風當生門。」

條風至四十五日明庶風至，

元注：震卦之風也。爲管也。

補曰：律書云：「明庶風居東方。明庶者，明衆物之盡出也。」易通卦驗云：「春分，明庶風至。」有始覽云：「東方曰滔風。」高誘曰：「震氣所生，一曰明庶風。」是古名明庶風曰滔也。樂説云：「震主春分，樂用鼓。此云管者，服虔云『震音竹，其風明庶』，竹卽管。明庶風當傷門。」

明庶風至四十五日清明風至，

元注：巽卦之風也。爲柷也。

補曰：律書云：「清明風居東南維，主風吹萬物而西之軫。」通卦驗云：「立夏，清明風至。」有始覽云：「東方曰薰風。」高誘云「薰風或作景風，巽氣所生，一曰清明風」是也。樂説：「巽主立夏，樂用笙。此云柷者，服虔云『巽音木，其風清明』，木卽柷。清明風當杜門。」

清明風至四十五日景風至，

元注：離卦之風也。爲絃也。

補曰：律書云：「景風居南方。景者，言陽氣道竟，故曰景風。」通卦驗云：「夏至景風至。」有始覽曰：「南方曰巨風。」高誘注：「離氣所生，一曰凱風。詩曰：『凱風自南。』」然巨，大也；景，亦大也，故巨風爲景風也。樂説云：「離主夏至，樂用絃。服虔云『離音絲，其風景』，絃卽絲也。八音唯離、兑無異説。景風當景門。」

景風至四十五日涼風至，

元注：坤卦之風。爲塤也。

補曰：律書云：涼風居西南維，主地。地者，沈奪萬物氣也。」通卦驗云：「立秋，涼風至。」有始覽云：「西南曰淒風。」高誘注「坤氣所生，一曰涼風」是也。

樂説：「坤主立秋，樂用磬。此爲塤者，服虔云『坤音土，其風涼』，土卽塤。涼風當死門。」

涼風至四十五日閶闔風至，

元注：兑卦之風也。爲鐘也。

補曰：律書云：「閶闔風居西方。閶者，倡也；闔者，藏也。言陽氣導萬物，闔黄泉也。」通卦驗云「秋分，閶闔風至。」有始覽云：「西方曰飂風。」高誘云「兑氣所生，一曰閶闔風」是也。樂説：「兑主秋分，樂用鐘。服虔云『兑音金，其風閶闔』，金卽鐘。閶闔風當驚門。」

閶闔風至四十五日不周風至，

元注：乾卦之風也。爲磬也。

補曰：律書云：「不周風居西北，主殺生。」㺬異鄭云：「不周者，不交也，陽陰未合化也。」通卦驗云：「立冬，不周風至。」有始覽曰：「西方曰厲風。」高誘云「乾氣所生，一曰不周風」是也。樂説：「乾主立冬，樂用柷敔。此云磬者，服虔云『乾音石，其風不周』，石卽磬。不周風當開門。」

不周風至四十五日廣莫風至。

元注：坎卦之風也。爲鼓也。

補曰：易緯云：「八節之風謂之八風。立春條風至，春分明庶風至，立夏清明風至，夏至景風至，立秋涼風至，秋分閶闔風至，立冬不周風至，冬至廣莫風至。」律書云：「廣莫風居北方。廣莫者，言陽氣在下，陰莫陽廣大也，故曰廣莫。」通卦驗云：「冬至，廣莫風至。」有始覽曰：「北方曰寒風。」高誘云「坎氣所生，一曰廣莫風」是也。樂説：「坎主冬至，樂用管。此云鼓者，服虔云『坎音革，其風廣莫』，革卽鼓也。所以有此四十五日之距者，攷異郵云：『陽立于五，極于九。』五九四十五，且變以陰合陽，故八卦八風距同，各四十五日也。廣莫風當休門。」

條風至則出輕繫，去稽留。

元注：立春，故出輕繫。

明庶風至則正封疆，修田疇。

元注：春風播穀，故正封疆，治田疇也。案：「正封疆」，莊刻本作「正疆界」。

清明風至則出幣帛，使諸侯。

元注：立夏長養布恩惠，故幣帛聘問諸侯也。

景風至則爵有位，賞有功。

元注：夏至陰氣在下，陽盛于上，象陽布施，故賞有功，封建侯也。

涼風至則報地德，祀四郊。

元注：立秋節，農乃登穀嘗祭，故報地德，祀四方神也。

閶闔風至則收縣垂，琴瑟不張。

元注：秋分殺氣，國君憯愴，故去鐘磬縣垂之樂也。

不周風至則修宫室，繕邊城。

元注：立冬節，土工其始，故治宫室，繕修邊城，備寇難也。

廣莫風至則閉關梁，決刑罰。

元注：象冬閉藏，不通關梁也。刑罰疑者，于是順時而決之。

補曰：文亦見通卦驗，惟以「爵有位」爲「辯大將」，以「閉關梁，決刑罰」爲「誅有罪，斷大刑」。

何謂五官？東方爲田，南方爲司馬，西方爲理，北方爲司空，中央爲都。

元注：田主農，司馬主兵，理主獄，司空主土，都爲四方最也。

補曰：春秋繁露云：「木者司農也，火者司馬也，金者司徒也，水者司寇也。」又云：「東方者木，農之本。司農尚仁。南方者火也，本朝。司馬尚智。中央者土，君官也。司營尚信。西方者金，大理司徒也。司徒尚義。北方者水，執法司寇也。司寇尚禮。」彼所説，卽此五官。此司空卽彼之司寇，故彼又云「百工惟時，以成器械」，然則水土同官。

何謂六府？子午、丑未、寅申、卯酉、辰戌、巳亥是也。

補曰：時則訓云「孟春與孟秋爲合，仲春與仲秋爲合，季春與季秋爲合，孟夏與孟冬爲合，仲夏與仲冬爲合，季夏與季冬爲合」，卽六府也。

太微者，太一之庭也。

元注：太微，星名也。太一，天神也。

補曰：春秋元命包云：「太微爲天庭，五帝合明。」天官書云：「南宮朱鳥，權、衡。衡，太微，三光之庭。」集解孟康曰：「軒轅爲權，太微爲衡。」索隱宋均曰：「太微，天帝南宮也。」然太微主式法，故爲衡。辰在巳，王者象之，立明堂于其地也。

紫宮者，太一之居也。

補曰：天官書云：「中宮，天極星，其一明者，太一常居也。環之匡〔一〕衛十二星，藩臣。皆曰紫宮。」索隱曰：「案：春秋合誠圖云：『紫宮，大帝室，太一之精也。』元命包云：『紫之言此也，宮之言中也，言天神運動，陰陽開閉，皆在此中也。』」又晉書天文志云：「鈎陳〔二〕口中一星曰天皇大帝，其神曰耀魄寶，主御羣靈〔三〕，執萬神圖。天一星在紫宮門右星南〔四〕，天帝之神也，主戰鬭，知人吉凶者也。太一星在天一南，相近，亦天地之神也，主使十六神，知風雨水旱、兵革饑饉、疾疫災害之國也。」然紫宮太一卽耀魄寶，故隋志云「北極大星，太一之座也」，義與史記合。

軒轅者，帝妃之舍也。

補曰：天官書云：「權，軒轅。軒轅，黃龍體。前大星，女主象；旁小星，御者後宮屬。」索隱曰：「援神契云：『軒轅十二星，後宮所居。』石氏星贊以軒轅龍

〔一〕「環之匡」，原本作「匡之環」，據史記乙。
〔二〕「陳」，原本作「神」，據晉書改。
〔三〕「靈」，原本作「神」，據晉書改。
〔四〕「南」，原本作「內」，據晉書改。

體，主后妃也。」文選謝玄暉齊敬皇后哀册文注引高誘淮南子注「軒轅，星也」，當在此。

咸池者，水魚之囿也。

元注：咸池，星名。水魚，神名。案：「水魚，神名」似誤，當以莊刻本「水魚，天神」爲是。

補曰：隋書天文志云：「五車五星，在畢北。中有五星曰天潢。天潢〔一〕南三星曰咸池，魚囿也。」

天阿者，羣神之闕也。

元注：闕，猶門也。

補曰：御覽卷六引有注「天河，星名也」句，正文「阿」亦作「河」。案：韓非子「天河」，何犿注「吉星」，卽謂此天阿，蓋古阿、河通也。隋志云：「坐旗西四星曰天高。天高西一星曰天河，主察山林妖變。一曰：天高，天之闕門。」

四宮者，所以爲司賞罰。

〔一〕「潢」，原本作「漢」，形近而誤，據晉書改。

元注：四宫，紫宫、軒轅、咸池、天阿。

補曰：四宫，御覽卷六引作「四守」，「守」爲是也。四方之宿，古謂四宫，非此四星矣。彼引許慎注與此同，而「宫」亦爲「守」，知前云「四宫天阿」，當爲「四守天河」也。

太微者主朱鳥，案：「朱鳥」，莊刻本作「朱雀」。攷前文「其神爲熒惑，其獸朱鳥」注云「朱鳥，朱雀也」，似淮南文正作「朱雀」。

元注：主，猶典也。

紫宫執斗而左旋，

補曰：天官書云：「斗爲帝車，運于中央，臨制四鄉。分陰陽，建四時，均五行，移節度，定諸紀，皆繫于斗。」春秋運斗樞云：「北斗七星，第一天樞，第二旋，第三機，第四權，第五衡，第六開陽，第七摇光。第一至第四爲魁，第五至第七爲杓，合而爲斗。展陰布施，故稱北斗。」

日行一度，以周于天。

補曰：謂北斗也。北斗左旋，卽天之行，日行一度，故一歲而周。或以爲説日之行，則下不應重有日文矣。

日冬至峻狼之山，

元注：南極之山。

日移一度，月行百八十二度八分度之五，而夏至牛首之山。案：莊刻本「月」作「凡」，蓋用劉績說，補注已列其文。此當作「月」爲是。

元注：牛首，北極之山。

補曰：此六月所行度分也。日移一度，故半歲而有此行數。「月」上疑脱「六」字。劉績以爲「月」當作「凡」也。

反覆三百六十五度四分度之一而成一歲，

補曰：四乘周天爲千四百六十一，欲半之者倍其法，故以八除之，而得百八十二度八分之五也，反覆之卽成一歲。凡此分母俱生于四分也。周髀算經曰：「何以知天三百六十五度四分度之一？古者庖犧、神農制作爲暦，度元之始，見三光未如其則，日月列星未有分度。日主晝，月主夜，晝夜爲一日。日月俱起建星，月度疾，日度遲，日月相逐于二十九日、三十日間，而日行天二十九度餘，未有定分，于是三百六十五日南極景長，明日反短。以歲終日景反長，故知之，三百六十五日者三，三百六十六日者一，故知三百六十五日四分日之一，歲終也。」

天一元始，

補曰：「天一」當爲「太一」，字之譌也。太一，卽前所云以太微爲庭、紫宫爲居之耀魄寶，曆家謂之太歲者也。天一，則直斗口之陰德，曆家謂之太陰矣。天一、太一紀歲，人正俱建寅。知非天一者，顓頊曆上元太歲甲寅正月，七曜俱在營室，如下所言也。若太陰甲寅，太歲實在丙子，歲星尚在星紀，何由得至營室？

正月建寅，日月俱入營室五度。

補曰：漢書張蒼傳贊謂「專遵用秦之顓頊曆」，蔡邕命論云「顓頊曆術曰天元正月己巳朔旦立春」，俱以日月起于天廟營室五度。今月令孟春之月，日在營室，其言宿度與淮南合，明淮南所用卽顓頊曆也。而大衍曆議云：「顓頊曆上元甲寅歲正月甲寅晨初合朔立春，七曜俱在艮維之首，其後吕不韋得之以爲秦法，更攷中星，斷取近距，以乙卯歲正月己巳合朔立春。」洪範傳曰「曆記于顓頊上元太始閼蒙攝提格之歲畢陬之月朔日己巳立春，七曜俱在營室五度」是也。案：一行謂秦用顓頊曆，是已。謂古顓頊曆本太歲甲寅，秦時斷取近距用乙卯，則非是。蔡邕所謂「正月朔旦己巳立春」，春者，乙卯元也；而洪範所言氣朔與邕同，其太歲則是甲寅，蓋本是一曆，止緣歲星有超辰，則太歲與之俱超。高帝元年，歲星在鶉首，則太歲在甲午，因謂之甲寅元。孝武太始二年，歲星超一辰，至世祖建武元年，歲星在壽星，太歲在乙酉，因名乙卯元。自此以後，紀歲不攷歲星，于是乙卯元之名遂定。古人必攷歲星，則上元太歲隨時改易，所恃入部積年氣朔不誤耳。不然者，秦時已用此曆，而呂氏春秋謂「維秦八年，歲在涒灘」，高誘注謂：「始皇卽位八年。涒灘，申也。」則上元不在癸丑乎？蓋始皇元年，積千二百六十算，加四十算爲高帝元年，再加二百三十算爲世祖元年。如元有定名，卽不得有是三者之異矣。若求甲寅歲甲寅晨初合朔立春之顓頊曆，不過去千一百四十年耳，如是而任加數十百元，俱可名上元也。何者？顓頊曆己巳立春，則甲申冬至。試從甲申始列二十部名，至第十六部而己巳爲冬至部名。己巳冬至，則立春甲寅也。一紀千五百二十年，十五部千一百四十年，去十五部，則始皇元年止百二十算，高祖元年止百六十算，各以其時所定太歲命之可矣。然則上元甲寅仍從西漢人說，依東漢，則又名乙卯耳。超辰之法，剏自劉歆，歆之前後皆無此術。然觀其命曆上元及攷歲星行度，則其理固具于中矣。

天一以始建

補曰：「天一」亦宜作「太一」。

七十六歲，日月復以正月入營室五度無餘分，名曰一紀。

補曰：古曆至朔同日謂之章，同在日首謂之部。章十九歲，積餘日九十九日有餘分四之三。七十六歲爲部，積餘日三百九十九無餘分。紀卽部。

凡二十紀，一千五百二十歲大終，日月星辰復始甲寅元。

補曰：古曆部周六旬謂之紀，歲朔又復謂之元年。七十六歲，積餘日三百九十九，無小餘，有大餘。至千五百二十歲，積餘日七千九百八十日，大小餘俱盡，故爲大終。元卽紀。此云元者，以大終爲一元也。古人命歲，必視歲星所在，不限六十年一周之例，故不以四千五百六十歲爲一元。甲寅元，卽前所云己巳立春，去千一百四十算所得之甲寅朔旦立春也，在周顯王三年。此爲近距，益知一行之説非矣。

日行一度，而歲有奇四分度之一〔一〕，故四歲而積千四百六十一日而復合，故舍〔二〕八十歲而復故日。

補曰：一歲三百六十五日四分一，四歲冬至歷子、卯、午、酉四正時已周，第五歲復得子正冬至爲復合，故處一歲有大餘五、小餘一，四歲成二十一日，八十歲積四百二十日，六十去之恰盡，爲復故日。「日」一作「曰」，誤。千五百二十歲，以十九歲一章計之，得八十章，以八十歲一復計之，有十九復，理正相通。

子午、卯酉爲二繩，

元注：繩，直也。

補曰：南北爲經，東西爲緯，故曰二繩。

丑寅、辰巳、未申、戌亥爲四鉤。

補曰：丑寅鉤，辰巳鉤，未申鉤，戌亥鉤。案：四仲之外，餘皆爲鉤。此以太陰在四角而釋其鉤義如此，與前高注通四辰爲一鉤同也。若推歲行所在，則太陰在寅，歲在丑；太

〔一〕「之一」原本脱，據前天文訓補。

〔二〕「舍」，原本作「處」，據前天文訓改。

陰在辰，歲在亥；太陰在巳，歲在戌；太陰在未，歲在申，則辰與亥鈎，巳與戌鈎，與此少異。

東北爲報德之維也，

元注：報，復也。陰氣極于北方，陽氣發于東方，自陰復陽，故曰報德之維。四角爲維也。

西南爲背陽之維，

元注：西南已過，陽將復陰，故曰背陽之維。

東南爲常羊之維，

元注：常羊，不進不退之貌。東南純陽用事，不盛不衰，常如此，故曰常羊之維。案：莊氏逵吉云：「常羊卽相羊，亦卽倘佯，漢書吳王濞傳又作方洋，司馬相如上林賦又作襄羊，皆是也，古字俱通用。」又案：「東南純陽用事」，莊刻本無「東南」二字。

西北爲號通之維。案：「號通」，莊刻本作「蹏通」，云：「各本皆作『蹏』，疑藏本誤。」其云「各本皆作蹏者」，乃是「號」字誤文，觀注呼號之義，應作「號通」爲是。

元注：西北純陰，陰氣閉結，陽氣將萌，號始通之，故曰號通之維。案：「陰氣閉結」之「陰」，莊刻本作「陽」，似誤。

補曰：東北，艮也，始萬物，終萬物，德莫大焉，故曰報德。西南，坤也，純陰無陽，故曰背陽。東南，巽也，爲進退，故曰常羊。漢書禮樂志云：「周流常羊。」師古曰：「常羊，猶逍遥也。」西北，乾也，天門在焉，呼號則通，故曰號通。四維之卦，周髀有之。漢書禮樂志云：「祠太一于甘泉，就乾位也。」則以四卦置于四維，其來古矣。

日冬至則斗北中繩，陰氣極，陽氣萌，

補曰：太玄經云：「陰不極則陽不萌。」注：「陽萌于十一月。」

故曰冬至爲德。

元注：德，始生也。

補曰：京氏易積算傳云「龍德十一月，子在坎，左行」是也。

日夏至則斗南中繩，陽氣極，陰氣萌，

補曰：太玄經云：「陽不極則陰不芽。」注：「陰芽于六月。」

故曰夏至爲刑。

元注：刑，始殺也。

補曰：京氏易積算傳曰「虎刑五月，午在離，右行」是也。

陰氣極，則北至北極，下至黄泉，

補曰：蓋天之法，天旁遊四表，地升降于天之中。冬至，天南遊之極，地亦升降極上，故北至北極，下至黄泉。夏至，天北遊之極，地亦升降極下，故南至南極，上至朱天。春分，天西遊之極；秋分，天東遊之極，地皆升降正中。義具鄭注考靈曜及周髀算經。以渾天論之，冬至，日行赤道南二十四度，而晝漏極短；夏至，日行赤道北二十四度，而晝漏極長；二分，日正行赤道上，而晝漏適均，卽其理也。

故不可以鑿地穿井。萬物閉藏，蟄蟲首穴，故曰德在室。陽氣極，則南至南極，上至朱天，故不可以夷丘上屋。萬物蕃息，五穀兆長，故曰德在野。日冬至則水從之，日夏至則火從之，故五月火正而水漏，

元注：火正，火王也，故水滲漏。一説火星正中也。漏，溼也。案：莊刻本作「火星正中地」，恐誤。

十一月水正而陰勝。

元注：水正，水王也，故陰勝也。一説營室正中于南方。

補曰：古曆夏至昏中星去日百十八度，秦曆立春日在營室五度，則夏至日在鬼三度、心二度正中也。冬至昏中星去日八十二度，秦曆日在牽牛五度，則奎十

六度正中，其前月營室已中也。月令云：「中冬之月，昏東壁中。中夏之月，昏亢中。」謂月本也。

陽氣爲火，陰氣爲水。水勝故夏至溼，火勝故冬至燥。燥故炭輕，溼故炭重。

補曰：前漢書天文志云：「冬至極短，縣土炭。」孟康曰：「先冬至三日，縣土炭于衡兩端，輕重適均，冬至而陽氣至則炭重，夏至陰氣至則土重。」晉灼曰：「蔡邕曆記『候鐘律權土炭，冬至陽氣應黃鐘通，土炭輕而衡仰，夏至陰氣應蕤賓通，土炭重而衡低。進退先後，五日之中。』」案：續志「炭」作「灰」，恐傳寫之誤。

日冬至，井水盛，盆水溢，羊脱毛，麋角解，鵲始巢；八尺之修，日中而景丈三尺。日夏至而流黃澤，石精出，

元注：流黃，土之精也，陰氣作于下，故流澤而出也。石精，五色之精也。

蟬始鳴，半夏生，

元注：半夏，藥草。

蟁蝱不食駒犢，鷙鳥不搏黃口；

元注：五月微陰在下，駒犢、黃口飢血脆弱未成，故蟁蝱、鷙鳥應候不食不搏

也。案：元寫本「微陰在下」句下誤衍「未成」二字，莊刻本無，今删。又「蟲」下脱「螶」字，「鷙」下脱「鳥」字，今從莊刻本增。

八尺之景，脩徑尺五寸。

補曰：周禮馮相氏「冬夏致日，春秋致月」，鄭注云：「冬至日在牽牛，景丈三尺。夏至日在東井，景尺五寸。此長短之極，極則氣至，冬無愆陽，夏無伏陰。春分日在婁，秋分日在角，而月弦于牽牛、東井，亦以其景知氣之至否。春秋冬夏氣皆至，則是四時之序正矣。」此所説二至景長，卽其事也。表用八尺者，周禮土圭之長尺五寸，夏至日景爲測驗之始，長必與土圭等，唯八尺始合也。此在地中爲然。風土記云：「鄭仲師曰，夏至之日，立八尺之表，景尺有五寸，謂之地中，一云陽城，一云洛陽，古亦卽此知日去人遠近。」攷靈曜云：「四遊升降于三萬里中，則半之爲萬五千里，而當夏至之景。」此千里差一寸之率，大司徒所用以測土深、求地中者。而冬至日去人一十三萬里，夏至日去人萬五千里，則發斂之極也，皆憑八尺之脩測而得之。周髀測天之高離地八萬里，亦以千里爲寸也。淮南後術用一丈之表，故以爲天高十萬里，其理正同。

景脩則陰氣勝，景短則陽氣勝。陰氣勝則爲水，陽氣勝則爲旱。

補曰：漢書天文志云：「景者，所以知日之南北也。日，陽也。陽用事則日進而北，晝進而長，陽勝，故爲〔一〕温暑；陰用事則日退而南，晝退而短，陰勝，故爲寒涼也。若日之南北失節，晷過而長爲常寒，退而短爲常燠。一曰，晷長爲潦，短爲旱。」易通卦驗云：「冬至之日，置八神，樹八尺之表，日中視其晷，晷進則水，晷退則旱。」鄭玄注云：「晷進，謂長于度。日之行黄道外則晷長，晷長者則陰勝，故水。晷短于度者，日之行入進黄道内，故晷短，晷短者陽勝，是以旱。」

陰陽刑德有七舍。

補曰：卽周髀之「七衡」。管子四時篇曰：「日掌陽，月掌陰，陽爲德，陰爲刑。」此陰陽刑德之義也。淮南以爲北斗雌雄之神，日卽日躔，月爲厭對，舍謂刑德所居，自子至午有七辰，故七舍。

何謂七舍？室、堂、庭、門、巷、術、野。

補曰：室爲子，堂爲丑亥，庭爲寅戌，門爲卯酉，巷爲辰申，術爲己未，野爲午。此七舍以門爲中，在門内者庭、堂、室也，在門外者巷、術、野也。

〔一〕「爲」，原本脱，據漢書天文志補。

十一月德居室三十日，先日至十五日，後日至十五日，而徙所居各三十日。德在室則刑在野，德在堂則刑在術，德在庭則刑在巷，陰陽相得則刑德合門。補曰：「十一月」或作「二」，誤。日至，冬至也。冬至日躔星紀之中，先十五日爲十一月之始，後十五日爲十一月之終，合三十日也。十一月斗建子，日在丑，丑居子爲德；厭亦在子，子對午爲刑，故德在室，刑在野。十二月斗建丑，日在子，子居丑爲德；厭在亥，亥對巳爲刑，故德在堂，刑在術。正月斗建寅，日在亥，亥居寅爲德；厭在戌，戌對辰爲刑，故德在庭，刑在巷。二月斗建卯，日在戌，戌居卯爲德；厭在酉，酉對卯爲刑，故刑德合門。由此推之，三月德在巷則刑在庭，四月德在術則刑在堂，五月德在野則刑在室，而六月如四月，七月如三月，八月如二月，九月如正月，十月如十二月，刑德周矣。

八月、二月，陰陽氣均，日夜平分，故曰刑德合門。德南則生，刑南則殺，故曰二月會而萬物生，八月會而草木死。案：「分平」，莊刻本作「平分」。「刑德合門」至「故曰」十四字，原寫本誤脱，今從莊刻本增。

補曰：二月後，德出而刑入，故生。八月後，德入而刑出，故死。漢書五行志「劉向以爲，于易，雷以二月出，其卦曰豫，言萬物隨雷出地，皆逸豫也；以八月入，其卦曰歸妹，言雷復歸。入地，則孕毓根核，保藏蟄蟲，避盛陰之害。」此六日七分法理亦同也。

兩維之間，九十一度十六分度之五而升，

元注：自東北至東南爲兩維，帀四維〔一〕三百六十五度四分度〔二〕之一，一度者，二千九百三十二里千四百六十一分里之三百四十八。

補曰：四乘度分母爲十六，四分周天爲九十一度不盡一度四分度之一，故以十六通之爲二十，復四分之，而成整數五也。

日行一度，十五日爲一節，

補曰：四乘周天爲一千四百六十一，以二十四氣分之，得六十不盡二十一，置所得如四而一爲十五日，即一節之日也。其餘分二十一，滿氣法從小餘，小餘滿四，方從大餘也。周易乾鑿度云：「天氣三微而成一著。」鄭注：「五日爲一餘，十五日爲一著，故五日爲一候，十五日成一氣也。」

〔一〕「四維」，原本作「羅」，二字誤合爲一，據前天文訓注文改。
〔二〕「四分度」，原本脱，據前天文訓注文補。

以生二十四時之變。斗指子則冬至，音比黄鐘；

元注：黄鐘，十一月也。鐘者，聚也，陽氣聚于黄泉之下也。

加十五日指癸則小寒，音比應鐘；

元注：應鐘，十月也。言陰應于陽，轉成其功，萬物應時聚藏，故曰應鐘。

加十五日指丑則大寒，音比無射；

元注：無射，九月也。陰氣上升，陽氣下降，萬物隨陽而藏，無有射出見也，故曰無射也。

加十五日指報德之維，則越在陰地，故曰距日冬至四十六日而立春，陽氣凍解，音比南吕；案：莊刻本作「越陰在地」。

元注：南吕，八月也。南，任也，言陽氣内藏，陰侣于陽，任成其功，故曰南吕也。

加十五日指寅則雨水，音比夷則；

元注：夷則，七月也。夷，傷。則，法也。言陽衰陰發，萬物彫傷，應法成性，故曰夷則也。案：「陽衰」上，莊刻本無「言」字。

加十五日指甲則雷驚蟄，音比林鐘；

元注：林鐘，六月也。林，衆。鐘，聚也。陽極陰生，萬物衆聚而盛，故曰林鐘。

加十五日指卯中繩，故曰春分則雷行，音比蕤賓。

元注：蕤賓，五月也。陰氣萎蕤在下，似主人；陽在上，似賓客，故曰蕤賓也。

案：元寫本「陰氣萎蕤」下誤衍「賓」字，今從莊刻本删。

加十五日指乙則清明風至，音比仲吕；

元注：仲吕，四月也。陽在外，陰在中，所以吕中于陽，助成其功也，故曰仲吕也。案：「助成」下莊刻本無「其」字。

加十五日指辰則穀雨，音比姑洗；

元注：姑洗，三月也。姑，故也。洗，新也。陽氣養生，去故而致新，故曰姑洗也。案：莊刻本作「去故就新」。

加十五日指常羊之維則春分盡，故曰有四十六日而立夏，大風濟，音比夾鐘；

元注：濟，止也。夾鐘，二月也。夾，夾也，萬物去陰，夾陽地而生，故曰夾鐘也。

加十五日指巳則小滿，音比太簇；

元注：太簇，正月也。簇，簇也，言陰衰陽發，萬物簇地而生，故曰太簇。案：

「陰衰」上莊刻本無「言」字。

加十五日指丙則芒種，音比大呂；

元注：大呂，十二月也。呂，侣也。萬物萌種于下，未能達見，故曰大呂。所以配黄鐘，助陽宣功也。

加十五日指午則陽氣極，故曰有四十六日而夏至，音比黄鐘；加十五日指丁則小暑，音比大呂；加十五日指未則大暑，音比太簇；加十五日指背陽之維則夏分盡，故曰有四十六日而立秋，涼風至，音比夾鐘；加十五日指申則處暑，音比姑洗；加十五日指庚則白露降，音比仲呂；加十五日指酉中繩，故曰秋分雷戒，蟄蟲北鄉，音比蕤賓；加十五日指辛則寒露，音比林鐘；加十五日指戌則霜降，音比夷則；加十五日指號通之維則秋分盡，故曰有四十六日而立冬，草木畢死，音比南呂；加十五日指亥則小雪，音比無射；加十五日指壬則大雪，音比應鐘；加十五日指子。

補曰：此分十二辰爲二十四，古堪輿法也，亦見史記律書，此爲詳明矣。八節中有四十六日者五，舉整日三百六十五日言之，故不及四分日之一。以數推之，冬至至立春凡三節，有小分六十三，不滿一日。至立夏九節，有小分一百八十九，得一日九十六分日之九十三。至夏至十二節，有小分二百五十二，得二日九十六分日之六十。至立秋十五節，有小分三百一十五，得三日九十六分日之二十七。至立冬二十一節，有小分四百四十一，得四日九十六分日之五十三，亦舉整日，故卽得五日。至來歲冬至，則有小分五百四，始得五日九十六分日之二十四，而此不言明，以不離五日故也。注所言十二月之律，自是隨月律之正法，非卽淮南所云。何以明之？應鐘，十月律也，而小寒之音比焉。小寒，十二月節，以後月之節屬前月之中，亦在十一月，不得比十月律也。此自以二十四氣比十二律，故冬至比黄鐘，小寒比應鐘。自冬至以後，逆比十二律；夏至以後，順比十二律，所謂二十四時之變，明其用變法也。

故曰：陽生于子，陰生于午。

補曰：子，乾初九復也；午，坤初六姤也。周易集解荀爽曰：「乾起坎而終於離，坤起離而終於坎，坎離者，乾坤之家，而陰陽之府，大明終始也。」

陽生于子，故十一月日冬至，鵲始加巢，人氣鐘首。陰生于午，故五月爲小刑，薺麥亭歷枯，冬生草木必死。斗杓爲小歲，

元注：斗第一星至第四爲魁，第五至第七爲杓也。

補曰：説文云：「杓，斗柄也。」司馬貞云：「卽招摇也。」

正月建寅，月從左行十二辰。咸池爲太歲，

補曰：淮南有兩太歲，此太歲非太一也。或説「太」當爲「大」，然義則同。

二月建卯，月從右行四仲，終而復始。

補曰：咸池直參，參主斬伐，咸池在其上，故不可向。太史公曰「西官咸池」，猶言西官白虎也。東方朔七諫云「哀人事之不幸兮，屬天命而委之咸池」，亦以咸池爲凶神。咸池所建，當以日所在定之。正月日在亥加時酉則咸池在午，二月日在戌加時巳則咸池在卯，三月日在酉加時丑則咸池在子，四月日在申加時酉則咸池在酉。以此差次，夏三月加時如春三月，秋冬亦然。而寅午戌之月咸池常在午，亥卯未之月咸池常在卯，巳酉丑之月咸池常在酉，申子辰之月咸池常在子。所以然者，咸神屬金，巳酉丑三時亦金也，故必以其時居于四正，而其月自以木火金水爲類，不相淩越也。

太歲迎者辱，背者强，左者衰，右者昌，小歲東南則生，西北則殺，不可迎也，而可背也，不可左也，而可右也，其此之謂也。大時者，咸池也；小時者，月建也。天維建元，常以寅始起，右徙一歲而移，十二歲而大周天，終而復始。

補曰：「而移」之「而」，舊作「不」，誤。通占大象曆經云：「天維三星在尾北斗杓後。」然則入析木之次，太陰在攝提格之歲，正月日在陬訾加時亥，卽天維在寅，星辰復位時也。自後加時，歲退一辰，故右徙一歲而移。云十二歲而大周天者，十二月加時，每退二辰卽一月，而移十二月而周天也。月爲小周天，則歲爲大周天，言大，明有小矣。

淮南元年冬，太一在丙子，冬至甲午，立春丙子。

元注：淮南王作書之元年也。一曰淮南王長，孝文皇帝異母弟也。僭號自稱東帝，以徙嚴道，道死于雍。其四子皆爲列侯，時人歌之曰：「一尺繒，好童童。一升粟，飽蓬蓬。兄弟二人，不能相容。」文帝聞之曰：「以我爲利其土耶？」皆召四侯而王之。是則淮南王安卽位之元年，以紀時也。

補曰：注後説是也。「丙子」二字亦宜在注下。武帝太初元年，太歲在丙子。淮南王安以文帝十六年自阜陵侯進封，是年下距太初元年六十算，則太歲亦在丙子矣。以術推之，顓頊曆入紀一千三百四十二算，不用超辰，以六十除去之，不盈二十二，數從甲寅起，亦太歲在丙子。淮南以太歲爲太一者，春秋文耀鈎云：「中宫大帝，其北極星下，明者爲太一之光，含元氣，以斗布常。」春秋合誠圖云：「天皇大帝，北辰星也，含元秉陽，舒精吐光，居紫宫中，制御四方，冠有五采文。」初學記引五經通義曰：「天神之大者曰昊天上帝。」注：「卽耀魄寶也。亦曰皇天大帝，亦曰太一。」然則太一入玄枵之次，歲星在星紀而加丑，則太一在子，歲星在玄枵而加丑，則太一亦在丑。自後十二歲而周。丑爲星紀，故歲星必加之，而見太一之所在，以此紀歲，因亦名太一爲太歲也。淮南從其本名，故曰太一。太一在丙子，卽閼逢攝提格之歲。推其冬至，顓頊曆少周曆百十八算，入癸卯部四十二算，周曆此年積千四百六十算，入乙酉部十六算，天正氣大餘二十四，無小餘。冬至己酉加四十五日三十二分之二十一得甲午立春，然則此云甲午，本立春之日，冬至上脱其日名耳。重文丙子，自言太一，下釋其義。案：「歲星在玄枵而加丑，則太一亦在丑」，當作「太一亦在子」。歲星在玄枵而加丑，是歲行一周，仍在星紀。歲星在星紀，則太歲仍在子矣。歲星與太歲左右行不同，故推合如此。作丑者，當是傳寫之誤。

二陰一陽成氣二，二陽一陰成氣三，

元注：陰羸惋，故得氣少。陽精微，故得氣多。一說上得二，下得三，合爲五，故曰「合氣而爲音」，音數五也。

補曰：此釋太一始于丙子之義也。二陰一陽謂坎子之位也，二陽一陰謂離丙之位也。坎陰不中，故二陰成一氣；離陰得中，故一陰成一氣。離三坎二，合之爲五，卽五行之氣也。坎爲水，離爲火。坎之所生者一，木也；離之所生者二，土也、金也。太一居子，其衝爲丙，故太一始于丙子。不然，太歲在甲曰閼逢，太歲在寅曰攝提格，何不竟首甲寅，而必别屬之太陰乎？

合氣而爲音，合陰而爲陽，合陽而爲律，故曰五音六律。音自倍而爲日，律自倍而爲辰，故日十而辰十二。

補曰：合氣爲音者，以土火金水木爲宮徵商羽角也。素問天元紀大論云：「甲己之歲土運統之，乙庚之歲金運統之，丙辛之歲水運統之，丁壬之歲木運統之，戊癸之歲火運統之。」此以相生爲次也。而六十律戊癸爲宮，甲己爲徵，則戊癸土，而甲己火。所以者，宮能生徵，徵不能生宮，故以火爲土，以土爲火。然則五運火生土，五音土生火，禮家説火土同宮，黎爲祝融，亦爲后土，非無義矣。合土生火，故火生金，而自金以下，無不與五運合，故五音始于宮而終于角也。合陰爲陽者，坎二離三，約六爲五也。論卦畫，則坎離各有三，以陰之數當陽之數，卽合陰爲陽。合陽爲律者，坎有重坎，離有重離，則陰陽各六，先取六陽以爲六律，故曰合陽爲律。一律而有五者，因而重之，則音有十，在陽律者爲宮、商、角、徵、羽，在陰律者爲變宫、變商、變角、變徵、變羽，故地形訓云「宫生變徵，徵生變商，商生變羽，羽生變角，角生變宫」也。以當十日，則始于戊而終于丁，是爲音自倍而爲日。陽律生陰律，陰律亦生陽律，一律而生十二律，以當十二辰，則始于黄鐘子，終于中吕亥，是爲律自倍而爲辰。劉歆亦曰：「六律六吕而十二辰立矣。五聲清濁而十日行矣。」蓋皆謂音生日，律生辰也。揚雄則云：「聲生于日，律生于辰。」

月日行十三度七十六分度之二十六，

元注：六或作八。

補曰：一紀日周七十六，月周千一十六，以日周除月周，得十三度七十六分度之二十八，是以月周比每日之月行得此數，故定爲一日之月行也。三統、四分月十九分度之七，此七十六分度之二十八，即子母各四乘之數。「六」當作「八」，傳寫之誤。

二十九日九百四十分日之四百九十九而爲月〔一〕，而以十二月爲歲。

〔一〕「月」上原本有「一」字，據前天文訓删。

補曰：一紀月數九百四十，日數二萬七千七百五十九，以月數除日數，得二十九日九百四十分日之四百九十九，是以紀月比一月之日分得此數，故定爲一月之日分也。續漢志四分之法如此。祖沖之曰：「古之六術，咸同四分。」于淮南此文信之。紀月九百四十，以七十六歲除之，得十二，卽每歲之月數也。不盡二十八，爲四章之閏月。

歲有餘十日九百四十分日之八百二十七，故十九歲而七閏。

補曰：四乘周天爲千四百六十一，四分九百四十爲二百三十五，相乘得三十四萬三千三百三十五，爲周天分，一月積分二萬七千七百五十九，以十二乘之，得三十三萬三千一百八，爲朔積分，兩數相減，餘一萬二百二十七，以九百四十除之，得十日又九百四十分日之八百二十七也。又以十九乘餘日，得百九十日；乘餘分，得一萬五千七百三十二。如九百四十而一，得十六日，併之得二百六日，卽大月三，小月四，爲一章之閏月也。按：「三十二」應作「一十三」。又「如九百四十而一得十六日」下脱「餘分六百七十三」七字。

日冬至子午，夏至卯酉〔一〕，冬至加三日，則夏至之日也。

元注：冬至後三日，則明年夏至之日。

補曰：冬至距夏至有百八十二日十六分日之十，去百八十日，餘二日過半，舉整數言三日。大抵算上算外相間命之。注以爲明年者，用人正也。從天正，則在一歲。

歲遷六日，終而復始。

元注：遷六日，今年以子冬至，後年以午冬至也。

補曰：亦舉整數言之，實五日四分日之一，積四年方成二十一日無餘分。

壬午冬至，

補曰：此淮南改定顓頊曆上元冬至也。劉向謂己巳立春，則甲申冬至也。入殷曆甲子部六十一算，天正朔大餘六，庚午朔氣大餘二十，十五日甲申冬至，加殷曆五十七算爲周曆。顓頊曆入癸卯部四十二算，天正朔大餘二十六，己巳朔氣大餘四十，十五日癸未冬至，再加五十七算爲四分曆。顓頊曆入壬午部二十

〔一〕「日冬至子午，夏至卯酉」，原本作「冬至日子午，夏至日卯酉」，據前天文訓乙、删。

三算，天正朔大餘四十六，戊辰朔氣大餘盡十五日，壬午冬至。顓頊曆元如故，而日至不同者，由入部各别耳。遞加五十七算則遞先一日，此合天之善術也。推己酉冬至，甲午立春，必用周曆，餘二曆俱不合。此又改入四分部内，殆以歲實漸消，豫爲後世法歟？四分，東漢始用之，其元早見于此。

甲子受制，木用事，火煙青。

元注：木色青也，東方。

七十二日丙子受制，火用事，火煙赤。

元注：火色赤也，南方。

七十二日戊子受制，土用事，火煙黄。

元注：土，中央，其色黄。案：元寫本作「中央土」，今從莊刻本改正。

七十二日庚子受制，金用事，火煙白。

元注：西方金，其色白。

七十二日壬子受制，水用事，火煙黑。

元注：北方水，其色黑。

七十二日而歲終，庚子受制。

補曰：置一歲日，以五氣分之，則七十二日爲一節，而得其用事之日。藝文志有古五子十八篇，師古云：「自甲子至壬子，説易陰陽。」始卽淮南所云也。易稽覽圖曰：「甲子卦氣起中孚，復生坎七日。」是冬至常爲甲子受制，而淮南云「壬午冬至，甲子受制」，至歲終而「庚子受制」，則冬至受制，歲易一子，計五運周環，亦當然也。由是推之，秦曆首年甲子，二年庚子，三年丙子，四年壬子，五年戊子，至六年而復得甲子，故七十歲而與日周也。五子以五行受制用事，而五色獨用火煙，古記二十四氣，于五音用徵不用宫故也。五子受制，與二十四氣同法。

歲還六日，以數推之，七十歲而復至甲子。

補曰：以五子分一歲日，尚餘六日，亦據壬午冬至歲言也。其他歲，餘日尚不盈六日。淮南子「甲子受制」之明年，云「庚子受制」，庚子在甲子後三十六日，是五子受制，歲還三十六也。七十歲積二千五百二十日，適盈四十二旬周，故復至甲子，至是五子已五十四周矣。

甲子受制則行柔惠，挺羣禁，開闔扇，通障塞，毋伐木。

元注：甲，木也，木王東方，故施柔惠。蟄伏之類出由户，故開闔扇，通障塞。

春木王，故毋伐木也。

丙子受制則舉賢良，賞有功，立封侯，出貨財。

元注：火用事，象陽明識功勞，故封建侯，出貨財。

戊子受制則養老鰥寡，行粰鬻，施恩澤。

元注：土用事，象土長養，故施恩澤也。

庚子受制則繕牆垣，修城郭，審羣禁，飾兵甲，儆百官，誅不法。

元注：金用事，象金斷割，故誅不如法度也。

壬子受制則閉門閭，大搜客，

元注：禁舊客，出新客。

斷刑罰，殺當罪，息關梁，禁外徙。案：元寫本「外徙」誤作「外徒」，注同，今從莊刻本改正。

元注：水用事，象冬閉固，故禁外徙也。

甲子氣燥濁，丙子氣燥陽，戊子氣溼濁，庚子氣燥寒，壬子氣清寒。

補曰：春秋繁露治水五行篇云：「日冬至，七十二日木用事，其氣燥濁而青。七十二日火用事，其氣慘陽而赤。七十二日土用事，其氣溼濁而黄。七十二日金用事，其氣慘淡而白。七十二日水用事，其氣清寒而黑。七十二日復得木。」

其説「木用事」有「至于立春」,「火用事」有「至于立夏」之文,以冬至木卽用事,立春在其後四十五日;驚蟄前三日火卽用事,立夏在後六十三日故也。其小滿前六日火用事,立秋前九日金用事,霜降前九日水用事,各當王時,故不言至于夏至及立秋、立冬也。是甲子明起冬至。而素問陰陽論類篇云:「孟春始至,黄帝燕坐,臨觀八極,正八風之氣,而問雷公。雷公對曰:『春甲乙青,中主肝,治七十二日。』」王冰謂:「孟月春始至,謂立春之日也。」則甲子又起立春。故管子五行篇云:「日至,睹甲子木行御,天子出令,七十二日而畢。睹丙子火行御,天子出令,七十二日而畢。睹戊子土行御,天子出令,七十二日而畢。睹庚子金行御,天子出令,七十二日而畢。睹壬子水行御,天子出令,七十二日而畢。」尹知章以日至爲春日氣至也。文耀鈎云:「蒼帝受制,其名靈威仰;赤帝受制,其名赤熛怒;黄帝受制,王四季,其名含紐樞;白帝受制,其名白招拒〔一〕;黑帝受制,其名汁光紀。」依此,則甲子起立春爲是。而淮南則五子更迭受制,蓋既有冬至、立春二法,卽不妨更爲變通耳。又有從七十二日受制之術,

〔一〕「拒」,原本作「招」,形近而誤,今改。

推爲求五德日名者。乾鑿度云：「孔子曰：『至德之數，先立木金水火土德，合三百四歲，五德備，凡一千百日，二十歲大終復初。』」其求金木水火土德日名之法，道一紀七十六歲，因而四之，爲三百四歲。以一歲三百六十五日四分一乘之，凡爲十一萬一千三十六。以甲爲法除之，餘三十六。以三十六甲子始數元立算皆爲甲，旁算亦爲甲。以日次次之毋算者，乃木金火水土德之日也。德益三十六，五德而止六日名。甲子木德，主春，春生三百四歲；庚子金德，主秋，成收三百四歲；丙子火德，主夏，長三百四歲；壬子水德，主冬，藏三百四歲；戊子土德，主季夏，致養三百四歲。六子德四正，四正，子午卯酉也，而期四時，凡一千五百二十歲終一紀。是淮南亦德益三十六，故冬至不常甲子受制也。五歲受制，與一紀無異理耳。

丙子干甲子，蟄蟲早出，

元注：木氣温，故早出。

補曰：「木」當爲「火」。

故雷早行。戊子干甲子，胎夭卵毈，

補曰：説文云：「毈，卵不孚也。」

鳥蟲多傷。庚子干甲子，有兵。壬子干甲子，春有霜。

補曰：此謂甲子七十二日。

戊子干丙子，霆。庚子干丙子，夷。

元注：夷，傷也。夷，或爲雹。

壬子干丙子，雹。甲子干丙子，地動。

補曰：此謂丙子七十二日。

庚子干戊子，五穀有殃。壬子干戊子，夏寒雨霜。甲子干戊子，介蟲不爲。

元注：不成爲介蟲也。

補曰：前書天文志云：「戎菽爲。」孟康曰：「爲，成也。」

丙子干戊子，大旱，苽封熯。

元注：苽，蔣草也，生水上，相連持大如薄者也，名曰封。旱燥故熯也。案：「持」，莊刻本作「特」，似誤。

補曰：此論戊子七十二日。

壬子干庚子，大剛，魚不爲。

元注：不成爲魚。

甲子干庚子，草木再死再生。丙子干庚子，草木復榮。

元注：今八月、九月時，李桃復榮生實是也。案：「李桃」，莊刻本作「李柰」。

戊子干庚子，歲或存或亡。

補曰：此論庚子七十二日。

甲子干壬子，冬乃不藏。

元注：不藏，地氣發也。

補曰：木氣温。

丙子干壬子，星墜。

元注：墜，隕。

戊子干壬子，蟄蟲冬出其鄉。庚子干壬子，冬雷其鄉。

補曰：此論壬子七十二日。

季春三月，豐隆乃出，以將其雨。

元注：豐隆，雷也。

至秋三月，

元注：季秋之月。

地氣下藏，乃收其殺，百蟲蟄伏，静居閉户，

元注：殺氣。

青女乃出，以降霜雪。

元注：青女，天神青皇女，主霜雪也。案：「青皇女」，莊刻本作「青霄玉女」。

行十二時之氣，以至于仲春二月之夕，乃收其藏而閉其寒，

元注：收斂其所藏而閉之。

女夷鼓歌，以司天和，以長百穀禽獸草木。案：「禽獸」，莊刻本作「禽鳥」。

元注：女夷，主春夏長養之神也。

孟夏之月，以熟穀禾〔一〕，雄鳩長鳴，爲帝候歲。

元注：雄鳩，蓋布穀也。

是故天不發其陰，則萬物不生；地不發其陽，則萬物不成。

補曰：周禮大宗伯云：「以天産作陰德，以地産作陽德。」莊周亦言：「至陰肅肅出乎天，至陽赫赫出乎地。」

〔一〕「禾」，原本作「木」，據前天文訓改。

天圓地方，道在中央。日爲德，月爲刑。

補曰：天文志引星備云：「日者德也，月者刑也，故曰日食修德，月食修刑。」

月歸而萬物死，日至而萬物生。

補曰：太玄云：「日一南而萬物死，日一北而萬物生。」

遠山則山氣藏，遠水則水蟲蟄，遠木則木葉槁。日五日不見，失其位也，聖人不與也。

元注：與，猶説也。

日出于暘谷，

補曰：王逸引作「湯」，御覽作「陽」。

浴于咸池，拂于扶桑，是謂晨明。

元注：拂，猶過。一曰至。

補曰：「扶」，説文作「榑」。

登于扶桑，

補曰：藝文類聚引有「之上」二字。初學記引有注云：「扶桑，東方之野。」

爰始將行，是謂朏明。

元注：朏明，將明也。朏，讀若朏諾臯之朏也。

至于曲阿，是謂旦明。

元注：平旦。

補曰：初學記引有注云：「曲阿，山名。」

至于曾泉，是謂蚤食。

補曰：諸家引「至」俱作「臨」。初學記引有注云：「曾，重也。早食時在東方多水之地，故曰曾泉。」

至于桑野，是謂晏食。

補曰：諸書「至」作「次」。

至于衡陽，是謂隅中。

補曰：「至」，或作「臻」。「隅」，舊作「禺」。

至于昆吾，是謂正中。

元注：昆吾丘在南方。

補曰：文選思玄賦注以爲高誘注也。「至」舊作「對」。

至于鳥次，是謂小還。

元注：鳥次，西南之山名也，鳥所宿止〔一〕。

補曰：「至」，舊作「靡」。「還」，諸家俱作「選」。案：御覽「還」作「遷」，此作「選」，當是「遷」字誤文。

至于悲谷，是謂餔時。

元注：悲谷，西南方之大壑。言其深峻，臨其上令人悲思，故曰悲谷。

補曰：「餔」，舊作「晡」。

至于女紀，是謂大還。

元注：女紀，西北陰地。

補曰：「至」，舊作「迴」。初學記「還」作「遷」，注「西北」作「西方」。案：元寫本「初學記『還』作『遷』」亦誤作「選」。

至于淵虞，是謂高春。

元注：淵虞，地名。高春，時加戌，民碓春時也。案：「碓」，莊刻誤作「確」。

補曰：「至」，舊作「經」。「虞」，舊作「隅」。初學記引有注云：「言尚未冥，上蒙

〔一〕「止」，原本作「至」，據前天文訓注文改。

先春，曰高春。」案：下注「象息春」，初學記誤作「蒙悉春」，此「蒙」字當亦是「象」字誤文。

至于連石，是謂下舂。

元注：連石，西北山名也。言將欲冥，下象息舂，故曰下舂。連，讀腐爛之爛。

案：上「鳥次」注云：「西南之山名也。」下「蒙谷」注云：「北方之山名也。」此處「名也」上亦當有「之」字。莊刻本作「連石，西北山」，疑有脱字。又「象息舂」元寫本作「蒙悉舂」，誤，今從莊刻本改正。

補曰：「至」，舊作「頓」。

至于悲泉，爰止其女，爰息其馬，是謂縣車。

補曰：洪興祖云：「虞世南引云：『爰止羲和，爰息六螭，是謂縣車。』」案：徐堅引注云：「日乘車駕以六龍，羲和御之，日至此而薄于虞淵，羲和至此而迴。六螭卽六龍也。」虞引無末六字。山海經云：「東南海外有羲和之國，有女子名曰羲和，是生十日，常浴于甘泉。」故日至悲谷，云「爰止其女」也。

至于虞淵，是謂黄昏。

補曰：文選琴賦注「至」作「入」，又引高誘注云：「視物黄也。」案：御覽「至」亦作「薄」。

至于蒙谷，是謂定昏。

元注：蒙谷，北方之山名也。盧敖所見若士之所也。

補曰：至，舊作淪。

日入于虞淵之汜，曙于蒙谷之浦，案：御覽引作「日入崦嵫，經細柳，入虞泉之池〔一〕，曙于蒙谷之浦。」又有「日西垂景在樹端，謂之桑虞」十一字，與此異。

元注：曙，明。浦，涯。

補曰：初學記引注云：「蒙谷，濛汜之水。」

行九州七舍，有五億萬七千三百九里，

元注：自暘谷至虞淵，凡十六所，爲九州七舍也。

禹以爲朝、晝、昏、夜。

補曰：論衡説日篇云：「五月之時，晝十一分，夜五分。六月，晝十分，夜六分。從六月往至十一月，月減一分。歲日行天十六道也。」王充所説「十六道」，與此「十六所」合，然則此即漏刻矣。日有百刻，以十六約之，積六刻百分刻之二十

〔一〕「池」，原本作「地」，據初學記改。

五而爲一所。二分晝夜平，各行八所。二至晝夜短長極，則或十一與五。而分、至之間，以此爲率而損益焉。尚書正義馬融云：「古制刻漏，晝夜百刻，晝長六十刻，夜短四十刻；晝短四十刻，夜長六十刻；晝中五十刻，夜亦五十刻。」今置二分之漏五十刻十之，如六刻百分刻之二十五而一，適得八所，夏至則多八刻百分刻之七十五，冬至則少八〔一〕刻百分刻之七十五。所以然者，夏至晝六十刻，謂日出寅末，入戌初，而此出寅中，入戌中；冬至晝四十刻，謂日出辰初，入申末，而此出辰中，入申中，各較三十度故也。蓋蒙谷子也，暘谷癸丑間也，咸池艮也，扶桑寅甲間也，曲阿卯也，曾泉乙〔二〕辰間也，桑野巽也，衡陽巳丙間也，昆吾午也，鳥次丁未間也。悲谷坤也，女紀申庚間也，淵虞酉也，連石辛戌間也，悲泉乾也，虞淵亥壬間也。其命名之義，因此可想。虞淵、蒙汜諸名，見于楚詞，而尚書言暘谷，洵乎，其傳古矣！

夏日至則陰乘陽，是以萬物就而死；冬日至則陽乘陰，是以萬物仰而生。晝者陽之

〔一〕「八」，原本作「百」，據上文「八刻」改。

〔二〕「乙」，原本作「之」，形近而誤，今改。

分，夜者陰之分，是以陽氣勝則日修而夜短，陰氣勝則日短而夜修。

補曰：此下道藏本接「帝張四維」爲是，别本脱誤在後。

帝張四維，運之以斗，

元注：運，旋也。案：莊氏逵吉云：「太平御覽有注云：『帝，天帝也。』」

月徙一神，復反其所。

補曰：神，當爲辰。

正月指寅，十二月指丑，一歲而帀，終而復始。指寅，則萬物螾，

元注：螾，動生貌。

補曰：律書云：「寅，言萬物始生螾然也。」漢志云：「引達于寅。」説文：「螾，側行者。」「螾，或從引。」則螾有引義。案：「萬物螾」，各本與莊本皆同，惟御覽作「螾螾也」，莊刻本從之。此蓋從藏本。

律受太簇。太簇者，簇而未出也。

補曰：漢志云：「族，奏也。」周語云：「所以金奏贊陽出滯也。」注賈、唐云：「太簇正聲爲商，故爲金奏。」白虎通云：「族，湊也，聚也。」是簇、蔟、族同義，謂奏聚而欲上出也。奏又卽湊矣。案：御覽引作「湊而未出也」，下有注云：「太簇，正月

律。」此注正與相合。

指卯，卯則茂茂然，

補曰：律書云：「卯之言茂也。」漢志云：「冒茆于卯。」説文：「卯，冒也。二月萬物冒地而出，象開門之形。」白虎通云：「卯，茂也。」案：説文又云：「茂，草豐盛。」「萺，草也。」則茂、萺同義。冒猶萺也。

律受夾鐘。夾鐘者，鐘始夾也。

補曰：白虎通云：「夾，孚甲也。言萬物孚甲，種類分也。」釋名云：「甲孚也，萬物解孚甲而生也。」是夾卽甲。案：御覽有注云：「夾鐘，二月律。」

指辰，辰則振之也，

補曰：漢志云：「振羡于辰。」説文：「辰，震也。三月陽氣動，雷電振，民農時也，物皆生。」

律受姑洗。姑洗者，陳去而新來也。

補曰：白虎通云：「姑，故也。」是姑爲陳，洗卽灑。古先西通。趙世家「先俞于趙」，徐廣曰：「爾雅西俞，雁門是也。」西，滌也，故新來。灑又通禋，潔祀也，故周語云：「故洗所以修潔百物，考神納賓也。」卽陳去新來之義。案：御覽引有注云：「姑洗，三月律。」

指巳，巳則生已定也，

補曰：漢志云：「已盛于巳。」釋名云：「巳，已也，陽氣畢布已也。」律書云：「巳者，言陽氣之已盡也。」詩斯干「似續妣祖」箋云：「似，讀如巳午之巳。巳續妣祖者，言已成其宫廟也。」則古讀巳午字若目，佀亦目聲，故鄭讀佀爲巳午之巳。已又語詞，故古俱訓爲語詞之已也。

律受仲吕。仲吕者，中充大也。案：「律受仲吕」四字，元寫本脱，今從莊刻本補。

補曰：白虎通云：「言陽氣將極，中充大也。」周語云：「宣中氣也。」説文云：「仲，中也。」案：御覽引有注云：「仲吕，四月律。」

指午，午者，忤也，

補曰：律書云：「午者，陰陽交。」大射儀云：「若丹若墨，度尺而午。」注謂「一從一横曰午」，即陰陽交也。説文云：「五，五行也，从二，陰陽在天地間交午也。此古文五省。」是午即五，故五月謂午。説文又云：「午，啎也。」屈原傳「重華不可啎兮」，集解王逸云：「啎，逢也。」索隱曰：「楚辭作遻。」漢志云：「遻布于午。」遻卽啎矣。此忤〔一〕字亦當爲啎，作忤者，流俗傳寫使然。遻之言遇，易曰「遘，遇也。天地相遇，品物咸章」是也。

律受蕤賓。蕤賓者，安而服〔二〕也。

補曰：周語云：「所以安靖神人，獻酬交錯也。」律書云：「言陰氣幼少，故曰蕤。痿陽不用事，故曰賓。」案：釋名云：「委，萎也，萎蕤就之也。」萎蕤猶甤痿矣。説文云：「甤，草木實甤蕤也，讀若綏。」蕤，草木華垂皃，从艸甤聲。」是蕤卽綏。樛木傳：「綏，安也。」故蕤爲安。案：御覽引有注云：「蕤賓，五月律。」

指未，未，昧也，

補曰：漢志云：「昧薆于未。」釋名云：「昧也，日中則昃向幽昧也。」案：御覽「昧」作「味」，與此義異。

律受林鐘。林鐘者，引而止之也。

補曰：説文云：「綝，止也，从糸，林聲。」是林卽綝。案：御覽引有注云：「林鐘，六

〔一〕「忤」，原本作「啎」，形近而誤，今改。

〔二〕「服」，原本作「賓」，據前天文訓改。

月律。」

指申，申者，呻之也，

補曰：律書云：「言陰用事，申賊萬物。」説文云：「呻，吟也。」釋名云：「吟，嚴也，其聲本出于憂愁，使人聽之淒歎也。」然則呻之者，謂陰氣賊物，物呻吟也。申，申束之，安世房中歌「敕身齋戒，施教申申」是也。

律受夷則。夷則者，易其則也，德以去矣。

補曰：律書云：「夷則者，言陰氣之賊萬物也。」徐廣曰：「一作則。」漢志云：「則，法也，言陽氣正法度，而使陰氣夷當傷之物也。」然左傳言「毀則爲賊」，故陰氣賊物爲夷則。陰氣賊物，易其則之謂也。德已去矣者，管子四時篇云：「德始于春，長于夏；刑始于秋，流于冬。」然則七月刑之始，故德去也。案：御覽引有注云：「夷則，七月律。」

指酉，酉者，飽也，

補曰：律書云：「酉者，萬物之老也。」漢志云：「畱孰于酉。」説文云：「酉，就也。八月黍成，可爲酎酒。」是卽飽之義也。

律受南吕。南吕者，任包〔一〕大也。

補曰：漢志云：「南，任也，言陰氣旅助夷則，任成萬物也。」尚書大傳云：「南方者，任方也。」説文云：「南，草木至南方有枝任也。」方言：「戴鵟一名戴南。」是南卽任。　案：御覽引有注云：「南吕，八月律。」

指戌，戌者，滅也，

補曰：律書云：「戌者，言萬物盡滅。」漢志云：「畢入于戌。」説文云：「戌，滅也，九月陽氣微，萬物畢成，陽下入地也。五行〔二〕土生于戊，盛于戌。从戊含一。」「威，滅也，从火，戌聲。火死于戌，陽氣至戌而盡滅也。」故戌言滅。

律受無射。無射者〔三〕，入無厭也。

補曰：漢志云：「射，厭也，言陽氣究物，而使陰氣畢剥落之，終而復始，亡厭已也。」爾雅釋詁：「豫、射，厭也。」故無射言無厭。　案：御覽引有注云：「無射，九月

〔一〕「包」，原本作「保」，據前天文訓改。
〔二〕「行」下原本有「志」字，據説文删。
〔三〕「者」字，前天文訓無。

律。」

指亥，亥者，閡也，

補曰：律書云：「亥者，該也，言陽氣藏于下，故該也。」漢志云：「該閡于亥。」説文云：「亥，荄也。」「荄，草根也。」「閡，外閉也。」然則萬物歸根兼晐而外閉之，故曰閡也。該與晐通矣。

律受應鐘。應鐘者，應其鐘也。

補曰：周語云：「均利器用，俾應復也。」律書云：「陽氣之應，不用事也。」漢志云：「言陰氣應亡射，該藏萬物，而雜陽閡種也。」案：御覽引有注云：「應鐘，十月律。」

指子，子者，兹也，

補曰：律書云：「子者，滋也。滋者，萬物滋于下也。」漢志云：「孳萌于子。」説文云：「子，十一月陽氣動，萬物滋入以爲偁。𡿺，籀文子。」「孳〔一〕，汲汲生也。𡿺，籀文孳。」「滋，益也。」「茲，草木益多。」是滋、兹同義，皆謂孳也。孳从子，故

〔一〕「孳」，原本作「兹」，據説文改。

子言孳。

律受黄鐘。黄鐘者，鐘已黄也。

補曰：律書云：「言陽氣踵黄泉而出也。」周語云：「夫六，中之色也，故命之曰黄鐘。」韋昭云：「六者，天地之中，天有六氣，降生五味，天有六甲，地有五子，十一而天地畢矣，而六爲中。黄，中之色也。鐘之言陽氣鐘聚于下也。」説文云：「黄，地之色也，从田，从炗。炗，古文光。」然則六亦地也，陽氣鍾于地中，故黄。坤六五「黄裳」。案：御覽引有注云：「黄鐘，十一月律。」

指丑，丑者，紐也，

補曰：律書云：「言陽〔一〕氣在上未降，萬物厄紐未敢出。」漢志云：「紐牙于丑。」説文云：「十二月萬物動用事，象手之形。時加丑，亦舉手時也。」「紐，系也。一曰結而可解。」則厄紐、紐牙同義。

律受大吕。大吕者，旅旅而去也。

補曰：周語云：「助宣物也。」漢志云：「吕，旅也，言陰大，旅助黄鐘宣氣而牙

〔一〕「陽」，原本作「陰」，據史記律書改。

物也。」説文云：「吕，脊骨也。昔太岳爲禹心吕之臣，故封吕侯。膂，篆文吕。」是吕卽膂，膂省爲旅也。旅旅而去，猶言進旅退旅矣。旅，徒旅也。案：御覽引有注云：「大吕，十二月律。」

其加卯酉，則陰陽分〔一〕，日夜平矣。故曰規生矩殺，衡長權藏，繩居中央，爲四時根。

補曰：漢志云：「權與物鈞而生衡，衡運生規，規圜生矩，矩方生繩，繩直生準，準正則平衡而鈞權矣。是爲五則。以陰陽言之，太陰者，北方。北，伏〔二〕也，陽氣伏于下，于時爲冬。冬，終也，物終藏，乃可稱。水潤下。知者謀，謀者重，故爲權也。太陽者，南方。南，任也，陽氣任養〔三〕物，于時爲夏。夏，假也，物假大，乃宣平。火炎〔四〕上。禮者齊，齊者平，故爲衡也。少陰者，西方。西，遷也，陰氣遷落物，于時爲秋。秋，䪨也，物䪨斂，乃成孰〔五〕。金從革，改更也。義者

〔一〕「分」，原本作「生」，據前天文訓改。
〔二〕「北伏」，原本作「伏方」，據漢志改。
〔三〕「養」，原本作「萬」，據漢志改。
〔四〕「炎」，原本作「災」，據漢志改。
〔五〕「孰」，原本作「就」，據漢志改。

成，成者方，故爲矩也。少陽者，東方。東，動也，陽氣動物，于時爲春。春，蠢也，物蠢生，乃動運。木曲直。仁者生，生者圜，故爲規也。中央者，陰陽之內，四方之中，經緯通達，乃能端直，于時爲四季。土稼穡蓄息。信者誠，誠者直，故爲繩也。」

道曰規，始于一，一而不生，故分而爲陰陽，陰陽和合而萬物生，故曰「一生二，二生三，三生萬物」。

補曰：老子文。

天地三月而爲一時，故祭祀三飯以爲禮，喪紀三踊以爲節，兵重三罕以爲制。以三參物，三三如九，故黃鐘之律九寸而宮音調。

元注：調，和也。

因而九之，九九八十一，故黃鐘之數立焉。

補曰：管子地員篇云：「凡將起五音，凡首，先主一而三之，四開以合九九，以是生黃鐘小素之首以成宮。」主一而三之者，置一而三之也。四開以合九九者，置一而四三之也。三爲一開，九爲二開，二十七爲三開，八十一爲四開，故曰以合九九，則黃鐘之積也。其長爲百分尺之九十分，故漢志云九十分黃鐘之長。

一爲一分，十分爲寸，十寸爲尺。而唐都、落下閎造太初曆，亦曰律容一籥，積八十一寸，則一日之分也。史記言黄鐘八寸十分一，則約九十分爲八十一分，使外體中積相應，以便布算，而後人言史記用十分寸，漢志用九分寸，誤矣。淮南寸法與史記、漢志同。

黄者，土德之色；鐘者，氣之所種也。日冬至德氣爲土，土色黄，故曰黄鐘。

補曰：漢志云：「黄者，中之色，君之服也。鐘者，種也。天之中數五，五爲聲，聲上宫，五聲莫大焉。地之中數六，六爲律，律有形有色，色上黄，五色莫盛焉。故陽氣施種于黄泉，孳萌萬物，爲六氣元也。以黄色名元氣律者，著宫聲也。」是冬至爲元氣之始，黄鐘宫應焉，故以爲名。而季夏亦中黄鐘之宫者，此則七十二日五子受制之術，當是吹律聽聲而得之，故曰律中。蓋立春甲子受制，則穀雨前三日丙子受制，小暑前六日戊子受制，白露後六日庚子受制，小雪後三日壬子受制，合之月令所云，其日甲乙，其日丙子者，無不相應，則季夏自中黄鐘之宫也。若以冬至爲黄鐘之宫，則出于候氣，謂之隨月律，律管最長，十二宫聲中亦最尊，故與元氣相應。然二法雖異，理實相通。何者？冬至時候氣既效，卽吹律亦無不中，可知。而季夏候氣，則用林鐘耳。樂聲儀云：「作樂制禮時，五音使于上元戊辰夜半冬至北方子。」鄭玄注云：「戊辰，土位，土爲宫，宫爲君，故作樂尚之，以爲君也。夜半子，以天時之始，稽命徵起于太素十一月閼逢之月，歲在攝提格之紀。」是云作樂制禮，蓋作樂則有禮通其反耳。東漢時所云攝提格之歲，未必太歲卽在丙子，要是黄鐘起于冬至，則正有其本耳。

律之數六，分爲雌雄，故曰十有二鐘，以副十二月。

補曰：吕氏春秋五月紀曰：「黄帝又命伶倫與榮將鑄十二鐘，以和五音。」隋志以爲卽鎛鐘，每鐘垂一簨虡，各應律吕之音，徐景安謂之律鐘。大司樂注：「國語曰：『律所以立均出度也。古之神瞽，攷中聲而量之，以制度律均鐘。』言以中聲定律，以律立鐘之均。」是謂律鐘。唐志：「鎛鐘十二，在十二辰之位。」而尚書大傳云：「天子左五鐘，右五鐘。」鄭注謂天子宫縣黄鐘蕤賓在南北，其餘則在東西。賈公彦以爲十二零鐘，非鎛鐘也。淮南十二鐘，知卽律鐘。賈誼新書六術篇曰「一歲十二月，分而陰陽各六月，是以聲音之器十二鐘，鐘當一月，其六鐘陰聲，六鐘陽聲」是也。

十二各以三成，故置一而十一，三之，爲積分十七萬七千一百四十七，黄鐘大數立焉。

補曰：前漢志云：「太極元氣，函三爲一。極，中也。元氣行于十二辰，始動于子。參之于丑，得三。又參之于寅，得九。又參之于卯，得二十七。又參之于辰，得八十一。又參之于巳，得二百四十三。又參之于午，得七百二十九。又參之于未，得二千一百八十七。又參之于申，得六千五百六十一。又參之于酉，得萬九千六百八十三。又參之于戌，得五萬九千四十九。又參之于亥，得十七萬七千一百四十七。

凡十二律，黄鐘爲宫，太簇爲商，姑洗爲角，林鐘爲徵，南吕爲羽。

補曰：五音配五行，正五方，而律之長短，聲之清濁，實爲五音之序。宫最長而濁，商次長亦次濁，角長短清濁半，徵次短亦次清，羽最短而清，十二均皆然。

物以三成，音以五立，三與五如八，故卵生者八竅。律之初生也，寫鳳之音，故音以八生。

補曰：吕氏春秋五月紀曰：「昔黄帝令伶倫作爲律，伶倫自大夏之西，乃之阮隃之陰，取竹于嶰谿之谷，以生空竅厚鈞者，斷兩節間，其長三寸九分，而吹之，以爲黄鐘之宫。次〔一〕曰舍少次，案：「次曰」或作「次日」，今從畢氏校刊吕覽據説苑定

〔一〕「次」，原本作「吹」，形近而誤，據吕覽改。下小注同。

作「曰」。制十二筒，以之阮隃之下，聽鳳皇之鳴，以别十二律。其雄鳴爲六，雌鳴亦六，以比黄鍾之宫，適合。黄鍾之宫，皆可以生之，故曰黄鍾之宫，律吕之本。」前漢志云：「陰陽相生，自黄鍾始而左旋，八八爲五。」孟康曰：「從子數辰至未得八，下生林鍾。數未至寅，上生太簇。律上下相生，皆以此爲率。」按十二律之次，黄鍾子，林鍾丑，太簇寅，南吕卯，姑洗辰，應鍾巳，蕤賓午，大吕未，夷則申，夾鍾酉，無射戌，中吕亥，是隔一相生也。故六十律，黄鍾宫後，卽以應鍾、無射爲宫。無射之商，黄鍾也，則用半律。何則？十二律長短相間，至中宫而窮，黄鍾半律在無射、中吕之次，故以爲商。若以十二律直十二月，則林鍾、南吕、應鍾、大吕、夾鍾、中吕各居其衝，而得隔八相生之次，其律則自長而短，至應鍾而窮矣。前法是陽下生，陰上生。後法則蕤賓、夷則、無射陽，上生；大吕、夾鍾、中吕陰，下生，故林鍾、南吕、應鍾退居西北，而大吕、夾鍾、中吕進居東南也。

黄鍾爲宫，宫者，音之君也，故黄鍾位子，其數八十一，

補曰：黄鍾體中之積也。漢志横黍九十分爲長，用以除積，則九分爲圓冪，依密術求方冪得十一分四十五釐九十豪，開方得三分三釐八豪五絲一忽爲徑，更

以密術求圓周得十分零六釐三豪四絲六忽。十二律皆用此圍徑而遞減其長，故算術必先定黄鐘之圍徑也。以此律圍乘九寸之長，實得九十五寸七分一釐一豪四絲爲體周，而能容千二百黍。孟康以九分爲圍，以圍乘長，得積八十一寸，則體周過小。晉、宋、隋、唐間，依以制律，皆不能容千二百黍，其明驗也。

主十一月，下生林鐘。林鐘之數五十四，

補曰：林鐘體中之積也。置黄鐘之數二，因而三除之，得此數。以術推之，一寸之積實有九寸，則林鐘六寸積五十四寸也。以九約六寸，則長亦五十四分。

律書云：「五寸十分四。」

主六月，上生太簇。太簇之數七十二，

補曰：太簇體中之積也。置林鐘之數四，因而三除之，得此數。以上三律，十分爲寸，則數爲積寸，九分爲寸，則數爲積分，皆得相應，故古人以當天地人三才。其餘則不能密合矣。要之，數兼分寸則俱同也。淮南獨言數者，以此。律書云：「七寸十分二。」

主正月，下生南吕。南吕之數四十八，

補曰：置太簇之數二，因而三除之，得此數。續志：「南吕律五寸三分小分三强。」今以九乘之，得四十八微弱，以强補弱，卽得整數。九除四十八，亦得彼數。律書云：「四寸十分八。」

主八月，上生姑洗。姑洗之數六十四，

補曰：置南〔一〕呂之數四，因而三除之，得此數。續志：「姑洗律七寸一分小分一微强。」今以九乘之，得六十四寸微弱，以强補弱，亦得整數。九除六十四，亦得彼數。此二律强弱相補，數猶適合，于黄鐘宫則羽角也。餘唯無射一律適合陽律之終，其他則否矣。律書云：「六寸十分四。」

主三月，下生應鐘。應鐘之數四十二，

補曰：置姑洗之數二，因而三除之，得此數。續志：「應鐘律四寸七分小分四微强。」今以九乘之，得四十二寸六分六釐。九除四十二，得四寸六分六釐，尚有三之二。是彼之積寸較多，此之積分較少也。彼是實數，此則不能無所棄，法使之然也。律書云：「四寸二分三分二。」

主十月，上生蕤賓。蕤賓之數五十七，

〔一〕「南」字原本誤置於「吕之」二字後，今乙。

補曰：置應鐘之數四，因而三除之，當爲五十六，以前有所棄，故此益其一也。續志：「蕤賓律六寸三分小分二微强。」今以九乘之，得積五十六寸九分弱，此收九分弱爲一寸，所謂半法以上亦得一也。積寸如此，積分可知。九除五十七，得六寸三分小分三，尚有三分一，則益一，整數之故。律書云：「五寸六分三分一。」

主五月，上生大吕。大吕之數七十六，

補曰：漢志作「下生大吕」，生半律也。此云「上生」，生正律也。大吕、夾鐘、中吕，以陰律而主夏至以前之月，故必上生。大吕之數七十六者，置蕤賓之數四，因而三除之，得此數。續志：「大吕律八寸四分小分三弱。」今以九乘之，得積七十五寸八分半强。九除七十六，得長八寸四分小分四半弱，皆以蕤賓所收稍多之故。古人只取整數，不得不然。律書云：「七寸五分三分一。」

主十二月，下生夷則。夷則之數五十一，

補曰：漢志作「上生夷則」，亦生正律也。夷則、無射雖陽律，而主夏至後之月，故此從下生。夷則之數五十一者，置大吕之數二，因而三除之，當爲五十又三分之二，在半法以上，故收爲一也。續志：「夷則律五寸六分小分二弱。」今以九乘之，得積五十寸六分弱。九除五十一，得長五寸六分小分六又三分二也。律書云：「五寸四分三分二。」案：「亦生正律也」，「正」當作「倍」，作「正」者，傳寫誤也。漢志「上生六而倍之，下生六而損之，皆以九爲法。依術推之，正得一尺一寸二分有奇，倍律。若作正律，是用下生法，非漢志所云上生矣。又「二因而三除」之「二」，誤書作「四」，律書云「五寸四分三分二」，誤脱「四分」二字，今并校正。

主七月，上生夾鐘。夾鐘之數六十八，

補曰：漢志云「下生夾鐘」，亦生半律。夾鐘之數六十八者，置夷則之數四，因而三除之，得此數。續志：「夾鐘律七寸四分小分九微強。」今以九乘之，得積六十七寸四分小分一強。九除六十八，得長七寸五分小分五，尚有九之五也。律書云：「六寸七分三分二。」

主二月，下生無射。無射之數四十五，

補曰：漢志作「上生」。無射之數四十五者，置夾鐘之數二，因而三除之，得此數，尚有三之一，則棄之。續志：「無射律四寸九分小分九強。」今以九乘之，當爲四十五弱，以强補弱，故得積四十五，其一分不容不棄矣。九除四十五，得長五寸，亦與續志近。律書云：「四寸四分三分二。」

主九月，上生仲吕。仲吕之數六十，

補曰：漢志云：「下生仲吕。」仲吕之數六十者，置無射之數四，因而三除之，得此數。以九乘之，得積五十九寸七分半强。此收其餘分，故六十也。前有所棄，後必收之，與蕤賓同。九除六十，得長六寸六分小分六又三之二，則所收過多也。以上十二律，用九分十分二寸法互算，有合有否。十分寸爲實，九分寸爲變法，故九分爲寸，有棄有收。而淮南用九不用十者，有故焉。十二律自長至短，以次而殺。九分爲寸，黄鐘長于蕤賓二十四，是每月減四也。應鐘短于中吕十八，是每月減三也。以此爲通率，則不妨有棄有收。十分爲寸，則所減無通率矣。此淮南之所以用九不用十也。律書云：「五寸九分三分二。」

主四月，

補曰：十二律主十二月，由于候氣。律者，述陽氣之管也，故所候皆爲陽氣。十一月，陽氣動于黄泉，入地中八寸十分一，故以黄鐘候之。十月，陽氣窮于地，上迫地面四寸十分二，故以應鐘候之。應鐘短于黄鐘三寸十分九，盈月得冬至，則當以三寸十分九減本律三分，爲黄鐘氣應之限，中間四寸十分二，卽陽氣從下而上之處也。而五月陰生之始，蕤賓短于黄鐘二寸十分四，長于應鐘減過之數一寸十分八。是陽氣之長其數二十四，陽氣之消其數一十八，中間四十二，又卽消長之總數也。陰氣消長之數如陽。其初陰上陽下，與黄鐘應。經六月而陽長二十四，則陰至黄鐘之分，是時陽上陰下，與蕤賓應。經六月而陽消一十八，則陰至蕤賓之分矣。蓋陽氣初長時，陰氣適滿二十四，至消爲一十八，則陽滿二十四矣。陰氣初長時，陽氣適滿二十四，至消爲一十八，則陰滿二十四矣。應鐘氣應逾月而後黄鐘氣應，此應鐘之所以爲應鐘也。以十二律論之，黄鐘減五爲大吕，此陽氣之驟長也。自後每月減四，至中吕則減三，爲蕤賓，所長微矣。自蕤賓以後，月減三分，五月至應鐘盈月又減三，而陽氣復萌矣。蓋陰陽二氣，初長時皆驟長五分，未消時已暗消一分，故二至之月，俱至黄鐘、蕤賓之分也。應鐘倍律長于黄鐘三分，減之卽得黄鐘，猶減中吕三分而爲蕤賓，皆氣應盈月之驗也。吕覽黄鐘長三寸九分，卽減應鐘正律所得，其義亦然。而自古無悟及者，何歟？或説黄鐘以後，六律候陽氣；蕤賓以後，六律候陰氣，此殊不然。周易卦氣自下而上，律氣亦然。蕤賓之月，陽氣自黄鐘而進，正滿二十四分，而可謂之陰氣乎？律之用減不用增，皆由陽氣之自下而上爲之也，故曰述陽氣之管。且陽動陰静，灰之飛也，非其證乎？然則何以律有陰陽？

曰：「律之陰陽，從十二辰名之，在陽曰陽律，在陰曰陰律而已。」

極不生。

補曰：「不」，舊作「下」，今依晉志所引改。宋書注云：「極不生，鐘律不復能相生。」疑采元注。然極不生者，不生黄鐘全律也，黄鐘之半律則生之矣。何者？旋宮之法，黄鐘爲商、角、徵、羽，爲變宮、變徵，必用半律，非中吕生之而誰生乎？置中吕之數二，因而四除之，止積四十，未盈八十一之半，然應鐘益一而生蕤賓，則中吕不可益之而生黄鐘乎？益四分分之三則能生矣。由是黄鐘自相生而半律備，則旋宮之用不窮。依續漢志十分寸，則倍中吕之實，爲二十六萬二千一百四十四分一，以三除之，止八萬七千三百八十一又三分一，半黄鐘之實，有八萬八千五百七十三又十之五，少一千一百九十二有奇，則誠不足以生黄鐘，因而上生執始。此二法之所以始通而終判也。淮南用六十律，唯以正半相參，與京房異，則中吕必生黄鐘。

宮生徵，徵生商，商生羽，羽生角，角生應鐘，

補曰：晉志所引如此。舊作「徵生宮，宮生商，商生羽，羽生角，角生姑洗，姑洗生應鐘」，誤也。

比于正音，故爲和。

元注：應鐘，十月也。與正音比，故爲和。和，從聲也。一曰和也。

補曰：注中「故」字，宋書引作「效」；「從」字，引作「徙」。

應鐘生蕤賓，不比正音，故爲繆。

補曰：宋書采元注云：「繆，音相干也。周律故有繆、和，爲武王伐紂七音也。」案：應鐘，黄鐘之變宫；蕤賓，黄鐘之變徵。謂之變宫、變徵者，六十律旋宫，則黄鐘宫，姑洗角，下生應鐘宫。應鐘爲宫，復下生蕤賓徵。今八十四聲旋宫，以應鐘宫二律歸入黄鐘宫，應鐘比黄鐘半律稍下，蕤賓比林鐘正律稍下，故云變也。云和、繆者，五音宫最長，商角徵羽以次而殺，律長則聲濁，律短則聲清，故月令注云：「宫最濁，商次濁，角清濁半，徵次清，羽最清。」此變宫從角下生，是清于羽也。順次而降，故爲和。變徵從變宫上生，是濁于徵也。逆抗而升，故爲繆。是以祖孝孫八十四調之法，一宫，二商，三角，四變徵，五徵，六羽，七變宫，而以變宫爲清宫，變徵爲正徵。云「清宫」是也。「正徵」當云濁徵。十二律皆有二變，此特舉其一耳。

日冬至，音比林鐘，浸以濁。日夏至，音比黄鐘，浸以清。

補曰：周語韋昭注云：「十一月，黄鐘，乾初九也。十二月，大吕，坤六四也。

正月，太簇，乾九二也。二月，夾鐘，坤六五也。三月，姑洗，乾九三也。四月，中呂，坤上六也。五月，蕤賓，乾九四也。六月，林鐘，坤初六也。七月，夷則，乾九五也。八月，南呂，坤六二也。九月，無射，乾上九也。十月，應鐘，坤六三也。」乾鑿度云：「乾貞于十一月子，左行陽時六。坤貞于六月未，右行陰時六。」注謂陰則退一辰者，謂左右交錯相避，此所云卽其義也。而又反用之，何則？冬至本在子，今從坤初之例，退居于未。自後一氣歷一辰，則六中氣當坤六爻矣。夏至本在午，今從乾初之例，進居于子。自後一氣歷一辰，則六中氣當乾六爻矣。冬至後欲察陰，故轉比坤六律；夏至後欲察陽，故轉比乾六律。自林鐘至應鐘用正律，黃鐘至蕤賓用半律，則音漸清。因清知濁，故曰音漸濁，陽長故也。若十二辰俱用正律，亦音漸清。就清知清，故直曰音漸清，陰長故也。此必合前二十四時所比之音論之，其理方明。蓋前冬至比黃鐘，小寒比應鐘，黃鐘用半律，則音漸濁，卽此比林鐘後所知也。前夏至亦比黃鐘，小暑比大呂，黃鐘用正律，亦音漸清，卽此比黃鐘後所知也。冬至何以用半律？夏至何以用正律？以夏至戊子受制，律中黃鐘之宮也。

以十二律應二十四氣之變，案：「二十四氣」，莊刻本作「二十四時」。

補曰：一律當一氣，前二法俱非月律之正，故曰變。

甲子，仲呂之徵也；丙子，夾鐘之羽也；戊子，黄鐘之宫也；庚子，無射之商也；壬子，夷則之角也。

補曰：五子，皆謂黄鐘各居其宫，則各應其聲。以律配日，則黄鐘適配五子，始于戊子，卒于丁亥，而六十律成矣。甲子爲中吕之徵者，中吕爲亥，十月也，大雪之末日也，下生黄鐘半律。甲子冬至，黄鐘應，中吕爲宫，則黄鐘爲徵矣。丙子爲夾鐘之羽者，丙子在甲子後第十三日，其前三日，律直夾鐘，夾鐘爲宫，則黄鐘爲羽。戊子爲黄鐘之宫者，戊子在甲子後第二十五日，黄鐘自爲宫。庚子爲無射之商者，庚子在甲子後第三十七日，其前二日，律直無射，無射爲宫，則黄鐘爲商。壬子爲夷則之角者，壬子在甲子後第四十九日，其前五日，律直夷則，夷則爲宫，則黄鐘爲角。甲有六而子惟五，故止有五子。五子中，惟戊子用全律，餘俱半律。全律尊，不爲商、角、徵、羽也。六十律一周，則雨水矣。又十二日而得丙子，故丙子起驚蟄前三日。又一周，則將穀雨矣。又十二日而得戊子，故戊子起小滿前六日。又一周，則將小暑矣。又十二日而得庚子，故庚子起大暑後六日。又一周，則過白露矣。又十二日而得壬子，故壬子起寒露後三日。此七十二日，五子受制之律也，而冬至爲徵，則其餘皆爲徵。是故丙子後三日爲驚蟄，太簇之南吕也。戊子後六日爲小滿，則應鐘之蕤賓也。庚子後六日爲大暑，亦應鐘之蕤賓也。壬子前三日爲寒露，則夷則之夾鐘也。至復于甲子，則歲周矣。甲子起于冬至，易稽覽圖云「甲子，卦氣起中孚」是也。戊子亦在大暑前六日，是爲季夏，故月令云：「中央土，其日戊己，其音宫，律中黄鐘之宫。」蓋六十日旬周，與七十二日受制，均得通也。乾鑿度云：「日十干者，五音也。」注謂：「甲乙角也，丙丁徵也，戊己土也，庚辛商也，壬癸羽也。」此論其正法。旋宫則以甲己爲徵，乙庚爲商，丙辛爲羽，丁壬爲角，戊癸爲土。柔日從剛，則惟宫商不變，此其所以爲宫商也。太玄云：「甲己之數九，乙庚八，丙辛七，丁壬六，戊癸五。」律書云：「上九，商八，羽七，角六，宫五，徵九。」皆謂是也。注者不知，故别釋之。

古之爲度量輕重，生乎天道。黄鐘之律脩九寸，物以三生，三九二十七，故幅廣二尺七寸。

元注：古者幅比皆然也。

補曰：説文云：「幅，布帛廣也。」食貨志：「布帛廣二尺二寸爲幅。」鄭志：「二尺四寸爲幅。」與此異。

音以八相生，故人脩八尺，尋自倍，故八尺而爲尋。

補曰：説文云：「周制以八寸爲尺，十尺爲丈。人長八尺，故曰丈夫。」又曰：「周制寸、尺、咫、尋、常、仞諸度，皆以人之體爲法。」然則尋卽周之丈也。人布指知寸，布手知尺，舒肘知尋。人脩一尋，故曰丈夫。周禮典瑞「璧羨以起度」，玉人「璧羨度尺，好三尺以爲度」，康成云：「徑廣八寸，袤一尺。」是八寸爲尺，起于璧廣；十寸之尺，則其羨也。獨斷曰：「夏以十三月爲正，十寸爲尺；殷以十二月爲正，九寸爲尺；周以十一月爲正，八寸爲尺。」

有形則有聲，音之數五，以五乘八，五八四十，故四丈而爲匹。

補曰：説文云：「匹，四丈也。八揲一匹。」然「八，别也」，「匹，往相辟耦也。是判八爲四，合四成八。匹从匸，匸讀若俠，藏也。匹藏八義，故又从八。揲，取也。取物以五數，故四丈爲匹耳。案：説文：「匸，衺徯有所俠藏也，讀與傒同。」非「讀若俠藏也」，疑此傳寫有誤。

匹者，中人之度也。一匹而爲制。

補曰：杜子春云：「制謂匹長，然制匹爲衣，故匹言制。左傳云：「晳幘而衣貍製。」又云：「陳子衣製。」皆謂衣。製與制通，故説文同訓裁也。

秋分蔈定，蔈定而禾熟。案：「禾熟」，莊刻本作「禾穗」。

元注：蔈，禾熟粟孚甲之芒也。定者，成也，故曰禾熟。蔈，讀如詩「有貓有虎」之貓，古文作秒也。

補曰：宋志作「禾𥞩」，注云：「𥞩，禾穗芒也。」説文云：「蔈，苕之黄華也。一曰末也。」「秒，禾芒也。」是蔈、秒通。説文稱下注云：「春分而禾生，日夏至晷景可度禾有秒。秋分而秒定，律數十二秒而當一分，十分而寸。其以爲重，十二粟爲一分，十二分爲一銖，故諸程品皆從禾。」

律之數十二，故十二蔈而當一粟，十二粟而當一寸。律以當辰，音以當日，日之數十〔一〕，

元注：十，從甲至癸日。

故十寸而爲尺，十尺而爲丈。其以爲量，十二粟而當一分，

元注：分，言其輕重分銖也。

〔一〕「日之數十」，原本作「月之數」，據前天文訓改、補。

補曰：説文云：「量，稱輕重也，从重省。」故淮南以輕重爲量。十二分而當一銖，十二銖而當半兩。衡有左右，因倍之，故二十四銖爲一兩。天有四時，以成一歲，因而四之，四四十六，故十六兩而爲一斤。三月而爲一時，三十日爲一月，故三十斤爲一〔一〕鈞。四時而爲一歲，故四鈞爲一石。

補曰：漢志云：「度者，分、寸、丈、尺、引也。本起黄鐘之長。以子穀秬黍中者，一黍之廣，度之九十分，黄鐘之長。一爲一分。」「權者，銖、兩、斤、鈞、石也。本起于黄鐘之重。一龠容千二百黍，重十二銖，兩之爲兩。」「量者，龠、升、合、斗、斛也。本起于黄鐘之龠。合龠爲合。」則一黍爲分，十黍爲寸，百黍爲尺，千黍爲丈，萬黍爲引，此五度之積也。百黍爲銖，二千四百黍爲兩，三萬八千四百黍爲斤，百一十五萬二千黍爲鈞，四百六十萬八千黍爲石，此五權之積也。千二百黍爲龠，二千四百黍爲合，二萬四千黍爲升，二十四萬黍爲斗，二百四十萬黍爲斛，此五量之積也。淮南以權爲量，卽是以權準量。半兩爲龠，一兩爲合，十兩爲升，六斤四兩爲斗，六十二斤八兩爲斛，而數起于十二蘽，則百四十四而

〔一〕「一」字原本無，據前天文訓補。

當漢志之十也。此寸有十二粟，彼寸有十黍，蓋是粟小于黍耳。

其爲音也，

補曰：舊本「爲」上有「以」字，此從晉志所引。案：莊刻本有「以」字。

一律而生五音，十二律而生六十音，

補曰：續漢志載京房六十律相生之法曰：「陽下生陰，陰上生陽，終于中呂，而十二律畢矣。中呂上生執始，執始下生去滅，上下相生，終于南事，六十律畢矣。」其法近淮南所言而實異。何者？淮南云中呂「極不生」，又云「甲子，中呂之徵也」，謂不生正律，生半律。黄鐘短于中呂也。房則中呂生執始，中呂爲宫，執始爲徵，執始律長，反過中呂。一也。姑洗之依行，當下生應鐘宫律，黄鐘之色〔一〕育，當自中呂上生，而房則依行上生色育，非隔八相生之法。二也。六十律當終于中呂宫中，而房則終于蕤賓之南事。三也。又六十律各主一日，而房則參差不齊。四也。在房自有義例，不得云誤，然實非古旋宫之法。

因而六之，六六三十六，故三百六十音以當一歲之日。

〔一〕「色」，原本作「包」，據後漢書律曆志改。下同。

補曰：隋志云：「宋錢樂之，因京房南事之餘，更生三百律。至梁博士沈重，依淮南本數，用京房之術求之，得三百六十律。各因月之本律，以爲一〔二〕部。以一部律數爲母，以一中氣所有日爲子，以母命子，隨所多少，各一律所建日辰分數也。以之分配七音。」案：重雖據淮南，其法亦異。淮南三百六十律，卽用六十律，而六十律又卽十二律，兼正半亦止二十四，無三百六十也。何者？有二十四律，卽可旋宮爲六十律，無待他律也。且律以當日，六十日之外，寧有他日乎？其所以不爲他律者，亦以應鐘生蕤賓，中呂一半生黃鐘，至于中呂之半，則其數窮矣。房術中呂不能生黃鐘，因生執始，至于南事，而其數不窮，則雖爲三百六十律，猶不窮也，特以當一歲之日，則不復相生耳矣！

故律曆之數，天地之道也。下生者倍，以三除之；上生者四，以三除之。

元注：鐘律上下相生，誘不敏也。

補曰：誘，河東高氏名也，注出其手，故云耳。上下相生之法，卽律書所云「以下生者，倍其實，三其法。以上生者，四其實，三其法」也。是先乘後除法。大

〔二〕「一」字原本無，據隋志補。

師職鄭注云：「下生者三分去一，上生者三分益一。」乃是先除後除法。漢志又言：「上生六而倍之，下生六而損之，皆以九爲法。」又是加二倍法矣。管子地員篇是其所本也。

太陰元始建于甲寅，

補曰：此太陰在閼蒙攝提格之歲，非太歲也。天官書曰：「前列直斗口三星，隋北端兑，若見若否，曰陰德，或曰天一。」淮南本篇以天一爲太陰，是太陰卽陰德矣。于辰直卯，歲星居丑，太歲在子。以丑加子，則太陰在寅，歲星居子，太歲在丑。以子加子，則太陰在卯。由是歲徙一辰，歲星常加子矣。此太陰紀年之義也。案：「于辰直卯，歲星居丑，太歲在子。以丑加子，則太陰在寅，歲星居子，太歲在丑。以子加子，則太陰在卯。由是歲徙一辰，歲星常加子矣」，當作「于辰直卯，歲星居子，太歲在丑。以丑加子，則太陰在寅，歲星居丑，太歲在子。以子加丑，則太陰在卯」云云。所由知其然者，太陰在卯，則歲行三宿，正在玄枵，太歲正在星紀。以丑加子，則太陰在寅，太陰在寅則歲行二宿，正在星紀，太歲正在玄枵。以子加丑，則太陰復在卯矣。歲徙一辰，至十二歲而一周。其明年，則歲星乃在玄枵。故曰「常加子矣」。太陰與太歲左行，歲星右行，故推合如是。此當是傳寫誤也。

一終而建甲戌，二終而建甲午，三終而復得〔一〕甲寅之元。

補曰：千五百二十歲爲大終，其餘數二十。凡言終者，皆舉餘數也。三終則餘數六十，故復得甲寅之元。韓非子言「四千五百六十歲爲一元」是也。

歲徙一辰，立春之後，得其辰而遷其所順，

補曰：此推太陰以合日辰也，由是建除之法生焉。

前三後五，百事可舉。

元注：前後，太陰之前後也。

太陰所建，蟄蟲首穴而處，鵲巢向而爲户。太陰在寅，朱鳥在卯，勾陳在子，玄武在戌，白虎在酉，蒼龍在辰。

補曰：晉志云：「勾陳，後宫屬也，大帝之常居也。勾陳口中一星曰天皇大帝，其神曰耀魄寶。」説苑辨物篇：「書曰：『在璿璣玉衡，以齊七政。』璿璣謂北辰勾陳星樞也。」

寅爲建，卯爲除，辰爲滿，巳爲平，主生；午爲定，未爲執，主陷；申爲破，主衡；酉

〔一〕「得」，原本作「于」，據前天文訓改。

爲危，主杓；戌爲成，主少德；亥爲收，主大德；子爲開，主太歲；丑爲閉，主太陰。

補曰：此建除法也。史記日者傳有建除家。太公六韜云：「開牙門當背建向破。」越絶書云：「黄帝之元，執辰破巳，霸王之氣見于地户。」漢書王莽傳云：「十一月，壬子直建，戊辰直定。」論衡偶會篇云：「正月建寅，斗魁破申。」是也。

案：建除有二法，越絶書從歲數，淮南書及漢書從月數，後人惟用月也。

太陰在寅，名曰攝提格，

補曰：攝提格，星名也。天官書云：「大角者，天皇帝庭。其兩旁各有三星，鼎足勾之，曰攝提。攝提者，直斗柄所指，以建時節，故曰攝提格。」晉志云：「攝提六星，直斗杓之南，主建時節。」然則斗杓所建攝提同也。十二歲斗杓所建星見其方，首年用本名，其下十一名即其别稱也。天官書言「歲星一名攝提格」爲此。知太陰即知太歲矣。如太陰在攝提格，太歲必在子也。

其雄爲歲星，

補曰：太玄云：「倉靈之雌不同宿而離失則歲功之乖。」注以歲星爲倉靈，失度爲不同宿，然則雌謂太陰也。太陰爲雌，明歲星爲雄。太歲所在之辰，星以其月出，此歲星之所以爲雄也。太陰所在之辰，斗以其月建，此太陰之所以爲雌也。歲星必與太陰相應而行，有盈縮則有失次，失次非即超辰，故太陰不移是謂不同宿，失次有應見于衝辰。占具天官書。

舍斗、牽牛，

補曰：天官書云：「以攝提格歲，歲陰左行在寅，歲星右轉居丑。」天文志云：「太歲在子曰困敦。」太初曆歲星在建星、牽牛本是同歲，而太陰、太歲異其名也。劉歆云：「漢曆太初元年，歲星在星紀婺女六度，故漢志曰歲名困敦。正月歲星出婺女是也。曆書載武帝詔曰『年名焉逢攝提格』，歲名、年名，即是太歲、太陰之辨。歲星自在星紀耳。」星云正月出，殆是天正。案：「歲陰」元寫本誤作「歲行」，今從史記校正。

以十一月與之晨出東方，東井、輿鬼爲對。

補曰：天官書云「正月」，天文志作「十一月」，史記用周正，淮南、漢志用夏正。

太陰在卯，歲名曰單閼，

元注：單，讀明揚之明。

歲星舍須女、虛、危，以十二月與之晨出東方，柳、七星、張爲對。

補曰：天官書云：「單閼歲，歲陰在卯，星居子。以二月與婺女、虛、危晨出。」

天文志云：「太歲在丑曰赤奮若。歲星十二月出。太初在婺女、虛、危。」

太陰在辰，歲名曰執徐〔一〕，歲星舍營室、東壁，以正月與之晨出東方，翼、軫爲對。

補曰：天官書云：「執徐歲，歲陰在辰，星居亥。以三月與營室、東壁晨出。」天文志云：「太歲在寅曰攝提格。歲星正月晨出東方。太初曆在營室、東壁。」

太陰在巳，歲名曰大荒落，歲星舍奎、婁，以二月與之晨出東方，角、亢爲對。

補曰：天官書云：「大荒落歲，歲陰在巳，星居戌。以四月與奎、婁、胃、昴晨出。」天文志云：「太歲在卯曰單閼。歲星二月出。太初在奎、婁。」

太陰在午，歲名曰敦牂，歲星舍胃、昴、畢，以三月與之晨出東方，氐、房、心爲對。

補曰：天官書云：「敦牂歲，歲陰在午，星居酉。以五月與胃、昴、畢晨出。」天文志云：「太歲在辰曰執徐。歲星三月出。太初在〔二〕胃、昴。」

太陰在未，歲名曰協洽，歲星舍觜巂、參，以四月與之晨出東方，尾、箕爲對。

〔一〕「徐」，前天文訓作「除」。

〔二〕「在」，原本作「出」，據漢志改。

補曰：天官書云：「協洽歲，歲陰在未〔一〕，星居申。以六月與觜嶲、參晨〔二〕出。」天文志云：「太歲在巳曰大荒落。歲星四月出。太初在參、罰。」

太陰在申，歲名曰涒灘，歲星舍東井、輿鬼，以五月與之晨出東方，斗、牽牛爲對。

補曰：天官書云：「涒灘歲，歲陰在申，星居未。以七月與東井、輿鬼晨出。」天文志云：「太歲在午曰敦牂。歲星五月出。太初在東井、輿鬼。」

太陰在酉，歲名曰作鄂，

歲星舍柳、七星、張，以六月與之晨出東方，須女、虚、危爲對。

元注：作，讀昨。

補曰：天官書云：「作鄂歲，歲陰在酉，星居午。以八月與柳、七星、張晨出。」天文志云：「太歲在未曰協洽。歲星六月出。太初在注、張、七星。」

太陰在戌，歲名曰閹茂，歲星舍翼、軫，以七月與之晨出東方，營室、東壁爲對。

補曰：天官書云：「閹茂歲，歲陰在戌，星居巳。以九月與翼、軫晨出。」天文志

〔一〕「未」原本作「末」，據天官書改。

〔二〕「晨」，原本作「星」，據天官書改。

云：「太歲在申曰涒灘。歲星七月出。太初在翼、軫。」

太陰在亥，歲名曰大淵獻，歲星舍角、亢，以八月與之晨出東方，奎、婁爲對。

補曰：天官書云：「大淵獻歲，歲陰在亥，星居辰。以十月與角、亢晨出。」天文志云：「太歲在酉曰作詻。歲星八月出。太初在角、亢。」

太陰在子，歲名曰困敦，

元注：困，讀羣。

歲星在氐、房、心，以九月與之晨出東方，胃、昴、畢爲對。

補曰：天官書云：「困敦歲，歲陰在子，星居卯。以十一月與氐、房、心晨出。」天文志云：「太歲在戌曰掩茂。歲星九月出。太初在氐、房、心。」

太陰在丑，歲名曰赤奮若，歲星舍尾、箕，以十月與之晨出東方，觜嶲、參爲對。

補曰：天官書云：「赤奮若歲，歲陰在丑，星居寅。以十一月與尾、箕晨出。」天文志云：「太歲在亥曰大淵獻。歲星十月出。太初在尾、箕。」史、漢所説，似異實同，亦合于淮南。案：歲星首年以中氣日見，滿一歲，行盡一次而伏，則來年見日，已在後月中氣後。及第十一見伏竟，而十二歲已周。其第十二年有歲星者，以第十一見近次末，不數日，而已入第十二年之次也。何以明之？歲星無超辰，當以十二歲之積日分爲十一分，以爲見伏一終之日數，卽前所云三百九十八日四十五刻十一分之五也。內減去一歲爲見日，其伏日有三十三日二十刻十一分之五十，伏三百三十二日四十五刻十一分之五，以一中氣三十日四十三刻四分一去之，得十氣餘二十七日六十七刻有奇算外，卽第十一次星見日。以所餘轉減一中氣日，餘二日七十六刻四分三強，以并一中氣日，仍得三十三日二十刻十一分之五。則是見在氣，未卽見在度末，以其見時尚在第十一年之次，故第十一年有歲星，不數日而入第十二年之次，遂爲第十二年之歲星也。

太陰在甲子，

補曰：太一在丙戌之歲也。

刑德合東方宮，常徙所不勝，合四歲而離，離十六歲而復合。所以離者，刑不得〔一〕入中宮，而徙于木。

補曰：淮南説刑德有二，一是一歲之刑德，前言陰陽七舍是也；一是二十歲之刑德，此所説也。此刑德從太陰支幹生。甲子之歲，德在甲，刑在卯，子刑卯，故刑德合東方宮。徙所不勝，則自東而西，謂〔二〕乙丑之歲，德在庚，刑在戌，丑

〔一〕「得」，原本作「德」，據前天文訓改。補注同。

〔二〕「謂」，原本作「請」，形近而誤，今改。

刑戌，故合西方宫。又徙所不勝，則自西而南，謂丙寅之歲，德在丙，刑在巳，寅刑巳，故合南方宫。又徙所不勝，則自南而北，謂丁卯之歲，德在壬，刑在子，卯刑子，故合北方宫。此四歲是刑德合也。自此而離，則戊辰之歲，德在戊，刑在辰，戊爲中，辰爲木，故曰刑不得入中宫，而徙于木也。二十年之中，德以東西南北中爲序，刑以東西南北爲序，周而復始，故唯有四年之合。一合一離爲一小終，一終而得甲申，二終而得甲辰，三終而復于甲子。積七十六小終而爲一大終，三大終而復于甲子之元。古曆上元本起甲寅，刑德獨始甲子者，據始合言之也。

太陰所居，日德，

補曰：「日德」二字當作「日爲德」。

辰爲刑。

補曰：太陰所居，謂十榦也。辰卽十二枝。榦從日，故曰德；枝從月，故曰刑。開元占經云：「干德甲、丙、戊、庚、壬爲陽，陽德自處。甲德在甲，丙德在丙，戊德在戊，庚德在庚，壬德在壬，此謂自處。乙、丁、辛、己、癸爲陰，陰德在陽。乙德在庚，丁德在壬，己德在甲，辛德在丙，癸德在戊，此謂在陽。取合爲德也。

三刑：子刑卯，卯爲刑下，子爲刑上；丑刑戌，戌爲刑下，未爲刑上；寅刑巳，巳爲刑下，申爲刑上；卯刑子，子爲刑下，卯爲刑上；辰刑辰；巳刑申，申爲刑下，寅爲刑上；午刑午；未刑丑，丑爲刑下，戌爲刑上；申刑寅，寅爲刑下，己爲刑上；酉刑酉；戌刑未，未爲刑下，丑爲刑上；亥刑亥。謂之三刑，刑上、刑下、自刑也。此卽淮南之刑德。攷其原，則干德本之律曆，三刑生于風角。何者？曆此年中節在甲者，後年則在己；此年在丙者，後年則在辛。六十律則戊、癸爲宫，甲、己爲徵，五日一周，終而復始，故甲己合，乙庚合，丙辛合，丁壬合，戊癸合也。日有剛柔，聲有陰陽，以剛統柔，以陽唱陰，則陽德自處，而陰德從陽矣。翼氏風角占曰：「木落歸本，水流歸末，故木刑在亥，水刑在辰。金剛火強，各立其鄉，故火刑于午，金刑于酉。」此皆謂自刑也。十二辰分爲孟仲季，四孟亥自刑，則寅巳申相刑；四仲午酉自刑，則子卯相刑；四季辰自刑，則丑未戌相刑。相刑者，互爲上下，故有刑上刑下也。王莽傳云：「今年刑在東方。」張晏曰：「是歲在壬申，刑在東方。」莽傳又曰：「倉龍癸酉，德在中宫。」張晏曰：「太歲起于甲寅爲龍，東方倉，癸德在中宫也。」

德，綱曰〔一〕日倍因，柔曰〔二〕徙所不勝。

補曰：申在東，丙在南，戊在中，庚在西，壬在北，爲自倍因。乙從庚，丁從壬，己從甲，辛從丙，癸從戊，爲徙所不勝。綱卽剛，古通。「日」當爲「自」。

刑，水辰之木，木辰之水，金、火立其處。

補曰：子辰申，水也，刑在卯辰，寅爲水辰之木。卯未亥，木也，刑在子丑，亥爲木辰之水。丑巳酉，金也，刑在戌申。酉爲金，立其處。寅午戌，火也，刑在己未。午爲火，立其處。水、木、金、火，一從三合，一從四時。後漢書朱穆傳云：「丁亥之歲，刑德合于乾位。」注謂「太歲在丁壬歲，德在北宫；太歲在亥卯未歲，刑亦在北宫，故曰合于乾位」是也。然淮南則用太陰。

凡徙諸神，朱鳥在太陰前一，鈎陳在後三，玄武在前五，白虎在後六，虚星乘鈎陳而天地襲矣。

元注：襲，和也。

〔一〕「曰」字，前天文訓均作「日」。

〔二〕「曰」字，前天文訓均作「日」。

補曰：太陰在寅，諸神分居四正方，則鈎陳在子，子爲玄枵，玄枵虚中，是謂虚星乘鈎陳。歷十二歲，而鈎陳仍在子，于是天地襲矣。此言六神歲徙之法，特附刑德而見。何以明之？太陰元始，乃德木刑火之歲，非始合東方之歲也。

凡日，甲剛乙柔，丙剛丁柔，以至于癸。木生于亥，壯于卯，死于未，三辰皆木也。火生于寅，壯于午，死于戌，三辰皆火也。土生于午，壯于戌，死于寅，三辰皆土也。金生于巳，壯于酉，死于丑，三辰皆金也。水生于申，壯于子，死于辰，三辰皆水也。

補曰：二十歲而一終，六十歲而三終，則甲有寅戌午，乙有卯亥未，丙有辰子申，丁有巳酉丑。自戌以下，周而復始，故以三辰爲合，從其壯者命之，而五行定矣。漢書翼奉傳注孟康曰：「北方水，生于申，盛于子。東方木，生于亥，盛于卯。南方火，生于寅，盛于午。西方金，生于巳，盛于酉。辰，窮水也。未，窮木也。戌，窮火也。丑，窮金也。」京房易積算傳云「寅中有生火，亥中有生木，巳中有生金，申中有生水，丑中有死金，戌中有死火，未中有死木，辰中有死水，土兼乎中」是也。然其原起于曆。素問六微旨大論云：「寅午戌歲氣同會，卯未亥歲氣同會，辰申子歲氣同會，巳酉丑歲氣同會，終而復始。」王砅注：「陰陽法以爲三合，緣其氣會同也。」案：其法分一歲爲六氣。甲子之歲，初之氣始于水下一刻寅初也，六之氣終于二十五刻辰末也，謂之初六。乙丑之歲，初之氣始于二十六刻巳初也，六之氣終于五十刻未末也，謂之六二。丙寅之歲，初之氣始于五十一刻申初也，六之氣終于七十五刻戌末也，謂之六三。丁卯之歲，初之氣始于七十六刻亥初也，六之氣終于水下百刻丑末也，謂之六四。四歲爲一節。戊辰之歲，初之氣復始于水下一刻。常如是無已，周而復始，故謂之三合。古曆俱同四分，則四歲之後，中節刻漏俱同，術家以推五行，醫經以分六氣，莫不由此。

故五勝生一，壯五，終九；

補曰：五勝，五行相勝也。生于一，壯于五，終于九，各以其辰命之。

五九四十五，故神四十五日而一徙；以三應五，八徙而歲終。

補曰：靈樞九宮八風篇云：「太一常以冬至之日居叶蟄之宫四十六日，明日居天留四十六日，明日居倉門四十六日，明日居陰洛四十五日，明日居天宫四十六日，明日居元委四十六日，明日居倉果四十六日，明日居新洛四十五日，明日復居叶蟄之宫，冬至矣。」

凡用太陰，左前刑，右背德，擊鈎陳之衝辰，以戰必勝，以攻必克。

補曰：漢書藝文志兵書「陰陽十六家。陰陽者，順時而發，推刑德，隨斗擊，因五勝，假鬼神而爲助者也。」其術卽淮南所云。又志陰陽家有天一兵法三十五篇，五行家有天一六卷、刑德七卷，殆亦説其事。

欲知天道，以日爲主，六月當心，左周而行，分而爲十二月，與日相當，天地重襲，後必無殃。星，正月建營室，二月建奎、婁，三月建胃，

元注：「星」宜言「日」。明堂月令：「孟春之月，日在營室；仲春之月，日在奎、婁；季春之月，日在胃。」此言「星正月建營室」，字之誤也。案：「仲春之月，日在奎、婁；季春之月，日在胃」，莊刻本皆無「日」字。

四月建畢，五月建東井，六月建張，七月建翼，八月建亢，九月建房，十月建尾，十一月建牽牛，十二月建虚。

補曰：皆謂日所在星也。大衍曆議云：「秦曆十二次，立春在營室五度。」

補曰：宋書志云：祖沖之曰：「漢代之初，卽用秦曆，冬至日在牽牛六度。」

星分度：

補曰：此赤道度也，東京始有黄道度。

角十二，亢九，氐十五，房五，心五，尾十八，箕十一四分一，

補曰：東方七十五度四分一。四分一，兩京附于斗末，謂之斗分，算從冬至始

也。此附箕末者，秦以十月爲歲首，箕立冬後宿從小雪始也。大衍曆議云「夏曆章、部、紀首皆在立春，故其課中星揆斗建與閏餘之所盈縮，皆以十有二節爲損益之中」，卽其理也。

斗二十六，牽牛八，須女十二，虚十，危十七，營室十六，東壁九，

補曰：北方九十八度。

奎十六，婁十二，胃十四，昴十一，畢十六，觜嶲二，參九，

補曰：西方八十度。

東井三十三，輿鬼四，柳十五，星七，張、翼各十八，軫十七，凡二十八宿也。案：井度莊刻本以漢書攷正作「三十三」，元寫本作「三十二」誤，今改正。

補曰：南方百一十二度。凡三百六十五度四分度之一也。

星部地名：角、亢鄭，氐、房、心宋，尾、箕燕，斗、牽牛越，須女吴，虚、危齊，營室、東壁衞，奎、婁魯，胃、昴、畢魏，觜嶲、參趙，東井、輿鬼秦，柳、七星、張周，翼、軫楚。

補曰：保章氏注引堪輿云：「星紀吴、越也，玄枵齊也，娵訾衞也，降婁魯也，大梁趙也，實沈晉也，鶉首秦也，鶉火周也，鶉尾楚也，壽星鄭也，大火宋也，析木燕也。」與淮南異者三：吴、魏、趙也。初學記曰：「周官天星皆有州國分野，

角、亢、氐兗州，房、心豫州，尾、箕幽州，斗、牽牛、婺女揚州，虚、危青州，營室、東壁并州，奎、婁、胃徐州，昴、畢冀州，觜巂、參益州，東井、鬼雍州，柳、七星、張三河，翼、軫荆州。堪輿家云，玄枵爲齊之分，星紀吴、越之分，析木之津燕之分，大火宋之分，壽星鄭之分，鶉尾楚之分，鶉火周之分，鶉首秦之分，實沈魏之分，大梁趙之分，降婁魯之分，娵訾衛之分。」左氏昭三十二〔一〕年傳云：「越得歲，而吴伐之，必受其凶。」杜預注：「此年歲在星紀，星紀吴、越之分野也。」然吴、越同屬星紀，何以獨得歲星？　案：漢志以後，皆以斗爲吴分野，牛、女爲越分野。時歲星初入星紀，反是吴得歲矣。惟越絶書云：「越，南斗也；吴，牛、須女也。」然後越獨得歲。此以須女爲吴，正與越絶合。但須女爲玄枵之次，而得爲吴者，秦曆冬至在牛六度，則小寒當在虚一度，須女盡入星紀之次矣。韓、趙、魏，三晉也，堪輿有晉無魏，以魏得晉故都，而昴爲大梁。淮南以魏易趙，殆從其名。越絶亦曰：「梁，畢也；晉，觜也；趙，參也。」知淮南所本古矣。越絶又言：「韓，角、亢也；鄭，角、亢也。」淮南言鄭卽言韓，三晉備矣。

歲星之所居，五穀豐昌；其對爲衝，歲乃有殃。當居而不居，越而之他處，主死國

〔一〕「三十二」，原本作「二十三」，據左傳改。

亡。

補曰：當居者，歲星常率也。有盈縮，則越而之他處。

太陰治春則欲行柔惠温凉，

元注：木德仁，故柔凉也。

太陰治夏則欲布施宣明，

元注：火德陽，故布施宣明也。

太陰治秋則欲修備繕〔一〕兵，

元注：金德斷割，故修兵也。

太陰治冬則欲猛毅剛強。

元注：純陰閉固，水澤冰凍，故剛强也。

補曰：太陰各以其歲治其月，故月與太陰相應。治春者寅卯辰之歲也，治夏者巳午未之歲也，治秋者申酉戌之歲也，治冬者亥子丑之歲也。政必如其治，所以法天道。

〔一〕「備繕」，原本作「繕備」，據前天文訓乙。

三歲而改節，六歲而易常，

補曰：改節，如春爲夏；易常，如申破寅。

故三歲而一饑，六〔一〕歲而一衰，十二歲而一康。案：莊刻本「十二歲」下無「而」字。

元注：康，成也。案：「康，成也」，莊刻本作「盛也」。又云：「按御覽『康』作『荒』，下有注云：『蔬不熟爲荒也。』疑是許慎注，故義異。」

補曰：史記貨殖傳云：「計然曰：『歲在金，穰；水，毀；木，饑；火，旱。六歲穰，六歲旱，十二歲一大饑。』」又曰：「太陰在卯，穰，明歲衰惡。至午，旱，明歲美。至酉，穰，明歲衰惡。至子，大旱，明歲美，有水。至卯，積著率歲倍。」越絶書則云：「計倪曰：『太陰三歲處金則穰，三歲處水則毀，三歲處木則康，三歲處火則旱。』」又曰：「天下六歲一穰，六歲一康，凡十二歲一饑。」説本不殊，而特以歲爲太陰。天官書直謂之太歲矣。意古人候歲特詳，故有太歲、太陰二法也。淮南自用太陰。越絶書又言：「范子曰：『夫八穀貴賤之法，必察天之三表卽決矣。火之勢勝金，陰氣畜積大盛，火據金而死，故金中有水，如此者歲大

〔一〕「六」，原本作「一」，據前天文訓改。

敗，八穀皆貴。金之勢勝木，陽氣畜積大盛，金據木而死，故木中有火，如此者歲大美，八穀皆賤。』」金、木、水、火更相勝，此天之三表者也。然則金不必皆穰，木不必皆饑。太陰在卯，穰，卽淮南後説也。

甲齊，乙東夷，丙楚，丁南夷，戊魏，己韓，庚秦，辛西夷，壬衞，癸越。

補曰：漢書天文志「衞」作「趙」，「越」作「北夷」。

子周，丑翟，寅楚，卯鄭，辰晉，

補曰：漢志作「邯鄲」。

巳衞，午秦，未宋，

補曰：漢志作「中山」。

申〔一〕齊，酉魯，戌趙〔二〕，

補曰：漢志作「吴越」。

亥燕。

〔一〕「申」，原本作「甲」，據前天文訓改。

〔二〕「趙」，原本作「越」，據前天文訓改。

補曰：漢志作「代」。此以日干支爲占也。崔浩之占姚興，謂庚午之夕，辛未之朝，天有陰雲，熒惑之亡，當在二日，必入秦矣。後八十餘日，熒惑果出東井，留守勾巳，時人服其精妙。事具魏書。

甲乙寅卯，木也。丙丁巳午，火也。戊己四季，土也。庚辛申酉，金也。壬癸亥子，水也。水生木，木生火，火生土，土生金，金生水。子生母曰義，母生子曰保，子母相得曰專，母勝子曰制，子勝母曰困。

補曰：抱朴子登涉篇云：「靈寶經曰：『所謂寶日者，謂支干上生下之日也，若甲午、乙巳之類是也。甲者木也，午者火也，乙亦木也，巳亦火也，火生于木故也。又謂義日者，支干下生上之日也，若壬申、癸酉之日是也。壬者水也，申者金也，癸者水也，酉者金也，水生于金故也。所謂制日者，支干上克下之日也，若戊子、己亥之日是也。戊者土也，子者水也，己亦土也，亥亦水也，五行之義，土克水也。所謂伐日者，支干下克上之日也，若甲申、乙酉之日是也。甲者木也，申者金也，乙亦木也，酉亦金也，金克木故也。』」不言專日，其義可知。論衡詰術[一]篇曰：「甲乙有支干，支干有加時。支干加時，專比者吉，相賊者凶。」是不獨日有五者。京房易積算傳云：「八卦鬼爲繫爻，財爲制爻，天德爲義爻，福德爲寶爻，同氣爲專爻。」寶卽保。繫當爲擊，卽淮南之困，抱朴子之伐也。

以勝擊殺，勝而無報。以專從事，專而有功。以義行理，名立而不墮。以保畜養，萬物蕃昌。以困舉事，破滅死亡。案：「以專從事」下，莊刻本無「專」字。

補曰：越絶書云：「舉兵無擊太歲上物，卯也始出，各利以其四時制日，是之謂也。」

北斗之神有雌雄，十一月始建于子，月從一辰，雄左行，雌右行，五月合午謀刑，十一月合子謀[二]德。

補曰：周禮：「占夢掌其歲時，觀天地之會。」注謂：「厭建所處之日辰。」厭建卽此雌雄之神也。雌爲陰建，雄爲陽建，陽建斗柄，陰建太陰，然太陰非歲陰，乃是厭日。堪輿天老曰「假令正月陽建于寅，陰建在戌」是也。十一月陽建在

[一]「術」，原本作「宅」，據論衡改。
[二]「謀」，原本作「爲」，據前天文訓改。

子，日躔星紀，日前爲陰建，故合子冬至陽生，故謀德。五月陽建在午，日躔鶉首，日前爲陰建，故合午夏至陰生，故謀刑。由是陰陽刑德，遂有七舍也。

太陰所居辰爲厭日，

補曰：十二月之日躔，與十二月之斗建，交錯貿處如表裏，然故爲合辰。周禮太師疏云「斗柄所建十二辰而左旋，日體十二月與月合宿而右轉」是也。日左旋，太陰在日前迫笮之，故謂所居爲厭日。説文：「厭，笮也。」陽建可見，陰建不可見。

厭日不可以舉百事。堪輿徐行，雄以音知雌，故爲奇辰。

補曰：揚雄傳注，張晏曰：「堪輿，天地總名也。」孟康曰：「堪輿，神名，造圖宅書者。」藝文志五行家有堪輿金匱十四卷。文選甘泉賦注引淮南云：「堪輿行雄以知雌。」與此小異。許慎云：「堪，天道也；輿，地道也。」

數從甲子始，子母相求，

補曰：子爲辰，母爲日。律書言「十母十二子」是也。

所合之處爲合。十日十二辰，周六十日，凡八合。

補曰：八合者，陰建所對之日，合于陽建所對之辰也。堪輿之方二十四，日八而辰十二，故有四辰無合也。十一月陽建子，陰建亦在子，子對午，午近丙，故丙午爲一合。二月陽建卯，陰建酉，酉對卯，卯對酉，卯近乙，故乙酉爲二合。三月陽建辰，陰建申，辰對戌，申對寅，寅近甲，故甲戌爲三合。四月陽建巳，陰建未，巳對亥，未對丑，丑近癸，故癸亥爲四合。五月陽建午，陰建亦在午，午對子，子近壬，故壬子爲五合。八月陽建酉，陰建卯，卯對酉，酉對卯，酉近辛，故辛卯爲六合。九月陽建戌，陰建寅，戌對辰，寅對申，申近庚，故庚辰爲七合。十月陽建亥，陰建丑，亥對巳，丑對未，未近丁，故丁巳爲八合。鄭志答趙商問云：「按堪輿，黄帝問天老事云：『四月陽建于巳破于亥，陰建于未破于癸。』是謂陽破陰，陰破陽，故四月有癸亥爲陰陽交會，十月有丁巳爲陰陽交會，言未破癸者，即是未與丑對而近癸也。」周禮占夢「以日月星辰占六夢之吉凶」，注謂「今八會其遺象也」。緣其掌觀天地之會，是此建厭所處之日辰，故以爲占此八會。史墨爲趙簡子占夢云：「吴其入〔一〕郢乎？必以庚辰。」用此術也。越絶書云：太「歲八會壬子數九。」隋志有八會堪輿一卷。唐六典：「太卜令，凡曆注

〔一〕「入」，原本作「八」，據左傳改。

之用六：大會，小會，雜會，歲會，除建，人神。」

合于歲前則死亡，合于歲後則無殃。

補曰：吴越春秋子胥曰：「今年七月辛亥平旦，大王以首事。辛，歲位也；亥，陰前之辰也，合壬子歲，前合也，利以行武，武決勝矣。」此策吴王伐齊戰艾陵事，在哀公十一年。又范蠡曰：「今年十二月戊寅之日，時加日出。戊，囚日也；寅，陰後之辰也，合庚辰歲，後會也。夫以戊寅日聞喜，不以其罪罰日也。」此策吴王欲釋句踐不果事。又子胥曰：「今年三月甲戌，時加雞鳴。甲戌，歲位之會將也，青龍在酉，德在土，刑在金，是日賊其德也。」此諫吴王釋句踐事。俱在哀公六年。以統曆推之，哀公十一年，太歲在甲寅，太陰在壬辰，八月辛亥朔，在其前年，則首事之日也。左氏十年傳：「秋，吴子使來復請師。」注：「伐齊未得志故。」然則首事者，得請而爲之備也。曆八月，吴之七月矣，置閏不同故也。是年太陰在辛卯，故辛爲歲位，亥爲陰前，壬子爲歲前合。句踐以哀公三年入臣于吴，至六年，夫差欲釋之，以伍胥諫而止。其年正月戊寅朔，越以爲年前十二月，亦置閏不同之故。十二月水王，故戊囚。此時太陰在丙戌，故寅爲陰後辰。庚辰，其月三日也，爲歲後會。後三月，夫差終釋句踐，伍胥諫不納。三月甲戌者，哀公六年四月二十九日也，太陰在丁亥，故爲歲後會將。云「位」，或誤。青龍，謂太歲在己酉，故德土、刑金。甲乘己爲日賊其德。甲戌，卽三月合日，占之爲宜。壬子，五月合日，而七月占之。庚辰，九月合日，而十二月占之。此則鄭志所言。若有變異之時，十二月皆有建厭對配之義也。吴越春秋所謂歲前者，太陰未至之辰；所謂歲後者，太陰已歷之辰，其限則半旬周也。所以者過半周則前轉爲後，後轉爲前矣。此所云以歲前合爲吉歲，後合爲凶，淮南則反之，前後可以互稱，義得通也。

甲戌，燕也；乙酉，齊也；丙午，越也；丁巳，楚也；庚申，秦也；

補曰：「申」當爲「辰」，字之誤也。

辛卯，戎也；壬子，代也；癸亥，胡也；

補曰：此八合方面所有，下八合中宫所直。案：「代」諸本皆作「趙」，此從藏本作「代」。

戊戌、己亥，韓也；己酉、己卯，魏也；戊午、戊子，八合天下也。

補曰：脱「戊辰、己未」二合。所以又有此八合者，土居中宫，分王四時，故甲丙庚壬卽戊乙丁辛，癸卽己，其合之月與前同也。取陽建衡辰命之卽得。

太陰、小歲、星、日、辰五神皆合，其日有雲氣風雨，國君當之。

補曰：越絶書計倪内經曰：「陰陽萬物各有紀綱，日月星辰刑德變爲吉凶，金木水火土更勝，月朔更建，莫主其常，順之有德，逆之有殃。是故聖人能明其刑而處其鄉，從其德而避其衡，必順天地四時，參以陰陽。用之不審，舉事有殃。」

天神之貴者，莫貴于青龍，或曰天一，或曰太陰。

補曰：皆謂陰德也，入卯宮，故曰青龍。古亦以青龍爲太歲。

太陰所居，不可背而可鄉。北斗所擊，不可與敵。

補曰：艾陵之役，以太陰辛卯歲七月辛亥平旦首事，故子胥曰「德在合，斗擊丑」。辛爲德，辛卯爲合，是德在合。六壬法七月將太乙時加寅，則天罡在丑，是斗擊丑。越，南斗也，吴雖勝齊，其患在越，此其兆矣。易林亦云：「魁罡所當，初爲敗殃。」

天地以設，分而爲陰陽。陽生于陰，陰生于陽。陰陽相錯，四維乃通。或死或生，萬物乃成。跂行喙息，莫貴于人。孔竅肢體，皆通于天。

補曰：素問生氣通天論云：「生之本，本于陰陽。天地之間，六合之内，其氣九州，九竅五藏十二節皆通于天氣。」

天有九重，人亦有九竅。

補曰：楚辭天問云：「圜則九重，孰營度之？」太玄云：「九天：一爲中天，二爲羨天，三爲從天，四爲更天，五爲睟天，六爲廓天，七爲咸天，八爲沈天，九爲成天。九竅：一六爲前爲耳，二七爲目，三八爲鼻，四九爲口，五五爲後。九天即其首名。一六水，二七火，三八木，四九金，五五土也。」案：太玄九天，即淮南九野，非九重也。此文雖言九重，而其説不詳。今西人言曆則有九層，第一層宗動天，第二層恒星天，第三層填星天，第四層歲星天，第五層熒惑天，第六層日輪天，第七層太白天，第八層辰星天，第九層月輪天。此殆中國失傳，而流入異域者歟？

天有四時，以制十二月，人亦有四肢，以制十二節。

補曰：元命包云：「陽數成于三，故時别三月。」素問寶命全形論云：「天有陰陽，人有十二節。」注：「節，謂節氣，外所以應十二月，内所以主十二經脈也。」靈樞五亂篇云：「經脈十二者，以應十二月。十二月者，分爲四時。四時者，春、夏、秋、冬。其氣營衛相隨，陰陽已和，清濁不相干，如是則順之而治。」

天有十二月，以制三百六十日，人亦有十二肢，以使三百六十節。

補曰：春秋繁露人副天數篇云：「天以歲終之數，成人之身，故小節三百六十，副日數也；大節十二，副月數也；内有五藏，副五行也；外有四肢，副四時也。靈樞九針解云：「節之交三百六十五會者，絡脈之灌滲諸節者也。」

故舉事而不順天者，逆其生者也。

補曰：韓非解老云：「人之身三百六十節，四肢九竅，其大具也。四肢與九竅十有三者，十有三者之動静，盡屬于生焉，屬之謂徒也，故曰生之徒十有三者。至其死也，十有三具者，皆還而屬之于死，死之徒亦十三。故曰生之徒十有三，死之徒十有三。」

以日冬至數來歲正月朔日，五十日者，民食足；不滿五十日，日減一斗；有餘日，日益一升。有其歲司也。

補曰：曆法至、朔同日爲章首，自此氣差而後朔差，而前三歲一閏，五歲再閏，積十九歲後而至、朔復同，則滿一章。計章首之歲，至在朔日，去正月朔有五十九日爲極多；至第九歲，以十一月二十九日冬至，去正月朔僅三十一日爲極少。顓頊曆用人正，則加得天用部首，卽可得相去多少之數。淮南五十日爲中數，視其增減，以占歲豐凶，兼首尾數。（點校者按：原書此下有圖，爲排版方便，現將圖移置下頁。）

案：此明太陰在四仲四鉤、歲星行三宿二宿并太歲所在圖也。漢初雖以太陰紀歲，然亦間紀太歲所在，如「淮南元年冬，太一在丙子」，卽太歲也。淮南從其本名，故曰太一。四仲、四鉤，案圖易推。太歲所在，則非説不明。莊刻本作「甲寅、丙巳、丁未、庚酉、辛戌」，日辰剛柔相值，無作「丙巳、庚酉、辛戌」者，其爲「丙午、庚申、辛酉」之誤無疑。此本所列無誤。惟作「壬子、癸丑、乙卯」與莊刻本異。攷歲星與太歲爲合辰，古人視歲星見月以知太歲。西漢時，復因太歲而知太陰。淮南復由太陰以推歲星、太歲，其術正同。星有超辰，太歲、太陰隨之俱超，則太陰在四仲、四鉤，歲星仍行三宿、二宿，而太陰所在之辰，太歲仍後兩辰。如圖，太陰在甲寅，則太歲在丙子；太陰在甲申，則太歲在丙午；太陰在庚申，則太歲在壬午；太陰在庚寅，則太歲在壬子；太陰在乙酉，則太歲在丁未；太陰在乙卯，則太歲在丁丑；太陰在辛卯，則太歲在癸丑；太陰在辛酉，則太歲在癸未。循環互推，無不合者。其他未列者，亦可由此而推。故于所列日辰，互文以見義。先生于子上加壬，丑上加癸，卯上加乙，更爲周密易曉。元寫本亦間有舛置，既爲改正，并略疏其義云。

井東鬼輿柳星七張翼軫

丁未木壯
丙午火壯土生
巳金生

參觜畢昴胃婁奎

庚申水生
辛酉金壯
戌火老土壯

甲寅火生土老
乙卯水壯
辰水老

角亢氐房心尾箕

亥木生
壬子水壯
癸丑金老

斗牛牽女須虛危室壁

攝提格之歲，

元注：格，起。言萬物承陽而起也。

補曰：史記正義孔文祥云：「以歲在寅，正月出東方，爲衆星之紀，以攝提宿，故曰攝提。以其爲歲月之首，起于孟陬，故云格正也。」案：所言雅合曆理。元注俱同李巡。

歲早水晚早，稻疾，蠶不登，

元注：登，成也。

菽麥昌，民食四升。寅。在甲曰閼逢。案：「逢」，莊刻本文、注俱作「蓬」。

元注：言萬物鋒芒欲出，擁遏未通，故曰閼逢也。

單閼之歲，

元注：單，盡。閼，止也。言陽氣推萬物而起，陰氣盡止也。案：「陽氣」上，莊刻本無「言」字。

歲和，稻菽麥蠶昌，民食五升。卯。在乙曰旃蒙。

元注：在乙，言萬物遏蒙甲而出，故曰旃蒙也。

執徐之歲，

元注：執，蟄。徐，舒也。言蟄伏之物皆舒散而出也。案：「蟄伏」上，莊刻本無「言」字。

歲早旱晚水，小饑，蠶閉，麥熟，民食三升。辰。在丙曰柔兆。案：元本作「蠶麥熟」，莊刻本作「蠶閉麥熟」。「蠶閉」正與下「蠶開」爲對文，此處似脱「閉」字，今從莊刻本補。

元注：在丙，言萬物皆在枝布葉，故曰柔兆也。

大荒落之歲，

元注：荒，大也。方萬物熾盛而大出，霍然落落大布散。

歲有小兵，蠶小登，麥昌，菽疾，民食二升。巳。在丁曰强圉。

元注：在丁，言萬物剛盛，故曰强圉也。

敦牂之歲，

元注：敦牂，敦盛牂壯也。言萬物皆盛壯也。案：元寫本「言萬物」句誤在上，今從莊刻本改正。

歲大旱，蠶登，稻疾，菽麥昌，禾不爲，民食二升。午。在戊曰著雝。

元注：在戊，言位在中央，萬物繁養四方，故曰著雝也。

協洽之歲，

元注：協，和。洽，合也。言陰欲化萬物和合。

歲有小兵，蠶登，稻昌，菽麥不爲，民食三升。未。在巳曰屠維。

元注：在巳，言萬物各成其性，故曰屠維。屠，別。維，離也。案：元寫本「屠」下脱「別」字，今從莊刻本補。

涒灘之歲，

元注：涒，大。灘，脩也。言萬物皆脩其精氣也。

歲和，小雨行，蠶登，菽麥昌，民食三升。申。在庚曰上章。

元注：在庚，言陰氣上升，萬物畢生，故曰上章也。

作鄂之歲，

元注：作鄂，零落也。萬物皆陊落。

歲有大兵，民疾，蠶不登，菽麥不爲，禾蟲，民食五升。酉。在辛曰重光。

元注：在辛，言萬物就成熟〔一〕，其煌煌，故曰重光也。

掩茂之歲，

〔一〕「成熟」，原本作「熟成」，據前天文訓注文乙。

元注：掩，閉。茂，冒也。言萬物皆閉冒。

歲小饑，有兵，蠶不登，麥不爲，菽昌，民食七升。戌。在壬曰玄黓。

元注：在壬，言歲終包任萬物，故曰玄黓也。

大淵獻之歲，

元注：淵，藏。獻，迎也。言萬物終于亥，大小深藏窟伏以迎陽。

歲有大兵，大饑，蠶開，菽麥不爲，禾蟲，民食三升。

補曰：此當云「亥。在癸曰昭陽」。錯簡在下，以圖「癸」居「子丑」間之故。

困敦之歲，

元注：困，混。敦，沌也。言陽氣皆混沌，萬物牙蘖也。

歲大霧起，大水出，蠶稻菽麥昌，民食三升。子。在癸曰昭陽。

元注：在癸，言陽氣始萌，萬物合生，故曰昭陽。

補曰：當云「亥。在癸」。

赤奮若之歲，

元注：奮，起也。若，順也。言陽奮物而起之，無不順其性也。赤，陽色。

歲有小兵，早水，蠶不出，稻疾，菽不爲，麥昌，民食一斗。案：「斗」，莊刻本作「升」。

補曰：十二歲太陰之名，皆以攝提格所見之月爲義，其所在十名則歲德也。六十年而周。

正朝夕：先樹一表東方，操一表卻去前表十步，

補曰：此表在東方表西，所以正夕。

以參望日始出北廉。日直入，

補曰：日東表北廉，則景入西表南廉。

又樹一表于東方，

補曰：此表在東方表東南，所以正朝。

因西方之表以參望日，方入北廉則定東方。

補曰：日入西表北廉，則景入東南表南廉，定東方在東二表間也。所以日出入用表北廉者，日行十六所，登于扶桑爲朏明，寅甲間也，頓于連石爲下舂，辛戌間也，此夏至之日出入皆近北方。卽以二分論之，至于曲阿爲旦明，旦明，卯也；經于淵虞爲高舂，高舂，酉也，而出則自北而南，入則自南而北，半出以前，半入以後，仍在北方。張胄元用後魏渾天鐵儀測知，春、秋二分，日出入卯酉之北，不正當中，與何承天所測頗同，皆日出卯三刻五十五分，入酉四刻二十五

分，盡具載隋志。此黄道斜行使然。古雖用蓋天，其實測固無異也。望日用北廉，則表常居中，而不能無偏于北，于是乎有南表，使景在表南，則表始近中耳。兩表之中，與西方之表，則東西之正也。

補曰：東表、西表近北，東南表近南，兩表之中，直西表之南，爲正東西。周髀云：「以日始出立表而識其晷，日入復識其晷，晷之兩端相直者，正東西也。中折之指表者，正南北也。」攷工記：「匠人建國，水地以縣，置槷以縣，視以景，爲規識日出之景與日入之景。晝參諸日中之景，夜攷之極星，以正朝夕。」康成注：「日出、日入之景，其端則正東、西也。又爲規以識之者，爲其難審也。自日出而畫[一]其景端，以至日入既，則爲規，測景兩[二]端之内規，規之交乃審也。度兩交之間，中屈之以指臬，則南北正。」與淮南法異而理同。

日冬至，日出東南維，入西南維。至春、秋分，日出東中，入西中。夏至，出東北維，入西北維，至則正南。

〔一〕「畫」，原本作「晝」，據周禮鄭注改。

〔二〕「兩」，原本作「西」，據周禮鄭注改。

補曰：周髀云：「冬至晝極短，日出辰而入申，陽照三不覆九，東西相當正南方。夏至晝極長，日出寅而入戌，陽照九不覆三，東西相當正北方。日出左而入右，南北行，故冬至在坎，陽在子，日出巽而入坤，見日光少，故曰寒；夏至在離，陰在午，日出艮而入乾，見日光多，故曰暑。」所説卽淮南法也。辰爲巽初，申爲坤末，戌爲乾初，寅爲艮末。艮、巽、坤、乾，卽四維也。在六十所，則冬至日出入當桑野之初，悲谷之末；夏至日出入當咸池之末，悲泉之初，卽四維之分也。此古人特以大判爲言，故合之。馬融所説刻漏盈縮至較八刻百分刻之七十五也。

欲知東西、南北廣袤之數者，

補曰：東西爲廣，南北爲袤。

立四表以爲方一里距，案：元寫本「立四表」下脱「以」字，今從莊刻本補。

補曰：測平遠者，先求其率，用四表，所以求率也。測日初出，故爲平遠。入表數爲首率，東西一里爲次率，南北一里爲三率，去日里數爲四率。四表者，一爲艮，二爲乾，三爲巽，四爲坤也。地形訓云：「禹乃使大章步，自東極至于西極二億三萬三千五百里七十五步；使豎亥步，自北極至于南極二億三萬三千五百里七十五步。」明是正方，故四表亦方一里。

先春分若秋分十餘日，

補曰：二分日半出半入，時正當卯酉之中。先春分則近南，先秋分則近北。日周行十六所，爲度三百六十，是一所天行二十二度有半也。冬至五所，天行百一十二度五分，半之爲岠午中之度，則日出于辰一十八度七十六分，入于申一十一度二十六分。夏至十一所，天行二百四十七度五分，半之爲岠午中之度，則日出于寅二十六度二十六分，入于戌三度七十六分也。分至所較，皆三十三度七十五分。氣有六，以氣除度，得一氣差五度六百二十五分，卽可知先春分秋分十餘日之日出入度矣。

從岠北表參望日始出及旦，以候相應，相應則此與日直也。

補曰：用岠北表，卽用北廉同意。及旦者，所謂至于曲阿，是謂旦明，二分日出之所也。一氣有三候，氣差五度六百二十五分，則候差一度八百七十五分，故必以候相應。一候所差，尚宜以日出入分之，則不盈一度。日始出多近北，故二分之前，同用岠北表也。

輒以南表參望之，以入前表數爲法，

補曰：北表參望日直，則南表參望日常不直，從日至南北後二表卽勾股也。其弦斜至日處而截南前表于弦外，卽是入前表之數，成一倒勾股也。而二勾股比例正等，故用以爲率。何以明之？試以大勾股倒轉，卽小勾股必在其端，而比例正等矣。

除舉廣，除立表袤，以知從此東西之數也。

補曰：日入前表數爲小句，前後二表相去爲小股，南北後二表相去爲大句，北後表至日下爲大股。小句者，大句股之率也。除舉廣，謂以小句除小股，知有幾倍也。除立表袤，亦謂以小句除大句，知有幾倍也。知此，而以二句股爲比例，卽知大股之長。蓋小句得小股幾分之一，則大句亦必得大股幾分之一，故以此知從此東西之數也。

假使視日出，入前表中一寸，是寸得一里也。案：「寸」，元寫本誤作「此」，今從莊刻本改正。

補曰：周髀算經云：「周髀長八寸，句之損益寸千里。」注：「句謂景也，言懸天之景，薄地之儀，皆千里而差一寸。」案：周髀以髀爲股，以景爲句，日中立八尺之股，南北二千里，景差二寸，故寸有千里，故人以爲通率，以測東西。于小句股，則一里高遠與平遠之别，亦一表與四表之辨也。

一里積萬八千寸，得從此東萬八千里。

補曰：三百步爲里，六十寸爲步，寸乘步得萬八千寸，此小股之長也。小句一寸，小股長萬八千寸，則大句一里，大股卽長萬八千里。大股之于大句，若小股之于小句，而得從前表至日處之里數，以此知近世四率之法，古人已先有之。小句首率，小股次率，大句三率，求得大股爲四率。

視日方入，入前表半寸，則半寸得一里，

補曰：論算術，東入一寸，西亦當入一寸。淮南云半寸，則設術也。半寸爲里，則所得必倍，如倍半寸爲一寸，所得卽同。

半寸而除一里積寸，得三萬六千里，

補曰：置一里積寸萬八千，以五爲法除之，卽得此，則日遠于前一倍，乃爲虚數，故必除而後得實數也。

除則從此西里數也。

補曰：除，謂除前萬八千里，猶倍半寸爲一寸也。

并之東西里數也，案：「里」，元寫本誤作「之」，今從莊刻本改正。

補曰：凡三萬六千里。

則極徑也。未春分而直，已秋分而不直，此處南也。未秋分而直，已春分而不直，此處北也。分、至而直，此處南北中也。

補曰：此求地中也。直，謂表與口直。十六所以曲阿、淵虞爲二分，日所出入之處，此南北中也。未春分，日行其南，故處南則直。直在春分前，則直亦必在秋分後，雖已秋分，尚未直也。未秋分，日行其北，故處北則直，直在秋分前，則直亦必在春分後，雖已春分，尚未直也。惟二分氣至而直，方處南北之中，皆視日道之南北爲定也。

從中處欲知中南也，

補曰：知中則知南矣。周髀算經云：「冬至日加酉之時，立八尺之表，以繩繫表顛，希望北極中大星，引繩致地而識之。又到旦〔一〕明日加卯之時，復引繩希望之，首及繩致地而識其端，相去二尺三寸，故東西〔二〕極二萬三千里。其兩端

〔一〕「旦」，原本作「日」，據周髀算經改。

〔二〕「西」，原本脱，據周髀算經補。

相去，正東西；中折之，以指表，正南北。」法雖不同，理無異也。

未秋分而不直，此處南北中也。

補曰：秋分直，故未秋分不直。言秋分，則春分可知。隋志曰：「周禮大司徒職：『以土圭之法，測土深，正日景，以求地中。』此則渾天之正説，立儀象之大本。故云：『日南則景短多暑，日北則景長多寒，日東則景夕多風，日西則景朝多陰。日至之景，尺有五寸，謂之地中。天地之所合也，四時之所交也，風雨之所會也，陰陽之所和也。然則百物阜安，乃建王國焉。』又攷工記匠人：『建國，水地以縣。置槷以縣，眡以景。爲規，識日出之景與日入之景。晝參諸日中之景，夜攷之極星，以正朝夕。』案土圭正景，經文闕略，先儒解説，又非明審。祖暅錯綜經注，以推地中。其法曰：『先驗昏旦，定刻漏，分辰次。乃立儀表于平準之地，名曰南表。漏刻上水，居日之中，更立表于南表景末，名曰中表。夜依中表，以望北極樞，而立北表，令參相直。三表皆以縣準定，乃觀。三表直者，其立表之地，卽當子午之正。三表出者，地偏僻。每觀中表，以知所偏。中表在西，則立表處[一]在地中之西，當更向東求地中。若中表在東，則立表處在地中之東也，當更向西求地中。取三表直者，爲地中之正。又以春秋二分之日，旦始出東方半體，乃立表于中表之東，名曰東表。令東表與日及中表參相直。是日之夕，日入西方半體，又立表于中表之西，名曰西表。亦從中表西望西表及日，參相直。乃觀三表直者，卽地南北之中也。若中表差近南，則所測之地在卯酉之南。中表差在北，則所測之地在卯酉之北。進退南北，求三表直正東西者，則其地處中，居卯酉之正也。」所説求東西地中，淮南無之。其求南北地中，卽與淮南同理。

從中處欲知南北極遠近，從西南表參望日，日夏至始出與北表參，則是東與東北表等也，

補曰：夏至日出東北維，故從西南表參望。東北、西南兩表與日參，如北前、北後兩表與日參無異，卽可借春秋分表位爲夏至表位，借春秋分日入前表之數爲夏至日入前表之數，故云東與東北表等也。

〔一〕「處」，原本作「偏」，據隋志改。

正東萬八千里，則從中北亦萬八千里也。倍之，南北之里數也。

補曰：倍之，爲三萬六千里，與東西正等。

其不從中之數也，

補曰：此爲處南北者言之。

以出入前表之數益損之，表入一寸，寸減日近一里，表出一寸，寸益遠一里。

補曰：處南則表出，處北則表入。何者？處南者，未春分而直也，至分時而日北，故表出。處北者，未秋分而直也，至分時而日南，故表入。寸益損一里，則通率也。

欲知天之高，樹表高一丈，

補曰：天高不可知，測之以景。樹表所以求景也。此亦以句股比例而知，蓋同有大小兩句股也。

正南北相去千里，同日度其陰，

補曰：度日中景。

北表一尺，

補曰：「一」當爲「二」。

南北〔一〕尺九寸，

補曰：「北」當爲「表」。

是南千里陰短寸，

補曰：表近日則陰短，表遠日則陰長，二表相去千里，故北表陰二尺，南表陰尺九寸，卽爲寸差千里之通率。

南二萬里則無陰〔二〕，是直日下也。

補曰：千里短寸，則萬里短尺。據北表陰二尺，故南二萬里則無陰。既得千里短寸之率，卽棄南表不用，但用北表陰以推日下之數也。

陰二尺而得高一丈者，是〔三〕南一而高五也，

補曰：置表高一丈，以陰二尺除之得五，是南萬里而日高五萬里也，此爲高率。然日無高下，有高下者，地圓使然，故曰蓋天卽渾天也。

〔一〕「北」，莊校本作「表」。

〔二〕「陰」，莊校本作「景」。

〔三〕「是」，莊校本無。

則置從此南〔一〕至日下里數，因而五之，爲十萬里，則天高也。

補曰：二萬里爲實，高五爲法，乘之得十萬里，此天高之數。必知天高十萬里者，以表高一丈，中有百寸，寸得千里，百之而成十萬故也。然則表卽天高之率，故以直日下無景爲天高。周髀云：「周髀長八尺，夏至之日晷一尺六寸。髀者，股也；正晷者，句也。正南千里，句一尺五寸；正北千里，句一尺七寸。日益表，南晷日益長，候句六尺。從髀至日下六萬里，而髀無影。從此以上至日，則八萬里。」卽其理也。六萬里者，設法詞，實測則不然，故曰日夏至南萬六千里，日中無影。

若使景與表等，則〔二〕高與遠等也。

補曰：以千里差寸率之，則去日下十萬里景與表等，卽可從日遠以知天高，至此則句股適均矣。

〔一〕「南」，原本脱，據前天文訓補。

〔二〕「則」，原本作「卽」，據前天文訓改。

八十歲日復之圖第一

顓頊立春寅未子己亥辰酉寅申丑午亥己戌卯申

殷曆冬至子己戌卯酉寅未子午亥辰酉卯申丑午

甲己甲己乙庚乙庚丙辛丙辛丁壬丁壬

戊癸戊癸己甲己甲庚乙庚乙辛丙辛丙

壬丁壬丁癸戊癸戊甲己甲己乙庚乙庚

丙辛丙辛丁壬丁壬戊癸戊癸己甲己甲

庚乙庚乙辛丙辛丙壬丁壬丁癸戊癸戊

右皆天正人正中節氣之日也。曆法七十六歲爲一部，第一部命爲甲寅、甲子，第二部縮上四算命爲癸巳、癸卯，至二十部終于乙亥、乙酉，是爲一紀，則歲日有一十九復矣。

八十歲日復之圖第二

秦曆立春辰酉寅未丑午亥辰戌卯申丑未子巳戌
戊癸戊癸己甲己甲庚乙庚乙辛丙辛丙
壬丁壬丁癸戊癸戊甲己甲己乙庚乙庚
丙辛丙辛丁壬丁壬戊癸戊癸己甲己甲
庚乙庚乙辛丙辛丙壬丁壬丁癸戊癸戊
甲己甲己乙庚乙庚丙辛丙辛丁壬丁壬

舊説秦曆上元己巳立春，淮南以爲壬午冬至，冬至後四十六日立春，則戊辰也，故復爲此圖。

咸池右行四仲日所在圖

月	日所在	加時	咸池所在
正月	日在亥	加時酉	咸池在午
二月	日在戌	加時巳	咸池在卯
三月	日在酉	加時丑	咸池在子
四月	日在申	加時酉	咸池在酉
五月	日在未	加時巳	咸池在午
六月	日在午	加時丑	咸池在卯
七月	日在巳	加時酉	咸池在子
八月	日在辰	加時巳	咸池在酉
九月	日在卯	加時丑	咸池在午
十月	日在寅	加時酉	咸池在卯
十一月	日在丑	加時巳	咸池在子
十二月	日在子	加時丑	咸池在酉

日行十六所合堪輿之圖

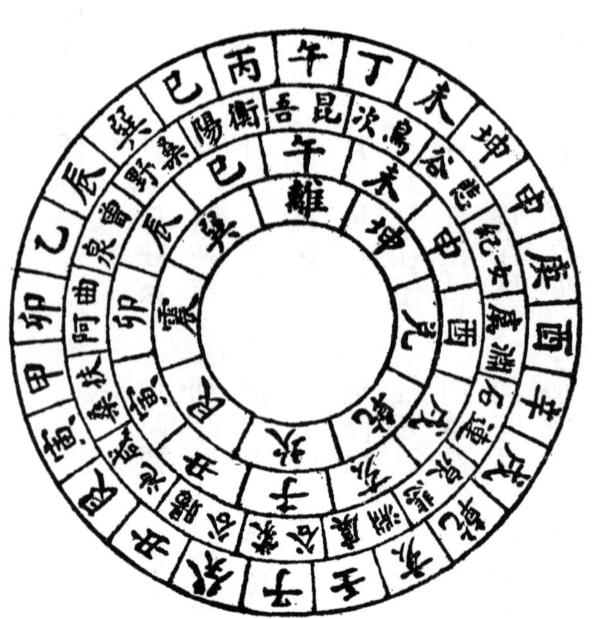

律應二十四氣之變圖

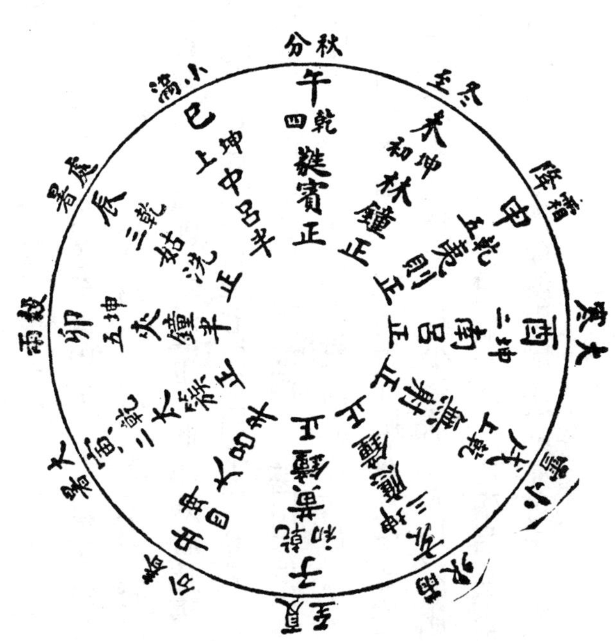

秋分
冬至
霜降
大寒
小雪
芒種
夏至
小滿
處暑
穀雨
大暑
午
巳
辰
卯
寅
子
酉
蕤賓
林鍾
夷則
南呂
無射
應鍾
黃鍾
大呂
太簇
夾鍾
姑洗
中呂

冬至後，六中氣比坤六爻律；夏至後，六中氣比乾六爻律，卽二十四氣反覆比十二律也。而自黄鐘至蕤賓七律，冬至後用半，夏至後用全耳。其冬至後音漸濁，夏至後音漸清之理，卽前所云十五日爲一節，以生二十四時之變也。何者？此冬至音比林鐘，前音比黄鐘，比林鐘卽比黄鐘也。此小寒音比夷則，前音比應鐘，比夷則卽比應鐘也。夷則清于林鐘，而黄鐘七律俱用半律，應鐘不較濁乎？由是推之，此芒種比蕤賓半爲最清，而前比大呂正爲最濁。淮南因清以知濁，故曰音漸濁。夏至則此比黄鐘，前亦比黄鐘，小暑此比大呂，前亦比大呂，至大雪則同比應鐘，故黄鐘七律俱用全律，故直曰音漸清也。二者皆非隨月律之正法，是以同謂之變。前二至俱比黄鐘，則此二至俱得比林鐘，是故小暑前比大呂，今比蕤賓，猶小寒之比夷則、應鐘也；大暑前比太簇，今比中呂，猶大寒之比南呂、無射也；至于大雪，則前比應鐘，今比夷則，而終夷則，至應鐘俱用倍律，則亦可云音漸濁矣。此又因清以知濁也。

六十律旋宮圖

宮	徵	商	羽	角
黃鐘戊子	林鐘己丑	太簇庚寅	南呂辛卯	姑洗壬辰
應鐘癸巳	蕤賓甲午	大呂乙未	夷則丙申	夾鐘丁酉
無射戊戌	中呂己亥	黃鐘庚子	林鐘辛丑	太簇壬寅
南呂癸卯	姑洗甲辰	應鐘乙巳	蕤賓丙午	大呂丁未
夷則戊申	夾鐘己酉	無射庚戌	中呂辛亥	黃鐘壬子
林鐘癸丑	太簇甲寅	南呂乙卯	姑洗丙辰	應鐘丁巳
蕤賓戊午	大呂己未	夷則庚申	夾鐘辛酉	無射壬戌
中呂癸亥	黃鐘甲子	林鐘乙丑	太簇丙寅	南呂丁卯
姑洗戊辰	應鐘己巳	蕤賓庚午	大呂辛未	夷則壬申
夾鐘癸酉	無射甲戌	中呂乙亥	黃鐘丙子	林鐘丁丑
太簇戊寅	南呂己卯	姑洗庚辰	應鐘辛巳	蕤賓壬午
大呂癸未	夷則甲申	夾鐘乙酉	無射丙戌	中呂丁亥

旋宫六十律之圖，舊時有之，然黄鐘宫後次以林鐘，由是終于中吕之宫，雖合相生之序，而六十律不復周環。此圖從黄鐘一律生爲六十律，可得以律直日之法。因而六之，卽周一歲之日。而黄鐘之分屬五子及七十二日，五行受制之理俱見。逆而次之，則冬至後十二氣所比之音也；順而次之，則夏至後十二氣所比之音也，而十二月之律，亦可從逆數而得，皆推淮南之意知之也。

七均清濁和繆之圖

宮最濁	黄鐘一	大呂一	太簇一	夾鐘一	姑洗一	中呂一	蕤賓一	林鐘一	夷則一	南呂一	無射一	應鐘一
徵次清	林鐘五	夷則五	南呂五	無射五	應鐘五	黄鐘五	大呂五	太簇五	夾鐘五	姑洗五	中呂五	蕤賓五
商次濁	太簇二	夾鐘二	姑洗二	中呂二	蕤賓二	林鐘二	夷則二	南呂二	無射二	應鐘二	黄鐘二	大呂二
羽最濁	南呂六	無射六	應鐘六	黄鐘六	大呂六	太簇六	夾鐘六	姑洗六	中呂六	蕤賓六	林鐘六	夷則六
角清濁半	姑洗三	中呂三	蕤賓三	林鐘三	夷則三	南呂三	無射三	應鐘三	黄鐘三	大呂三	太簇三	夾鐘三
變宮和	應鐘七	黄鐘七	大呂七	太簇七	夾鐘七	姑洗七	中呂七	蕤賓七	林鐘七	夷則七	南呂七	無射七
變徵繆	蕤賓四	林鐘四	夷則四	南呂四	無射四	應鐘四	黄鐘四	大呂四	太簇四	夾鐘四	姑洗四	中呂四

八十四聲，舊亦有圖，次與六十律同。今亦更定，則一律而爲八十四，相生不絕。以祖孝孫所次自一至七之等，志于其下，卽律之短長、聲之清濁以明，而和繆之義盡顯。

蕤賓以後，上下相生之序，諸家不同。以是圖觀之，則重上生者，變徵生正宫也；其下生者，非變徵正宫，而爲它聲者也。以十二律主十二月，則皆爲正律，而生之者爲變徵，故必從上生。大吕、夾鐘、中吕以陰律主夏至以前之月，故不從上下相生之正。然則晉志謂取其諧韻者，殆未盡得其實也。

候氣三律圖

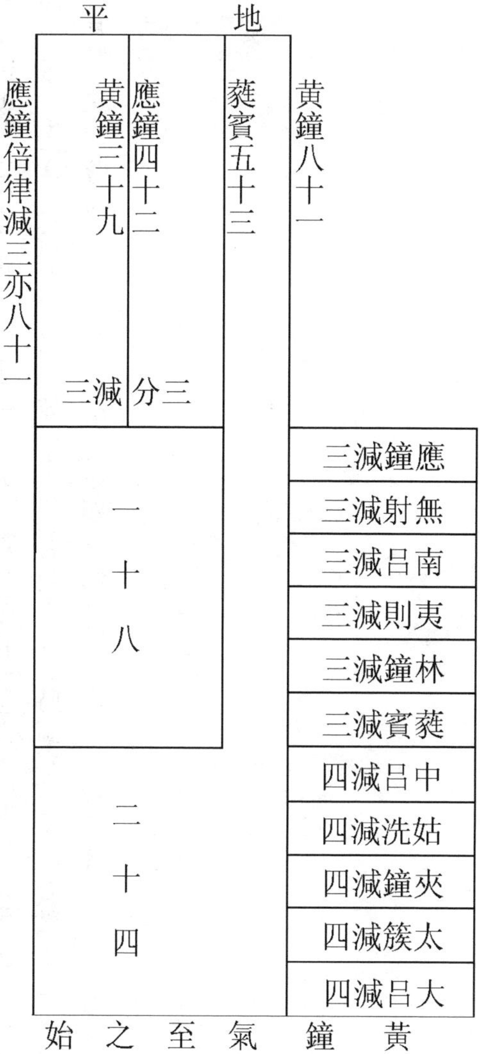

地平

黃鐘八十一

蕤賓五十三

應鐘四十二

黃鐘三十九

三分減三

應鐘倍律減三亦八十一

一十八

二十四

應鐘減三

無射減三

南呂減三

夷則減三

林鐘減三

蕤賓減三

中呂減四

姑洗減四

夾鐘減四

太簇減四

大呂減四

黃鐘氣至之始

候氣之律，以黃鐘、蕤賓、應鐘爲三限。應鐘氣至盈月得黃鐘，故減應鐘正律，或減應鐘倍律，俱可爲黃鐘。此淮南云黃鐘八十一，而呂覽謂黃鐘三寸九分也。論十二月氣至，則冬至陽消之極，在上，爲數一十八；陰長之極，在下，爲數二十四，陰下陽動。夏至陰消之極，在上，爲數一十八；陽長之極，在下，爲數二十四，陽下陰動。二十四者，子午相距之數也，爲南北之極，故長數居之。其上爲消數所居。長數五分時，消數二十二。長數九分時，消數二十一。長數十三分時，消數二十。長數十七分時，消數十九。長數二十一分時，消數十八。長數二十四分時，消數亦十九。

二十歲刑德離合圖

甲子申辰德甲刑卯寅辰
乙丑己酉德庚刑戌酉申
丙寅戌午德丙刑己未午
丁卯亥未德壬刑子亥丑
戊辰子申德戊刑辰卯寅
己巳丑酉德甲刑申戌酉
庚午寅戌德庚刑午己未
辛未卯亥德丙刑丑子亥
壬申辰子德壬刑寅辰卯
癸酉己丑德戊刑酉申戌

甲戌午寅德甲刑未午巳
乙亥未卯德庚刑亥丑子
丙子申辰德丙刑卯寅辰
丁丑酉巳德壬刑戌酉申
戊寅戌午德戊刑巳午未
己卯亥未德甲刑子亥丑
庚辰子申德庚刑辰卯寅
辛巳丑酉德丙刑申戌酉
壬午寅戌德壬刑午己未
癸未卯亥德戊刑丑子亥

八合之圖

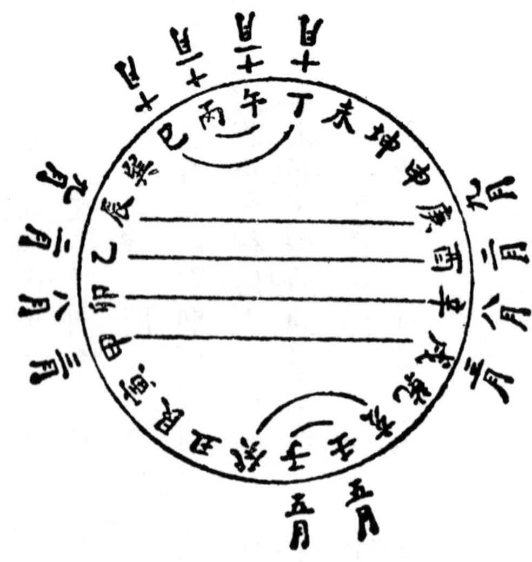

此方面八合也，其占皆主四方。以戊易陽幹，己易陰幹，卽復成八合，而占在中原及天下所。謂大會八，小會亦八。

正朝夕圖

正朝日：在甲樹一表東方，景到庚，又樹一表西方，從北廉望日，是西表在景北也。正夕日：在辛復樹一表東方，亦從北廉望日，卽西表則在景南，而景至乙，此則二景交于西表之東，而爲正中也。故取東二表之中，以直西方之表，而得正東方。此卽後世三角法之祖。

測日遠句股比例圖

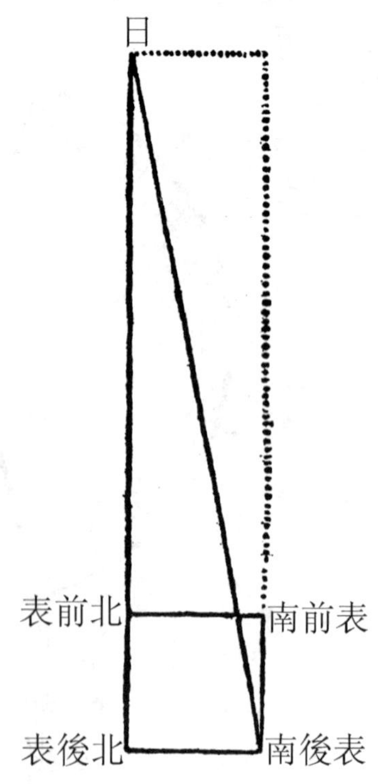

從日至北後表爲股，至南後表爲弦，兩後表相距爲句。弦截南前表于外，得日入表之數。從南前表引虛線而東，從日引虛線而南，成長方形，依弦破之，爲倒順兩大句股也。南二表及弦間有小句股之倒者，以比大句股，其倒正等，蓋倒順兩大句股積數無異，故小句股雖倒，可以比大句股之順者也。

測日高句股比例圖

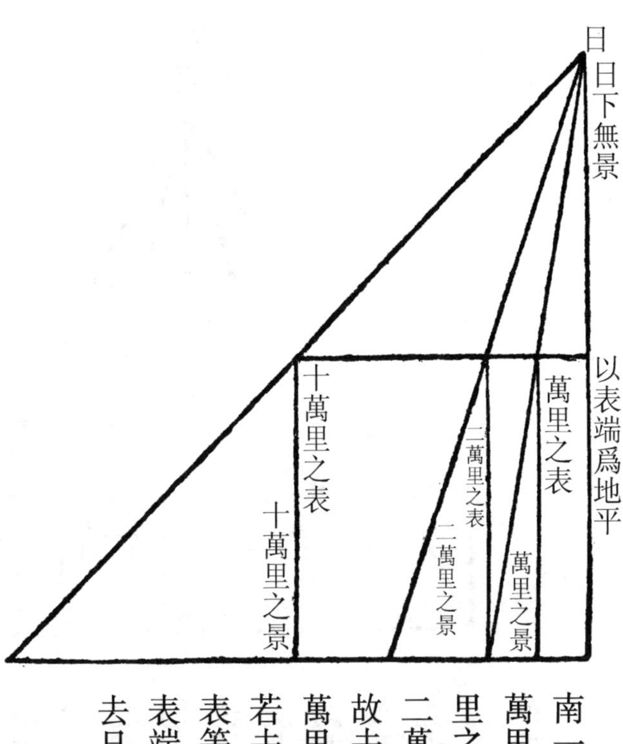

以景二尺，除表高一丈，得南一高五爲率。比南至日下二萬里，知爲日高十萬里。二萬里之表，在日北成小句股，日下二萬里成大句股，比例正等，是故去日萬里則景一尺，去日二萬里則景二尺，直日下則無景。若去日十萬里，則景一丈，而與表等，日高常十萬里也。試以表端爲地平，即地下之景，必與去日里數正等，其理顯矣。

日景出入前表益損之圖

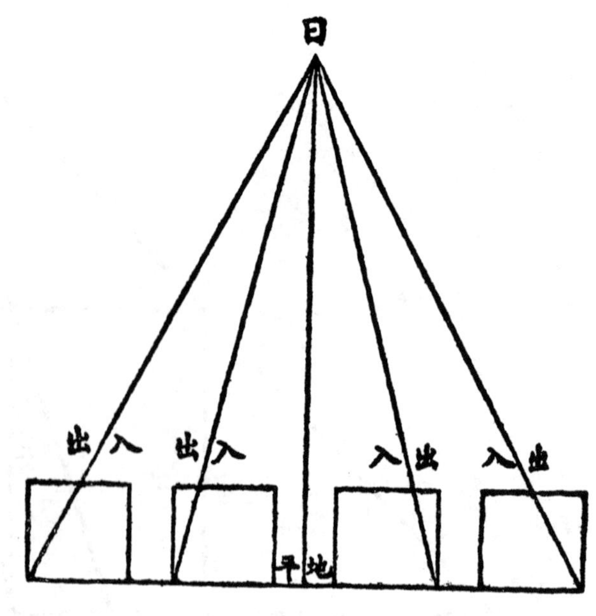

二分日當卯酉之中，故地中景與表直中垂一線是也。不處地中，景必有出入之數。處南，則弦入表北，而表出；處北，則弦出表南，而表入。出多則遠日，出少則近日，處南然也。入多則近日，入少則遠日，處北然也。蓋南用南後表，北用北後表，其前表則常用南耳。如改用北表，則處南者以入少爲遠日，入多爲近日；處北者以出少爲近日，出多爲遠日，法正相反。

天維十二月小周天之圖

正月　日在亥　加時亥　天維在寅
二月　日在戌　加時酉　天維在丑
三月　日在酉　加時未　天維在子
四月　日在申　加時己　天維在亥
五月　日在未　加時卯　天維在戌
六月　日在午　加時丑　天維在酉
七月　日在巳　加時亥　天維在申
八月　日在辰　加時酉　天維在未
九月　日在卯　加時未　天維在午
十月　日在寅　加時己　天維在巳
十一月　日在丑　加時卯　天維在辰
十二月　日在子　加時丑　天維在卯